Colección Práctica

Laboral | Guía de trámites de la seguridad social

Mirta Noemí Userpater

AF732275

ERREPAR

Staff

Dirección Claudia M. Cerchiara

Subdirección M. Josefina Bavera

Coordinación
Actuación Judicial: Marcelo L. Perciavalle
Actuación Profesional: Néstor O. Bello
Contabilidad & Gestión: Claudia M. Cerchiara
Impuestos: Néstor O. Bello
Informática: Néstor H. Fernández
Sociedades & Concursos: Marcelo L. Perciavalle

Consultas / sugerencias coleccionpractica@errepar.com

Actualización on line www.errepar.com

Diseño original Paula Lanzillotti

Armado Juan Manuel Ferreira

Impresión Color Efe

Comisión de práctica
José Antonio Alaniz
Osvaldo Balán
M. Josefina Bavera
Claudia M. Bruno
Ariel F. Campana
Miriam C. Campastro
Jorge Alberto Carmona
Silvina A. Cavalleris
Claudia M. Cerchiara
Marina Crespín
Hernán M. D'Agostino
María Florencia De Carli
Lorena F. De Luca
Raúl A. de Soto
Cristian Mauricio Durrieu
Luis A. Fadda (h)
Mariela Beatriz Fernández
Néstor H. Fernández
Leonardo P. Ferraro
Lorena M. J. Flores
Gustavo I. Frankel
María E. Franzone
Marisa Gacio
Marisol Galante
Fanny Gabriela Goldberg
María Paula Graña
Ana Carolina Laguía
Elizabeth R. Lobera
María Delia Lodi-Fe
Oscar Gerardo López
Agustín Lotito
Oscar Raúl Magnorsky
Flavio A. Mantovan
Cristián M. Monetto
Alberto Monteiro Martins
Matías S. Moreno
Bartolomé Ángel Orfila
R. Mariel Orieta
Marcelo L. Perciavalle
Silvina Élida Ramos
Mario J. Rapisarda
Mercedes Rodríguez Soria
Gustavo Raúl Segu
Esteban D. Semachowicz
José Luis Sirena
Mirta Noemí Userpater
Carlos F. Vanney
Marcelo Zangaro
Claudio Javier Zilberman
Osvaldo Zilli

Guía de trámites de la seguridad social / compilado por Ricardo Antonio Parada ; José Daniel Errecaborde ; Francisco Roberto Cañada ; dirigido por Claudia M. Cerchiara. - 1a ed. - Ciudad Autónoma de Buenos Aires : Errepar, 2014.
416 p. ; 28x19 cm.

ISBN 978-987-01-1660-8

1. Empresas. 2. Guías. I. Parada, Ricardo Antonio, comp. II. Errecaborde, José Daniel, comp. III. Cañada, Francisco Roberto, comp. IV. Cerchiara, Claudia M., dir.
CDD 658

Esta edición se terminó de imprimir en los talleres Color Efe, Buenos Aires, Argentina, en el mes de abril de 2014.

Paraná 725
1017 Ciudad de Buenos Aires, Argentina
Teléfono y fax: (5411) 4370-2002
consultas/sugerencias: coleccionpractica@errepar.com
ventas: clientes@errepar.com
actualización on line: www.errepar.com
ISBN: 978-987-01-1660-8
Queda hecho el depósito que dispone la ley 11723.
Libro de edición argentina.

Laboral | Guía de trámites de la seguridad social

Mirta Noemí Userpater

- Contadora Pública graduada en la Universidad de Buenos Aires.
- Mediadora. Escuela de Educación Continuada del Consejo Profesional de Ciencias Económicas.
- Docente Universitaria en la Maestría "Dirección Estratégica de Recursos Humanos", Facultad de Ciencias Económicas de la Ciudad de Buenos Aires, UBA. Titular de "Aspectos Prácticos de la Liquidación de Haberes".
- Asesora de empresas.
- Autora de "Cuadernos Profesionales de Sueldos y Jornales" (Ed. Edicon-Bs.As.) y de artículos sobre la especialidad laboral y de la seguridad social.
- Disertante en Consejos y Colegios Profesionales de Ciencias Económicas del país en temas de la especialidad.
- Expositora en las 2das y 3eras Jornadas Regionales de Derecho Laboral y de la Seguridad Social, Colegio de Graduados en Ciencias Económicas de Tucumán 2010/2011.
- Miembro Activo de la Comisión Laboral y de la Seguridad Social de FACPCE, representante del CPCECABA.
- Representante de la Comisión Laboral y de la Seguridad Social de FACPCE, en los Encuentros del Foro de la Seguridad Social – AFIP.
- Jurado Interno de la Tesis de la Maestría "Dirección Estratégica de Recursos Humanos".

Actualización on line. ¡Regístrese y manténgase informado!

Impulsados por la finalidad de mantener vigente la obra y a los efectos de que pueda cumplir su objetivo de constituir una guía práctica de consulta, le ofrecemos al lector la posibilidad de actualizarla a través de nuestra página de Internet, www.errepar.com –sin cargo alguno– hasta su nueva edición o por un período máximo de seis meses, a contar desde la fecha de esta impresión, lo que sea anterior.

Registrándose usted recibirá un e-mail periódico con la información de las actualizaciones correspondientes a los títulos que integran la Colección.

Para ello, ingrese a www.errepar.com y haga click en el sector Accesos Rápidos/Actualizaciones on line/Colección Práctica.

Asimismo, usted podrá consultar, en el momento en que lo desee, las novedades que se incorporan en nuestra página de Internet.

click aquí

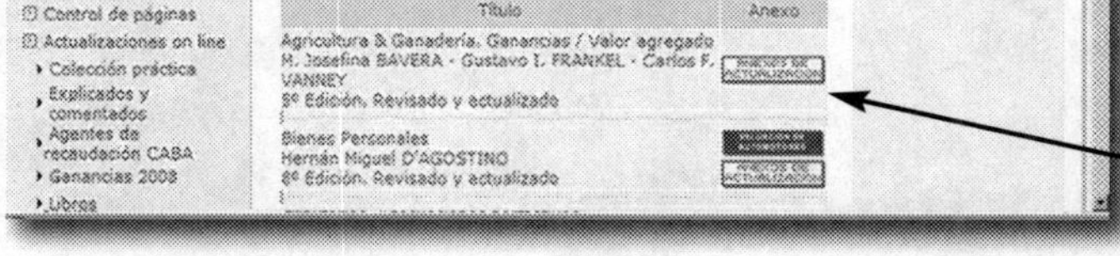

Para registrarse y recibir el e-mail

Para descargar las actualizaciones

Índice

CAPÍTULO III - Administración Federal de Ingresos Públicos (AFIP)

CAPÍTULO VI - SUPERINTENDENCIA DE SERVICIOS DE SALUD

CAPÍTULO VII - SUPERINTENDENCIA DE SEGUROS DE LA NACIÓN

CAPÍTULO VIII - SINDICATOS

CAPÍTULO IX - OTROS ORGANISMOS

Abreviaturas de la colección

AAEF	Asociación Argentina de Estudios Fiscales
ACE	Agrupación de colaboración empresaria
Adm.	Administración
AF	Asignaciones Familiares
AFIP	Administración Federal de Ingresos Públicos
AFJP	Administración de Fondos de Jubilaciones y Pensiones
AMPO	Aporte Medio Previsional Obligatorio
ANA	Administración Nacional de Aduanas
ANR	Asignación No Remunerativa
ANSeS	Administración Nacional de Seguridad Social
ANSSal	Administración Nacional del Seguro de Salud
ant.	Anterior
ap.	Apartado
APE	Acuerdo Preventivo Extrajudicial
ART	Aseguradora de Riesgos del Trabajo
BCRA	Banco Central de la República Argentina
BD	Banco de Datos
BI	Base Imponible
BNA	Banco Nación Argentina
BO	Boletín Oficial
Bol. DGI	Boletín de la Dirección General Impositiva
c/	Contra
CA	Comisión Arbitral
CAIC	Cámara Argentina de la Industria de la Construcción
CaPecon	Cámara en lo Penal Económico
CARSS	Comisión Administrativa Revisora de la Seguridad Social
CASFEC	Caja de Asignaciones Familiares Empleados de Comercio
CAT	Clave de Alta Temprana
CBU	Clave Bancaria Uniforme
C.C.	Código Civil
C.Co.	Código de Comercio
CC.EE.	Ciencias Económicas
CCT	Convenio Colectivo de Trabajo
CDI	Clave de Identificación
CE	Comercio Exterior
CECyT	Centro de Estudios Científicos y Técnicos
CER	Coeficiente de Estabilización de Referencia
CNV	Comisión Nacional de Valores
CF	Código Fiscal
C.Fed.	Cámara Federal
CFSS	Cámara Federal de la Seguridad Social
CGEP	Consejo Gremial de Enseñanza Privada
CM	Convenio Multilateral
CN	Constitución Nacional
CNASS	Cámara Nacional de Apelaciones de la Seguridad Social
CNAT	Cámara Nacional de Apelaciones del Trabajo
CNCom	Cámara Nacional de Apelaciones en lo Comercial
C.N.Crim y Correc.	Cámara Nacional en lo Criminal y Correccional
CNCRIM y CORREC. FED	Cámara Nacional en lo Criminal y Correccional Federal
CNCP	Cámara Nacional de Casación Penal
CNESSMVM	Consejo Nacional de Estudio del Salario Mínimo Vital y Móvil
CN.Fed. Cont. Adm.	Cámara Nacional de Apelaciones en lo Contencioso Administrativo Federal
CNPEySP	Caja Nacional de Previsión para el Personal del Estado y Servicios Públicos
CNPICyAC	Caja Nacional de Previsión Industria Comercio y Actividades Civiles
CNPTA	Caja Nacional de Previsión para Trabajadores Autónomos
CNTA	Comisión Nacional de Trabajo Agrario
CN.Trab.	Cámara Nacional del Trabajo
CNV	Comisión Nacional de Valores
CONSUDEC	Consejo Superior de Educación Católica
CP	Comisión Plenaria / Código Penal
CPCCN	Código Procesal Civil y Comercial de la Nación
CPP	Código de Procedimiento Penal
CSJN	Corte Suprema de Justicia de la Nación
CT	Código Tributario
CTG	Código de Trazabilidad de Granos
CU	Coeficiente Unificado
CUSS	Contribución Unificada de la Seguridad Social
d.	Días
D.	Decreto Nacional
DAJ	Dirección de Asuntos Jurídicos
DAL	Dirección de Asuntos Legales
DALL	Dirección de Asesoría Letrada y Asuntos Legales
DALyTT	Dirección Asesoría Legal y Técnica Tributaria
DAT	Dirección de Asuntos Técnicos
DATF	Dirección de Asuntos Técnicos y Fiscales
DATJ	Dirección de Asuntos Técnicos y Jurídicos
DDJJ	Declaración Jurada
DGEGP	DIrección General de Educación de Gestión Privada
DGI	Dirección General Impositiva
Dict.	Dictamen
DIPE	Dirección de Institutos Privados de Enseñanza
DIPREGEP	Dirección Provincial de Educación de Gestión Privada
DL	Decreto-Ley
DLE	Doctrina Laboral de ERREPAR
DLTRSS	Departamento Legal y Técnico de los Recursos de la Seguridad Social
DN	Disposición Normativa
DNFA	Dirección Nacional de Fiscalización Agroalimentaria
DNPV	Dirección Nacional de Protección Vegetal
DNRT	Dirección Nacional de Relaciones del Trabajo
DR	Decreto Reglamentario
DSE	Doctrina Societaria ERREPAR
DTE	Doctrina Tributaria ERREPAR
EBIT	Ganancia Antes de Intereses e Impuestos
EBITDA	Ganancia Antes de Intereses, Impuestos, Depreciación y Amortizaciones
EVA	Valor Económico Agregado
EXCMA	Excelentísima
f.	Foja, folio
F.	Formulario
FACPCE	Federación Argentina de Consejos Profesionales de Ciencias Económicas
FASB	Financial Accounting Standards Board (Consejo de Normas de Contabilidad Financiera)
FCL	Fondo de Cese Laboral
FIFO	First In First Out
FIIC	Federación Interamericana de la Industria de la Construcción
FNE	Fondo Nacional de Empleo
FODECO	Fondo de Desarrollo de la Construcción
GCBA	Gobierno de la Ciudad de Buenos Aires
GNI	Ganancia No Imponible
GMP	Ganancia Mínima Presunta
GRI	Global Reporting Iniciative
IASB	International Accounting Standards Board (Consejo de Normas Internacionales de Contabilidad) de la IASCF
IASC	International Accounting Standards Board Committee (Comité de Normas Internacionales de Contabilidad)
IASCF	International Accounting Standards Committee Foundation (Fundación del Comité de Normas Internacionales de Contabilidad)
IB	Ingresos Brutos
IERIC	Instituto de Estadística y Registro de la Industria de la Construcción
IFAC	Internacional Federation of Accountants (Federación Internacional de Contadores)
IGJ	Inspección General de Justicia
ILT	Incapacidad Laboral Temporaria
IMPS	Instituto Municipal de Previsión Social
INAC	Instituto Nacional de Acción Cooperativa
INACYM	Instituto Nacional de Acción Cooperativa y Mutual
INAES	Instituto Nacional de Asociativismo y Economía Social
INARSS	Instituto Nacional de los Recursos de la Seguridad Social
INASE	Instituto Nacional de Semillas
INDEC	Instituto Nacional de Estadística y Censos
Ins.	Instrucción
Ins. Gral.	Instrucción General
INSSJ y P	Instituto Nacional de Seguridad Social para Jubilados y Pensionados
Int.	Interno/a
IOSCO	Internacional Organization of Securities Commissions (Organización Internacional de Comisiones de Valores)
IPBP	Índice de Precios Básicos al Productor

IPIBM	Índice de Precios Internos Básicos al por Mayor
IPIM	Índice de Precios Internos al por Mayor
IPMNG	Índice de Precios al por Mayor Nivel General
IPP	Incapacidad Permanente Parcial
IPPD	Incapacidad Permanente Parcial Definitiva
IPPP	Incapacidad Permanente Parcial Provisoria
IPS	Instituto de Previsión Social de la Provincia de Buenos Aires
IPTD	Incapacidad Permanente Total Definitiva
IPTP	Incapacidad Permanente Total Provisoria
IR	Informe de Recepción *(Costos)*
IT	Ingresos Totales
J.	Jurisprudencia
J. Ad.	Jurisprudencia Administrativa
L.	Ley Nacional
LCQ	Ley de Concursos y Quiebras
LCT	Ley de Contrato de Trabajo
LECOP	Letras de Cancelación de Obligaciones Provinciales
LFCL	Libreta Fondo de Cese Laboral
LIFO	Last In First Out
LNE	Ley Nacional de Empleo
LNPA	Ley Nacional de Procedimientos Administrativos
LP	Lote de Producción *(Costos)*
LPA	Ley de Procedimientos Administrativos
LPT	Ley de Procedimiento Tributario
LRT	Ley de Riesgos del Trabajo
LSC	Ley de Sociedades Comerciales
ME	Ministerio de Economía
MEyOySP	Ministerio de Economía y Obras y Servicios Públicos
MOPRE	Módulo Previsional
MP	Materias Primas *(Costos)*
MTE y FRH	Ministerio de Trabajo, Empleo y Formación de Recursos Humanos
MT y SS	Ministerio de Trabajo y de la Seguridad Social
MTE y SS	Ministerio de Trabajo, Empleo y Seguridad Social
NIC	Normas Internacionales de Contabilidad
NIFF	Normas Internacionales de Información Financiera
OCDE	Organización de Cooperación y Desarrollo Económico
OIT	Organización Internacional del Trabajo
OMC	Organización Mundial del Comercio
ONCCA	Oficina Nacional de Control Comercial Agropecuario
OSDOP	Obra Social de Docentes Particulares
OSECAC	Obra Social de Empleados de Comercio y Actividades Civiles
OSPECON	Obra Social del Personal de la Construcción
OSPLAD	Obra Social para la Actividad Docente
PAL	Práctica y Actualidad Laboral
PAT	Práctica y Actualidad Tributaria ERREPAR
PEN	Poder Ejecutivo Nacional
PEPS	Primero Entrado Primero Salido
PMO	Programa Médico Obligatorio
PP	Producción en Proceso *(Costos)*
PPGM	Padrón de Productores de Granos Monotributistas
PPP	Precio Promedio Ponderado
PT	Producto Terminado *(Costos)*
R.	Resolución
RC	Resolución Conjunta
RECPAM	Resultado por exposición al cambio en el poder adquisitivo de la moneda
RENATEA	Registro Nacional de Empleadores y Trabajadores
RENSPA	Registro Nacional Sanitario de Productores Agropecuarios
RFOG	Registro Fiscal de Operadores en la Compraventa de Granos y Legumbres Secas
RG	Resolución General
RI	Resolución Interna
RI	Responsable Inscripto
RNI	Responsable No Inscripto
RNIC	Registro Nacional de la Industria de la Construcción
RPC	Registro Público de Comercio
RPTFN	Reglamento de Procedimientos del Tribunal Fiscal de la Nación
RSE	Responsabilidad Social Empresaria
RT	Resolución técnica
RTA	Régimen de Trabajo Agrario
RUOCCA	Registro Único de Operadores de la Cadena Comercial Agropecuaria Alimentaria
RUTA	Registro Único de Transporte Automotor
SA	Sociedad Anónima
SAFJP	Superintendencia de Administradoras de Fondos de Jubilaciones y Pensiones
SAGPyA	Secretaría de Agricultura, Ganadería, Pesca y Alimentos
SC	Sociedad Colectiva
SCA	Sociedad en Comandita por Acciones
SECLO	Servicio de Conciliación Laboral Obligatoria
SENASA	Servicio Nacional de Sanidad y Calidad Agroalimentaria
SESS	Secretaría de Estado de Seguridad Social
SI	Secretaría de Industria
SICORE	Sistema de Control de Retenciones
SICOSS	Sistema de Cálculo de Obligaciones de la Seguridad
SIJP	Sistema Integrado de Jubilaciones y Pensiones
SIPA	Sistema Integrado Previsional Argentino
SITER	Sistema Informativo de Transacciones Económicas Relevantes
SME	Secretaría para Modernización del Estado
SMVM	Salario Mínimo Vital y Móvil
s/nº	Sin número
SNEP	Superintendencia Nacional de Enseñanza Privada
SPEP	Servicio Provincial de Enseñanza Privada
SPyME	Secretaría de Pequeñas y Medianas Empresas
SRL	Sociedad de Responsabilidad Limitada
SRT	Superintendencia de Riesgos de Trabajo
ss.	Subsiguientes
SS	Superintendencia de Seguros
SSN	Superintendencia de Seguros de la Nación
SSS	Secretaría de la Seguridad Social
SSSal.	Superintendencia de Servicio de Salud
SsTA	Subsecretaría de Transporte Aerocomercial
ST	Secretaría de Trabajo
std	Estándar *(Costos)*
SUAF	Sistema Único de Asignaciones Familiares
SUSS	Sistema Único de la Seguridad Social
T.	Tomo
TC	Tipo de Cambio
TFN	Tribunal Fiscal de la Nación
TIR	Tasa Interna de Retorno
t.o.	Texto ordenado
UDAI	Unidad de Atención Integral
UEPS	Último Entrado Primero Salido
UM	Unidad de Medida
UOCRA	Unión Obrera de la Construcción de la República Argentina
UTE	Unión Transitoria de Empresas
VAN	Valor Actual Neto
VNG	Vacaciones No Gozadas
VS	Vuestra Señoría

Lectura de íconos y simbología de la colección

Explicación teórica de conceptos

Casos prácticos

En opinión de…

Entre colegas…

Páginas (grisadas) que contienen ejercitación y/o autoevaluación

A considerar…

Concepto destacado

Introducción

En esta oportunidad nos acercamos a ustedes para entregarles una guía práctica de trámites laborales y de la seguridad social a realizarse en los distintos organismos de contralor.

A lo largo de la vida laboral, tanto el empleador como el empleado, se vinculan con organismos de control, cada uno de los cuales tienen misiones disímiles en sus áreas de competencia.

Orientar al usuario, realizar trámites presenciales y/o trámites en línea, monitorear la evolución del empleo formal, supervisar y fiscalizar, recabar información, recaudar, controlar, dictar normas, son algunos de los objetivos determinados en estos organismos.

Este libro se compone de nueve capítulos. Cada uno de ellos se refiere a un organismo de control. Su contenido es netamente práctico. Es una guía de trámites, a veces en cabeza del empleador, otras del trabajador, que mejora los tiempos de gestión y administración en las relaciones del trabajo.

Los invitamos a recorrerlo.

Serán bienvenidas en nuestro correo electrónico **(coleccionpractica@errepar.com)**, las consultas o sugerencias que estime conveniente enviarnos.
Por siempre, *agradecidos*.

Capítulo I | Ministerio de Trabajo, Empleo y Seguridad Social

1. INTRODUCCIÓN

El Ministerio de Trabajo, Empleo y Seguridad Social es un organismo nacional, dependiente del Poder Ejecutivo, que tiene la misión de servir a los ciudadanos en las áreas de su competencia.
Es parte de la estructura administrativa gubernamental para la conformación y ejecución de las políticas públicas del trabajo y la seguridad social.
Propone, diseña, elabora, administra y fiscaliza las políticas para todas las áreas del trabajo, el empleo y las relaciones laborales, la capacitación laboral y la seguridad social.
Las delegaciones regionales son la representación del Ministerio en todo el país. Se encargan en primera instancia del control del trabajo no registrado, los conflictos laborales y todo lo relativo al ámbito laboral.
Las Gerencias de empleo y capacitación laboral tienen la función de promover acciones para la generación de puestos de trabajo y calificación de recursos humanos, contando como herramienta principal con los programas de empleo y capacitación. Tienen a su cargo la asistencia técnica para las instituciones interesadas en la presentación de proyectos que se encuadren en los programas, así como de la recepción, evaluación y aprobación de los mismos, y su posterior seguimiento en el caso de ser aprobados.
Fuente: http://www.trabajo.gob.ar

2. TRÁMITES Y SERVICIOS

2.1. Centro de orientación al ciudadano

Permite realizar consultas referidas a orientación laboral y/o denuncias, como así también en cuanto a programas o prestaciones de empleo:

- Denuncias trabajo no registrado
- Denuncias por trabajo infantil
- Denuncias por trabajo esclavo
- Denuncia de violencia laboral
- Trabajo doméstico
- Trabajo agrario
- Registro Nacional de Empresas de Servicios Eventuales
- Servicio de Conciliación Laboral Obligatoria (SECLO)
- Orientación sobre ley de contrato de trabajo
- Procedimiento preventivo de crisis
- Consultas expedientes ingresados al Ministerio
- Consulta sobre cronograma de pagos
- Dirección y servicios de las oficinas y unidades de empleo
- Programa Jóvenes con más y mejor trabajo
- Seguro de capacitación y empleo
- Programa Promover para personas con discapacidad
- Beneficios para empleadores
- Programa de inserción laboral
- Acciones de entrenamiento para el trabajo
- Seguro por desempleo

Fuente: http://www.trabajo.gob.ar

Las denuncias efectuadas pueden ser colectivas o individuales, existiendo la posibilidad, en este último caso, de hacerlo en forma anónima.

A considerar... Denuncias

- Personalmente
  - Departamento de Denuncias Laborales de la Dirección de Inspección Federal.
    Av. Leandro N. Alem 628, Piso 5º, Ciudad de Buenos Aires.
    Horario de atención: lunes a viernes de 9:00 a 17:00 hs
  - Mesa de Entradas del Ministerio de Trabajo, Empleo y Seguridad Social.
    Av. Leandro N. Alem 650, Planta Baja, Ciudad de Buenos Aires
    E-mail: denuncias@trabajo.gob.ar
- Telefónicamente: 0800-666-4100, de 10 a 16 hs

A considerar... Consultas

Información sobre el régimen general de contratación laboral –ley de contrato de trabajo 20744–:

Comunicarse al 0800-666-4100, de lunes a viernes de 10.00 a 16.00 hs, seleccionar la opción 1 y luego la 9, o escribir a consultas@trabajo.gob.ar, de lunes a viernes entre las 9.00 y 19.00 hs.

2.2. Oficinas de asesoramiento

SOBRE VIOLENCIA LABORAL

2.2.1. ¿Qué se entiende por violencia laboral?

- Es una forma de abuso de poder que tiene por finalidad excluir o someter al otro.
- Puede manifestarse como agresión física, acoso sexual o violencia psicológica.
- Puede presentarse tanto en sentido vertical (ascendente o descendente) como entre pares.
- Puede ejercerse por acción u omisión.
- Afecta la salud y el bienestar de las personas que trabajan.
- Configura una violación a los derechos humanos y laborales.

Fuente: http://www.trabajo.gob.ar

2.2.2. ¿Qué no se considera violencia laboral?

- Conflictos laborales: divergencias o dificultades de relación entre las personas o por reclamos relativos a las condiciones laborales. Los problemas y sus causas o motivos son explícitos o pueden identificarse fácilmente. Ejemplos: jefe difícil, roces, tensiones, incidentes aislados, reclamos laborales.
- Exigencias organizacionales: pueden presentarse situaciones orientadas a satisfacer exigencias de la organización, guardando el respeto debido a la dignidad del trabajador y sus derechos patrimoniales, excluyendo toda forma de abuso de derecho (cambios de puesto, sector u horario, períodos de mayor exigencia para los trabajadores, siempre que sean conformes al contrato de trabajo y a reales necesidades de la organización, debidamente comunicadas, y no como acciones destinadas a degradar y eliminar progresivamente al trabajador).

- Estrés laboral: se llama estrés a la "respuesta fisiológica, psicológica y de comportamiento de un individuo que intenta adaptarse y ajustarse a presiones internas y externas". El estrés laboral es una consecuencia de la actividad o tarea y se manifiesta en una serie de alteraciones psicológicas y físicas.
- "Burn out": también conocido como síndrome de agotamiento profesional. Se manifiesta con episodios de despersonalización y sentimientos de baja realización personal, ocurriendo con mayor frecuencia entre los trabajadores de los sectores de la salud y la educación.

Fuente: http://www.trabajo.gob.ar

SOBRE VIOLENCIA FAMILIAR

2.2.3. Funciones de la Oficina de Asesoramiento sobre Violencia Familiar

- Atención de consultas y/o recepción de denuncias sobre violencia laboral y asesoramiento en aspectos legales y en lo referente a la salud psicofísica.
- Elaboración de una base conceptual, empírica, legislativa y documental, atendiendo las perspectivas locales, nacionales e internacionales.
- Establecer vínculos de cooperación y asistencia con áreas internas del Ministerio, otros organismos públicos y privados, nacionales e internacionales, con objetivos similares o complementarios.
- Realizar y promover tareas preventivas mediante la realización de actividades de sensibilización, difusión y capacitación sobre el tema hacia diferentes sectores que, en distintas formas, tengan intervención o sean alcanzados por esta temática.

Fuente: http://www.trabajo.gob.ar

A considerar... Las consultas de asesoramiento se realizan solicitando turno previo en Av. Leandro N. Alem 638, piso 5º (C1001AAO), Ciudad Autónoma de Buenos Aires.
Teléfono: (011) 4310-5525

2.3. Consulta de expedientes on line

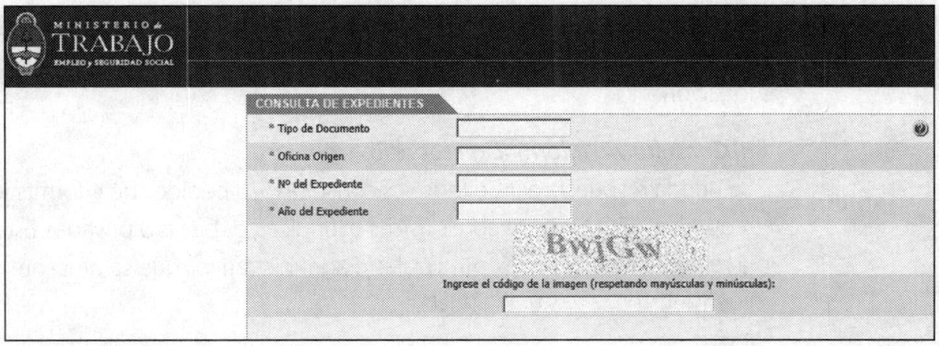

2.4. Servicio de Conciliación Laboral Obligatorio (SECLO)

Es un servicio de instancia administrativa en el cual se dirimen con carácter obligatorio, y previo al inicio de la demanda judicial, todos los reclamos individuales y pluriindividuales que versen sobre conflictos de derecho correspondientes a la competencia de la Justicia Nacional del Trabajo. Esta instancia es de carácter gratuita para el trabajador y sus derechohabientes y oneroso para el empleador.

2.4.1. ¿Qué servicios brinda el SECLO?

a) Instancia Obligatoria de Conciliación Laboral (IOCL)

Brinda una audiencia de conciliación a los trabajadores y/o empleadores que tengan un conflicto con la otra parte en asuntos laborales. Si una de las partes desea demandar a la otra en asuntos laborales está obligada a solicitar previamente una audiencia de conciliación en el Servicio de Conciliación Laboral Obligatoria (SECLO).

Sólo podrá recurrir a la justicia una vez agotada esta etapa. Este carácter previo y obligatorio no significa que necesariamente se deba llegar a un acuerdo, sino que es indispensable pasar por el intento de conciliación, para sólo entonces poder iniciar una demanda judicial.

El servicio incluye evaluar los acuerdos conciliatorios alcanzados, a fin de determinar la procedencia o no de su homologación. En este último caso queda habilitada la instancia judicial para el supuesto de no arribar a un acuerdo conciliatorio.

b) Revisión y homologación de acuerdos pactados directamente por las partes (acuerdos espontáneos)

Revisar y homologar (dar validez legal en los casos en que corresponda) los acuerdos pactados directamente entre partes (trabajadores y empleadores), en forma espontánea, vinculados a relaciones del trabajo.

c) Revisión y homologación de acuerdos pactados en audiencias de Servicios Conciliación Laboral Optativos

Las partes que voluntariamente concurran a los servicios de conciliación laboral habilitados por un convenio colectivo de trabajo podrán dirimir allí su conflicto. El eventual acuerdo alcanzado será elevado al SECLO, que evaluará la procedencia o no de la homologación.

d) Consulta y/o información sobre los trámites

Se brinda respuesta a las diferentes consultas y/o pedidos de información que puedan requerir al SECLO las personas físicas o jurídicas, públicas o privadas. Este servicio incluye la resolución de los oficios judiciales o administrativos que se presenten ante el SECLO.
Fuente: http://www.trabajo.gob.ar

2.4.2. ¿Qué herramienta pueden utilizar los usuarios y abogados?

a) "Gestión Ágil"

Los usuarios en general podrán acceder a una plataforma de "Gestión Ágil":

- Consultar el estado de su expediente, ingresando el número y año asignado al mismo.
- Consultar el estado de las notificaciones emitidas en los trámites de conciliación laboral obligatoria. Ingresando el número de expediente y el año podrán saber si las partes intervinientes se encuentran debidamente notificadas antes de la celebración de la audiencia fijada.
- Conocer los requisitos necesarios para realizar los diferentes trámites.
- Obtener los formularios necesarios para realizar los trámites.
- Consultar la normativa aplicable al proceso de conciliación laboral.
- Realizar consultas y obtener información gratuita vía telefónica, de lunes a viernes de 10 a 16 hs, llamando al: 0800-666-4100, presionando primero la opción "1" y luego la opción "3", o bien, realizarla por correo electrónico a: consultaseclo@trabajo.gob.ar

Para acceder a "Gestión Ágil", ingresar a www.trabajo.gob.ar, Servicios, SECLO, Gestión Ágil.

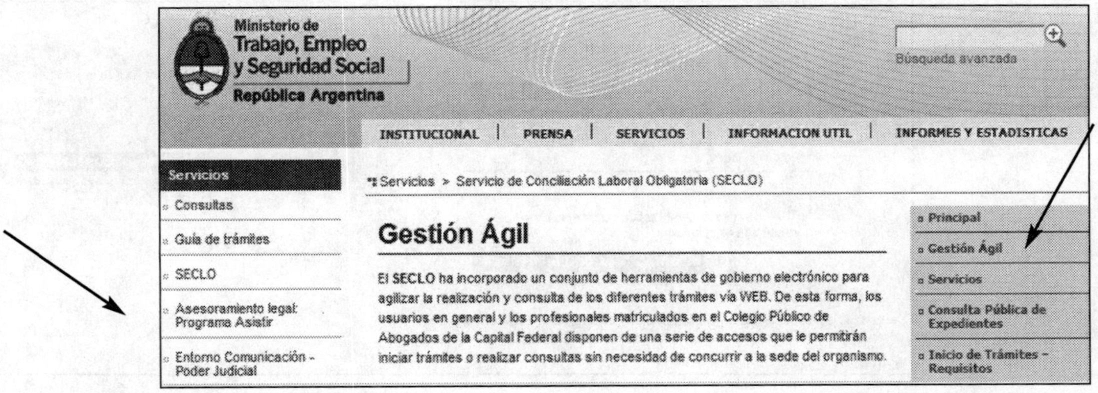

Por su parte, el abogado matriculado en el CPACF tiene la posibilidad de registrarse en el "Portal del Abogado". Una vez que completa sus datos deberá imprimir el formulario de solicitud de registro y presentarlo, personalmente, en el puesto de "Atención al Usuario" en la sede del SECLO, en forma conjunta con la credencial del CPACF, actualizada y vigente, para que se proceda a activar el acceso al mismo.

Es muy importante que los abogados tengan presente que para la realización de cualquier trámite ante el SECLO se exige la presentación de la credencial profesional actualizada y vigente. En caso de no cumplir con este requisito no podrá realizar ningún trámite.

Además de los accesos permitidos para los usuarios, los abogados podrán:

- Iniciar el trámite de conciliación laboral obligatoria, reservando turno para que el requirente o su apoderado concurran a notificarse personalmente de la fecha de audiencia y conciliador sorteado.
- Iniciar el trámite de solicitud de audiencia para ratificar un acuerdo espontáneo, reservando turno para que las partes concurran ante un funcionario del SECLO. Es importante

tener presente que se deberá respetar la fecha y hora seleccionada, puesto que de lo contrario se perderá el turno y se deberá seleccionar uno nuevo para llevar a cabo la audiencia.

- Disponer de una agenda virtual en donde se registrarán los turnos y audiencias solicitados.
- Tener la posibilidad de imprimir la boleta para abonar el arancel obligatorio de los trámites de ratificación de acuerdos espontáneos.

Fuente: http://www.trabajo.gob.ar

2.4.3. ¿Cómo acceder?

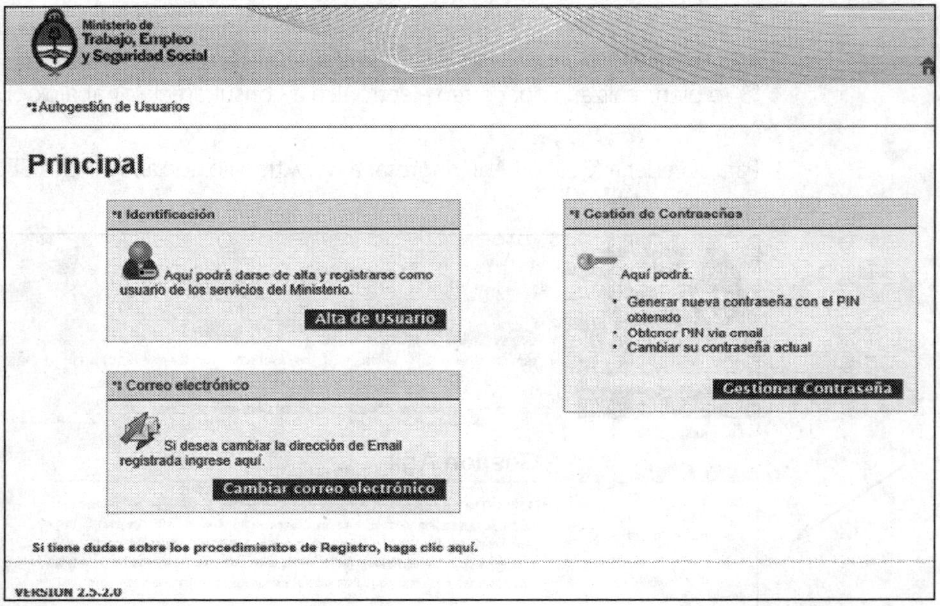

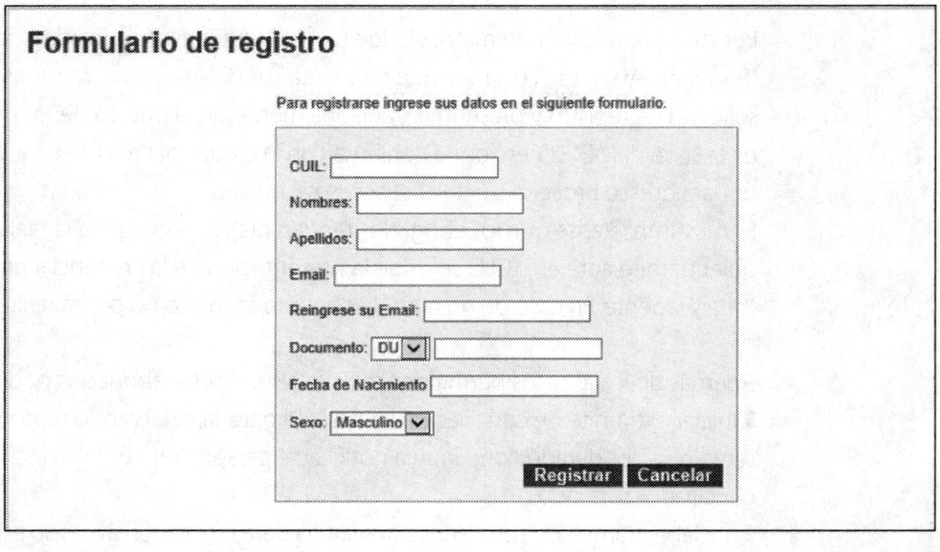

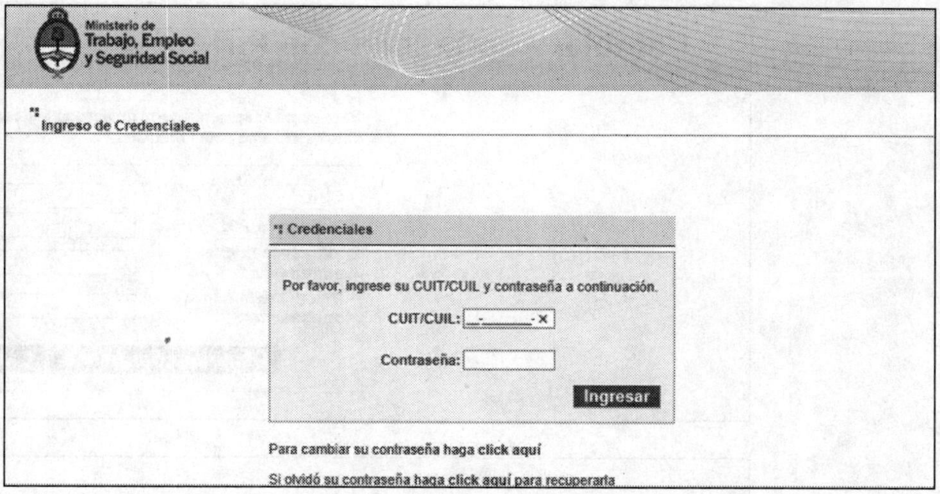
Ministerio de Trabajo, Empleo y Seguridad Social
Ingreso de Credenciales
Credenciales
Por favor, ingrese su CUIT/CUIL y contraseña a continuación.
CUIT/CUIL:
Contraseña:
Ingresar
Para cambiar su contraseña haga click aquí
Si olvidó su contraseña haga click aquí para recuperarla

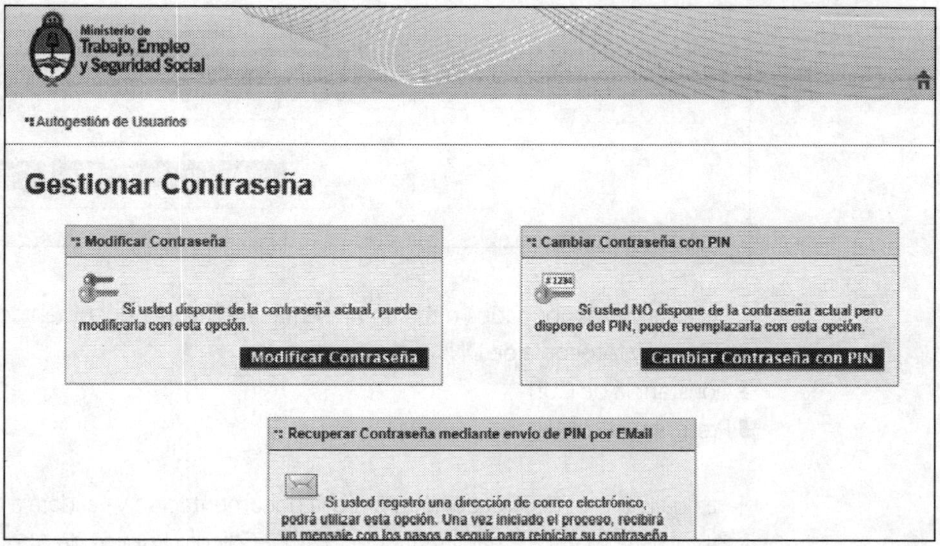
Ministerio de Trabajo, Empleo y Seguridad Social
Autogestión de Usuarios
Gestionar Contraseña
Modificar Contraseña
Si usted dispone de la contraseña actual, puede modificarla con esta opción.
Modificar Contraseña
Cambiar Contraseña con PIN
Si usted NO dispone de la contraseña actual pero dispone del PIN, puede reemplazarla con esta opción.
Cambiar Contraseña con PIN
Recuperar Contraseña mediante envío de PIN por EMail
Si usted registró una dirección de correo electrónico, podrá utilizar esta opción. Una vez iniciado el proceso, recibirá un mensaje con los pasos a seguir para reiniciar su contraseña

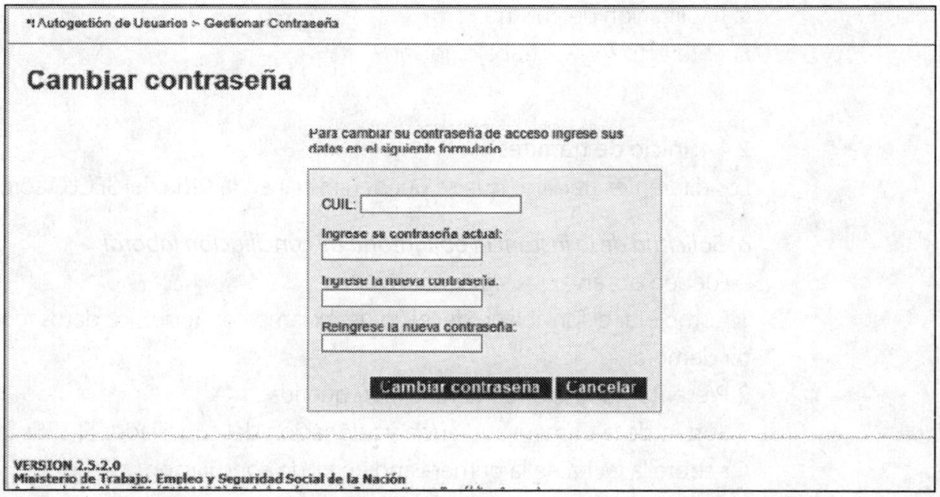
Autogestión de Usuarios > Gestionar Contraseña
Cambiar contraseña
Para cambiar su contraseña de acceso ingrese sus datos en el siguiente formulario
CUIL:
Ingrese su contraseña actual:
Ingrese la nueva contraseña:
Reingrese la nueva contraseña:
Cambiar contraseña
Cancelar
VERSION 2.5.2.0
Ministerio de Trabajo, Empleo y Seguridad Social de la Nación

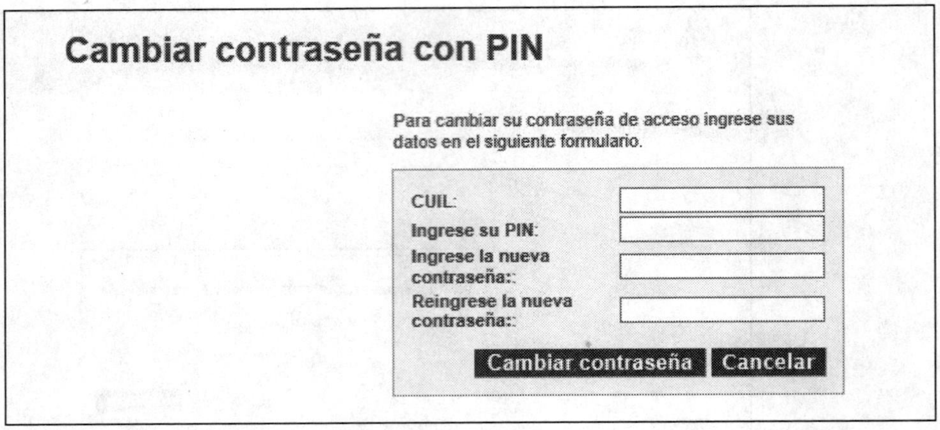

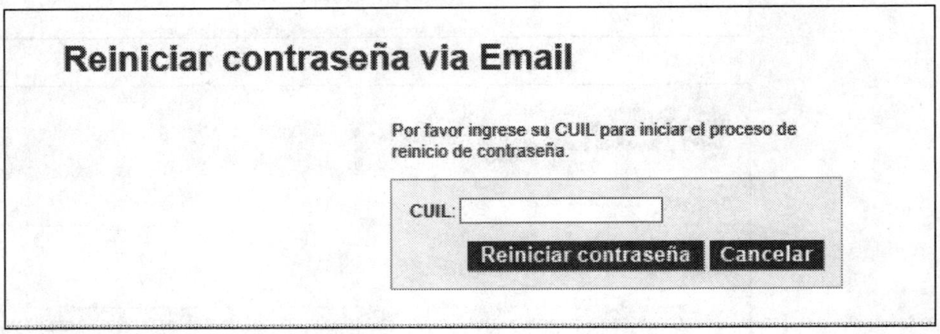

En el caso de los abogados, deberán presentar la siguiente documentación en Alsina 665:

- Original y fotocopia de DNI.
- Constancia de CUIT.
- Presentar la credencial del CPACF.

Para finalizar, el SECLO recepcionará dicha documentación y validará a través de su tomo y folio que la matrícula habilitante del CPACF –Colegio Público de Abogados de la Capital Federal–, se encuentre vigente. Además, requerirá firmar una declaración jurada para la habilitación del mismo.
Fuente: http://www.trabajo.gob.ar

2.4.4. Inicio de trámites

Los diferentes trámites que se pueden iniciar en la sede del SECLO son:

a) Solicitud de la instancia obligatoria de conciliación laboral

Se deben observar los siguientes pasos:

1. Completar el formulario de inicio de reclamo con todos los datos requeridos, para evitar demoras.
2. Presentar toda la documentación requerida.
3. Sorteo de la primera audiencia y asignación del conciliador. El SECLO notifica a las partes sobre la fecha de la primera audiencia de conciliación.
4. Asistir a las audiencias de conciliación.

<u>Documentación a presentar</u>

Si el trámite lo inicia el empleador o el empleado:

- Formulario de inicio de reclamo completo.
- Documento nacional de identidad, libreta cívica, libreta de enrolamiento o cédula de identidad MERCOSUR e instrumento de personería, si correspondiere.

Si el trámite lo inicia un apoderado o un tercero (enviado por el apoderado):

- Formulario de inicio de reclamo completo.
- Poder, se acepta:
  - Minuta acta poder, expedida por la Cámara Nacional de Apelaciones del Trabajo.
  - Poder otorgado ante escribano público.
  - Carta poder certificada por un funcionario SECLO autorizado o ante autoridad policial.

<u>Carta poder</u>

- Nota de autorización, si el apoderado envía a un tercero a presentar el trámite.

<u>Autorizados a efectuar las presentaciones</u>

Los usuarios de este servicio son los trabajadores (o ex trabajadores) y empleadores. En caso de fallecimiento, sus descendientes, cónyuges o ascendientes (derechohabientes). El trámite lo pueden realizar ellos mismos o a través de un apoderado.

El abogado registrado en el Portal del Abogado deberá iniciar el trámite "vía internet", seleccionar un turno para que el reclamante concurra personalmente (con CI, LE, LC o DNI, sin excepción) o lo haya el apoderado (debiendo acompañar copia del instrumento que lo acredita como tal) a fin de solicitar el sorteo del conciliador laboral.

Adjuntar el Formulario de Inicio y la Constancia de Tramite, el cual será firmado ante el operador que le reciba el trámite.

Las partes deberán asistir en forma obligatoria a la audiencia de conciliación designada con asesor legal (sólo podrán actuar letrados matriculados en el Colegio Público de Abogados de Capital Federal) o sindical (debiendo acreditar tal carácter con la autorización por escrito).

<u>Costo del trámite</u>

- Aranceles y honorarios

Si el reclamo concluye con acuerdo entre las partes, el empleador deberá abonar, en concepto de honorarios del conciliador, la suma de:

  - Por un trabajador: $ 700
  - Por dos trabajadores: $ 875
  - Por tres trabajadores: $ 1.050

- Multas

En caso de ausencia no justificada a la audiencia de conciliación fijada se deberá abonar una multa:

  - En caso de ausencia a una audiencia: $ 700
  - En caso de ausencia a dos audiencias: $ 1.400

La parte deberá retirar la boleta de pago de la multa en SECLO, en su horario habitual de atención al público. De no concurrir, el SECLO la intimará vía postal.

Tiempo estimado

La primera audiencia se realizará dentro de los 10 días hábiles desde la presentación de la documentación en el SECLO.

El tiempo total del trámite dependerá de la cantidad de audiencias y de la voluntad de las partes.

Vigencia del documento

Si se llega a un acuerdo y es homologado, hace cosa juzgada administrativa.

Si no se llega a un acuerdo entre las partes, queda expedita la vía judicial.

b) Solicitud de ratificación de acuerdos espontáneos. Revisión y homologación de acuerdos pactados directamente por las partes (acuerdos espontáneos)

Cuando las partes hayan arribado a un acuerdo conciliatorio en forma espontánea y requieran de la intervención del SECLO para que se expida sobre la procedencia de su "homologación", las mismas deberán concurrir personalmente a la sede del SECLO para que un funcionario autorizado les tome la ratificación del acuerdo. Posteriormente, se dicta una resolución fundada sobre los acuerdos entre partes (trabajadores y empleadores) que correspondan a la competencia de la Justicia Nacional del Trabajo. Esto brinda tranquilidad a las partes involucradas al limitar futuros reclamos ante la justicia. Además, al trabajador se le explica el alcance del convenio que suscribe, pudiendo percibir el dinero, en los casos en que corresponda, en forma rápida (en mucho menor tiempo del que tardaría un juicio).

A considerar... No se puede iniciar un trámite de ratificación de acuerdos espontáneo si previamente se registra la existencia de un trámite de instancia obligatoria de conciliación laboral (art. 4, D. 1169/96, modif. D. 1347/99). Aquellos empleadores que celebren 10 o más acuerdos en el término de 6 meses o 20 en el término de 12 meses, deberán pedir la autorización por escrito.

Cómo se hace el trámite

- Solicitar turno a través del "Portal del Abogado".
- Pagar la boleta correspondiente por el arancel del trámite en cualquier sucursal del Banco Nación.
- Presentar la documentación requerida en el sector de espontáneas del SECLO, sito en Adolfo Alsina 665, PB, el día de la fecha del turno.

Documentación a presentar

- Solicitar turno a través del "Portal del Abogado" del SECLO.

El abogado, matriculado en el CPACF, debe estar previamente registrado en el portal para poder solicitar dicho turno.

- Abonar la boleta del arancel.

Documentación a presentar al momento de asistir al organismo

- Acuerdos por triplicado, firmados por todas las partes y uno con la aclaración de las firmas.
- Actas de ratificación por triplicado, completas y sin firmar.
- En caso de que exista personería jurídica, copia de la personería, firmada y aclarada en todas las hojas.
- Acreditación de identidad y representación con documento nacional de identidad, libreta cívica, libreta de enrolamiento, cédula de identidad MERCOSUR o pasaporte, de todas las partes.
- Los letrados deben tener las credenciales que permitan realizar el ejercicio de su profesión en la Ciudad Autónoma de Buenos Aires, y las mismas deben estar actualizadas.

Documentación extraviada y/o robada: NO se permite el ingreso de la gestión con la presentación de la constancia de inicio de trámite ante el Registro Nacional de las Personas, ni la denuncia policial.

No se aceptan ratificaciones mediante apoderado.

Las partes deberán concurrir personalmente (acreditando su identidad y representación con CI, LE, LC o DNI –SIN EXCEPCIÓN– e instrumento de personería, si correspondiere), habiendo abonado previamente el arancel respectivo. El arancel se puede abonar en cualquier sucursal del Banco de la Nación Argentina.

Para la parte trabajadora es obligatoria la asistencia legal (sólo podrán actuar letrados matriculados en el Colegio Público de Abogados de Capital Federal) o sindical (debiendo acreditar tal carácter con la autorización por escrito).

Para celebrar una audiencia espontánea se deberá reservar previamente, y en forma obligatoria, un turno. A tal fin, un abogado matriculado en el CPACF y registrado en el "Portal del Abogado" podrá iniciar el trámite y reservarlo "vía internet".

Costo del trámite

- Para el trabajador: gratuito.
- Para el empleador: debe abonar $ 150 por cada trabajador.

Vigencia del documento

- Si se llega a un acuerdo y es homologado, hace cosa juzgada administrativa.
- Si no se llega a acuerdo entre las partes o el mismo no es homologado, no queda expedita la vía judicial.

Tiempo estimado de duración de la gestión

El turno lo solicitará el abogado matriculado en el CPACF según la cantidad de turnos disponibles. Se estima que el mismo se dará dentro de las 72 hs, pero dependerá de la demanda estacional de turnos.

A considerar... Para cualquier tipo de consulta o información dirigirse a:

- Personalmente en la Mesa de Informes del SECLO, sita en Adolfo Alsina 665, PB, Ciudad Autónoma de Buenos Aires, de lunes a viernes de 9:00 a 17:00 hs.
- Telefónicamente a través de la línea gratuita 0800-666-4100, opción 3, de lunes a viernes de 10:00 a 16:00 hs.
- Correo electrónico a consultaseclo@trabajo.gob.ar
- Los oficios judiciales deberán ser presentados en Av. Leandro N. Alem 650, Mesa General de Entradas.

Fuente: http://www.trabajo.gob.ar

A considerar... Los formularios a utilizar serán analizados en el ítem 2.4.7.

2.4.5. Aclaraciones a tener en cuenta. Requisitos de admisibilidad de trámites en el SECLO

a) Competencia en razón de la materia

Quedan excluidos:

- Los trabajadores del servicio doméstico.
- Los trabajadores dependientes de la Administración Pública (nacional, provincial o municipal, excepto que la competencia esté consentida por el empleador para cada caso en particular).

Los trabajadores agrarios no están excluidos porque en la ley específica se exige como única posibilidad de instancia administrativa.

b) Competencia en razón del territorio

Para receptar una causa por el SECLO se deberá contemplar:

- Que el domicilio legal del empleador sea en Ciudad de Buenos Aires (en tal situación deberá estar consignado obligatoriamente en el formulario de inicio). Siendo así, cuando el lugar de trabajo sea fuera de la Ciudad de Buenos Aires, intervendrán las agencias territoriales.
- Que el lugar de celebración del contrato de trabajo haya sido en la Ciudad de Buenos Aires (consignar por declaración jurada expresa por parte del trabajador).
- Que el lugar de desarrollo de las tareas laborales haya sido en la Ciudad de Buenos Aires (consignar por declaración jurada expresa por parte del trabajador).

c) Supuestos especiales establecidos para la conciliación laboral obligatoria y optativa

Quedan excluidos:

- La presentación de acciones de amparo y medidas cautelares.
- La presentación de diligencias preliminares y prueba anticipada.
- Reclamos individuales y pluriindividuales que hayan sido objeto de las acciones previstas en los procedimientos de reestructuración productiva, preventivo de crisis, o de conciliación obligatoria previstos en las leyes 24013 y 14786.
- Las demandas contra empleadores concursados o quebrados.
- Las acciones promovidas por menores que requieran la intervención del Ministerio Público.

d) Cuestiones de interpretación para todos los trámites

- Administración pública nacional, provincial o municipal
  - Bajo esta denominación se encuentran incluidas todas aquellas reparticiones, organismos y entidades centralizadas, que dependan directamente del Estado nacional, provincial o municipal. Esto es, que su administración y dirección dependan directamente de la organización estatal (designación de la conducción, presupuesto, etc.).
  - No se encuentran incluidas en esta denominación, y consecuentemente de la exclusión de la competencia, aquellas entidades descentralizadas, autárquicas o con participación estatal, que tengan manejo presupuestario independiente y se rijan por la ley de contrato de trabajo.
- Acciones promovidas por incapaces
  - Acciones promovidas por menores

    Pueden iniciar o participar de un trámite de conciliación:

    - Si siendo trabajadores tienen 18 años cumplidos o se encuentran emancipados (en este último caso deben acreditarlo con la documentación pertinente).

    - Si se presenta como derechohabiente (por causa de fallecimiento del trabajador / causa habiente) y tiene 21 años cumplidos.

    - Se acepta el acuerdo en el ámbito administrativo, en representación del menor, si se acredita la curatela judicial, en donde expresamente se autorice al curador a conciliar en esta instancia.

    No pueden iniciar o participar de un trámite de conciliación:

    - Si siendo trabajadores tienen menos de 18 años, atento a que se necesita la intervención promiscua del Ministerio Público.

    - Si siendo derechohabiente del trabajador fallecido no tiene 21 años cumplidos, atento a que se necesita la intervención promiscua del Ministerio Público. En este supuesto debe tenerse presente que si del acuerdo y/o instancia conciliatoria participan otros derechohabientes mayores de 21 años, el trámite se debe ajustar sólo a ellos. En el caso de acuerdo conciliatorio, se puede acordar con los mayores, siempre y cuando se deje expresa constancia de que la parte correspondiente al menor será consignada judicialmente (esto se debe a la obligatoria intervención del Ministerio Público, que sólo la autoridad del juez puede eximir).
- Acciones promovidas por un trabajador privado de su libertad
  - Se deberá considerar el estado de capacidad que determina su situación procesal. Si está procesado, podrá ratificar el acuerdo ante la autoridad penitenciaria que corresponda. Si está condenado penalmente, se convierte en persona incapaz.
- Acciones promovidas por otros incapaces
  - Se acepta el trámite o acuerdo conciliatorio en el ámbito administrativo, en representación de la persona declarada incapaz, si se acredita la curatela judicial en donde expresamente se autorice al curador a conciliar en esta instancia.

Fuente: http://www.trabajo.gob.ar/seclo/admisibilidad.asp

2.4.6. Consulta pública de expedientes, audiencias y notificaciones del SECLO

Cualquier ciudadano que desee obtener información sobre un trámite iniciado en el SECLO puede consultar el expediente iniciado y el estado de audiencias y notificaciones a través de la página web del organismo.

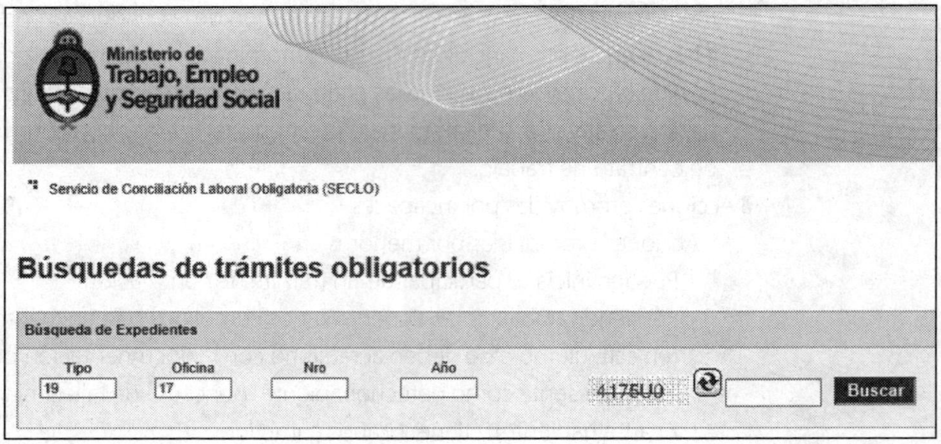

2.4.7. Formularios

Para la realización de los diferentes trámites ante el SECLO, no se admitirán formularios confeccionados en forma manuscrita.

Iniciación del trámite "Solicitud/Ingreso de trámite conciliatorio"

Se debe rellenar el formulario; no es posible guardar datos escritos. Es conveniente imprimirlo para guardar una copia del mismo.

MINISTERIO de TRABAJO EMPLEO y SEGURIDAD SOCIAL

Solicitud / Ingreso de trámite conciliatorio

Dirección del Servicio de Conciliación Laboral Obligatoria
Ley N° 24.635 – Decreto N° 1.169/96, modif. Dec. N° 1.347/099

Tipo de trámite	Iniciado por
☐ Conciliación obligatoria ☐ Acuerdo espontáneo	☐ Trabajador ☐ Empleador

1 DATOS DE LA PARTE TRABAJADORA

Nombre y apellido					
LE/LC/DNI N°		Fecha de Nacimiento		Nacionalidad	
Domicilio				Teléfono/Fax	
Localidad				CP	

2 DESCRIPCION DEL TRAMITE SOLICITADO

Datos del trabajador		Objeto	Encuadre legal / rubros
Fecha de ingreso		☐ Despido	
Fecha de egreso		☐ Reclamo salarial	
Remuneración		☐ Fallecimiento	
Categoría		☐ Accidentes	
CUIL		☐ Otros	
Conv. Col. Trab.			

3 ASISTENCIA LEGAL / SINDICAL DE LA PARTE TRABAJADORA - RECLAMANTE

Nombre y apellido			
Documento N°		Teléfono / Fax	
Carácter	☐ Apoderado ☐ Patrocinante ☐ Representante gremial	Matrícula (T° F°)	

4 DATOS DE LA PARTE EMPLEADORA

Razón social y/o nombre y apellido			
Domicilio		Teléfono/Fax	
Localidad		CP	
Actividad		CUIT	

Importe reclamado	

"DECLARO BAJO JURAMENTO QUE NO SE HA INICIADO OTRO TRAMITE CON IGUAL OBJETO NI PARTES"

Ley N° 24.635 – Decreto N° 1169/96

Firma del Presentante			
Carácter		Fecha	

NFSECLO 001/04

Ministerio de Trabajo, Empleo y Seguridad Social

Solicitud de autorización para celebrar acuerdos espontáneos

Dirección del Servicio de Conciliación Laboral Obligatoria
Ley N° 24.635 – Decreto N° 1.169/96, modif. Dec. N° 1.347/099

Trámite interno SECLO N°	**Fecha:**

1 DATOS DEL PRESENTANTE			
Nombre y apellido			
Documento N°		Nacionalidad	
Email (dom.elect.)		Carácter/Parte	
Domicilio		Teléfono/Fax	
Localidad		Código Postal	

2 DESCRIPCION DE LA SOLICITUD

Cantidad de acuerdos que se prevén suscribir.	
Convenio Colectivo de Trabajo aplicable y/o actividad desarrollada.	
Encuadre legal de los acuerdos a suscribir.	
Motivo que originan los mismos.	
Indique si ha suscripto más de diez (10) acuerdos en los últimos seis (6) meses o más de veinte (20) en los últimos doce (12) meses.	
Indicar un número telefónico para contacto.	

3 CONSIDERACIONES COMPLEMENTARIAS

Es importante que el solicitante tenga presente:

- Si la solicitud la realiza un representante legal y/o apoderado deberá adjuntar al presente el instrumento que acredite su condición.
- Sólo se podrá continuar con la ratificación de acuerdos espontáneos, cuando el SECLO autorice expresamente.
- Una vez presentada esta solicitud ante el puesto de recepción de documentación de la Unidad de Acuerdos Espontáneos, el SECLO comunicará la autorización vía mail o telefónicamente.

Firma del Presentante		**Fecha y Sello del Funcionario autorizante**
Aclaración		
DNI N°		

Ministerio de Trabajo, Empleo y Seguridad Social

Novedades sobre datos de domicilio

Dirección del Servicio de Conciliación Laboral Obligatoria
Ley N° 24.635 – Decreto N° 1.169/96, modif. Dec. N° 1.347/099

S

Tipo de trámite (Marcar con una cruz el casillero que corresponda)	**Cédula** (bajo responsabilidad)
☐ Denuncia de nuevo domicilio ☐ Ratificación de domicilio	☐ SI ☐ NO

1 IDENTIFICACION DEL RECLAMANTE (Marque con una cruz quien es el que inicia el reclamo)		
☐ Trabajador	Expediente Nº	
☐ Empleador	Fecha	

2 DATOS DEL REQUERIDO							
Nombre de la empresa o nombre y apellido							
Domicilio - Calle		Número		Piso		Depto.	
Código Postal		Localidad					
Depto. Partido		Provincia					
Teléfono		Fax					
E-mail							
Actividad[1]							

Firma del Presentante	
Aclaración	
Carácter[2]	

Notas: transcribir los datos solicitados en letra imprenta. En caso de varios trabajadores y/o empleadores, se deberá volcar esta información en otros formularios iguales al presente.

[1] Escriba la rama de actividad de la empresa (Ej. Transportista)
[2] Carácter: indicar si el que presenta el formulario es el titular, apoderado, representante, etc.

NFSECLO 005/07

En caso de varios trabajadores y/o empleadores, debe volcarse la información en otros formularios.

Con la firma del representante se solicita se indique el carácter invocado: titular, representante, apoderado, etc.

MINISTERIO de TRABAJO EMPLEO y SEGURIDAD SOCIAL

Acta de ratificación de acuerdo espontáneo

Dirección del Servicio de Conciliación Laboral Obligatoria
Ley N° 24.635 – Decreto N° 1.169/96, modif. Dec. N° 1.347/099

Expediente N°	

En Buenos Aires, a los .... días del mes de .... del año ...., comparecen ante mí, funcionario autorizado, en virtud del artículo 2° del Decreto 1.347/099 y de la Resolución MTSS N° 560/97 ....

DNI N° .... en su carácter de Trabajador, asistido por .... conforme documentación que lo acredita, con domicilio legal constituido en ....

y ....

en su carácter de .... según documentación que acompaña, con domicilio constituido en ....

Las partes ratifican la firma y contenido del acuerdo suscripto, dejando constancia el funcionario actuante del cumplimiento de los recaudos exigidos por la norma reglamentaria citada, en cuanto a la libre emisión del consentimiento del trabajador, su discernimiento sobre los alcances del acto que otorga y su aceptación. Con lo que terminó el acto firmando los comparecientes ante mí, que certifico.

Parte trabajadora

Parte empleadora

A COMPLETAR POR EL FUNCIONARIO INTERVINIENTE		
Percibió en este acto de ratificación		**Firma del funcionario interviniente**
☐ **En efectivo** ☐ **Cheque** Cantidad de cheques:		
El importe TOTAL DE $		

NFSECLO 002/04

Ministerio de
Trabajo, Empleo
y Seguridad Social

Acuerdos espontáneos

Solicitud de inicio de trámite para la ratificación de firmas en Agencia Territorial

Dirección del Servicio de Conciliación Laboral Obligatoria
Ley N° 24.635 – Decreto N° 1.169/96, modif. Dec. N° 1.347/099

E

Agencia Territorial	

En Buenos Aires, a los días del mes de solicito en virtud del art. 4º del Decreto 1.169/96, y de la Resolución MTSS Nº 742/97, en mi carácter de conforme al poder que se acompaña, y con domicilio legal constituido en , el inicio del trámite para la ratificación del acuerdo espontáneo que se detalla a continuación:

1 DATOS DEL EMPLEADOR			
Nombre de la empresa o nombre y apellido			
Domicilio legal		Código postal	
Localidad		Provincia	
Teléfono		Fax	
Actividad			

2 DOMICILIO DEL ESTABLECIMIENTO O SUCURSAL EN EL INTERIOR			
Domicilio		Código postal	
Localidad		Provincia	
Teléfono		Fax	

Cantidad de trabajadores comprendidos en la presente		Número de boleta de depósito	

Firma del Presentante			
Carácter		Fecha	

Nota: Transcribir los datos solicitados en letra imprenta.

Ministerio de
Trabajo, Empleo
y Seguridad Social

Acta de notificación

Dirección del Servicio de Conciliación Laboral Obligatoria
Ley N° 24.635 – Decreto N° 1.169/96, modif. Dec. N° 1.347/099

Expediente N°	

En la Ciudad Autónoma de Buenos Aires, a los ...... días del mes de .... del año ...., las partes intervinientes en el acta de ratificación que antecede y que suscriben al pie, se notifican que:

1) Las partes deberán concurrir personalmente o por apoderado ante este organismo, para tomar conocimiento del estado del trámite.
2) Dicha concurrencia deberá realizarse en un plazo no inferior a cinco (5) días y no mayor a diez (10) días hábiles administrativos, contados a partir de la fecha de suscripción de la presente.
3) Si el acuerdo fuera observado, las partes deberán notificarse conforme lo dispuesto en los puntos 1 y 2. Vencido el plazo otorgado para cumplir con la misma, a partir de su notificación, o bien, vencidos los diez (10) días hábiles administrativos, contados a partir de la fecha de suscripción de la presente, sin que las partes concurrieran a notificarse, este organismo estará en condiciones de resolver las actuaciones con las constancias obrantes en el expediente.

Las partes se notifican:

---------------------------------- Parte Trabajadora

---------------------------------- Parte Empleadora

---------------------------------- Firma del funcionario interviniente

NFSECLO 003/04

Ministerio de Trabajo, Empleo y Seguridad Social

Carta poder

Dirección del Servicio de Conciliación Laboral Obligatoria
Ley N° 24.635 – Decreto N° 1.169/96, modif. Dec. N° 1.347/099

- Quien suscribe:

Nombre y apellido					
Fecha de nacimiento		Nacionalidad		Estado civil	
Dirección					
Localidad				CP	

- Expone que da y confiere poder a favor de:

Nombre y apellido / Abogados	**Tomo**	**Folio**	**Matrícula**

- Para que en su nombre y representación intervenga/n (en forma conjunta, separada o alternativamente), en la Instancia de Conciliación Laboral Obligatoria, regulada por la Ley Nº 24.635 y Decreto Nº 1.169/96, en el reclamo articulado contra:

Razón social o nombre y apellido			
Domicilio			
Localidad		CP	
Razón social o nombre y apellido			
Domicilio			
Localidad		CP	
Razón social o nombre y apellido			
Domicilio			
Localidad		CP	

Carta poder

Razón social o nombre y apellido			
Domicilio			
Localidad		CP	
Razón social o nombre y apellido			
Domicilio			
Localidad		CP	

- El Objeto del Reclamo lo constituye:

Certificación de identidad y firma de autoridad competente:

Certifico que los datos personales consignados precedentemente, son fieles a los obrantes en el/los documento/s de identidad que se exhiben ante mí y que las firmas del presente formulario fueron colocadas en mi persona.

Firma del poderdante		**Firma y sello del funcionario certificante**
Aclaración		
Documento N°		
Lugar y fecha		

A considerar... Los oficios judiciales dirigidos al SECLO son recibidos, únicamente, en la Mesa General de Entradas del Ministerio, sita en Av. L. N. Alem 650, de lunes a viernes de 10 a 15 hs –SIN EXCEPCIÓN–.

- Personalmente: lunes a viernes de 9:00 a 17:00 hs, Adolfo Alsina 665, Ciudad Autónoma de Buenos Aires.
- Telefónicamente: Lunes a viernes de 10 a 16 hs, Tel: 0800-666-4100, opción 1, luego opción 3. Horario de atención al público: lunes a viernes de 9.00 a 17.00 hs.

Para trámites de conciliación obligatoria se recibe la documental hasta las 16.30 hs.

2.5. Resolución de conflictos laborales en el trabajo doméstico

Las normas de procedimiento para articular el reclamo por conflictos laborales de la actividad se rigen por la Ley de Régimen Especial de Contrato de Trabajo para el Personal de Casas Particulares N° 26844, y la aplicación supletoria de la Ley de Organización y Procedimiento Laboral N° 18345.

Hasta tanto no se dicte la norma reglamentaria de la ley 26844, el procedimiento se rige de la siguiente manera:

- Los conflictos se tramitarán en forma sencilla, verbal, y con la intervención de un consejero.
- Deducida la demanda se contesta por el requerido y se ofrece prueba. Siempre debe instarse a la conciliación.
- Se admite todo tipo de pruebas, salvo las que atenten contra la moral y las buenas costumbres.
- Proveída la prueba, se dictará resolución final.
- Se apela la resolución dentro del plazo de 6 días mediante recurso fundado, presentado ante el Tribunal, quien lo elevará en el término de 3 días a la Cámara Nacional de Apelaciones del Trabajo.
- El juez interviniente correrá traslado de los agravios a la contraparte por el plazo de 3 días y convocará a audiencia de conciliación. En caso contrario dictará sentencia dentro de los 20 días.
- Se ejecutan la sentencia y los acuerdos ante la justicia del trabajo.
- No existen fórmulas sacramentales.
- En las jurisdicciones provinciales en donde no se ha constituido el Tribunal de Servicio Doméstico, las causas se tramitan ante los juzgados o tribunales del trabajo.
- En sede administrativa puede llevarse a cabo la conciliación y el tribunal homologará en los términos del artículo 15 de la ley de contrato de trabajo.
- La instancia de conciliación previa prevista por la ley 26844 se encuentra sujeta a las normas que se establezcan en la reglamentación de la misma.

Fuente: http://www.trabajo.gob.ar

2.5.1. Cómo y dónde

- En casos de acuerdos espontáneos:
  - Presentar el reclamo por la Mesa de Entradas del Tribunal del Trabajo Doméstico sito en 25 de Mayo 637, de lunes a viernes, en el horario de 9:00 a 13:30 hs. El Tribunal del Trabajo Doméstico recibe en audiencia a las partes, y en el acto les notifica la conclusión y homologación del acuerdo arribado.
- En casos de reclamos contradictorios:
  - Presentar la demanda en la Mesa de Entradas del Tribunal del Trabajo Doméstico sito en 25 de Mayo 637, de lunes a viernes, en el horario de 9:00 a 13:30 hs.

Fuente: http://movil.argentina.gob.ar/movil/tramites/809-resoluci%C3%B3n-de-conflictos-laborales-en-el-trabajo-dom%C3%A9stico.php

2.5.2. Documentación a presentar

- En casos de acuerdos espontáneos:
  - Documentos de identidad personales de las partes que van a realizar el acuerdo. No se requiere patrocinio letrado.
- En casos de reclamos contradictorios:
  - Acompañar la demanda con todas las formalidades inherentes a la misma, sin necesidad de adjuntar el bono de derecho fijo previsto en el artículo 51, inciso d) de la ley 23187.

Fuente: http://movil.argentina.gob.ar/movil/tramites/809-resoluci%C3%B3n-de-conflictos-laborales-en-el-trabajo-dom%C3%A9stico.php

2.5.3. Autorizados a realizar el procedimiento

Las partes, en forma personal, pueden efectuar el trámite.
Fuente: http://movil.argentina.gob.ar/movil/tramites/809-resoluci%C3%B3n-de-conflictos-laborales-en-el-trabajo-dom%C3%A9stico.php

2.5.4. Tiempo estimado de la gestión

En el caso de acuerdos espontáneos, la homologación del mismo es inmediata a la realización de la audiencia.
En caso de reclamos contradictorios, el trámite puede extenderse de acuerdo a la cantidad de audiencias que se celebren y hasta el dictado de la resolución final.
Fuente: http://movil.argentina.gob.ar/movil/tramites/809-resoluci%C3%B3n-de-conflictos-laborales-en-el-trabajo-dom%C3%A9stico.php

2.5.5. Acuerdos espontáneos

Las partes –empleada/o y empleador– podrán concurrir espontáneamente sin turno, en el horario de 9 a 13 horas, para formalizar el acuerdo de desvinculación laboral. Para ello es necesario que presenten por triplicado el acuerdo, cuyo formulario se toma de la página web del Ministerio de Trabajo y el formulario de inicio de causa, junto con las fotocopias de los DNI de las partes. No se admitirán acuerdos con tachas y/o enmiendas, ni manuscritos.
Fuente: http://www.trabajo.gob.ar/domestico/actividad.asp

2.5.6. Formularios

Para los diferentes trámites ante el tribunal de trabajo se utilizarán los siguientes formularios:

a) Solicitud de Ingreso de Causas

Ministerio de
Trabajo, Empleo
y Seguridad Social

Ingreso de Causas
Tribunal de Trabajo Doméstico

EXPEDIENTE Nº 1-190- /2010			
PARTE ACTORA			
Apellido y nombre			
Tipo y Nº de documento		Nacionalidad	
Expediente residencia precaria			
Domicilio Real			
Localidad		Provincia	
ABOGADO DE LA PARTE ACTORA			
Apellido y nombre			
Tomo y folio			
Domicilio procesal			
Carácter invocado	☐ Apoderado	☐ Patrocinante	
PARTE EMPLEADORA			
Apellido y nombre			
Domicilio real			
Localidad		Provincia	
ABOGADO DE LA PARTE DEMANDADA (en caso de corresponder)			
Apellido y nombre			
Tomo y folio			
Domicilio legal			
Localidad		Provincia	
RELACION LABORAL			
Fecha de ingreso		Fecha de egreso	
Días y horario de trabajo			
Tareas desempañadas			
Remuneración			
Domicilio laboral			
Localidad		Provincia	
Motivo del distracto			

Versión 1.0 - 2010 Página **1/2**

Ingreso de Causas - Tribunal de Trabajo Doméstico

Rubros reclamados	
Importe	

Lugar y fecha	
Firma	
Aclaración	
DNI	

Si la presentación la efectúa el letrado apoderado deberá acompañar el poder respectivo.

b) Acta

Ministerio de
Trabajo, Empleo y Seguridad Social

Acta
Tribunal de Trabajo Doméstico

ACTA N°	

En la Ciudad Autónoma de Buenos Aires a los días del mes de de 20 comparecen por ante este Tribunal de Trabajo Doméstico, la actora DNI N° y por la demandada hace DNI N° cuyos domicilios figuran en autos, quienes se hacen presentes para asistir a la audiencia a fin de cumplimentar con el acuerdo conciliatorio de Fs. corresponde a la cuota del mencionado acuerdo. A tal fin la parte actora recibe en este acto a la parte demandada la suma de PESOS de plena conformidad.-

Visto lo cual el funcionario actuante RESUELVE: Dar a la presente el carácter de real y legítimo recibo por la suma de $ correspondiente a la cuota del acuerdo conciliatorio.

Con lo que termino el acto, firmando para constancia los comparecientes por ante mi doy fe, previa lectura y ratificación.

Lugar y fecha	
Firma	
Aclaración	
DNI	

c) Carta Poder

Ministerio de
Trabajo, Empleo
y Seguridad Social

Carta Poder
Tribunal de Trabajo Doméstico

En la ciudad de Buenos Aires, a los días del mes de del año siendo las horas, comparece y expone ante este TRIBUNAL de TRABAJO DOMESTICO don:

Apellido y nombre:
Tipo y número de documento:
Nacionalidad:
Domicilio real:

Que da y confiere PODER ESPECIAL a favor de:
Dr. , T. , F.
Dr. , T. , F.
Dr. , T. , F.

Para que en su nombre y representación, ya sea conjunta, separada o alternativamente intervenga en el juicio en autos caratulados:

ACTA N° /

Al efecto faculta para que se presente ante las autoridades que corresponda con escritos, documentos y cuantos justificativos creyeran necesario, pudiendo demandar, contestar demanda y contra demanda, apelar, recusar, decir de nulidad, prestar cauciones y juramentos, tachar y presentar testigos, proponer y nombrar toda clase de peritos, árbitros, arbitradores, sindicos y recusarlos, oponer y contestar toda calse de recurso, dilingenciar toda clase de oficios y exhortos pedir embargos preventivos y definitivos, inhibiciones, rescisiones de contrato o su cumplimiento, aceptar y conceder quitas y esperas, ofrecer y denunciar bienes a embargo, pedir cotejos y reconocimiento de firmas y documentos, transar, desistir, sustituir y toda cuanto otra facultad más le fuera necesaria para el mejor desempeño de este mandato y hasta su completa terminación con todos sus incidentes.

Previa lectura y ratificación firma el compareciente por ante mi de lo que doy fe.-

Lugar y fecha	
  Firma	
Aclaración	
DNI	

Versión 1.0 - 2010 Página **1/1**

d) Trabajador irregular

Ministerio de
Trabajo, Empleo y Seguridad Social

Acuerdo
Tribunal de Trabajo Doméstico

ACTA N°

En la ciudad de Buenos Aires, a los días del mes de del año , comparecen por ante este TRIBUNAL DE TRABAJO DOMESTICO, en forma espontánea:

POR LA ACTORA DNI N° con domicilio real en la calle conjuntamente con su letrado T° F° , constituyendo domicilio legal en la calle .

POR LA DEMANDADA DNI N° con domicilio real en la calle conjuntamente con su letrado T° F° , constituyendo domicilio legal en calle .

ABIERTO EL ACTO POR EL FUNCIONARIO ACTUANTE, la parte actora manifiesta que reajusta el monto total de la demanda a la suma única de $ (PESOS), imputables a los rubros desistiendo de la acción y del derecho del resto de los rubros reclamados en la demanda.

LA PARTE DEMANDADA, al sólo efecto conciliatorio, sin reconocer hecho ni derecho alguno a la actora se allana al reajuste practicado y se compromete a pagar dicha suma de la siguiente forma: .

LA PARTE ACTORA presta conformidad con la forma y lugar de pago y manifiesta que una vez percibido el total de la suma acordada nada mas tendrá que reclamar por la relación invocada.

Las partes convienen que las costas serán soportadas .

CLAUSULA PENAL: se conviene que, la falta de pago en término de una sola de las cuotas del presente acuerdo producirá la caducidad de los plazos acordados, pudiendo la actora reclamar la totalidad del saldo adeudado sin necesidad de interpelación judicial o extrajudicial alguna, con más un interés del 0,15% diario sobre el capital por cada día de mora en su cumplimiento hasta el momento de su efectivo pago.

AMBAS PARTES solicitan la homologación del presente acuerdo.

No siendo para más firman los comparecientes al pié, previa lectura y ratificación de lo expuesto.

IMPORTANTE. La homologación del presente acuerdo se realizará dentro del los 5 (cinco) días hábiles posteriores a la firma debiéndose retirar los mismos por la mesa de entradas del T.T.D., transcurridos 10 (diez) días desde que la homologación se encuentre a disposición de las partes se procederá al archivo de los actuados.

e) Trabajador registrado

Ministerio de
Trabajo, Empleo
y Seguridad Social

Acuerdo
Tribunal de Trabajo Doméstico

ACTA Nº

En la ciudad de Buenos Aires, a los días del mes de del año , comparecen por ante este TRIBUNAL DE TRABAJO DOMESTICO, en forma espontánea:

POR LA ACTORA DNI N° , con domicilio real en la calle conjuntamente con su letrado T° F° , constituyendo domicilio legal en la calle .
POR LA DEMANDADA DNI N° con domicilio real en la calle conjuntamente con su letrado T° F° , constituyendo domicilio legal en calle .

ABIERTO EL ACTO POR EL FUNCIONARIO ACTUANTE, las partes manifiestan que se presentan espontáneamente fin de disolver el contrato laboral que los uniera y expresan que EL TRABAJADOR laboró para EL EMPLEADOR como empleada doméstica incluida en la categoría (Art.20 Dto. 7979/56), siendo su fecha de ingreso el y prestando servicios los días con una carga horaria de horas, percibiendo una remuneración mensual de $ (PESOS), y laborando hasta el día fecha en que se declara disuelto el vínculo laboral.
En este acto la parte EMPLEADORA manifiesta que abonará al TRABAJADOR la suma de $ (PESOS) en concepto de pagaderos de la siguiente manera: .

El TRABAJADOR expresa su conformidad a la suma mencionada precedentemente expresando y dejando constancia que ha percibido antes de ahora todos sus sueldos, vacaciones, sueldo anual complementario y toda otra asignación especial, conforme a la ley y que una vez percibido lo ahora acordado nada mas tendrá que reclamar por ningún concepto emergente de la relación laboral que la uniera con la parte EMPLEADORA.
Las partes convienen que las costas serán soportadas
CLAUSULA PENAL: se conviene que, la falta de pago en término de una sola de las cuotas del presente acuerdo producirá la caducidad de los plazos acordados, pudiendo la actora reclamar la totalidad del saldo adeudado sin necesidad de interpelación judicial o extrajudicial alguna, con más un interés del 0,15% diario sobre el capital por cada día de mora en su cumplimiento hasta el momento de su efectivo pago.
AMBAS PARTES solicitan la homologación del presente acuerdo.
No siendo para más firman los comparecientes al pié previa lectura y ratificación de lo expuesto.

IMPORTANTE. La homologación del presente acuerdo se realizará dentro del los 5 (cinco) dias hábiles posteriores a la firma debiéndose retirar los mismos por la mesa de entradas del T.T.D., transcurridos 10 (diez) dias desde que la homologación se encuentre a disposición de las partes se procederá al archivo de los actuados.

A considerar... Tribunal del Trabajo Doméstico: 0800-666-4100 (opción 5); domestico@trabajo.gob.ar
Atención personalizada: Horario: 9 a 13 hs, 25 de Mayo 637, Ciudad Autónoma de Buenos Aires.

2.6. Registro de Empresas de Servicios Eventuales

Las empresas de servicios eventuales están obligadas a realizar la inscripción en el Registro de Empresas de Servicios Eventuales del Ministerio de Trabajo, Empleo y Seguridad Social.

2.6.1. Para ejecutar esta registración se deben observar los siguientes pasos

- Ingresar la documentación en Av. Alem 650, P.B., o en Av. Alem 628, piso 4º, de la Ciudad Autónoma de Buenos Aires, Departamento de Servicios Laborales, o en las Delegaciones Regionales del Ministerio de Trabajo, Empleo y Seguridad Social, en el horario de 9:30 a 17:00 horas.
- Retirar de la Av. Alem 628, piso 4º, de la Ciudad Autónoma de Buenos Aires, Departamento de Servicios Laborales, la boleta de depósito del Banco de la Nación Argentina.
- Acreditar en Av. Alem 628, piso 4º, de la Cuidad Autónoma de Buenos Aires, Departamento de Servicios Laborales, el depósito de $ 3.000 con la boleta del Banco de la Nación Argentina.
- Retirar de la Av. Alem 628, piso 4º, de la Ciudad Autónoma de Buenos Aires, Departamento de Servicios Laborales, la disposición de la Dirección de Inspección Federal autorizando a la empresa peticionante a funcionar como empresa de servicios eventuales.

Fuente: http://movil.argentina.gob.ar/movil/tramites/825-registro-de-empresas-de-servicios-eventuales.php

2.6.2. Documentación a presentar

Conforme decreto 1694/06:

- Anexo II de la resolución (MTEySS) 1225/07 [1].
- Documentos constitutivos de la sociedad y designación de sus administradores, directores, gerentes, responsables legales, según corresponda al tipo societario (debe ser una entidad constituida como persona jurídica con objeto exclusivo, de acuerdo a lo establecido por art. 2 del D. 1694/06).
- Tener como mínimo un capital social inicial equivalente a cien (100) sueldos básicos mensuales administrativos, categoría A, del CCT 130/75.
- Constancia de inscripción ante AFIP con vigencia a la fecha de presentación y Convenio Multilateral o inscripción ante ingresos brutos, ante las obras sociales a las que aporta, contrato de afiliación ante la ART contratada, o certificado de contratación con firma certificada del representante de la compañía aseguradora ante escribano público.
- Póliza seguro de vida obligatorio junto con los comprobantes de pago de primas al día a la fecha de presentación. En caso de acompañar certificado de contratación, el mismo deberá contener la firma certificada del representante legal de la compañía aseguradora ante escribano público.

[1] *Ver punto 2.6.3.*

- Constitución de garantía a la que se refiere el artículo 78 de la ley 24013.
- Constitución de garantía principal: depósito en caución de efectivo, valores o títulos públicos equivalentes a cien (100) sueldos básicos mensuales del personal administrativo, categoría A, del CCT 130/75. Acompañar saldo de la cuenta a nombre de la empresa y a la orden del Ministerio de Trabajo, Empleo y Seguridad Social, con la cotización de los títulos obrantes en la misma a la fecha de saldo.
- Constitución de garantía accesoria: otorgar una garantía por una suma equivalente al triple del importe que surja de la garantía principal en:
  - dinero en efectivo, valores o títulos públicos nacionales,
  - aval bancario o póliza de seguro de caución emitido por una entidad autorizada por la Superintendencia de Seguros de la Nación, con vigencia hasta el 31 de marzo de cada año,
  - constitución de un derecho real de hipoteca sobre inmueble propio de la empresa de servicios eventuales, cuya valuación fiscal sea igual o superior al importe que garantice.

Fuente: http://movil.argentina.gob.ar/movil/tramites/825-registro-de-empresas-de-servicios-eventuales.php

A considerar... El Estado Nacional no abonará intereses por los depósitos en garantía, pero los que devenguen los valores o títulos públicos nacionales pertenecerán a sus depositantes.

2.6.3. Formularios

Anexo II de la resolución (MTEySS) 1225/07

DECLARACIÓN JURADA

SOLICITUD DE INSCRIPCIÓN

Esta planilla deberá adjuntarse a la presentación y documentación correspondiente a la obligación prevista por el artículo 14 del decreto 1694/06.

La misma deberá ser firmada por el representante legal o apoderado de la empresa, ante autoridad administrativa o bien debidamente certificada, acreditando tal carácter mediante las constancias pertinentes en caso de no surgir del legajo que obra en este Registro Especial.

Si los datos consignados constituyen modificaciones respecto de la documentación en el legajo de la firma, deberá acompañar las nuevas constancias.

DATOS DE LA EMPRESA

Razón social completa (sin abreviaturas):

....

EXPTE Nº _______________

ARTICULO 14 DEL DECRETO Nº 1694/06

INCISO A)

Capital Social: ____________________

INCISO B)

Tipo societario: ____________________

Socios o accionistas:

Nombres y apellidos completos	Tipo y Número de Documento	Domicilio

Sede Social:

Calle ________________________________Nº_________Piso_______Dto._______

Localidad__________________________________Provincia_____________________

Inscripción de la sociedad ante el organismo de contralor:

Organismo: ________________________________ Fecha __/__/__ Nº __________

Fecha de la última modificación inscripta __/__/__ Nº __________

Vencimiento contrato social ____/____/____

Organo de conducción societario (Directores o Gerentes):

Nombre y apellido completo	Tipo y Nº de Documento	Domicilio	Cargo	Duración

Apoderados:

Nombre y apellido completo	Tipo y Nº de Documento	Domicilio

INCISO C)

Areas geográficas en las que proveerá personal.

INCISO D)

Domicilios de Sede Central y de las sucursales:

Conceptos	Calle	Nº	Piso	Dto. u Of.	Localidad	Provincia	Teléfono
Sede Central							
Sucursales							

INCISO E)

Inscripciones impositivas y previsionales:

AFIP-DGI	INGRESOS BRUTOS	OBRAS SOCIALES	
CUIT Nº:	Número de Inscripción:	Denominación	Nº de Inscripción
Impuestos en los que está inscripto:	Jurisdicciones donde se halla inscripto:	O.S.E.C.A.C.	

Seguro de Riesgos del Trabajo -Ley Nº 24.557 (si presenta certificado de cobertura, certificar la firma del representante legal de la aseguradora).

Compañía Aseguradora: ______

Vigencia desde ______ hasta ______

Nº de Contrato de Afiliación: ______

INCISO F)

Seguro de vida obligatorio - Decreto Nº 1567/74 (Presentar póliza y pago del premio. Si es certificado de cobertura se deberá certificar además la firma del representante legal de la aseguradora.)

Compañía Aseguradora: ______

Póliza Nº ______ Vigencia desde ______ hasta ______

INCISO G)

Garantías previstas por el artículo 15 del Decreto Nº 1694/06

GARANTIA PRINCIPAL – Punto 1) Cuenta Títulos Banco de la Nación Argentina caucionada a favor del MTE y SS:

Sucursal: ______________________ Cuenta Nº ______________________

Son Títulos y/o Valores ____

Cotización de fecha ________________ ______________ %

GARANTIAACCESORIA – Punto 2) (marcar con un círculo la/s opción/es que corresponda/n): Se recuerda que el monto de la garantía accesoria debe ser el triple de la garantía principal.

Total $ ____________ (Pesos ______________________________________)

a) Valores o títulos públicos nacionales (Cuenta Títulos Banco de la Nación Argentina caucionada a favor del MTE y SS):

Sucursal: ____________________________ Cuenta Nº ____________________

Son Títulos y/o Valores ____________________ $ ______________________

b)

1-Aval Bancario.

Banco: ______________________________ Aval Nº ______________________

Periodo avalado: desde ________________ hasta ______________________

Monto avalado ______________________ $ __________________________

2-Seguro de caución.

Compañía Aseguradora: ____

Póliza Nº ____________ Periodo comprendido: desde __________ hasta __________

c) Derecho Real de Hipoteca

Ubicado en calle ____________________ Nº ________ Piso ______ Dto. ________

Localidad __________________ Provincia ____________________________

Nomenclatura catastral ____________________ Matrícula ____________________

Inscripción en Registro Público de la Propiedad Inmueble Nº ________ fecha ________

Valuación Fiscal: ____

(Si la garantía la constituye más de una propiedad, detallar los mismos datos para las otras propiedades en hoja aparte)

INCISO H)

Constituir domicilio en la sede de su administración el que surtirá efectos respecto de los trabajadores, las empresas usuarias, este Ministerio y demás organismos fiscales y de la seguridad social.

Calle: ____________________ Nº __________ Piso ________ Dto. __________

Localidad: ______________ Provincia: ______________

OBSERVACIONES: ____

Declaro bajo juramento que los datos consignados son reales y completos, sin omitir ni falsear dato alguno que deba contener.

FIRMA:____________________________ CARÁCTER QUE INVISTE:________________

ACLARACIÓN:____________________________ DOCUMENTO Nº:________________

A considerar... Antes del 31 de marzo de cada año las empresas de servicios eventuales deberán presentar una declaración jurada certificada por contador público nacional con firma legalizada por el Consejo Profesional de Ciencias Económicas que corresponda, actualizando los datos consignados en el artículo 14 del decreto 1694/06, y en la que deberá constar el total de las remuneraciones brutas abonadas por la empresa de servicios eventuales a sus dependientes durante el año inmediato anterior, cantidad real de trabajadores ocupados en este mismo período, el "coeficiente de garantía" [establecido en el art. 15, ap. 3), del citado decreto] y de la descripción detallada de la operación aritmética efectuada para arribar a dicho resultado.

Juntamente con la declaración jurada deberá acreditarse la constitución de las garantías a valores actualizados acordes a esa declaración.

Cuando se hubiese optado por el aval bancario o mediante póliza de seguro de caución emitida por una entidad autorizada por la Superintendencia de Seguros de la Nación, como garantía accesoria, la empresa de servicios eventuales deberá presentar los documentos constitutivos de los mismos con anterioridad al 15 de febrero de cada año, mas su vigencia comenzará a regir el primero de abril siguiente.

La renovación o reemplazo del certificado de aval bancario o póliza de caución, no podrá realizarse por valores inferiores al que hubiere correspondido al año anterior.

Luego de haberse renovado este medio de caución o de haberse sustituido por otro de los autorizados, la empresa de servicios eventuales podrá requerir la restitución del certificado de aval bancario o póliza de caución cuya vigencia corresponda al período anterior.

En el supuesto de que la empresa de servicios eventuales no presentare los instrumentos constitutivos al 15 de febrero de cada año, correspondientes al aval bancario o a la póliza de seguro de caución, cuando hubiese optado por este medio, será intimada por la Autoridad de Aplicación para su cumplimiento en un plazo no mayor de 10 días, bajo apercibimiento de cancelar su habilitación.

Esta intimación será puesta en conocimiento de la entidad avalista o de la aseguradora que emitiera la garantía a renovar.

Vencido ese plazo sin que la empresa de servicios haya presentado en legal forma los instrumentos constitutivos del nuevo aval o caución, o los haya sustituido por dinero en efectivo, valores o títulos públicos nacionales, la avalista o aseguradora deberá, previa intimación, depositar en caución antes de que se opere el vencimiento del aval o la garantía a favor del Ministerio de Trabajo, Empleo y Seguridad Social, en dinero en efectivo, valores o títulos públicos nacionales, las sumas totales de la garantía o aval. La equivalencia de los valores o títulos públicos nacionales se determinará según el valor de la cotización de los títulos a la época de realizarse el depósito, en la Bolsa de Comercio de Buenos Aires o en el Mercado de Valores SA, lo que será certificado por el Banco de la Nación Argentina, donde deberá efectuarse el mismo. De no cumplir con esta obligación quedará expedita la vía ejecutiva.

A continuación se copian los modelos de certificado de habilitación y boleta de depósito del arancel de acuerdo a la resolución (MTEySS) 1225/07.

HABILITACION Nº /

BUENOS AIRES,

LA EMPRESA DE SERVICIOS EVENTUALES:

HA CUMPLIMENTADO TODOS LOS REQUISITOS EXIGIDOS POR EL DECRETO Nº 1694/06 POR LO QUE SE LE EXTIENDE LA PRESENTE AUTORIZACION PARA SU FUNCIONAMIENTO EN:

• AMBITO GEOGRAFICO:

ANEXO V

LEGAJO INDIVIDUALIZADO DE EMPRESAS

LEGAJO EMPRESA:

SEDE CENTRAL:

SUCURSALES:

NUMERO Y FECHA DISPOSICION:

AREA GEOGRAFICA DE ACTUACION:

CATEGORIAS OCUPACIONALES:

ANEXO VI

Original: Para el Banco
(Comprobante de caja)

Expte. Nº:
Pago del arancel establecido por
Resolución M.T.E.y S.S.Nº ....
Empresas Servicios Eventuales

CUENTA Nº 1396/21

M.T.E. y F.R.H.

DEPOSITANTE: ....

DOMICILIO: ....

CONCEPTO DEL ARANCEL: ....

BANCO DE LA NACION ARGENTINA

Nota de crédito para la cuenta Nº 1396/21

M.T.E. y F.R.H. - 7500/350 - Recaud. F13 - Suc. Plaza de Mayo

Efectivo -- $

Cheque Nº ------------------------------ a cargo de la casa o Giro

Cheque Nº ------------------------------ c/ Banco ------------------------------
o Giro

TOTAL

Son $ ....

....

.... de .... de ....

(Casa del Banco)

....
Firma del depositante

2.6.4. Autorizado a efectuar las diligencias

El representante legal de la sociedad o el apoderado.

2.6.5. Costo del trámite

- Por el trámite de habilitación e inscripción en el registro la suma de $ 3.000.
- Por el trámite de actualización de legajos la suma de $ 1.000.
- Por pedidos de informes efectuados por las empresas usuarias referidos a las empresas de servicios eventuales la suma de $ 50.
- Por cualquier otro trámite o presentación espontánea la suma de $ 100.

Estas sumas deberán depositarse antes del inicio de cada trámite en la cuenta especial del Banco de la Nación Argentina Nº 1396/21, acompañando, con el escrito respectivo, el cuadruplicado de la constancia de pago con la impresión de la máquina timbradora, a la Autoridad de Aplicación.

No se dará curso a la presentación que no acompañe la constancia del pago del arancel. Quedan exceptuados de estas prescripciones los trámites relativos a impugnaciones administrativas o judiciales e intimaciones cursadas por la Autoridad Administrativa.

2.6.6. Tiempo estimado hasta la entrega de la disposición

Desde el momento de puesta a disposición de la documentación y posterior acreditación del pago hasta la entrega de la disposición, se requieren aproximadamente 20 días hábiles. Para aquellos que inician la gestión en las delegaciones regionales del MTEySS, el plazo mencionado comienza a partir del momento en que el expediente ingresa a la sede central.

2.6.7. Vigencia de la autorización

La autorización tiene vigencia hasta el 31 de marzo de cada año, y el costo de su actualización es de $ 1.000.

2.7. Asesoramiento laboral para trabajadores extranjeros y sus empleadores

2.7.1. Cómo y dónde

- Personalmente: efectuar la consulta en la Dirección de Asuntos Internacionales del Ministerio de Trabajo, Empleo y Seguridad Social, sita en Leandro N. Alem 650, 2° piso, de lunes a viernes, en el horario de 11:00 a 16:00 hs.
- Telefónicamente: realizar la consulta al (011) 4310-6038 de lunes a viernes, en el horario de 11:00 a 16:00 hs. No es necesario concurrir al organismo.

2.7.2. Autorizado a realizar la consulta

El trámite es personal; lo debe realizar el trabajador extranjero o el empleador.

2.7.3. Costo

Gratuito.

2.8. Asistencia para unidades productivas autogestionadas por los trabajadores

Solicitar ayuda económica y apoyo técnico para mejorar la capacidad productiva y competitividad, capacitación para la mejora de la capacidad de gestión, asistencia para la higiene y seguridad en el trabajo, para empresas recuperadas por los trabajadores, independientemente de la figura jurídica que adopten, y unidades productivas autogestionadas que nucleen a trabajadores en condiciones de precariedad laboral.

Fuente: http://movil.argentina.gob.ar/movil/tramites/823-asistencia-para-unidades-productivas-autogestionadas-por-los-trabajadores.php

2.8.1. Cómo

Comunicarse telefónicamente y solicitar una entrevista al 4310-5644, 4310-5712 y/o 4310-5704.

Sede Central del Ministerio de Trabajo, Empleo y Seguridad Social sita en Av. Leandro N. Alem 638, 6º piso, Ciudad Autónoma de Buenos Aires, de 10:00 a 13:00 hs., o en las Gerencias de Empleo y Capacitación Laboral.

Fuente: http://movil.argentina.gob.ar/movil/tramites/823-asistencia-para-unidades-productivas-autogestionadas-por-los-trabajadores.php

2.8.2. Documentación a presentar

En la primera reunión se requiere copia de los estatutos sociales con su debida inscripción en el organismo competente o constancia de inscripción en trámite.

Fuente: http://movil.argentina.gob.ar/movil/tramites/823-asistencia-para-unidades-productivas-autogestionadas-por-los-trabajadores.php

2.8.3. Autorizado a solicitarla

El representante legal de la unidad productiva (cooperativa de trabajo, sociedad comercial).

Fuente: http://movil.argentina.gob.ar/movil/tramites/823-asistencia-para-unidades-productivas-autogestionadas-por-los-trabajadores.php

2.9. Asesoramiento socio laboral en temas relacionados con el servicio doméstico

2.9.1. ¿Cómo?

- Personalmente:
  - Asistir a la Sede del Tribunal del Trabajo Doméstico sito en Leandro N. Alem 628, piso 4º, Ciudad Autónoma de Buenos Aires, de lunes a viernes, en el horario de 9:00 a 13:30 hs. Se atiende sin turno previo, por orden de llegada.
- Telefónicamente:
  - Comunicarse telefónicamente al (011) 4310-5709, 4310-5775, 0800-6664100, de 9:00 a 15:00 hs.
- Por correo electrónico:
  - Enviar un e-mail con la consulta a: consultas@trabajo.gob.ar

Fuente: http://movil.argentina.gob.ar/movil/tramites/810-asesoramiento-socio-laboral-en-temas-relacionados-con-el-trabajo-dom%C3%A9stico.php

2.9.2. ¿Quién puede/debe efectuar la consulta?

La consulta sólo la pueden efectuar los/las trabajadores/as del servicio doméstico y sus empleadores, exclusivamente.

Fuente: http://movil.argentina.gob.ar/movil/tramites/810-asesoramiento-socio-laboral-en-temas-relacionados-con-el-trabajo-dom%C3%A9stico.php

2.9.3. Costo

Gratuito.

2.10. Recibos de sueldo digitales

2.10.1. ¿Quiénes pueden aplicar este régimen?

Los empleadores del sector privado. No es obligatorio.

Debe obtenerse la autorización del MTEySS en el propio organismo.

2.10.2. ¿Cuál es la normativa aplicada?

- Resolución (MTEySS) 1455/11. Requisitos para que los empleadores pongan en marcha la firma electrónica.
- Resolución (ST) 1362/12. La Dirección de Normativa Laboral será la responsable de coordinar la gestión y seguimiento de los trámites, y la Dirección Nacional de Regulaciones del Trabajo evaluará las solicitudes.
- Resolución (ST) 602/13. Formularios.
- Decreto 2628/08. Firma digital y firma electrónica.

La firma electrónica es igual a la de puño y letra, pero digitalizada.

La firma digital está basada en certificados digitales emitidos por certificadores no licenciados o licenciados. La ventaja de que sea emitida por certificadores licenciados brinda la posibilidad de que ante una demanda judicial donde se objete la firma, la carga de la prueba la tiene quien objeta la firma. Si no está licenciada la carga de la prueba la tiene quien emite el certificado.

2.10.3. Requisitos que debe cumplir la solicitud en el MTEySS

- Fundamentación general de la petición.
- Universo de trabajadores alcanzado por la medida.
- Protocolos y estándares tecnológicos utilizados para garantizar la seguridad, autenticidad, autoría, integridad e inalterabilidad de los recibos emitidos bajo estas modalidades.
- Cumplimiento de la forma y contenido necesario que debe poseer cada uno de los recibos, de conformidad con lo establecido en la ley de contrato de trabajo.
- Declaración jurada del representante legal del empleador, con firma certificada notarialmente vertida en ejemplar anexo, en cuanto a que la empresa reconocerá la autenticidad de los recibos emitidos en los términos del régimen.
- Mecanismo de sustitución del soporte papel, con las modalidades de emisión del recibo suscripto por el funcionario autorizado de la empresa y su acuse de recepción por parte del trabajador, conteniendo las firmas previstas en la ley 25506, su decreto reglamentario 2628/02 y sus normas modificatorias y complementarias.

Deberá garantizarse la recepción del documento al trabajador mediante su acceso a intranet de la organización por canal seguro, por usuario y clave, con plazo adecuado de visualización. Asimismo, se deberán arbitrar los medios para posibilitar su eventual impresión de manera gratuita por parte del interesado.

- Procesos operativos de flujo electrónico que permitan considerar la trazabilidad de los casos sujetos a este régimen.
- Modo de asegurar el pleno acceso de los trabajadores a sus recibos emitidos conforme la presente reglamentación, fuera del establecimiento y de forma personal y privada.
- Acciones de contingencia para la guarda y recuperación de los recibos, sin afectación alguna a su contenido.

Además de los protocolos de seguridad informática, los empleadores también deben especificar el "mecanismo de sustitución del soporte papel, con las modalidades de emisión del recibo suscripto por el funcionario autorizado de la empresa y su acuse de recepción por parte del trabajador".

2.10.4. Requisitos que deben cumplir los recibos digitales

- Los recibos deben contener la siguiente mención: la empresa reconoce la autenticidad, autoría e integridad del presente documento.
- La firma podrá ser digital basada en certificados digitales emitidos por certificadores no licenciados; digital basada en certificados digitales emitidos por certificadores licenciados y digital basada en certificados digitales emitidos por certificadores extranjeros que hayan sido reconocidos.
- El empleado podrá firmar en donde diga "conforme" o "no conforme".
- El sistema propuesto deberá contemplar la posibilidad de que el trabajador pueda salvar o guardar copia de cada uno de los archivos que contengan sus recibos digitales, con la factibilidad de hacerlo en un dispositivo de su exclusivo y excluyente dominio.

2.10.5. Documentación a acompañar

Constancia de inscripción ante AFIP.

Cuando el empleador sea una persona física deberá acreditar su identidad, y en el supuesto de tratarse de una persona de existencia ideal deberá adjuntar copia certificada del instrumento constitutivo y constancia de inscripción ante el registro que corresponda, conforme a su naturaleza jurídica.

2.10.6. Aclaraciones

- Actualización de los certificados: los empleadores que hayan obtenido la correspondiente autorización para emitir recibos de pago de salarios u otras formas de remuneración al personal en relación de dependencia, según el régimen establecido por la resolución (MTEySS) 1455/11, deberán actualizar obligatoriamente los certificados que utilizan para suscribir los recibos en su representación, en los siguientes supuestos:
    - Cuando se encuentren vencidos.
    - Cuando hubieren sido revocados por cualquier causa.

- Cuando hubieren sido otorgados nuevos certificados a personas distintas a las indicadas oportunamente.
- Cuando se hubiera reemplazado a la empresa certificadora oportunamente seleccionada.

La actualización deberá ser efectuada dentro de los 15 días de producido cualquiera de los supuestos descriptos en los puntos precedentes.

En todos los casos deberá presentarse copia del nuevo certificado vigente, en soporte electrónico o papel, acompañado de una nota suscripta por la entidad certificadora seleccionada, mediante la cual se certifique al empleador y/o a sus representantes legales como "suscriptor/es" de sus respectivos certificado/s digital/es, detallando su tipo y clase, debiéndose precisar también, en caso de corresponder, la cantidad total, tipo y clase de certificados emitidos a solicitud del empleador para sus trabajadores dependientes.

- Empleador: cuando el empleador que solicita autorización en los términos de este régimen tenga el carácter de certificador licenciado, o de certificador no licenciado, o de autoridad de registro de un certificador, no podrá actuar en tal carácter respecto de ninguna de las sendas firmas previstas para los recibos de pago de salarios que debe emitir como empleador.

2.10.7. Formularios de DDJJ

TEXTO DE LA DECLARACION JURADA DEL EMPLEADOR

(Artículo 2° inciso e) de la Resolución M.T E. y S.S N° 1455/11)

Por el presente, ...

en mi carácter[1] de .... y como tal, representante legal de la empresa .... declaro bajo juramento, de conformidad con lo dispuesto por el artículo 2°, inciso e), Resolución M.T.E. y S.S. N° 1455/11, que se reconocerá la autenticidad de los recibos de sueldo que la empresa que represento emita de acuerdo al Régimen establecido por la citada Resolución.

Firma y aclaración

Tipo y N° de Documento

(1) Deberá estar suscripto por el representante legal de la empresa.

DDJJ DE LA EMPRESA CERTIFICADORA NO LICENCIADA.

Por el presente y en mi carácter de (1)..................... y como tal representante legal de la empresa .... declaro bajo juramento que la empresa que represento es una entidad certificadora no licenciada y que en tal carácter emite los certificados digitales referidos en el inciso b) del artículo 1° del Decreto N° 2628/02, y sus modificatorios, reglamentario de la Ley N° 25.506.

Con el mismo carácter declaro, en cumplimiento de lo dispuesto en Artículo 3° in fine de la Resolución S.T. N° 1362/12, que se han emitido a favor de la empresa empleadora .... los certificados según el siguiente detalle:

1. (Cantidad, tipo y clase de certificados) .... en calidad de suscriptor/es de los recibos por parte del empleador.
2. (Cantidad, tipo y clase de certificados) .... para sus trabajadores dependientes [2].

Firma
Aclaración
Tipo y N° de documento.

(1) Deberá estar suscripto por el representante legal de la empresa.
(2) Este punto sólo será completado cuando se utilice este tipo de firma para los trabajadores.

A considerar... La mencionada DDJJ deberá ser presentada por aquellos empleadores que hubieran optado por utilizar el tipo de firma previsto en el inciso b) del artículo 1 del decreto 2628/02, es decir, "Firma electrónica basada en certificados digitales emitidos por certificadores no licenciados en el marco de la presente reglamentación" (inciso sustituido por art. 5 del D. 724/06) y deberá ser suscripto por el representante legal de la empresa certificadora no licenciada seleccionada, según su tipo societario.

CONSTITUCIÓN DE DOMICILIO ELECTRONICO

Por el presente, ...

en mi carácter[1] de .... y en nombre y representación

de la empresa ....

solicito que las notificaciones que deban practicarse en las presentes actuaciones sean efectuadas al domicilio electrónico ...., que constituyo a tal efecto. Asimismo, declaro bajo juramento que consideraré válidas y suficientes a todos los efectos legales todas las notificaciones que en él se practiquen, considerándose constancia de diligenciamiento válida la confirmación de entrega del correo que se reciba en la dirección electrónica recibos digitales@trabajo.gob.ar desde la cual se nos enviarán dichas notificaciones

Firma
Tipo y N° de Documento

(1) Si es apoderado deberá acompañarse (o de no constar en las actuaciones) poder suficiente y vigente.

A considerar... Este formulario podrá ser presentado por aquellos empleadores que voluntariamente decidan constituir un domicilio electrónico, en el cual se considerarán válidas todas las notificaciones que la Administración efectúe durante la tramitación de la solicitud de autorización, y deberá ser suscripto con carácter de declaración jurada.

[No exime al peticionante del cumplimiento de la obligación de constituir el domicilio especial establecida por el artículo 19 del decreto 1759/72 (t.o. 1991), reglamentario de la Ley Nacional de Procedimientos Administrativos Nº 19549].

2.11. Procedimiento de empresas en crisis

2.11.1. ¿Quiénes están obligados a iniciar el procedimiento?

El artículo 98 de la ley 24013 obliga al empleador a iniciar el procedimiento preventivo de crisis con carácter previo a la comunicación de despidos o suspensiones por razones de fuerza mayor, causas económicas o tecnológicas.
Es decir que sólo si el empleador decide adoptar esa clase de medidas, motivadas por esas causas, previamente deberá solicitar ante el Ministerio de Trabajo la sustanciación del procedimiento.

2.11.2. ¿Quién lo puede realizar?

Empleador o apoderado. Representantes de la organización gremial.

2.11.3. ¿Dónde se realiza?

Ante la autoridad administrativa laboral, MTEySS Nación, y en cada una de las delegaciones regionales de trabajo y empleo, de acuerdo a la jurisdicción de las mismas, conforme el domicilio del lugar de trabajo.

2.11.4. ¿Cuánto demora?

Efectuada la presentación se fija una primera audiencia dentro de las 48 horas; posteriormente el período de negociación entre la empresa y la organización gremial tiene una duración de 10 días. Finalizado este período se expide la autoridad administrativa. Todo el procedimiento tiene una duración aproximada de un mes.

2.11.5. ¿Cómo se recibe el resultado o producto del trámite?

Con la notificación del acto administrativo.

2.11.6. Costo

Es gratuito.

2.11.7. Porcentajes de afectación del personal

Las medidas deben afectar:

- A más del 15% de los trabajadores en empresas de menos de 400 trabajadores.
- A más del 10% en empresas de entre 400 y 1.000 trabajadores.
- A más del 5% en empresas de más de 1.000 trabajadores.

Si no se cumple alguna –o ninguna– de las condiciones reseñadas, el empleador no está obligado a promover el procedimiento en comentario. "Si decide adoptar esas medidas, pero ellas no afectan los porcentajes mínimos arriba aludidos, el empleador deberá seguir el procedimiento previsto en el decreto 328/88".

2.11.8. Normativa

L. 24013, Título III, Cap. VI, artículos 98 al 105; D. 252/02, D. 265/02.

a) Requisitos para iniciar el proceso

- Inicia el sindicato: deberá solicitarlo por escrito, fundando los motivos de su petición e indicando la prueba necesaria para la tramitación de las actuaciones.
- Inicia la Autoridad de Aplicación [1] de oficio: bastará una resolución de sus autoridades y lo fundará en la violación de una empresa a las disposiciones del artículo 98 de la ley 24013, y la posible existencia o producción de despidos por parte de aquélla.
- Inicia el empleador: la presentación por escrito deberá contener:
  - Datos de la empresa, denominación, actividad, domicilio real y constituido ante la autoridad del trabajo.
  - Explicación de los motivos de la crisis que padece.
  - Las medidas a adoptar, fecha de iniciación y duración de las mismas, en caso de suspensiones.
  - La cantidad de personal que se desempeña en la empresa y el número de trabajadores afectados, detallando de este último nombre, fecha de ingreso, cargas de familia, categoría, especialidad y remuneración.
  - El CCT aplicable y la entidad gremial que representa a los trabajadores.
  - Los elementos económicos-financieros que prueben la situación de crisis, debiendo ser obligatorio la presentación de los últimos tres balances (suscriptos por contador público y certificada su firma por el Consejo Profesional). Si la empresa ocupara a más de 300 dependientes deberá acompañar el balance social.
  - En caso de contar con subsidios, exenciones o créditos o beneficios promocionales otorgados por el Estado Nacional, Provincial o Municipal, deberá acompañar copias de dichos instrumentos.
  - Asimismo, las empresas que cuenten con más de 50 dependientes deberán cumplir con el decreto 2072/94, que obliga al presentante a expresar:
    - Efectos de la crisis sobre el empleo y propuestas para su mantenimiento.
    - Movilidad funcional, horaria y salarial.
    - Inversiones, innovación tecnológica, reconversión productiva y cambio organizacional.
    - Recalificación y formación profesional de la mano de obra empleada por la empresa.
    - Recolocación interna o externa de trabajadores excedentes y régimen de ayudas a la recolocación.
    - Reformulación de modalidades operativas, conceptos y estructuras remuneratorias, y contenido de puestos y funciones.
    - Aportes convenidos al Sistema Integral Previsional Argentino.
    - Ayudas para la creación de emprendimientos productivos a los trabajadores excedentes. Asimismo, si se trata de despidos el empleador deberá cuantificar la oferta indemnizatoria a cada uno de los trabajadores afectados.

[1] *Ministerio de Trabajo de la Nación, o bien las Direcciones del Trabajo o Subsecretarías del Trabajo de las Provincias.*

b) Plazos

El procedimiento debe tramitarse 10 días antes de hacer efectiva la comunicación a los empleados. Dentro de las 48 horas de recibida la presentación el MTEySS dará traslado a la otra parte del escrito y prueba presentada por quien inició, y citará al empleador y al sindicato a una primera audiencia dentro de los 5 días siguientes, conforme al artículo 100 de la ley 24013. En ella se intentará llegar a un acuerdo sobre la medida propuesta. En caso de no existir acuerdo el MTEySS podrá, en el plazo de 5 días de celebrada la audiencia, examinar la procedencia de la petición a fin de asegurarse que se encuentran en el expediente todos los elementos necesarios. A partir de la audiencia celebrada se abre un tiempo de negociación de 10 días, que las partes pueden prorrogar por mutuo acuerdo.

La Autoridad de Aplicación, de oficio o a petición de parte, durante la negociación podrá:

- Recabar informes aclaratorios o ampliatorios acerca de los fundamentos de la petición.
- Realizar investigaciones, pedir dictámenes y asesoramiento, así como cualquier otra medida que crea conveniente y que permita a las partes alcanzar un acuerdo, según lo establece el artículo 102.

c) Acuerdo de partes

Si las partes, dentro de los plazos previstos en la ley, arribaran a un acuerdo, lo elevarán al MTEySS, quien dentro del plazo de 10 días podrá:

- Homologar el acuerdo. Tendrá a partir de allí eficacia, alcance y valor respecto de todos los trabajadores de la empresa, sean afiliados o no al sindicato interviniente.
- Rechazar el acuerdo mediante resolución fundada.
- Vencido el plazo de 10 días en que el acuerdo fue elevado al MTEySS se tendrá por homologado.

A considerar... Puede ocurrir que el empleador proceda a suspender, despedir o reducir la jornada, sin tramitar el procedimiento descripto, convirtiendo dichas medidas en nulas, debiendo reincorporar a sus trabajadores, pagarles los salarios caídos, y además ser pasibles de las sanciones de la ley 25212. A su vez no podrá invocar la falta de trabajo y/o fuerza mayor (y su consiguiente reducción en montos indemnizatorios), considerando que los despidos y/o suspensiones carecen de causa justificada.

2.11.9. Procedimiento decreto 328/88

- Normativa: D. 265/02, art. 4. D. 328/88.
- Tramitación: ante MTEySS y el sindicato.

a) Requisitos para iniciar el proceso

Comunicación escrita que debe contener las causas que justifican la medida a adoptarse, a quienes involucran, si las causas son transitorias o permanentes, qué medidas se adoptarán para paliar la situación, los datos del o de los trabajadores afectados, cargas de familia, categoría, fecha de ingreso.

Tratándose de reducción de jornada y/o suspensiones, deberá adicionarse información referida a:

- Alcance de la medida.
- Horas diarias de suspensión.
- Días de suspensión.
- Periodo en el que se extiendan.
- Cantidad de personal afectado.
- Si se prevé compensación (especificar).
- Reducción de jornada diaria, de semana laboral, etc.

Más lo detallado en el punto 2.11.8.a), en lo relativo a cuando el proceso lo inicia el empleador.

b) Plazos

El procedimiento debe tramitarse 10 días antes de hacer efectiva la comunicación a los empleados. El decreto 328/88 no menciona ningún otro plazo. Se entiende que se consideran los establecidos para el procedimiento ya explicado en párrafos anteriores.
En caso de no dar cumplimiento al decreto 328/88, el empleador será pasible de las sanciones de la ley 25212.

c) Ejemplo de la nota que presenta el empleador según decreto 328/88

Sres. Ministerio de Trabajo:

Me dirijo a Uds. en mi carácter de .... de la empresa........... S.A., extremo que acredito con la siguiente documentación: .... Esta empresa se dedica a la producción y comercialización de ....
La presentación que efectuamos es a fin de poner en conocimiento de Vuestro Ministerio que la firma que represento se encuentra atravesando un período de crisis económica no imputable al giro normal y habitual de la empresa, sino que obedece a circunstancias ajenas a la voluntad del empleador, dándose un caso de extrema fuerza mayor que le impide continuar con el pago de las prestaciones dinerarias a la totalidad de sus empleados.
En razón de ello vengo a dar cumplimiento con lo dispuesto por el decreto 328/88, para lo cual informo:

CAUSAS: La empresa que represento se encuentra atravesando un período de crisis económica y financiera que ha afectado la producción de la materia prima que elabora.
Esta causal no es imputable a la empresa, siendo por lo tanto un caso de fuerza mayor previsto en la ley de contrato de trabajo, artículo 247.

.

AFECTACIÓN: La causa invocada afecta especialmente a la sección .... donde se elaboran los productos .... afectando a un total de .... operarios que allí prestan sus tareas.

MEDIDAS A ADOPTAR: Las medidas que la empresa desea implementar son la suspensión de la totalidad del personal afectado, abonando el cincuenta por ciento (50%) del salario actual, medida que tendrá carácter temporal a convenir con el gremio que representa a dichos trabajadores, el cual es ....
....

Datos de los trabajadores que quedarían comprendidos en esta medida:
.... D.N.I. .... Categoría laboral
.... Horario de trabajo ....

COPIA: Se deja constancia de que se hace entrega de una copia de esta comunicación al Sindicato de.......... que representa a los trabajadores afectados por la medida.
Quedamos al aguardo de la fijación de audiencia a los fines indicados en el artículo 3 del decreto 328/88.
Sin otro particular lo saludamos muy atte.

Capítulo II | ANSES

1. INTRODUCCIÓN

El sitio oficial de la Administración Nacional de la Seguridad Social es una de las principales herramientas que utiliza ANSES para establecer una comunicación directa con todos los ciudadanos. Aquí se encuentra toda la información referida a las prestaciones, indicaciones para la realización de trámites, y la sección Trámites en Línea, que está destinada a facilitar y agilizar las gestiones.

En este capítulo prestaremos atención a los trámites más frecuentes que realizan los empleados y empleadores.

2. TRÁMITES

2.1. Acreditación de datos personales y de relaciones

Para efectuar cualquier tipo de trámite en ANSES es necesario contar con la información del titular y su grupo familiar registrada en las bases del organismo. Si los datos están actualizados no es necesario presentar la documentación. Cuando se produzca una modificación en los datos personales, como así también un alta, baja o modificación respecto de las relaciones y cargas familiares, es obligación del solicitante declarar dicha situación ante las oficinas de ANSES presentando la documentación necesaria.

A considerar... Todas las notificaciones efectuadas en el domicilio declarado por el empleado se considerarán válidas.

2.1.1. Documentación que se debe presentar

a) Persona

- Argentinos o extranjeros con residencia permanente en el país
  - DNI, LC o LE (original y copia).
  - Como excepción, y en caso de pérdida del documento mencionado, la constancia de documento en trámite y otra documentación emitida por un organismo oficial donde surja el nombre, apellido, la fecha de nacimiento y número de documento (por ejemplo: cédula de identidad, licencia de conducir, pasaporte, etc.).
- Extranjeros con residencia no permanente en el país
  - original y copia de certificado de la Dirección Nacional de Población y Migraciones,
  - original y copia de pasaporte (en el que conste tipo de residencia; ésta no debe ser turista o permanente), u
  - original y copia del permiso de ingreso al país expedido por consulados o en virtud de convenios internacionales, para el caso de extranjeros que no cuenten con documentación argentina.
- Para extranjeros con residencia permanente en el exterior con derecho a una prestación de la seguridad social argentina.
  - original y copia del documento del país de origen y fotocopia del mismo donde figure la denominación del país que emitió el documento, el número, apellido y nombre, sexo y fecha de nacimiento; o

- formulario de solicitud de aplicación de convenio, debidamente certificado en caso de existir un convenio internacional.

b) Domicilio particular

- Documento que acredite identidad de la persona (donde conste el domicilio).
- Escritura pública.
- Contrato de locación (vigente).
- Comprobante de un servicio o impuesto a nombre del titular (emitido dentro de los últimos tres meses).
- Declaración jurada donde el titular manifieste su domicilio.

c) Fallecimiento. Titular/cónyuge o conviviente/hijo

- Original y copia del acta, certificado o partida de defunción **.

d) Relación

- Matrimonio celebrado en Argentina
  - Acta, partida o certificado de matrimonio: original y copia **.
- Matrimonio celebrado en el extranjero
  - Acta, partida o certificado de matrimonio traducida y legalizada o apostilla: original y copia *.

(En caso de matrimonio de argentino/s celebrado en el extranjero en el período comprendido entre el 01/03/1956 y el 25/07/1987, existiendo una relación matrimonial vigente se considera como convivencia).

- Hijo nacido en Argentina
  - Acta, partida o certificado de nacimiento: original y copia **.
- Hijo nacido en el extranjero
  - Acta, partida o certificado de nacimiento traducido y legalizado o apostilla: original y copia *.
- Divorcio vincular o separación personal
  - Original y copia del testimonio o copia de la sentencia de divorcio o separación personal, según corresponda.
- Separación de hecho
  - Original de declaración jurada u original y copia de información sumaria judicial o administrativa.
- Tenencia de hijo
  - La tenencia de hijo es ejercida únicamente por los padres.
- En el caso de tenencia legal:
  - Original y copia del testimonio o copia de la sentencia.
- En el caso de tenencia de hecho:
  - Original y copia del acuerdo de partes realizado ante un mediador matriculado por el Ministerio de Justicia de la Nación, ante escribano público o ante la justicia competente, u
  - Original del formulario PS.2.46 "Conformidad de Tenencia", u

***Cuando no fuere posible la presentación de las partidas exigidas se admite la presentación de la documentación supletoria autorizada por la ley 18327.*

**Si el matrimonio/nacimiento se produjo en el extranjero: original y fotocopia del certificado de matrimonio/nacimiento deberá estar traducido, visado por el Consulado Argentino en el exterior.*

- Original y copia del acuerdo privado con firma certificada por escribano público, entidad bancaria o autoridad judicial competente.

- En caso de hijos extramatrimoniales, reconocidos por ambos padres y que no conviven:
  - La misma documentación citada en los casos de tenencia legal o tenencia de hecho, u
  - Original y copia de información sumaria judicial.
- En caso de tenencia con renuncia:
  - Si el que ejerce la tenencia de los hijos no se encuentra bajo relación de dependencia, ni percibe la prestación por desempleo ni una prestación de la ley de riesgos del trabajo, ni un beneficio previsional del Sistema Integrado Previsional Argentino, tiene derecho a percibir las asignaciones familiares el otro progenitor.
  - La misma documentación citada en los casos de tenencia legal o tenencia de hecho y original del "Acta Autorización de Cobro" cuyas firmas se encuentren certificadas por escribano público o autoridad judicial, policial –a excepción de la policía de la Provincia de Buenos Aires–, entidad bancaria o funcionario de ANSES –en este último caso sólo en el ámbito de la Provincia de Buenos Aires y siempre que uno de los padres resida en la citada provincia–.
  - La misma documentación citada en los casos de tenencia legal o tenencia de hecho y original y copia del testimonio o copia de la sentencia que lo condene al pago de alimentos o que lo faculte a cobrar las asignaciones familiares.
- Curatela a la persona: ejercer la curatela de un mayor de edad insano o de menores por excepción.
  - Original y copia del testimonio o copia de la sentencia.
- Curatela a los bienes: ejercer la curatela al sólo efecto de administrar los bienes del mayor de edad insano o de menores por excepción.
  - Original y copia del testimonio o copia de la sentencia.
- Guarda: la guarda se ejerce sobre un menor de edad. El guardador debe ser una persona diferente a los padres.
  - Original y copia del testimonio o copia de la sentencia de guarda, u
  - Original y copia del certificado de guarda expedido por autoridad judicial.
- Tutela: la tutela se ejerce sobre un menor de edad. El tutor debe ser una persona diferente a los padres.
  - Original y copia del testimonio de tutela o copia de la sentencia, u
  - Original y copia del certificado expedido por autoridad judicial.
- Tutela legal: El tutor legal debe estar incluido en el artículo 264 bis del Código Civil, es decir, cuando ambos padres sean menores de 18 años, los hijos menores quedarán sujetos a la tutela de su abuelo o hermanos o tíos. Tanto el tutor como el hijo menor y el nieto, deben vivir en el mismo domicilio.
  - Original y copia de la partida de nacimiento del padre y de la madre, original y copia de la partida de nacimiento del nieto y original y copia de información sumaria de convivencia.
- Adopción
  - Original y copia del testimonio o copia de la sentencia de adopción.
- Persona a cargo asignaciones familiares: los requisitos que se deben cumplir son que sea mayor de edad (21 años), discapacitado, que la madre y el padre estén fallecidos, que

no tenga curador y estar a cargo de un familiar, según lo establecido en los artículos 367 y 368 del Código Civil.

- Original y copia de la partida de nacimiento, original y copia de la partida de defunción del padre y de la madre y original y copia del testimonio o copia de la sentencia judicial u original y copia de la información sumaria donde se establece que se encuentra a cargo y comprendido en los artículos 367 y 368 del Código Civil.

- Persona a cargo obra social: para registrar a una persona como beneficiario de una obra social:
  - Original y copia de formulario PS. 5.3 (frente y dorso).
  - Original y copia de nota de aceptación de OS.
- Para registrar la baja de una persona como beneficiario de una obra social:
  - Original y copia de formulario PS. 5.3 (frente y dorso).
- Hijo de cónyuge/concubino: para registrar como beneficiario de una obra social:
  - Original y copia de formulario PS. 5.3 (frente y dorso).
- Para registrar la baja como beneficiario de una obra social:
  - Original y copia de formulario PS. 5.3 (frente y dorso).
- Hijo entre 21 y 25 años: para registrar a un hijo entre 21 y 25 años como beneficiario de una obra social:
  - Original y fotocopia de certificado de estudio de alumno regular emitido por un establecimiento oficialmente reconocido por la autoridad pertinente.
- Hijo discapacitado-obra social: para registrar a un hijo discapacitado como beneficiario de una obra social:
  - Original y fotocopia de certificado que acredite la existencia de discapacidad, naturaleza y grado, emitido por autoridad competente (Hospital Nacional, Provincial o Municipal).
- A cargo asignación universal: para registrar el vínculo de un menor de 18 años o mayor discapacitado con los parientes por consanguinidad hasta el tercer grado (tío, abuelo o hermano). Establecido de acuerdo a decreto 1602/09 (asignación universal por hijo). Información sumaria judicial o informe emitido por el Ministerio de Desarrollo Social donde conste:
  - La relación de consanguinidad entre ambos
  - La convivencia con el menor o mayor discapacitado
  - Que se encuentra a su cargo
  - Que no existe guardador, tutor o curador designado judicialmente
  - La fecha de inicio de la relación

Estos documentos harán fe en territorio nacional, sin necesidad de su posterior legalización ante otra autoridad argentina, conforme decreto 1629/01. Si el país emisor del documento fuera signatario de la Convención de La Haya, deberá constar la acotación o "apostille" estampada en el certificado de matrimonio/nacimiento por la autoridad competente del citado país.

Los certificados librados por Italia, España, Portugal, Grecia, Chile, Colombia, Brasil, Paraguay y Uruguay, quedan exceptuados del visado, traducción y legalización, como así también de la acotación o "apostille", para las tramitaciones de prestaciones en el marco de los Convenios de Seguridad Social suscriptos con la República Argentina, y por ser miembros integrantes del MERCOSUR, respectivamente.

En estos casos bastará la intervención del oficial público del lugar de su expedición.

Conforme resolución 146/09 del Ministerio del Interior, se reconocen como válidos los certificados de nacimiento consulares expedidos por la representación consular de la República de Bolivia.

Refugiados: deberán presentar certificado extendido por el Ministerio del Interior que exprese su calidad de refugiado, quedando eximidos del requisito de legalización y/o apostillado de la documentación que presenten, conforme ley 26165.

A partir del 1 de marzo de 2002, los documentos extranjeros que cuenten con el folio de seguridad no requerirán intervención alguna con posterioridad en la República Argentina, y harán fe en su territorio sin necesidad de que sea legalizada la firma del cónsul ante esta Cancillería y otra autoridad del país.

A su vez, los documentos confeccionados por los consulados argentinos en el exterior (testimonios de actuaciones notariales o de inscripciones en el libro de Registro Civil de las personas, certificados para ser utilizados en el territorio nacional, etc.) intervenidos con la firma del cónsul argentino, también quedan exentos de su posterior legalización ante otra autoridad argentina. A fin de resguardar la autenticidad de estos documentos, según el caso de que se trate se agregará un folio de seguridad o bien se lo imprimirá directamente sobre el mismo.

Fuente: http://www.anses.gob.ar/general/acreditacion-datos-personales-de-relaciones-276

A considerar... Los datos informados revisten carácter de declaración jurada, debiendo ser cumplimentados sin omitir ni falsear ningún dato, sujetando a los infractores a las penalidades previstas en los artículos 172 y 292 del Código Penal de los delitos de estafa y falsificación de documentos.

A continuación se presentan los formularios mencionados, a excepción del de "Conformidad de Tenencia", que se aplica en el punto 2.2.18.

Versión 1.2

ANSES

Form. PS5.3

Declaración Jurada del Trabajador y su Grupo Familiar Adheridos al Sistema Nacional del Seguro de Salud

Frente

Los campos grisados serán completados por personal de ANSES. Distribución Gratuita

☐ Novedades ☐ Recategorización

Fecha de Presentación: Día | Mes | Año

Datos del Titular

Apellido/s	Nombre/s	CUIL/CUIT

Datos de la Obra Social

Código	Denominación

Datos del Empleador (Completar si se encuentra en relación de dependencia)

CUIT	Razón Social	Sit. Rev. (1)

Datos del Grupo Familiar para la Obra Social

1

CUILT/CUIT	Apellido/s	Nombre/s

Doc. de Identidad: Tipo | Número — Fecha de Nacimiento: Día | Mes | Año — Cód. Parent — Incapac. Si ☐ No ☐ — Estudia Si ☐ No ☐

Marca OS — Alta ☐ Baja ☐ — Fecha: Día | Mes | Año — Nov. ADP — Inicio Relación ☐ Finaliza Relación ☐ — Fecha: Día | Mes | Año

2

CUILT/CUIT	Apellido/s	Nombre/s

Doc. de Identidad: Tipo | Número — Fecha de Nacimiento: Día | Mes | Año — Cód. Parent — Incapac. Si ☐ No ☐ — Estudia Si ☐ No ☐

Marca OS — Alta ☐ Baja ☐ — Fecha: Día | Mes | Año — Nov. ADP — Inicio Relación ☐ Finaliza Relación ☐ — Fecha: Día | Mes | Año

3

CUILT/CUIT	Apellido/s	Nombre/s

Doc. de Identidad: Tipo | Número — Fecha de Nacimiento: Día | Mes | Año — Cód. Parent — Incapac. Si ☐ No ☐ — Estudia Si ☐ No ☐

Marca OS — Alta ☐ Baja ☐ — Fecha: Día | Mes | Año — Nov. ADP — Inicio Relación ☐ Finaliza Relación ☐ — Fecha: Día | Mes | Año

4

CUILT/CUIT	Apellido/s	Nombre/s

Doc. de Identidad: Tipo | Número — Fecha de Nacimiento: Día | Mes | Año — Cód. Parent — Incapac. Si ☐ No ☐ — Estudia Si ☐ No ☐

Marca OS — Alta ☐ Baja ☐ — Fecha: Día | Mes | Año — Nov. ADP — Inicio Relación ☐ Finaliza Relación ☐ — Fecha: Día | Mes | Año

Ministerio de Trabajo,
Empleo y Seguridad Social

Form.PS5.3 (Dorso)

El siguiente formulario reviste el carácter de Declaración Jurada, debiendo ser completado sin omitir ni falsear ningún dato, quedando sujetos los infractores a las penalidades previstas en los Artículos 172, 292 y 293 del Código Penal para los delitos de estafa y falsificación de documentos.

Quien suscribe____

en calidad de____

certifica que la firma precedente corresponde al declarante por haber sido puesta en mi presencia

acreditando identidad con ________ Nº____________________

______________________ Firma del Titular/Representante

______________________ Firma y Documento del Certificante

______________________ Sello Fechador y Firma ANSES

1 - Tabla de Situación de Revista

00 Percibe Haberes Regularmente
01 Contrato Temporario
25 Autónomo Monotributista
26 Servicio Doméstico
Suspendido con Derecho a Obra Social
10 Maternidad
11 Período de Reserva Por Enfermedad
12 Período de Reserva por Accidente
Suspendido sin Derecho a Obra Social
20 Excedencia
21 Licencia Extraordinaria
22 Receso Contrato Temporada
23 Licencia Gremial
24 Otras Suspensiones por más de tres meses

2 - Tabla de Parentesco

00 Titular
01 Cónyuge
02 Conviviente
03 Hijo Soltero menor de 21 años
04 Hijo Soltero entre 21 y 25 años inclusive cursando estudios regulares
05 Hijo del cónyuge soltero menor de 21 años
06 Hijo del cónyuge soltero entre 21 y 25 años inclusive cursando estudios regulares
07 Menor bajo guarda o tutela
08 Adherente
09 Hijo propio o del cónyuge discapacitado

ACTA AUTORIZACIÓN DE COBRO

Entre...con DU Nº.............................. domiciliado en.. y ....con DU Nº .... y domiciliado en...declaran bajo juramento y acuerdan:

PRIMERA: Que ambos son padres de:

Nº	Apellido y Nombre	Tipo y Nº de Documento	Sexo	Fecha Nacimiento
1				
2				
3				
4				
5				
6				

SEGUNDA: Que se encuentran separados/divorciados y que la tenencia de los hijos detallados en la cláusula PRIMERA es ejercida por ....

TERCERA: Que a fin de presentar este instrumento ante la ADMINISTRACION NACIONAL DE LA SEGURIDAD SOCIAL (ANSES) Don/ña ....

............................declara no encontrarse bajo relación de dependencia, ni percibir la Prestación por Desempleo, ni prestación alguna de la Ley de Riesgos del Trabajo que confiera derecho a percibir asignaciones familiares, ni un beneficio previsional del Sistema Integrado de Jubilaciones y Pensiones (SIJP),

CUARTA: Que, en su carácter de tenedor Don/ña .... le confiere al otro progenitor Don/ña .... el derecho a percibir las asignaciones familiares que correspondan por los hijos mencionados en la cláusula PRIMERA.

QUINTA: Que Don/ña .... se compromete a entregar mensualmente, a la otra parte, el monto de las asignaciones familiares percibidas. La falta de cumplimiento de esta cláusula provocará la caducidad del presente acuerdo, pudiendo el tenedor Don/ña .... solicitar el embargo de las asignaciones familiares correspondientes.

SEXTA: En caso de verificarse el falseamiento de los datos expuestos o de no denunciarse su modificación, dentro de los 30 días corridos, el presente quedará sin efecto en forma automática, autorizando expresamente a la ADMINISTRACIÓN NACIONAL DE LA SEGURIDAD SOCIAL (ANSES) a suspender en forma inmediata los pagos de asignaciones familiares y/o a descontar las que se hubieren percibido indebidamente, en la forma y proporciones que establece la reglamentación respectiva.

SEPTIMA: Las partes manifiestan conocer las penalidades vigentes para el caso de falseamiento u ocultamiento de datos.

En un todo de acuerdo, así lo convienen y firman en tres ejemplares de un mismo tenor y a un solo efecto, en la ciudad de .... a los .... días del mes de .... del año ....

Firma Padre **Firma madre**

Firma autoridad certificante

2.2. Trámites en línea

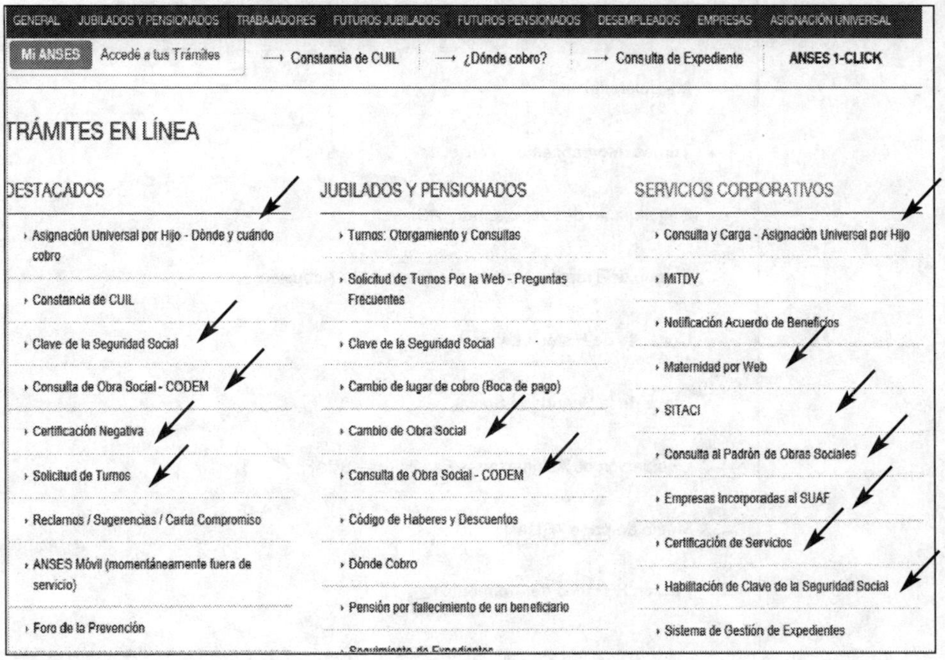

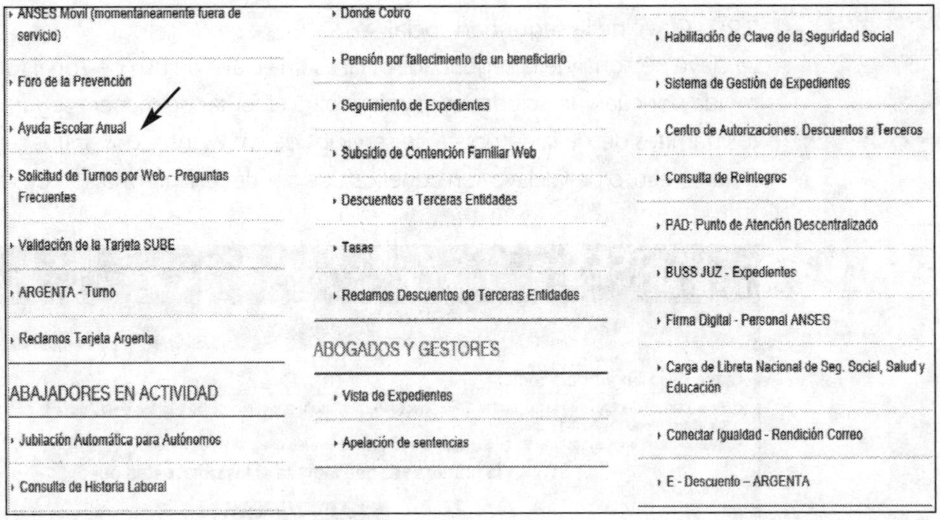

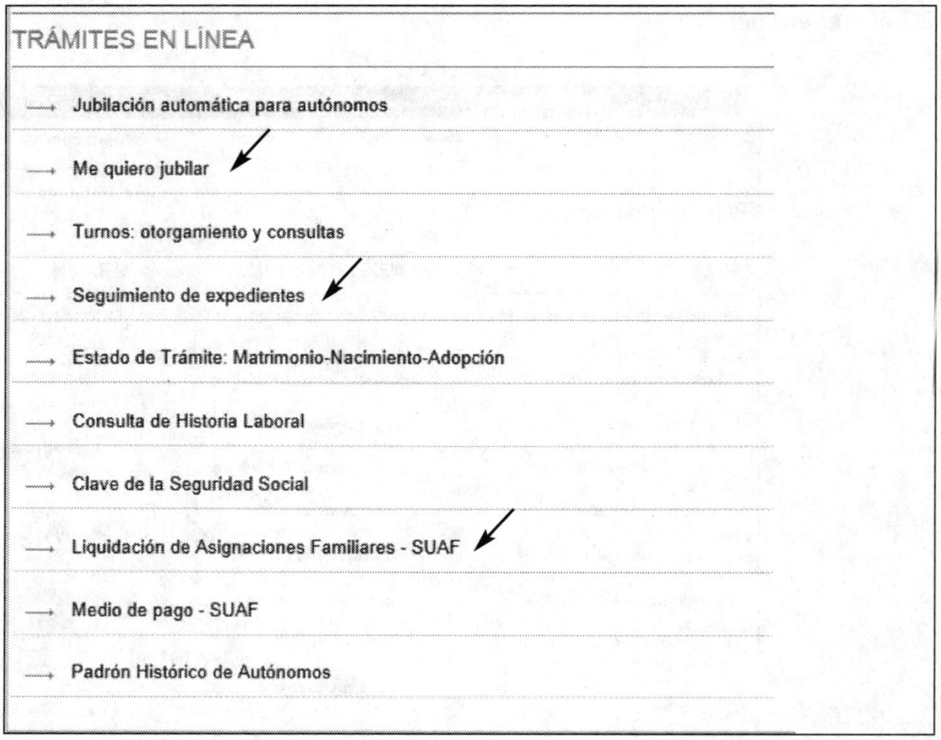

2.2.1. Clave de la seguridad social

La clave personal de la seguridad social es una clave de uso personal (que puede ser obtenida por cualquier ciudadano) y sirve para efectuar de manera segura y rápida distintos trámites desde la autopista de servicios de www.anses.gov.ar (los servicios que requieren el uso de la clave son aquellos que contienen información de carácter personal).

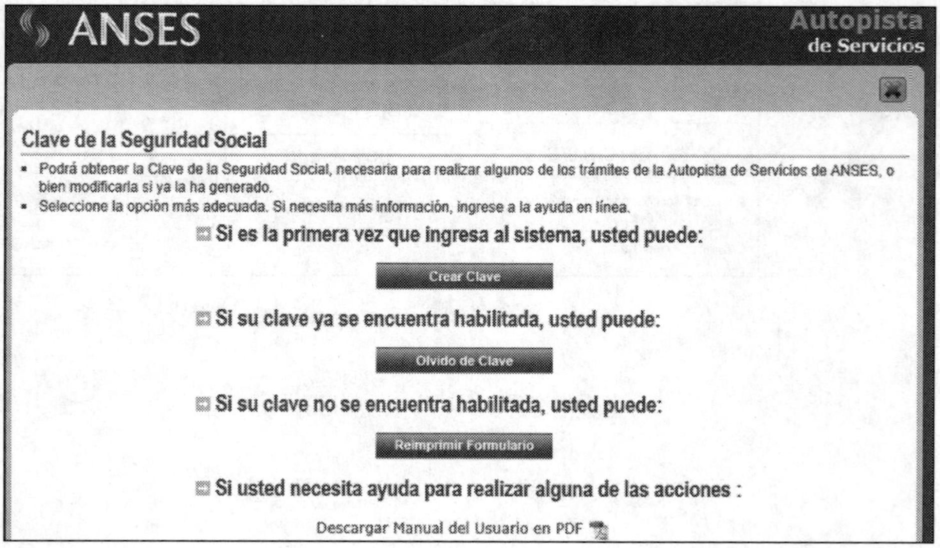

El plazo para la habilitación de la misma es de 90 días corridos desde el momento de la tramitación en la página web. Transcurrido este plazo la clave caducará y se deberá generar nuevamente la clave en forma on line. El empleado debe concurrir con el DNI –original y fotocopia, si así se lo indicara– a cualquier delegación de ANSES. Si presenta los formularios en una sucursal del Correo Argentino u OCA, podrá usar su clave a partir de los 15 días de la presentación.

A considerar... Recuerde que si usted ingresa su clave incorrectamente por 5 veces consecutivas, permanecerá bloqueado por una hora.

- Si aún no cuenta con la misma, presione "Crear Usuario".
- Si usted se encuentra habilitado y se olvidó la clave, presione "Olvido de Clave".
- Si usted piensa que su clave puede estar comprometida, cámbiela antes de seguir operando; presione "Cambio de Clave".

2.2.2. Reconocimiento de servicios

Es la acreditación formal ante ANSES de los servicios con aportes desempeñados y declarados por el trabajador, mediante la presentación de la documentación correspondiente. El reconocimiento de los servicios prestados agiliza la acreditación de su historia laboral, con el ordenamiento de la documentación referida al período que se declara, acortando los tiempos de tramitación, en ocasión de solicitar ante la Administración el beneficio que pudiera corresponderle o, en su caso, para hacer valer dichos servicios en otro organismo integrante del sistema de reciprocidad jubilatoria.

El trabajador puede solicitar en cualquier momento la realización de un reconocimiento de los servicios prestados en relación de dependencia o de manera autónoma aportados al régimen nacional. Mediante la gestión de un reconocimiento de servicios, el trabajador obtendrá una resolución con los años probados por ANSES.

Para realizar el trámite, el interesado o un representante deben dirigirse a cualquier delegación de ANSES con la documentación requerida.

Previo a iniciar el trámite deberá haber acreditado ante ANSES sus datos personales y los datos de sus relaciones familiares en la Base de Datos de Personas (ADP), mediante la presentación de la documentación que corresponda en cada caso.

Documentación a presentar

- Del titular:
    - Exhibir documento nacional de identidad (DNI), libreta cívica (LC) o libreta de enrolamiento (LE) para acreditar identidad.
    - En caso de no poseer DNI, LC o LE deberá presentar constancia de DNI en trámite.
    - Pasaporte u otra documentación oficial que registre el ingreso al país, en el caso de extranjeros, de resultar necesario para acceder al cómputo de los servicios que pretende acreditar.
    - Del representante.
    - Exhibir DNI, LC o LE para acreditar identidad.

- Formulario PS.6.4 "Carta Poder", sólo en caso de no ser incluido en el Formulario de Solicitud de Prestaciones Previsionales.
- Si es profesional (abogado):
  - Credencial habilitante.
  - DNI y fotocopia de la 1ra. y 2da. hoja.
  - Nota del profesional solicitando su incorporación al registro de abogados de ANSES.
- Si es gestor:
  - DNI y fotocopia de la 1ra. y 2da. hoja.
  - Nota solicitando su incorporación al registro de gestores de ANSES.
- Si es trabajador en relación de dependencia, además debe presentar:
  - Certificación de servicios y remuneraciones extendido por el o los empleadores para los que haya prestado servicios, debidamente certificados.
- Si no posee certificación de servicios, debe presentar:
  - Recibos de sueldo donde consten las retenciones en concepto de aportes jubilatorios.
  - Comprobante de afiliación a obras sociales y/o gremios. Original y fotocopia.
  - Constancia de afiliación anterior a la asignación del CUIL (ex cajas): original y fotocopia.
- Si es trabajador autónomo:
  - Si tiene boletas de pagos autónomos y/o monotributistas para validar (aportes que no surgen del SICAM):
    - Formularios 558/A, 558/B y 558/C "Solicitud de Determinación de Deuda y Situación de Revista Autónomos – Declaración Jurada – SICAM" (Sistema de Información para Contribuyentes Autónomos y Monotributistas). Se obtiene a través de la página web de AFIP (www.afip.gob.ar).
    - Boletas originales y fotocopias de los pagos autónomos y/o monotributistas incorporados y/o modificados a través del sistema SICAM.
    - Ticket de cancelación de deuda emitido por el banco, de corresponder, sólo en los casos en que no se encuentre registrada la cancelación de la deuda en SICAM, una vez finalizado el proceso de validación.
  - Si no tiene boletas de pagos para validar:
    - Formularios 558/A, 558/B y 558/C "Solicitud de Determinación de Deuda y Situación de Revista Autónomos – Declaración Jurada – SICAM" (Sistema de Información para Contribuyentes Autónomos y Monotributistas). Se obtiene a través de la página web de AFIP (www.afip.gob.ar).
    - Ticket de cancelación de deuda emitido por el banco, de corresponder, sólo en los casos en que no se encuentre registrada la cancelación de la deuda en SICAM.

Anexo de actividades con características especiales:
Si desempeñó alguna de las tareas que se detallan a continuación, debe presentar además la documentación específica en cada caso.

- Personal embarcado
  - Libreta de embarco y permiso de embarco.
  - Estibador portuario.

- Libreta de afiliado (de poseerla).
- Documento Único Portuario.
- Constancia extendida por la Prefectura Naval Argentina, de no poseer DUP.

- Aeronavegantes
  - Personal con función aeronáutica: certificado extendido por la Fuerza Aérea, indicando las horas de vuelo, discriminado hasta el 30/06/1994 y a partir del 01/07/1994.
  - Personal sin función aeronáutica: certificado extendido por la empresa, indicando las horas de vuelo, discriminando hasta el 30/06/1994 y a partir del 01/07/1994.
- Servicio doméstico
  - Libreta de trabajo (de poseerla).
  - Libreta sanitaria (de poseerla).
  - Fotocopias autenticadas de toda constancia en la que figure su actividad como empleada en el servicio doméstico (datos del padrón electoral, título de propiedad, créditos personales, carnet de mutual u obra social, etc.).
  - Certificados médicos extendidos por atención en el domicilio del empleador.
  - Original y fotocopias de las boletas de depósito de aportes y contribuciones previsionales, en caso de poseerlas.
  - Fotos 4x4.
  - Transcripción del domicilio del empleador y del afiliado (cuando ambos coinciden), según figure en sus respectivos documentos.
- Retiros militares, de Prefectura o Gendarmería
  - Haber tope del cargo máximo de acuerdo a la fuerza donde prestó servicios.
  - Detalle de haberes percibidos en concepto de retiro, desde la fecha de solicitud del beneficio a otorgar hasta la actualidad.
  - Certificado donde consten períodos que fueron considerados para el otorgamiento del retiro.
- Retiro policial
  - Constancia donde se indique si el retiro es por servicios civiles o policiales.
  - Certificado donde consten los servicios que fueron considerados para el otorgamiento del mismo (nacionales o provinciales).
  - Detalles de haberes percibidos en concepto de retiro, desde la fecha de solicitud del beneficio a otorgar hasta la actualidad.
  - Haber tope del cargo máximo de acuerdo a la fuerza donde prestó servicios.
- Productores de seguros
  - Certificaciones extendidas por servicios anteriores al 31/12/1968, consignando los sueldos percibidos por todo el período en la moneda en que fueron abonados, como así también fecha de primera y última operación.
- Otros elementos para acreditar servicios son las libretas de trabajo:
  - Libreta de maternidad.
  - Libreta de trabajo a domicilio.
  - Libreta de afiliación a la ex caja de industria.
  - Libreta de fondo de desempleo (construcción).

2.2.3. Consulta de historia laboral

Por medio de esta aplicación se pueden consultar los datos referidos a la historia laboral registrada conformada por:

- las declaraciones juradas presentadas por su empleador,
- los aportes al Sistema de Seguridad Social realizados como trabajador autónomo y/o monotributista,
- información suministrada por las provincias transferidas a la Nación, en caso de que corresponda.

Para acceder a esta aplicación debe ingresar la clave de la seguridad social tramitada previamente. A continuación presione el botón "Iniciar Sesión":

- Recuerde que si usted ingresa su clave incorrectamente por 5 veces consecutivas permanecerá bloqueado por una hora.
- Además, los usuarios habilitados que permanecen inactivos por 12 meses serán eliminados.
- Si aún no cuenta con la misma, presione "Crear Usuario".
- Si usted se encuentra habilitado y se olvidó la clave, presione "Olvido de Clave".
- Si usted piensa que su clave puede estar comprometida, cámbiela antes de seguir operando; presione "Cambio de Clave".

Trámites más habituales

La información provista le será útil para el control de los aportes que debe realizar su empleador y para que, al momento de jubilarse, usted cuente con la información de los años de servicios debidamente registrados.

Iniciar consulta

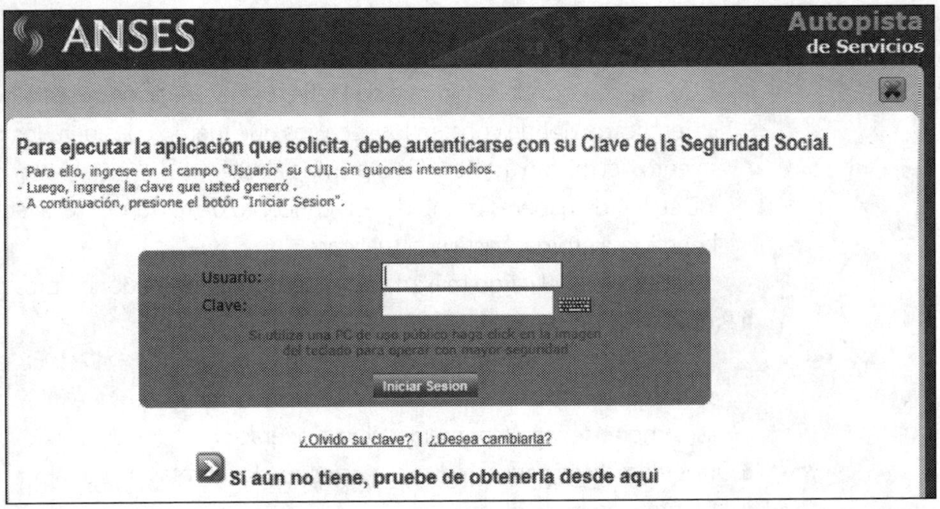

2.2.4. Turnos: otorgamiento y consultas (jubilados y pensionados)

Se podrá solicitar un turno para gestionar cualquier prestación previsional que otorga ANSES. Al finalizar el procedimiento el sistema otorgará un número de registro, el cual deberá conservar para obtener la información del día y el lugar del turno asignado.

La asignación del turno a la UDAI u oficina se efectuará automáticamente del siguiente modo:

- Para titulares: de acuerdo al código postal acreditado en la base de datos de ANSES del titular.
- Para abogados y gestores: los turnos serán asignados a las delegaciones más cercanas al domicilio, de acuerdo al código postal acreditado en la base de datos de ANSES del titular.

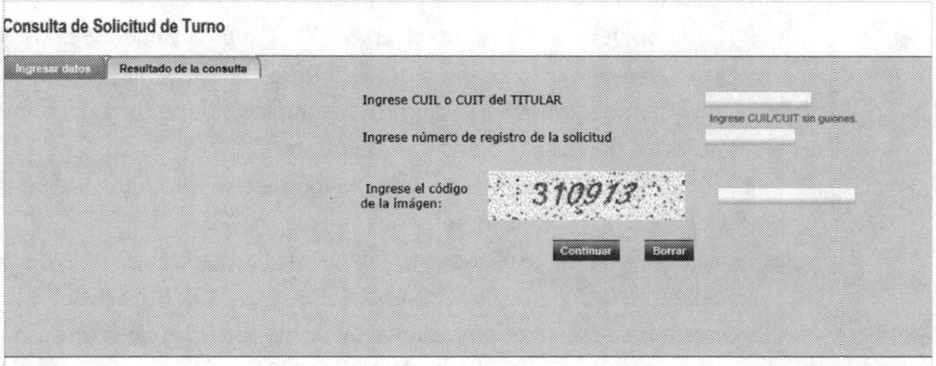

Con el número de registro generado por el sistema de solicitud de turnos, puede obtener la información del día y el lugar del turno asignado, y efectuar la aceptación o cancelación del mismo.

El turno estará disponible a partir del día hábil siguiente a la solicitud del mismo y se concederá en alguna de las delegaciones más cercanas al domicilio.

Debe tener presente que transcurridos 7 días corridos desde la asignación del mismo, de no aceptar el turno obtenido el sistema lo cancelará y procederá a la reasignación a otro solicitante de manera automática.

Solicitud de turnos por web. Preguntas frecuentes

Fuente: Web ANSES

- ¿Puedo solicitar un turno aunque no pueda acceder a Internet?

  Sí, a través de nuestro servicio telefónico al número gratuito 130, de lunes a viernes de 8 a 20 hs.

- Al momento de presentarme en la dependencia de ANSES, ¿debo concurrir con toda la documentación personal y laboral, habiendo cargado todos mis datos y servicios en este sistema?

  Sí, debe presentarse con toda la documentación declarada por usted.

■ ¿Qué debo hacer si no puedo concurrir el día que tengo turno en la dependencia de ANSES?

Usted debe cancelar el turno que le fuera asignado; podrá hacerlo fácilmente y en cualquier momento a través del sistema de turnos o del servicio telefónico.

■ ¿En caso de una reapertura, ¿cómo se carga el número de expediente que pide el soft de turnos?

En el Soft de Turnos, para poder cargar el número de expediente en una reapertura, se tienen que cargar 23 dígitos en total.

EJEMPLO: 998-52857931-058.

En este caso deberá cargarse de la siguiente forma: 99800052857931005800000.

Los primeros 00 corresponden al CUIL, el 0 después del número es el sufijo CUIL, 058 es el tipo de beneficio y los últimos 000 corresponden a la secuencia.

■ ¿Cómo se declara el desempleo en el soft de turnos, ya que se consideran años de servicio?

En el soft de turnos no se carga el desempleo, sólo se cargan los años de aportes y servicios que dieron derecho a esa prestación.

■ ¿Cómo se debe proseguir cuando un abogado solicitó turno y al consultarlo figura "EN PROCESO" y no permite ingresar un nuevo turno?

Esto se debe a que el abogado no tiene actualizados sus datos de domicilio y código postal en la BASE DE DATOS DE ANSES ABOGADOS Y GESTORES, ya que el soft de turnos toma esos datos para asignar el mismo a la UDAI que corresponda. Para actualizar dicha BASE DE DATOS DE ABOGADOS Y GESTORES el profesional debe completar un formulario en la UDAI más cercana a su domicilio.

■ ¿A partir de cuándo el solicitante debe ingresar a la web o comunicarse al servicio del 130 para confirmar o rechazar el turno?

El titular puede ingresar a "Consultas de Turnos" o comunicarse telefónicamente a partir del día siguiente de haber solicitado dicho turno.

■ ¿El turno puede ser asignado dentro de los 7 días?

Tener en cuenta que, conforme la demanda de turnos existente, el sistema puede asignar el turno en los días sucesivos al pedido del mismo, por lo cual se aconseja su consulta periódica, a efectos de que el mismo pueda ser aceptado en fecha oportuna.

■ ¿Hasta cuándo se permite la confirmación del turno?

Hasta 48 horas antes del día del turno asignado. A partir de ese momento el turno ya no se visualizará en la opción de consulta para su confirmación, debiendo ingresar una nueva solicitud de turno.

■ Para un trabajador en relación de dependencia que actualmente continúa en actividad, ¿qué fecha de CESE se debe consignar?

Para estos casos se debe consignar como fecha de CESE el día en que se solicita el turno.

■ ¿Cómo se carga en el soft de turnos un reconocimiento de servicios de una persona fallecida, para ser presentado en otro organismo, ya que en dicho soft no aparecen acreditados los datos?

La persona que solicita el reconocimiento de servicios debe dirigirse a la UDAI para que le acrediten los datos en ADP del fallecido, presentando la partida de defunción, para luego poder ingresar los datos del mismo al soft de turnos.

▮ ¿Quiénes quedan excluidos de tramitar su prestación a través del aplicativo "Jubilación Automática para Autónomo"?

Quedan excluidos los siguientes casos:

- Los que hayan optado en SICAM por la moratoria 592/79.
- Los que posean liquidada una deuda parcial en SICAM.
- Los que incorporen en la liquidación SICAM boletas a validar.
- Los que soliciten prestación por Edad Avanzada, Retiro Transitorio por Invalidez, Retiro Definitivo por Invalidez y Prestación Anticipada por Desempleo, art. 2.
- Los trabajadores autónomos y monotributistas que hubieran aportado en dos actividades simultáneas.
- Los que soliciten su prestación por aplicación de convenios internacionales y/o tratados de reciprocidad.
- Los que están incluidos en convenios de corresponsabilidad (productor cañero).
- Los que residan en el extranjero.
- Los que hayan iniciado un trámite jubilatorio.
- Los que sean titulares de un beneficio jubilatorio nacional, provincial, municipal, o jubilación o retiro otorgado por las Fuerzas Militares y de Seguridad y Defensa.

Por ende, deberá tenerse en cuenta que los titulares comprendidos deberán solicitar su turno por la web de ANSES, a través de la opción 1 "JUBILACIÓN", en el nuevo aplicativo de solicitud de turnos por la web.

2.2.5. Liquidación de asignaciones familiares. SUAF

Por medio de esta aplicación usted podrá consultar el detalle de la liquidación de sus asignaciones familiares a través del SUAF. En caso de tener una consulta, podrá asesorarse en forma telefónica llamando al 130 de 8 a 20 hs, o bien acercándose a cualquier delegación de ANSES.

Cómo completar los campos

Recuerde que en el campo "Medio de Pago" debe seleccionar el medio por el cual usted percibe sus asignaciones familiares; si lo hace mediante su tarjeta de débito seleccione la opción "Acreditación en Cuenta (CBU)" o si lo hace en Efectivo, ya sea en un banco, correo u otra entidad, seleccione "Iniciar Consulta".

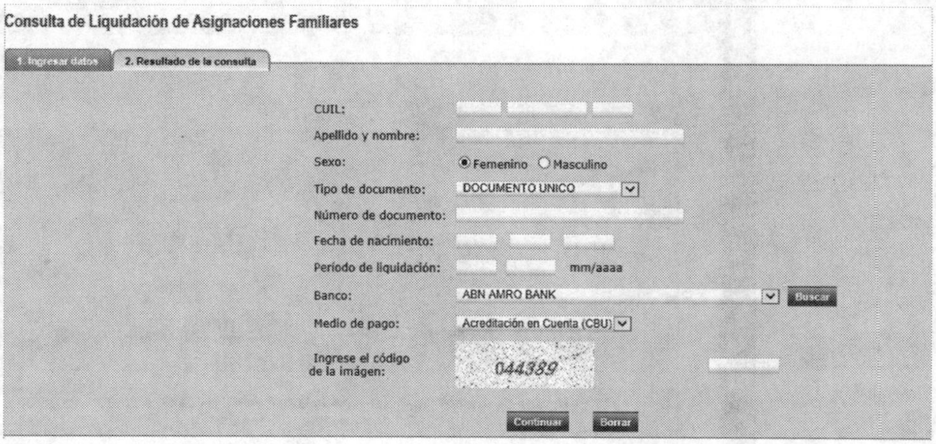
Consulta de Liquidación de Asignaciones Familiares
1. Ingresar datos
2. Resultado de la consulta
CUIL:
Apellido y nombre:
Sexo: Femenino Masculino
Tipo de documento: DOCUMENTO UNICO
Número de documento:
Fecha de nacimiento:
Período de liquidación: mm/aaaa
Banco: ABN AMRO BANK Buscar
Medio de pago: Acreditación en Cuenta (CBU)
Ingrese el código de la imágen: 044389
Continuar Borrar

2.2.6. Seguimiento de expedientes

A través de esta sección de la página, con el número de expediente o el número de documento podrá obtener el estado y ubicación del trámite (jubilación, pensión derivada, pensión directa, reconocimiento de servicios, reajustes) que haya iniciado ante la ANSES.
Ante cualquier duda con respecto a su consulta, podrá comunicarse gratuitamente al número telefónico 130, de lunes a viernes de 8 a 20 hs.

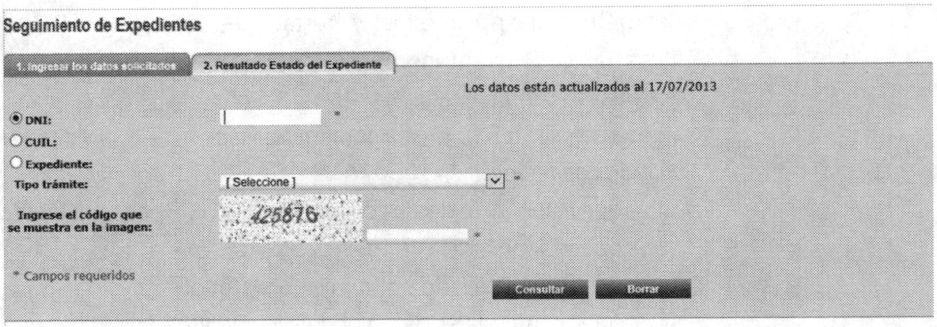

O bien desde la sección "Trámites en Línea"

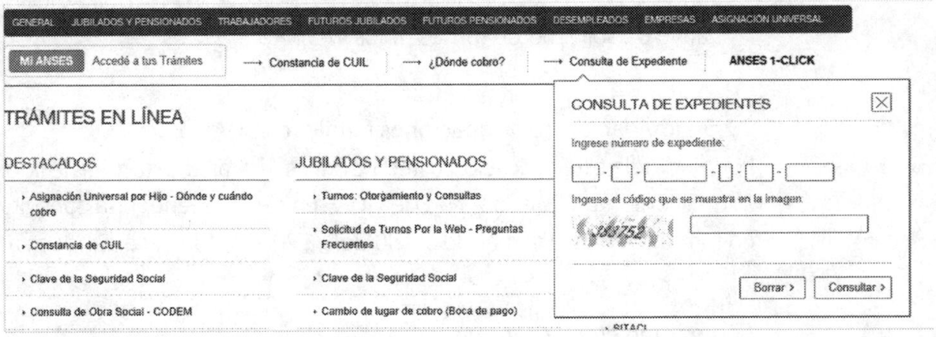

2.2.7. Dónde cobra

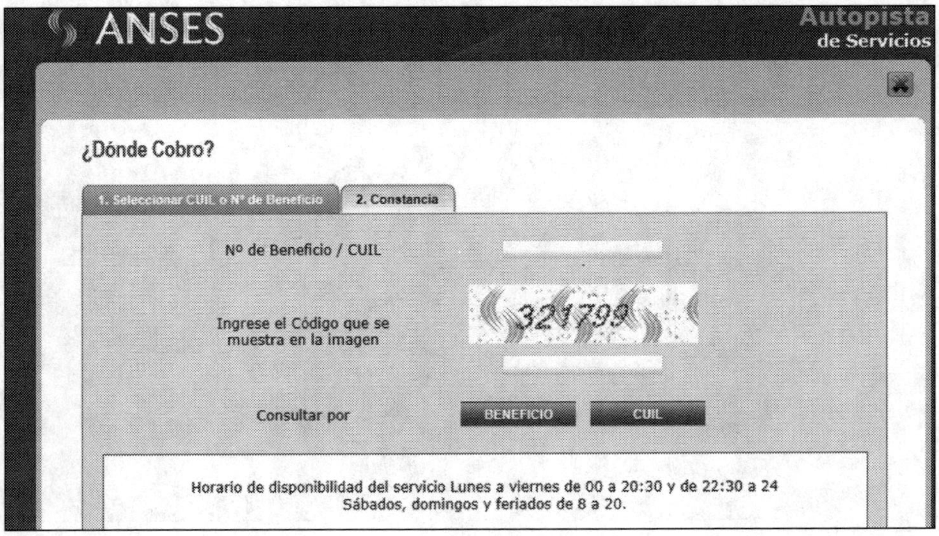

2.2.8. Estado de trámite. Matrimonio, nacimiento, adopción

Por medio de esta aplicación usted podrá consultar el estado de las solicitudes de trámites por asignación familiar por nacimiento, matrimonio y adopción, presentadas ante ANSES. En caso de tener una consulta puede asesorarse en forma telefónica llamando al 130 de 8 a 20 hs, o bien acercándose a cualquier delegación de ANSES.

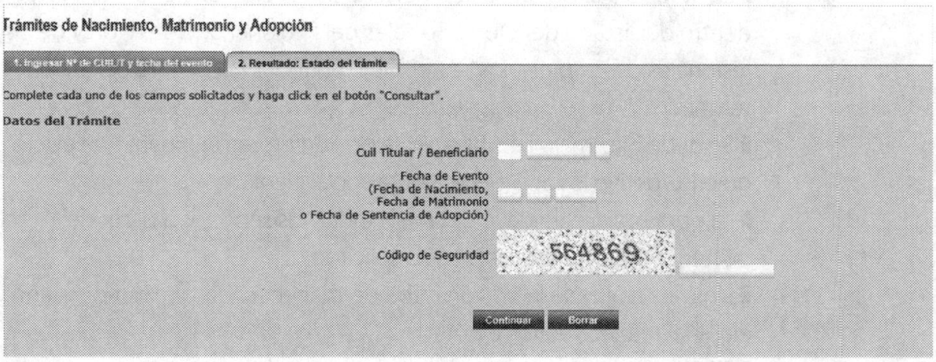

2.2.9. Me quiero jubilar

Al cumplir la edad requerida para jubilarse y reuniendo los requisitos de servicios, podrá ingresar a la página web de ANSES y solicitar su beneficio jubilatorio.

2.2.10. Consulta de obra social. CODEM

A través de esta aplicación usted podrá consultar su obra social. Con sólo ingresar su número de documento nacional de identidad (DNI, LC o LE), su número de Código Único de Identificación Laboral (CUIL) o su número de Clave Única de Identificación Tributaria (CUIT), el sistema le indicará el nombre de la obra social a la que está afiliado o pertenece como titular, ya sea si usted figura como activo (trabajador en relación de dependencia o monotributista), pasivo (jubilado o pensionado), beneficiario de una prestación por desempleo, o como familiar a cargo de un titular en las condiciones antes descriptas.

A considerar... La constancia de CUIL, el comprobante de empadronamiento de obra social (CODEM), la certificación negativa y la historia laboral emitidas a través de la página web de ANSES – autopista de servicios, NO REQUIEREN LA AUTENTICACIÓN CON SELLO Y FIRMA DE UN AGENTE DE ANSES [art. 1, R. (DE) 76/09].

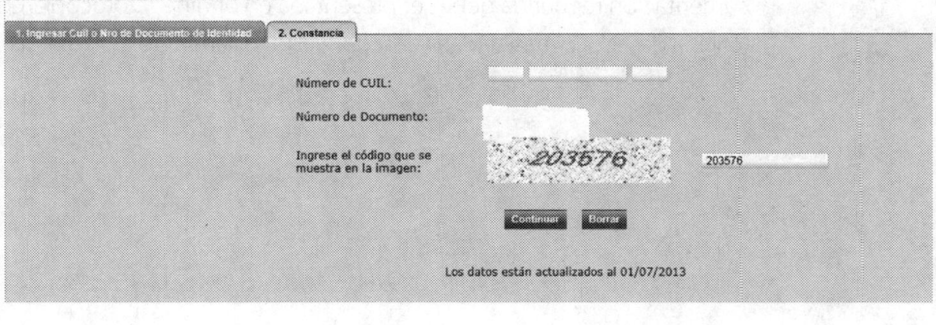

2.2.11. Cambio de obra social para personal de dirección

▮ Los beneficiarios de las obras sociales del Personal de Dirección y de las Asociaciones Profesionales de Empresarios, que estén aportando al Sistema Integrado Previsional Argentino (SIPA), pueden optar por otra obra social de idéntica naturaleza, en cualquier momento del año.

▮ La obra social a la que usted pertenece y la elegida tienen que estar comprendidas dentro del listado de "Obras Sociales del Personal de Dirección y de las Asociaciones Profesionales de Empresarios", disponible en todas las UDAI/Delegaciones de ANSES y en internet.

▮ Se debe informar al empleador la opción de cambio para que éste, a partir del mes siguiente, derive los aportes a la obra social elegida.

▮ La obra social elegida le deberá brindar sus servicios a partir del primer día del mes posterior a la presentación de su solicitud.

▮ Una vez realizada la opción debe permanecer como mínimo un año en la obra social elegida antes de volver a optar.

▮ El trámite del cambio de obra social lo puede realizar el trabajador titular de la obra social o un tercero que lo represente, y es recibido en todas las UDAI/delegaciones de ANSES o en la obra social a elegir.

▮ El COMPROBANTE DE EMPADRONAMIENTO (CODEM) es la constancia del ingreso de los datos de identificación del titular, su grupo familiar y la obra social elegida. Este comprobante se puede obtener desde "Trámites en Línea".

Documentación que se debe presentar

▮ Original y fotocopia del formulario PS.5.9 "Cambio de Obra Social para Personal de Dirección y Asociaciones Profesionales de Empresarios" (frente) (dorso).

▮ Del titular, DNI (documento nacional de identidad), LE (libreta de enrolamiento) o LC (libreta cívica): original y fotocopia.

▮ Recibo de haberes o constancia del empleador donde figuren los mismos datos del recibo de haberes: original y fotocopia.

▮ Si lo presenta un tercero deberá adjuntar el documento de identidad del titular, y la firma del mismo deberá estar certificada por autoridad competente (judicial, notarial o policial), autoridad bancaria, autoridad consular o director de hospital, clínica o sanatorio donde se encuentre internado.

▮ Si el titular se encuentra imposibilitado para firmar, esta situación debe ser acreditada por escribano público, quien deberá dar constancia expresa de la voluntad de ejercer la opción de cambio.

▮ Si además del cambio de obra social usted declara novedades del grupo familiar, la documentación requerida debe ser presentada en original y fotocopia. Consulte en la UDAI (oficina de ANSES más cercana a su domicilio) o llamando a la UDAT al 130.

2.2.12. Cambio de categoría laboral de los trabajadores

- El cambio de categoría laboral de un trabajador en relación de dependencia, dispuesto por su empleador, es a un nivel superior o inferior al que se encuentra empadronado en el Padrón del Sistema Nacional del Seguro de Salud que administra ANSES, correspondiéndole por ese motivo, una obra social de distinta naturaleza dentro de las comprendidas en la ley 23660.
- La novedad del cambio de categoría laboral es recibida en todas las UDAI/delegaciones de ANSES o en la obra social, y debe coincidir con la obra social consignada por el empleador en la declaración jurada mensual a presentar ante la Administración Federal de Ingresos Públicos (AFIP), con el objeto de asegurar el correcto direccionamiento de los aportes.
- El trámite lo puede realizar el trabajador titular de la obra social o un tercero que lo represente.
- El COMPROBANTE DE EMPADRONAMIENTO (CODEM) es la constancia del ingreso de los datos de identificación del titular, de su grupo familiar y la obra social asignada. La impresión del CODEM se puede obtener también desde "Trámites en Línea".

Documentación que debe presentar

- DNI, LC, LE (original y fotocopia).
- Copia del último recibo de sueldo confeccionado de acuerdo a las formalidades de ley.
- Original y copia del formulario PS.5.3 (frente y dorso) - "Declaración Jurada del Trabajador y su Grupo Familiar adheridos al Sistema Nacional del Seguro de Salud", en el cual se declara la modificación de la obra social. Si la presentación la efectúa un tercero o se realiza ante la obra social, la firma del titular debe estar certificada por autoridad competente (policial, notarial o judicial), autoridad bancaria, autoridad consular o director de hospital, clínica o sanatorio donde se encuentre internado.
- Nota formal con membrete de la empresa en la que conste el cambio de categoría laboral del trabajador en relación de dependencia y la fecha de vigencia del mismo. Dicha nota podrá estar firmada por:
    - el empleador [la firma deberá estar certificada por autoridad competente (bancaria, notarial, policial].
    - responsable autorizado [la firma deberá estar certificada por autoridad competente (bancaria, notarial, policial)], o
    - representante legal de la empresa. En este caso deberá adjuntar copia del poder suscripto por el representante a fin de acreditar la personería invocada en la nota mencionada.

Si además del cambio de categoría laboral usted declara novedades del grupo familiar, la documentación requerida debe ser presentada en original y fotocopia. Consulte en la UDAI (oficina de ANSES más cercana a su domicilio) o llamando a la UDAT al 130.

Versión 1.2

ANSES

Form. PS5.9

Cambio de Obra Social para Personal de Dirección y Asociaciones Profesionales de Empresarios

Frente

Titular

CUIL	Apellido/s y Nombre/s

CUIT Empleador	Razón Social

Obra/s Social/es actual/es a la/s que realiza aportes

Código	Denominación

Obra Social Elegida

Código	Denominación

Grupo Familiar primario y/o familiares a cargo

	Apellido/s	Nombre/s					Cód. Parent
1	CUIL	Doc. Identidad (Tipo / Número)	Fecha Nacim. (Día / Mes / Año)	Incapac. Si ☐ No ☐		Estudia Si ☐ No ☐	
	Apellido/s	Nombre/s					Cód. Parent
2	CUIL	Doc. Identidad (Tipo / Número)	Fecha Nacim. (Día / Mes / Año)	Incapac. Si ☐ No ☐		Estudia Si ☐ No ☐	
	Apellido/s	Nombre/s					Cód. Parent
3	CUIL	Doc. Identidad (Tipo / Número)	Fecha Nacim. (Día / Mes / Año)	Incapac. Si ☐ No ☐		Estudia Si ☐ No ☐	
	Apellido/s	Nombre/s					Cód. Parent
4	CUIL	Doc. Identidad (Tipo / Número)	Fecha Nacim. (Día / Mes / Año)	Incapac. Si ☐ No ☐		Estudia Si ☐ No ☐	

El siguiente formulario reviste el carácter de Declaración Jurada, debiendo ser completado sin omitir ni falsear ningún dato, quedando sujetos los infractores a las penalidades previstas en los Artículos 172, 292 y 293 del Código Penal para los delitos de estafa y falsificación de documentos.

Quien suscribe____

en calidad de____

certifica que la firma precedente corresponde al declarante por haber sido puesta en mi presencia

acreditando identidad con _______ Nº ___________________

Firma del Titular/Representante

Firma y Documento del Certificante

Sello Fechador y Firma ANSES

Firma y Sello Obra Social

Ministerio de Trabajo,
Empleo y Seguridad Social

Form. PS.5.9 (Dorso)

1. Si se producen tachaduras o enmiendas, deben quedar salvadas en el mismo formulario.

2. El duplicado de este formulario en donde se registran sello de recepción, firma y número de legajo del agente ANSES u otro organismo autorizado, queda en poder del titular.

3. Para el caso en que los campos de los integrantes del grupo familiar no fueran suficientes, debe confeccionar otro formulario por duplicado, completando obligatoriamente el apellido y nombre, número de CUIL.

4. Número de CUIL: transcribirlo del último recibo de sueldo o de la constancia entregada oportunamente por ANSES.

5. Apellido y Nombre/s: transcribirlos completos, como figura en el documento de identidad. Las mujeres consignan sólo apellido de soltera.

6. Documento de Identidad (Miembros del Grupo Familiar)
   Tipo: Respete estos Códigos

Código	Descripción
DU	Documento Nacional de Identidad
LE	Libreta de Enrolamiento
LC	Libreta Cívica

7. CUIT Empleador/ Empleadores: transcribirlo del último recibo de sueldo o consultar con aquellos a fin de registrarlo/s correctamente.

8. Obras Sociales - Códigos: consignar el/los código/s de la/s Obra/s Social/es a la/s que aporta y el de la Obra Social elegida

9. Códigos de Parentesco:

   00 Titular
   01 Cónyuge (esposa)
   02 Coviviente (concubino/a)
   03 Hijo soltero menor de 21 años
   04 Hijo soltero de 21 a 25 años cursando estudios regulares
   05 Hijo de cónyuge soltero menor de 21 años
   06 Hijo de cónyuge soltero de 21 a 25 años cursando estudios regulares
   07 Menor bajo guarda o tutela
   08 Adherente
   09 Hijo discapacitado

Novedades/opción de traspaso obra social

Versión 1.1

ANSES

Form. PS5.5

Novedades / Opción de Traspaso

Tipo de Trámite

☐ Novedades ☐ Opción de Traspaso

Frente

1 - Titular del Beneficio

Apellido/s		Nombre/s
CUIT / CUIL	Tipo y Nº de Documento	

Beneficio - SIPA

	Ex-Caja	T	Número	C	DV
1					
2					

Beneficio - Por Renta Vitalicia

Cód.	CUIT/CUIL	Tipo
Nombre CSR		

2 - Obra Social Actual

Código (*)	Denominación

3 - Obra Social por la que Opta

Código (*)	Denominación

4 - Miembros del Grupo Familiar

	Apellido/s		Nombre/s			
1	Tipo y Nº de Documento	Tipo de Novedad	CUIT / CUIL	Cód. Paren	Incapacitado/a Si ☐ No ☐	Estudia Si ☐ No ☐

	Apellido/s		Nombre/s			
2	Tipo y Nº de Documento	Tipo de Novedad	CUIT / CUIL	Cód. Paren	Incapacitado/a Si ☐ No ☐	Estudia Si ☐ No ☐

	Apellido/s		Nombre/s			
3	Tipo y Nº de Documento	Tipo de Novedad	CUIT / CUIL	Cód. Paren	Incapacitado/a Si ☐ No ☐	Estudia Si ☐ No ☐

El presente formulario reviste el carácter de Declaración Jurada, debiendo ser completado sin omitir ni falsear ningún dato, sujetando a los infractores a las penalidades previstas en los Artículos 172, 292 y 293 del Código Penal para los delitos de estafa y falsificación de documentos. - Lea las instrucciones al dorso.

Quien sucribe ______________________, en calidad de ______________________

certifico que la/s firma/s precedente/s corresponde/n a/los declarante/s por haber sido puesta/s en mi presencia acreditando identidad con ______

Nº __________ y ______ Nº __________

Ministerio de Trabajo, Empleo y Seguridad Social

Firma Titular - Representante

Firma y documento del certificante

Sello Fechador y Firma ANSES

Firma y Sello Obra Social

Form. PS5.5 (Dorso)

Instrucciones para completar el formulario

Confeccione el formulario por duplicado siguiendo estas indicaciones:

1. Los campos numéricos se completan de derecha a izquierda y se rellenan con ceros los casilleros de la izquierda.
2. Los campos alfabéticos se completan de izquierda a derecha, con letra legible tipo imprenta mayúscula y se dejan en blanco los casilleros de la derecha no utilizados.
3. Trace una raya horizontal en los campos que no utilice.
4. Si se producen tachaduras o enmiendas, deben quedar salvadas en el mismo formulario.
5. Para los casos en que los campos de números de beneficio y/o los miembros del grupo familiar no fueran suficientes, debe confeccionar otro formulario por duplicado completando obligatoriamente el Apellido y Nombre del titular, número de CUIT/CUIL y Documento de Identidad.
6. El duplicado de este formulario en el cual consta sello de recepción, firma y número de legajo del agente de ANSES, queda en poder del beneficiario.
7. Marcar el "Tipo de Trámite" a realizar: Novedades u Opción de Traspaso.
8. **"Apellido/s y Nombres"** (TITULAR O MIEMBROS DEL GRUPO FAMILIAR)

   Consignar el o los apellidos y nombres completos, como figuran en el documento de identidad. Si es una mujer, colocar únicamente el apellido de soltera.
9. **"Documento de Identidad"** (TITULAR O MIEMBROS DEL GRUPO FAMILIAR)

Tipo: Respete estos códigos:

CODIGO	DESCRIPCION
DU	Documento Nacional de Identidad
LE	Libreta de Enrolamiento
LC	Libreta Cívica

10. **"Beneficio SIPA"** (1 y 2)

    Colocar el número de beneficio previsional, transcribiéndolo de la Orden de Pago Previsional.
11. **"Beneficio por Renta Vitalicia"**

    Se completa igual que lo indicado en el punto 11., colocando además el nombre de la CSR.
12. **"Miembros del Grupo Familiar":** Completar con los datos de las personas que van a recibir cobertura de la obra social.
13. **"Tipo de Novedad"** "A": Alta "B 12": Baja "M": Modificación
14. **"Código de Parentesco":** Respetar estos códigos

01	Cónyuge
02	Conviviente
03	Hijo soltero menor de 21 años
04	Hijo soltero de 21 a 25 años cursando estudios regulares
05	Hijo de cónyuge, soltero menor de 21 años
06	Hio de cónyuge, soltero de 21 a 25 años cursando estudios regulares
07	Menor bajo guarda o tutela
09	Hijo Discapacitado
10	Otros Pami

2.2.13. Consulta y carga. Asignación universal por hijo

Desde esta sección podrá consultar si figura en el padrón para percibir este beneficio, que le corresponde a los hijos de las personas desocupadas que trabajan en el mercado informal o que ganan menos del salario mínimo, vital y móvil.

Recuerde que si al consultar su situación ante ANSES usted figura junto a sus hijos en las bases, no deberá acercarse a una delegación ya que el trámite y el cobro serán automáticos.

2.2.13. a) Asignación universal por hijo. Dónde y cuándo cobro

Usted podrá consultar su lugar y fecha de cobro mediante cualquiera de las siguientes opciones:

- Mediante consulta telefónica al 130, el número gratuito de ANSES.
- Enviando un mensaje de texto desde un teléfono celular al 26737 con la palabra COBRO, dejar un espacio, el Nº de DNI del padre/madre/tutor, dejar espacio, y la letra M (si el encargado del menor es hombre) o la letra F (si es mujer). Por ejemplo:

COBRO 21469278 M. Una vez procesado, el sistema le enviará un mensaje de texto con las indicaciones a seguir.

Cuando las asignaciones universales hubiesen sido percibidas indebidamente, ANSES procederá a descontar los importes respectivos en forma mensual. Automáticamente se compensará con las restantes asignaciones universales o familiares que le corresponda percibir al beneficiario/titular hasta el límite de las mismas, y hasta cubrir el total de la deuda.

Para el cobro de la prestación el titular debe presentarse en la entidad bancaria asignada con el DNI. Allí se le otorgará una tarjeta magnética que le permitirá retirar el dinero de cualquier cajero automático de la red bancaria.

Si el titular NO posee DNI, deberá presentarse al banco con la constancia de DNI en trámite emitida por el Registro Nacional de las Personas, donde conste nombre y apellido y número de documento de identidad, además del pasaporte o la cédula de identidad o el registro de conductor vigente, del que surja el mismo número de documento de identidad y el mismo nombre y apellido que los registrados en la constancia citada.

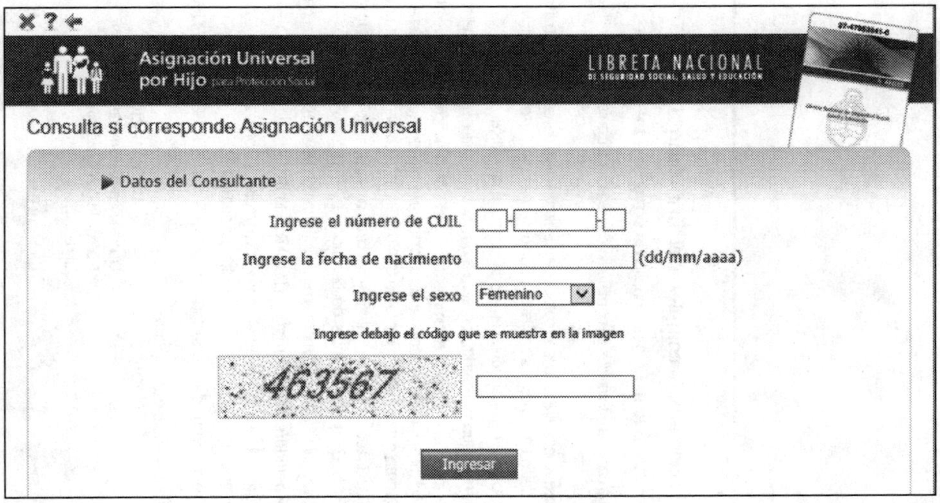

2.2.14. Certificación negativa

A través de este servicio usted podrá obtener el comprobante que acredita que no registra prestaciones en curso de pago: Prestación por Desempleo; Jubilación; Pensión; Plan Jefes y Jefas de Hogar; Programa de Empleo; Beneficio en trámite, o si registra alguna actividad laboral (autónoma o bajo relación de dependencia).

Trámites más habituales: el certificado lo suelen exigir, por ejemplo, los hospitales públicos, para brindar un servicio gratuito a quienes no cuenten con cobertura médica.

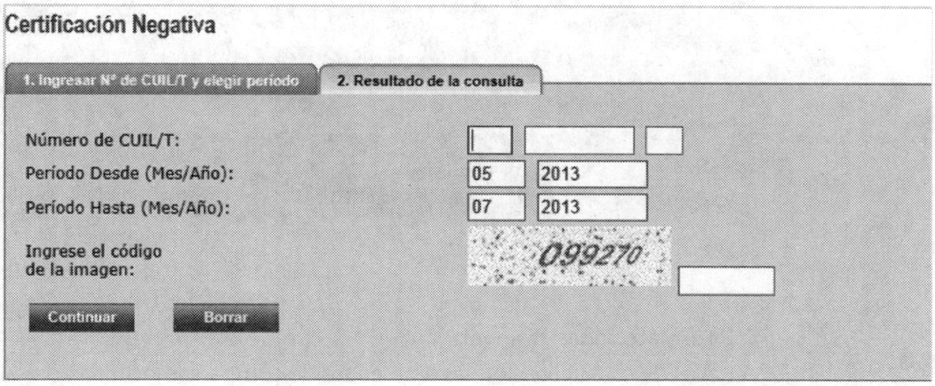

El resultado de la consulta de los períodos mayo a julio de 2013 puede proporcionar la siguiente información:

- No registra DDJJ como trabajador en actividad.
- No registra DDJJ de provincia no adherida al SIPA.
- No registra transferencia como servicio doméstico.
- No registra prestación por desempleo.
- No registra liquidaciones de plan social o programa de empleo.
- No registra prestación previsional.
- No registra prestación previsional de provincia no adherida al SIPA.
- No registra iniciación de presentación previsional nacional.
- No registra liquidaciones de asignación universal por hijo.
- No se encuentra informado por el Ministerio de Desarrollo Social como monotributista social.

2.2.15. Empresas incorporadas al SUAF

Desde esta sección de la página web, introduciendo el número de CUIT, usted podrá verificar si su empresa está incorporada al Sistema Único de Asignaciones Familiares (SUAF). Si no lo está, le será explicado el motivo. A partir de ahora, desde aquí también obtendrá los datos de la última DDJJ registrada en el SIPA.

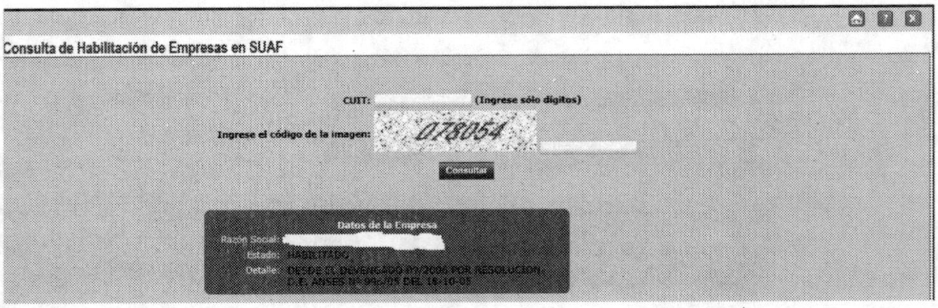

2.2.16. Maternidad por web

A través de esta aplicación, las empleadas de compañías incorporadas al Sistema Único de Asignaciones Familiares (SUAF) pueden tramitar la asignación familiar por maternidad.

2.2.17. Certificación de servicios

La certificación de servicios es un comprobante de los servicios prestados, remuneraciones percibidas, aportes retenidos y toda otra documentación necesaria para el reconocimiento de los períodos trabajados en relación de dependencia.

Los trabajadores tienen el derecho a solicitar a sus empleadores la certificación de servicios y remuneraciones cada vez que lo necesiten y al finalizar la relación laboral, con el objeto de certificar la efectiva prestación de los servicios y remuneraciones.

Las certificaciones permiten a los trabajadores controlar sus aportes al sistema previsional para la futura tramitación de distintos tipos de prestaciones previsionales.

El empleador deberá realizar la entrega de la mencionada certificación dentro de los 30 días corridos contados a partir de la fecha de extinción del contrato de trabajo. Si no lo hiciese y el trabajador lo intimara de modo fehaciente a extender la certificación en cuestión, el empleador contará a tal fin con un plazo de 2 días hábiles computados a partir del día siguiente al de la recepción de la intimación.

En el caso de que el empleador no hiciese lugar a la intimación antes referida podrá resultar sancionado con una indemnización a favor del trabajador, que será equivalente a tres veces la mejor remuneración mensual, normal y habitual percibida por el mismo durante el último año o durante el tiempo de prestación de servicios, si éste fuere menor.

2.2.18. Asignaciones familiares de trabajadores

Consiste en el pago de una suma fija, que puede ser mensual o por única vez, que abona ANSES al trabajador en relación de dependencia y al beneficiario de una Aseguradora de Riesgos del Trabajo, ante determinadas circunstancias de su vida: cuando se casa, cuando

espera un bebé, durante el período de licencia por maternidad, cuando nace un hijo o decide adoptar uno, cuando tiene hijos o cuando su hijo va a la escuela.
El SUAF es el mecanismo por el cual la ANSES liquida y abona las asignaciones familiares en forma directa a los trabajadores en relación de dependencia y beneficiarios de una Aseguradora de Riesgos del Trabajo. De esta forma, el Estado Nacional le quita a los empleadores la carga financiera a través del pago anticipado de las asignaciones. Mediante este sistema efectúa los controles de derecho sobre las asignaciones familiares de los trabajadores y las efectiviza, en caso de corresponder.

A considerar... Los trabajadores en relación de dependencia deberán solicitar turno para realizar los siguientes trámites:
Prenatal, Maternidad, Maternidad Down, Ayuda Escolar, Pago a los familiares con derecho al cobro, Nombramiento del apoderado, Solicitar un depósito judicial, Reclamos.

2.2.18.1. Matrimonio/Nacimiento/Adopción
Documentación que se debe presentar:
- Del titular
  - Original de la nota "Solicitud Prestación por Nacimiento/Adopción/Matrimonio", provista por ANSES o nota en la cual solicite el pago de la asignación familiar por matrimonio, la que deberá contener:
    - Nombre y apellido del titular.
    - Nº de CUIL.
    - Fecha en la que contrajo matrimonio.
    - Provincia, localidad y/o código postal en el cual desea percibir esta asignación familiar, a fin de asignarle una boca de pago.
  - Original y fotocopia del DNI del titular y de su cónyuge. Si el titular no cuenta con el DNI (por extravío o por robo) podrá también tramitar la asignación familiar presentando constancia de DNI en trámite emitida por el Registro Nacional de las Personas, partida de nacimiento donde conste el número de DNI y constancia de CUIL.
  - Original y fotocopia del certificado/partida de matrimonio. Supletoriamente se aceptarán los testimonios, copias certificadas, libretas de familia o cualquier otro documento expedido por la Dirección General y/o sus dependencias.

Si el matrimonio se produjo en el extranjero: original y fotocopia de la partida de matrimonio.
Si los datos del titular de la prestación y el vínculo de "matrimonio" ya se hubieran acreditado ante ANSES, no será necesaria la presentación de nueva documentación, pudiendo solicitar telefónicamente el pago de esta prestación a través del número gratuito 130.

Requisitos que debe reunir:
- Ser trabajador en relación de dependencia, beneficiario de la prestación por desempleo, beneficiario de una Aseguradora de Riesgos del Trabajo, o beneficiario de la Pensión Honorífica de Veteranos de Guerra del Atlántico Sur.
- Solicitar el pago de esta asignación familiar una vez transcurridos los 2 meses de ocurrido el matrimonio y hasta dentro de los 2 años de la fecha de su celebración.

- Los trabajadores permanentes deben estar en relación de dependencia al momento de contraer matrimonio.
- Los trabajadores de temporada deben estar con prestación efectiva de servicios al momento de contraer matrimonio.
- Los beneficiarios de la prestación por desempleo deben percibir la cuota de la mencionada prestación, correspondiente al mes de ocurrido el matrimonio.
- Los beneficiarios de la Pensión Honorífica de Veteranos de Guerra del Atlántico Sur deben percibir el haber previsional correspondiente al mes de ocurrido el matrimonio.
- Cumplir con los topes, individual o del grupo familiar, establecidos en la normativa vigente a la fecha de celebrado el matrimonio.

Antigüedad. Trabajadores en relación de dependencia:

- Tener una antigüedad mínima y continuada en el empleo de 6 meses a la fecha de celebrado el matrimonio.
- Los trabajadores permanentes y los de temporada pueden computar para la antigüedad requerida los meses inmediatamente anteriores en que se hubieran percibido prestaciones por desempleo.
- Los trabajadores permanentes pueden computar, además, tareas comprendidas en el régimen de asignaciones familiares desempeñadas en los meses inmediatamente anteriores al inicio de la actual actividad.
- Los trabajadores de temporada pueden computar, además, el período desempeñado en tareas comprendidas en el régimen de asignaciones familiares con uno o más empleadores, durante los 12 meses inmediatamente anteriores al inicio de la actual actividad.

No se requiere antigüedad a los beneficiarios de la Prestación por Desempleo y de la Pensión Honorífica de Veteranos de Guerra del Atlántico Sur.

Partidas extranjeras:

Si el matrimonio se produjo en el extranjero: La partida/certificado de matrimonio deberá estar traducido y visado por el Consulado Argentino en el exterior. Estos documentos harán fe en territorio nacional, sin necesidad de su posterior legalización ante otra autoridad argentina, conforme decreto 1629/01. Si el país emisor del documento fuera signatario de la Convención de La Haya deberá constar la acotación o "apostille" estampada en el certificado de matrimonio por la autoridad competente del citado país.

Las partidas/certificados librados por Italia, España, Portugal, Grecia, Chile, Colombia, Brasil, Paraguay y Uruguay, quedan exceptuados del visado, traducción y legalización, como así también de la acotación o "apostille", para las tramitaciones de prestaciones en el marco de los Convenios de Seguridad Social suscriptos con la República Argentina, y por ser miembros integrantes del MERCOSUR respectivamente.

En estos casos bastará la intervención del oficial público del lugar de su expedición.

Los refugiados deberán presentar certificado extendido por el Ministerio del Interior, que exprese su calidad de refugiado, quedando eximidos del requisito de legalización y/o apostillado de la documentación que presenten, conforme ley 26165.

A partir del 1 de marzo de 2002, los documentos extranjeros que cuenten con el folio de seguridad no requerirán intervención alguna con posterioridad en la República Argentina, y harán fe en su territorio sin necesidad de que sea legalizada la firma del cónsul ante la Cancillería y otra autoridad del país.
A su vez, los documentos confeccionados por los consulados argentinos en el exterior (testimonios de actuaciones notariales o de inscripciones en el libro de Registro Civil de las personas, certificados para ser utilizados en el territorio nacional, etc.) intervenidos con la firma del cónsul argentino, también quedan exentos de su posterior legalización ante otra autoridad argentina. A fin de resguardar la autenticidad de estos documentos, según el caso de que se trate, se agregará un folio de seguridad o bien se lo imprimirá directamente sobre el mismo.

Fallecimiento del titular de la prestación:

- En el caso de trabajadores en relación de dependencia y beneficiarios de aseguradoras de Riesgos del Trabajo, tendrán derecho al cobro en el siguiente orden de prelación:
    - Cónyuge viudo: presentando original y fotocopia del acta de matrimonio, y original y fotocopia del certificado de defunción del titular.
    - Hijo mayor de 18 años: presentando original y fotocopia de su partida de nacimiento, y original y fotocopia del certificado de defunción del titular.
    - Representante legal de los hijos mayores de 18 años discapacitados: presentando original y fotocopia de las partidas de nacimiento de los hijos del titular, original y fotocopia del certificado de defunción del titular, y fotocopia autenticada del testimonio de curatela a la persona, en caso de que se hubiere otorgado.
    - Representante legal de los hijos menores de 18 años: presentando original y fotocopia de las partidas de nacimiento de los hijos del titular, original y fotocopia del certificado de defunción del titular, y fotocopia autenticada del testimonio judicial de guarda o tutela.
- En el caso de beneficiarios de la Prestación por Desempleo y de la Pensión Honorífica de Veteranos de Guerra del Atlántico Sur, las asignaciones familiares que le hubieran correspondido percibir se abonan en la misma forma y oportunidad en que se liquide la prestación por desempleo/previsional pendiente.

2.2.18.2. Prenatal

Requisitos que debe reunir:
Ser trabajador en relación de dependencia en una empresa incorporada al Sistema Único de Asignaciones Familiares o un beneficiario de una Aseguradora de Riesgos del Trabajo incorporada al Sistema Único de Asignaciones Familiares.

- Contar con una antigüedad mínima y continuada de 3 meses a la fecha de concepción, pudiendo acreditar antigüedad inmediata anterior en otros empleos del régimen de asignaciones familiares o con la prestación por desempleo.

Fallecimiento del titular de la prestación:

Tendrán derecho al cobro en el siguiente orden de prelación, adjuntando la documentación específica en cada caso:

- Cónyuge viudo: presentando original y fotocopia del acta de matrimonio, y original y fotocopia del certificado de defunción del titular.
- Hijo mayor de 21 años: presentando original y fotocopia de su partida de nacimiento y original y fotocopia del certificado de defunción del titular.
- Representante legal de los hijos mayores de 21 años discapacitados: presentando original y fotocopia de las partidas de nacimiento de los hijos del titular, original y fotocopia del certificado de defunción del titular y fotocopia autenticada del testimonio de curatela a la persona, en caso de que se hubiere otorgado.
- Representante legal de los hijos menores de 21 años: presentando original y fotocopia de las partidas de nacimiento de los hijos del titular, original y fotocopia del certificado de defunción del titular, y fotocopia autenticada del testimonio judicial de guarda o tutela.

Pasos a seguir:

Solicitar un turno:

- Presentar la documentación requerida en cualquier delegación de ANSES.
- Tener en cuenta que para la percepción íntegra de esta asignación familiar, la acreditación del embarazo debe efectuarse entre el tercer y sexto mes cumplido de gestación.
- Documentación que debe presentar

Original del Formulario PS.2.55 "DDJJ Novedades Unificadas - Sistema Único de Asignaciones Familiares". El Rubro 6 - "Datos del Certificado Médico y Médico Certificante (Prenatal/Maternidad)" puede ser reemplazado por un certificado médico original que contenga todos los datos requeridos en el citado rubro detallando además: nombre y apellido, y tipo y número de documento de identidad de la embarazada.

El certificado médico que obre en el Rubro 6 o aquel que lo reemplace tiene una validez de 30 días contados a partir de la fecha de emisión.

En caso de ser titular masculino, si la relación con la mujer embarazada no se encuentra declarada ante ANSES deberá presentar:

- Si vive en concubinato: original y copia de la información sumaria judicial o policial de convivencia.
- Si está casado: original y copia del acta de matrimonio.
- Original y fotocopia del certificado de nacimiento o defunción dentro de los 120 días de ocurrido el mismo.
- En caso de interrupción del embarazo debe presentarse certificado médico.

Formulario PS.2.55 "DDJJ Novedades Unificadas - Sistema Único de Asignaciones Familiares"

Versión 1.1

Uso Exclusivo ANSES

ANSES

Form. PS2.55

DDJJ Novedades Unificadas
Sistema Único de Asignaciones Familiares

Frente

Código Dependencia

UDAI

Rubro 1 - Datos del Titular (Madre / Padre)

CUIL

Nº de Documento

Apellido/s

Nombre/s

Correo Electrónico

Teléfono de Contacto

Rubro 2 - Datos del Otro Progenitor (Madre / Padre)

CUIL

Nº de Documento

Apellido/s

Nombre/s

Correo Electrónico

Teléfono de Contacto

Rubro 3 - Datos del Empleador

CUIT

Razón Social

Correo Electrónico

Teléfono de Contacto

Rubro 4 - Prenatal

Trámite Nº

Tipo de Novedad: Alta / Baja / Modif. / Aceptada / Rechazada

Cantidad de Cuotas Abonadas por el Empleador (Consignar Cantidad)

Rubro 5 - Licencia por Maternidad

Trámite Nº

Tipo de Novedad: Alta / Baja / Aceptada / Rechazada

Opción: 45 días Pre Parto y 45 días Post Parto / 30 días Pre Parto y 60 días Post Parto

Fecha de Notificación de la Licencia por Maternidad al Empleador

Rubro 6 - Datos del Certificado Médico y Médico Certificante (Prenatal / Maternidad) (1) Tachar lo que no corresponda

Fecha del Certificado Médico

Gestación (1): Meses / Semanas

Tipo de Fecha (1): Probable de Parto / Real de Parto

Fecha de Interrupción del Embarazo

Matrícula Nº

Nacional

Provincial

CUIL / CUIT del Profesional

Apellido/s y Nombre/s

Lugar y Fecha ______________________, ___/___/______

Firma y Sello del Médico Certificante

Baja Fecha

Motivo

Ministerio de Trabajo,
Empleo y Seguridad Social

Form. PS2.55 (Dorso)

Rubro 7 - Exclusivo Maternidad Down

Trámite N°

Tipo de Novedad: Alta / Baja — Aceptada / Rechazada

Maternidad Abonada por: Empleador / ANSES — Fecha Fin Licencia Maternidad

Datos del Hijo

CUIL — N° de Documento

Apellido/s

Nombre/s

Partida de Nacimiento — Certificado de Defunciòn

N° de Acta / Partida / Certificado — Tomo — Folio

Certifico que el menor cuyos datos obran en el presente Rubro tiene Diagnóstico de Síndrome de Down

Matrícula N° — Nacional — Provincial

CUIL / CUIT del Profesional

Apellido/s y Nombre/s

Lugar y Fecha_________________________, ____/____/_____

Firma y Sello del Médico Certificante

Baja — Fecha — Motivo

Rubro 8 - Datos del Apoderado

Trámite N°

Tipo de Novedad: Alta / Baja — Aceptada / Rechazada

CUIL — N° de Documento

Apellido/s

Nombre/s

Correo Electrónico — Teléfono de Contacto

Rubro 8a - Datos de la Opción

Poder Extraordinario — Por el Período Devengado

Poder Normal — Desde el Período Devengado

Rubro 8b - Poder

(1) Tachar lo que no corresponda en caso de ser necesario

Por la presente el Titular (cuyos datos constan en el Rubro 1) otorga al Apoderado / Apoderado Extraordinario (1) (cuyos datos constan en el Rubro 8) Poder Normal / Poder Extraordinario (1) para percibir las Asignaciones Familiares que liquide ANSES.

Firma del Titular o Impresión Dígito Pulgar Derecho — Aclaración de Firma

Firma del Apoderado/Apoderado Extraordinario o Impresión Dígito Pulgar Derecho — Aclaración de Firma

Rubro 8c - Revocación de Poder

Por la presente se revoca el Poder para percibir las Asignaciones Familiares que ANSES liquida.

Firma del Titular o Impresión Dígito Pulgar Derecho — Aclaración de Firma

Firma del Apoderado o Impresión Dígito Pulgar Derecho — Aclaración de Firma

Rubro 8d - Certificación de Firmas

(1) Tachar lo que no corresponda en caso de ser necesario

En mi carácter de ______

Certifico que las firmas del Titular / Apoderado / Apoderado Extraordinario (1) (cuyos datos constan en el Rubro 1, Rubro 8), han sido puestas en mi presencia.

Lugar y Fecha______, ___/___/___

Firma Autoridad Certificante — Aclaración de Firma

Rubro 9 - Representante

Apellido/s y Nombre/s

Nº de Documento

Correo Electrónico

Teléfono de Contacto

Firma del Representante o Impresión Dígito Pulgar Derecho

Rubro 10 - Firmas

Firma del Titular o Impresión Dígito Pulgar Derecho — Aclaración de Firma

Firma de la Madre/Padre o Impresión Dígito Pulgar Derecho — Aclaración de Firma

Firma del Empleador — Aclaración de Firma

Firma, Aclaración y Legajo del Agente Interviniente

Sello de Recepción de ANSES

ANSES

Form PS2.55

DDJJ Novedades Unificadas

Sistema Único de Asignaciones Familiares

Constancia de Recepción

Uso Exclusivo ANSES

CUIL Titular — Nº de Documento

Apellido/s y Nombre/s

Trámite Presentado

Prenatal	Maternidad	Maternidad Down	Apoderado	Apoderado Extraordinario
Trámite Nº	Trámite Nº	Trámite Nº	Trámite Nº	Trámite Nº

Firma, Aclaración y Legajo del Agente Interviniente

Sello de Recepción de ANSES

Ministerio de Trabajo, Empleo y Seguridad Social

A través del presente Formulario podrá solicitarse la Asignación Familiar por Prenatal , Maternidad y/o Maternidad Down, como así también designar un Apoderado y/o Apoderado Extraordinario.
Puede ser presentado ante ANSES por el Titular, por el Empleador o por una tercera persona a la que se denomina "Representante".

ESTE FORMULARIO REVISTE CARÁCTER DE DECLARACIÓN JURADA, DEBE SER CUMPLIMENTADO EN LETRA DE IMPRENTA SIN OMITIR, ENMENDAR NI FALSEAR NINGÚN DATO, SUJETANDO A LOS INFRACTORES A LAS PENALIDADES PREVISTAS EN LOS ARTS. 172, 292, 293 Y 298 DEL CÓDIGO PENAL
PARA LOS DELITOS DE ESTAFA Y FALSIFICACIÓN DE DOCUMENTO PÚBLICO.

EL PAGO DE LA /S ASIGNACION /ES FAMILIAR /ES SOLICITADA /S QUEDA CONDICIONADO A LOS CONTROLES DE DERECHO QUE ANSES REALIZA.

Observaciones:

ESTE FORMULARIO REVISTE CARÁCTER DE DECLARACIÓN JURADA, DEBE SER CUMPLIMENTADO EN LETRA DE IMPRENTA SIN OMITIR, ENMENDAR NI FALSEAR NINGÚN DATO, SUJETANDO A LOS INFRACTORES A LAS PENALIDADES PREVISTAS EN LOS ARTS. 172, 292, 293 Y 298 DEL CÓDIGO PENAL
PARA LOS DELITOS DE ESTAFA Y FALSIFICACIÓN DE DOCUMENTO PÚBLICO.

EL PAGO DE LA /S ASIGNACION /ES FAMILIAR /ES SOLICITADA /S QUEDA CONDICIONADO A LOS CONTROLES DE DERECHO QUE ANSES REALIZA.

Observaciones:

2.2.18.3. Maternidad

Requisitos que debe reunir:

- Ser trabajadora en relación de dependencia en una empresa incorporada al Sistema Único de Asignaciones Familiares o una beneficiaria de una Aseguradora de Riesgos del Trabajo incorporada al Sistema Único de Asignaciones Familiares.
- Contar con una antigüedad mínima y continuada en cada uno de los empleos de 3 meses a la fecha de inicio de la licencia por maternidad.

La trabajadora que logra la antigüedad con posterioridad a la fecha en que inició la licencia por maternidad percibe esta asignación familiar por los días que le resten gozar de la licencia pre-parto y/o post-parto, a partir de la fecha en que alcanzó la antigüedad requerida. La trabajadora permanente debe encontrarse en relación de dependencia al momento de comenzar la licencia por maternidad. La trabajadora de temporada debe estar con prestación efectiva de servicios al momento de iniciar la licencia por maternidad.

- Corresponde el pago de la asignación familiar por maternidad en los siguientes casos:
  - Interrupción del embarazo, siempre que éste tuviera lugar cumplidos los 180 días de gestación.
  - Alumbramiento sin vida.
  - Nacimiento anticipado durante la licencia pre-parto: los días faltantes se adicionan al período post-parto.
  - Nacimiento con vida anterior al inicio de la licencia pre-parto, por los 90 días de la licencia post-parto.
  - Nacimiento a término en el cual no se haya iniciado la licencia por maternidad por no haberse denunciado el estado de embarazo, por los 45 días posteriores al parto.

Además, para las trabajadoras de temporada:

- Cuando el período de licencia pre-parto se hubiere iniciado durante la temporada, a pesar de la finalización de ésta.
- Cuando se inicie la licencia pre-parto dentro del período en el que se encuentre gozando de la licencia anual ordinaria.

Pasos a seguir:

- Solicitar un turno comunicándose con el número telefónico gratuito 130 o en la sección "Trámites en Línea".
- Presentar la documentación requerida ante ANSES, hasta el mismo día de la finalización de la licencia por maternidad o licencia por maternidad down.

Entre colegas...

Se recomienda presentar la documentación ante ANSES con anterioridad al inicio de la licencia por maternidad/maternidad down para que la liquidación pueda efectuarse durante el transcurso de la licencia respectiva.

A considerar... Para solicitar esta prestación es necesario contar con la información del titular y de su grupo familiar registrada en las bases de ANSES. Si usted ya cuenta con sus datos actualizados no será necesario que presente nuevamente la documentación. Todas las notificaciones efectuadas en el domicilio por usted declarado se considerarán válidas.
Se recuerda que cuando se produzca una modificación de sus datos personales, como así también un alta, baja o modificación respecto de sus relaciones y cargas familiares, es obligación del solicitante declarar dicha situación ante su empleador, quien deberá informarlas a través del programa "Mi Simplificación" de AFIP.

Documentación que debe presentar:

- Original del formulario PS.2.55 "DDJJ Novedades Unificadas - Sistema Único de Asignaciones Familiares" por cada uno de los empleos ante una Unidad de Atención de ANSES, hasta el mismo día de la finalización de la licencia por maternidad. El Rubro 6 - "Datos del Certificado Médico y Médico Certificante (Prenatal/Maternidad)" puede ser reemplazado por copia autenticada por el empleador del certificado médico con el que la trabajadora le notificó su estado de embarazo y le solicitó la licencia por maternidad.
- Original y fotocopia del certificado de nacimiento o de defunción: debe ser presentado dentro de los 120 días de ocurrido el mismo.

En caso de interrupción del embarazo debe presentarse certificado médico.

Asignación familiar por maternidad down:

- Original del formulario PS.2.55 "DDJJ Novedades Unificadas - Sistema Único de Asignaciones Familiares" por cada uno de los empleos ante una Unidad de Atención de ANSES, hasta el mismo día de la finalización de la licencia por maternidad down. El Rubro 7 - "Exclusivo Maternidad Down" puede ser reemplazado por un certificado médico original que contenga todos los datos requeridos en el citado rubro.

2.2.18.4. Hijo/hijo con discapacidad

Requisitos que debe reunir:

- Del titular
  - Ser trabajador en relación de dependencia en una empresa incorporada al Sistema Único de Asignaciones Familiares o un beneficiario de una Aseguradora de Riesgos del Trabajo incorporada al Sistema Único de Asignaciones Familiares.
  - Tener la información de su grupo familiar registrada en las bases de ANSES.
- Del hijo
  - El hijo debe residir en el país, ser menor de 18 años y soltero.
  - Puede ser hijo matrimonial o extramatrimonial, adoptado o estar en guarda, tenencia o tutela acordada por autoridad judicial o administrativa competente.

Corresponde el pago aunque éste trabaje en relación de dependencia o perciba cualquier beneficio de la seguridad social.

- Del hijo con discapacidad
  - El hijo con discapacidad debe residir en el país, contar con autorización expresa de ANSES y ser soltero, divorciado, separado legalmente o viudo, y estar bajo la "curatela a la persona".

- Puede ser hijo matrimonial o extramatrimonial, adoptado o estar en guarda, tenencia o tutela acordada por autoridad judicial o administrativa competente.
- Corresponde el pago aunque el hijo con discapacidad trabaje en relación de dependencia o perciba cualquier beneficio de la seguridad social.
- Cuando el hijo con discapacidad sea mayor de edad y no tenga madre ni padre ni curador, se abona la asignación familiar por hijo con discapacidad al pariente por consanguinidad o afinidad cuya obligación alimentaria –en los términos de los arts. 367, 368 y 370 del Código Civil– sea declarada o reconocida por autoridad judicial competente.

Fallecimiento del titular de la prestación:

Tendrán derecho al cobro, en el siguiente orden de prelación, adjuntando la documentación específica en cada caso:

- Cónyuge viudo: presentando original y fotocopia del acta de matrimonio y original y fotocopia del certificado de defunción del titular.
- Hijo mayor de 21 años: presentando original y fotocopia de su partida de nacimiento, y original y fotocopia del certificado de defunción del titular.
- Representante legal de los hijos mayores de 21 años discapacitados: presentando original y fotocopia de las partidas de nacimiento de los hijos del titular, original y fotocopia del certificado de defunción del titular, y fotocopia autenticada del testimonio de curatela a la persona, en caso de que se hubiere otorgado.
- Representante legal de los hijos menores de 21 años: presentando original y fotocopia de las partidas de nacimiento de los hijos del titular, original y fotocopia del certificado de defunción del titular, y fotocopia autenticada del testimonio judicial de guarda o tutela.

Pasos a seguir:

- Presentar la documentación requerida ante cualquier delegación de ANSES. Para el caso de hijo con discapacidad debe solicitar previamente un turno

A considerar... Para solicitar esta prestación es necesario contar con la información del titular y de su grupo familiar registrada en las bases de ANSES. Si usted ya cuenta con sus datos actualizados no será necesario que presente nuevamente la documentación. Todas las notificaciones efectuadas en el domicilio por usted declarado se considerarán válidas. Se recuerda que cuando se produzca una modificación de sus datos personales como así también un alta, baja o modificación respecto de sus relaciones y cargas familiares, es obligación del solicitante declarar dicha situación ante su empleador, quien deberá informarlas a través del programa "Mi Simplificación" de AFIP.

Documentación que debe presentar:

- Del titular

En caso de que opte por no percibir la asignación familiar por estar cobrándolas el otro padre/madre/co-adoptante, o para revocar una renuncia ya efectuada para comenzar a percibirla nuevamente:

- Original del formulario PS.2.53 "DDJJ Renuncia/Revocación de Renuncia al Cobro de Asignaciones Familiares – Sistema Único de Asignaciones Familiares".

- Titular casado legalmente con el padre del hijo/hijo con discapacidad
  - Original y fotocopia del certificado de matrimonio.
- En caso de estar divorciados
  - Fotocopia autenticada de la sentencia de divorcio de la que surja la tenencia de los hijos.
- En caso de estar separados
  - Fotocopia autenticada de la tenencia legal u original y fotocopia de la tenencia de hecho de los hijos (acuerdo de partes realizado ante un mediador matriculado por el Ministerio de Justicia de la Nación, ante ANSES – Formulario PS.2.46 "Conformidad de Tenencia", ante escribano público o ante la justicia competente o mediante acuerdo privado con firma certificada por escribano público, entidad bancaria o autoridad judicial competente).
- En caso de hijos extramatrimoniales, reconocidos por ambos padres y que no conviven:
  - La misma documentación que se detalla en el punto anterior "padres separados", o bien original y fotocopia de información sumaria judicial de la que surja la tenencia.

  Menores en guarda, tutela o "curatela a la persona":
  - Fotocopia autenticada del testimonio o certificado expedido por autoridad judicial o administrativa competente. las guardas, tutelas y/o curatelas provisorias son válidas hasta su vencimiento o, en su defecto, tendrán una validez de 12 meses desde la fecha de su dictado, debiendo encontrarse vigentes a los fines de percibir las asignaciones familiares.
- Hijos adoptivos
  - Fotocopia autenticada del testimonio de sentencia de adopción.
  - Titular pariente por consanguinidad o afinidad con el discapacitado cuya obligación alimentaria sea declarada o reconocida por autoridad judicial competente.
  - Original y fotocopia de la partida de nacimiento del discapacitado, original y fotocopia de la partida de defunción de sus padres, y fotocopia autenticada del testimonio de la sentencia judicial, u original y fotocopia de información sumaria de la que surjan las exigencias correspondientes.
  - Titular progenitor de un menor de 18 años con cargas de familia.
  - Original y fotocopia de las partidas de nacimiento de los padres menores y del recién nacido, original y fotocopia de información sumaria con la que se acredite la convivencia del solicitante con los menores (hijo y nieto) y que los tiene a su cargo.
- Del hijo/hijo con discapacidad
  - Original y fotocopia de la partida de nacimiento. Supletoriamente se aceptarán los Testimonios, copias certificadas, libretas de familia o cualquier otro documento expedido por la Dirección General y/o sus dependencias.
  - Si el hijo es nacido en el extranjero: original y fotocopia de la partida de nacimiento.
  - Hijo discapacitado: Certificado Único de Discapacidad (CUD) emitido exclusivamente por el el Servicio Nacional de Rehabilitación (SNR), que permitirá posteriormente la tramitación de la autorización por hijo.

A considerar... El Servicio Nacional de Rehabilitación es un organismo público descentralizado dependiente del Ministerio de Salud de la Nación y es rector, dentro del ámbito de la salud, en lo referente a la normatización y ejecución de las políticas en discapacidad y rehabilitación. El mismo se encuentra ubicado en la calle Ramsay 2250 (o Dragones 2201), del barrio de Belgrano de la Ciudad Autónoma de Buenos Aires.

¿Qué es un certificado único de discapacidad?
Es la llave de acceso al sistema de salud y a los beneficios instituidos por la normativa en la materia, para las personas con discapacidad.

¿Cómo es el trámite?
El trámite es voluntario y consta de una evaluación interdisciplinaria en la que los profesionales determinarán, de acuerdo a la documentación presentada por el interesado, si se encuadra o no dentro de las normativas vigentes de certificación de discapacidad.
La persona interesada en tramitar un CUD debe dirigirse, de acuerdo al domicilio que figura en su DNI, a la Junta Evaluadora correspondiente.

Domicilio:	Ramsay 2250 o Dragones 2201 (C1428BAJ)
Localidad:	Ciudad Autónoma de Buenos Aires
Centro de Atención Telefónica:	0800-555-3472 (días hábiles de 7:30 a 19:30 hs)
Conmutador:	(5411) 4789-5200
Email:	info@snr.gov.ar

2.2.18.5. Ayuda escolar anual. Trabajadores de empresas y beneficiarios de ART incorporadas al SUAF

- Del titular
  - Ser trabajador en relación de dependencia en una empresa incorporada al Sistema Único de Asignaciones Familiares o un beneficiario de una Aseguradora de Riesgos del Trabajo incorporada al Sistema Único de Asignaciones Familiares.
  - Tener derecho al cobro de la asignación familiar por hijo y/o hijo con discapacidad, entre los meses de enero a diciembre de cada año.
  - Presentar ante una Unidad de Atención de ANSES, previa solicitud de turno, entre la fecha de inicio del ciclo lectivo hasta el 31 de octubre de cada año, la documentación detallada en el ítem "Documentación que debe presentar". El plazo se extenderá hasta el 31 de diciembre de cada año en caso de que el hijo concurra a escuela de verano.
    - Si ANSES liquida esta asignación en forma anticipada, es decir, con anterioridad a la presentación del formulario para acreditar la escolaridad, se deberá presentar la documentación solicitada para confirmar ese pago anticipado, y de no presentar la misma se descontará lo liquidado.
    - Si ANSES no liquida en forma anticipada esta asignación, se podrá cobrar una vez presentada la documentación.
  - El monto de estas asignaciones familiares está dado para los trabajadores en relación de dependencia, por la zona geográfica de explotación declarada por el empleador ante

la AFIP y para los beneficiarios de una Aseguradora de Riesgos del Trabajo que no se encuentren bajo relación de dependencia por el domicilio de residencia del siniestrado.

- Del hijo
  - Que el hijo concurra a establecimientos nacionales, provinciales, municipales o privados (subvencionados o no), que se encuentren incorporados a la enseñanza oficial, que estén reconocidos y funcionen con permiso expreso de la autoridad educacional oficial, en los cuales se imparta:
    - Educación inicial.
    - Educación primaria.
    - Educación secundaria.
- Del hijo con discapacidad
  - Que el hijo con discapacidad que cuente con autorización expresa de ANSES, cualquiera sea su edad, concurra a los establecimientos y niveles detallados en "DEL HIJO" o bien cuando reciba:
    - enseñanza diferencial en establecimientos oficiales o privados,
    - enseñanza diferencial impartida por maestros particulares que posean matrícula o registro/legajo habilitante,

    o concurra a:
    - talleres protegidos o instituciones de formación laboral que ayuden al desarrollo e inserción del discapacitado, o
    - establecimientos oficiales o privados en los que reciban "Rehabilitación".

Documentación que debe presentar:

Se deberá presentar ante una Unidad de Atención de ANSES (UDAI), entre la fecha de inicio del ciclo lectivo hasta el 28 de diciembre de cada año o, si los hijos concurren a escolaridad de verano, hasta el 31 de diciembre de cada año:

- Original del formulario PS.2.68 Acreditación de Escolaridad/Escolaridad Especial debidamente cumplimentado.

Este formulario puede completarlo de manera on line.

A considerar... NIVEL INICIAL: comprende a los niños entre los 45 días de vida hasta las salas de 5 años inclusive, abarcando jardines maternales, jardines de infantes, salas multiedades o salas rurales, preescolar, incluyendo las distintas secciones y ciclos que correspondan.

Fallecimiento del titular de la prestación:

Tendrán derecho al cobro en el siguiente orden de prelación, adjuntando la documentación específica en cada caso:

- Cónyuge viudo: presentando original y fotocopia del acta de matrimonio, y original y fotocopia del certificado de defunción del titular.
- Hijo mayor de 18 años: presentando original y fotocopia de su partida de nacimiento, y original y fotocopia del certificado de defunción del titular.
- Representante legal de los hijos mayores de 18 años discapacitados: presentando original y fotocopia de las partidas de nacimiento de los hijos del titular, original y fotocopia del certificado de defunción del titular y fotocopia autenticada del testimonio de curatela a la persona, en caso de que se hubiere otorgado.

▮ Representante legal de los hijos menores de 18 años: presentando original y fotocopia de las partidas de nacimiento de los hijos del titular, original y fotocopia del certificado de defunción del titular, y fotocopia autenticada del testimonio judicial de guarda o tutela.

A continuación se copian los formularios que acompañan los trámites relatados ut supra.

Formulario PS. 2.53 "DDJJ Renuncia/Revocación de Renuncia al Cobro de Asignaciones Familiares – Sistema Único de Asignaciones Familiares"

Versión 1.2

ANSES

Form. PS.2.53

DDJJ Renuncia/Revocación de Renuncia al Cobro de Asignaciones Familiares Sistema Único de Asignaciones Familiares

Frente

Código Dependencia | UDAI | Trámite N°

Tipo de Novedad: Renuncia al Cobro ☐ / Revocación de Renuncia al Cobro ☐ / Aceptada ☐ Rechazada ☐

Período desde

Período desde

Rubro 1 - Datos de los Padres

CUIL Titular N° de Documento

Apellido/s y Nombre/s

Correo Electrónico :

Teléfono de contacto :

CUIL Otro Progenitor/a N° de Documento

Apellido/s y Nombre/s

Rubro 2 - Datos del Grupo Familiar

A continuación detallo la/s persona/s a cargo por las cuales deseo realizar la *Renuncia al cobro /*Revocación de Renuncia al cobro de Asignaciones Familiares:

CUIL	Apellido/s y Nombre/s

Firma del Titular Aclaración de Firma

Firma del Agente Aclaración y N° de Legajo Sello de Recepción de ANSES

Ministerio de Trabajo, Empleo y Seguridad Social

ANSES

Form. PS.2.53

DDJJ Renuncia/Revocación de Renuncia al Cobro de Asignaciones Familiares Sistema Único de Asignaciones Familiares

Datos de los Padres

CUIL Titular N° de Documento

Apellido/s y Nombre/s

CUIL Otro Progenitor/a N° de Documento

Apellido/s y Nombre/s

Datos del Grupo Familiar

* Tachar lo que no corresponda.

CUIL	Apellido/s y Nombre/s

Firma del Titular Aclaración de Firma

Firma del Agente Aclaración y N° de Legajo Sello de Recepción de ANSES

Código Dependencia | UDAI | Trámite N°

Tipo de Novedad: Renuncia al Cobro ☐ / Revocación de Renuncia al Cobro ☐ / Aceptada ☐ Rechazada ☐

Período desde

Período desde

Ministerio de Trabajo, Empleo y Seguridad Social

Form. PS.2.53 (Dorso)

Rubro 3 - Representante

Apellido/s y Nombre/s ______________________

N° de Documento |_|_|_|_|_|_|_|_|

ESTE FORMULARIO REVISTE CARÁCTER DE DECLARACIÓN JURADA, DEBE SER CUMPLIMENTADO EN LETRA DE IMPRENTA, SIN OMITIR, ENMENDAR NI FALSEAR NINGÚN DATO, SUJETANDO A LOS INFRACTORES A LAS PENALIDADES PREVISTAS EN LOS ARTS. 172, 292, 293 Y 296 DEL CÓDIGO PENAL PARA LOS DELITOS DE ESTAFA Y FALSIFICACIÓN DE DOCUMENTO PÚBLICO.

Observaciones: ______________________

El presente formulario debe ser completado por el trabajador titular que se encuentra en relación de dependencia en una empresa incorporada al Sistema Único de Asignaciones Familiares (SUAF), y que el otro progenitor se encuentre trabajando en una empresa que no se encuentre incorporada en este Sistema.

Se entiende por grupo familiar el conformado por ambos progenitores y los hijos reconocidos por ambos, hijos adoptivos o a su cargo como consecuencia de una guarda, tenencia, tutela o curatela decidida por autoridad administrativa o judicial competente y de acuerdo a la reglamentación vigente.

Renuncia al Cobro

Cuando desee renunciar al cobro de sus Asignaciones Familiares, deberá presentar este formulario tildando el casillero "Renuncia al Cobro" en el campo Tipo de Novedad, como así también deberá completar el período a partir del cual manifiesta dicha renuncia en el campo asignado para tal fin

Documentación de Respaldo a Presentar para la Renuncia al Cobro:

Formulario PS.2.53 debidamente cumplimentado.

Revocación de Renuncia

Cuando desee revocar la Renuncia al cobro de sus Asignaciones Familiares, deberá presentar este formulario tildando el casillero "Revocación de Renuncia al Cobro" en el campo Tipo de Novedad, como así también deberá completar el período a partir del cual manifiesta revocar dicha renuncia en el campo asignado para tal fin.

Documentación de Respaldo a presentar para la Revocación de la Renuncia al Cobro:

Formulario PS.2.53 debidamente cumplimentado.

Certificado opción pluricobertura: Constancia extendida por el empleador del cónyuge/padre/madre que avale la no percepción de beneficios por esas cargas o la renuncia al cobro de las asignaciones en el caso en que este último se encuentre en un rango menos beneficioso.

Titular viudo/a: Certificado de Defunción - original y fotocopia.

Titular divorciado/a, separado/a de hecho y/o soltero/a: Sentencia de la que surja la tenencia de los hijos, o acuerdo de partes con firma certificada y certificado de pluricobertura - original y fotocopia.

Titular cuyo cónyuge/concubino/a se encuentre desocupado/a: Declaración Jurada en la que conste dicha situación.

Esposo/a o Conviviente Autónomo: Constancia de inscripción en la Administración Federal de Ingresos (CUIT) o Constancia de Inscripcion en las Cajas Profesionales ó en las Cajas Profesionales Provinciales que correspondan - original y fotocopia.

ESTE FORMULARIO REVISTE CARÁCTER DE DECLARACIÓN JURADA, DEBE SER CUMPLIMENTADO EN LETRA DE IMPRENTA, SIN OMITIR, ENMENDAR NI FALSEAR NINGÚN DATO, SUJETANDO A LOS INFRACTORES A LAS PENALIDADES PREVISTAS EN LOS ARTS. 172, 292, 293 Y 296 DEL CÓDIGO PENAL PARA LOS DELITOS DE ESTAFA Y FALSIFICACIÓN DE DOCUMENTO PÚBLICO.

Observaciones: ______________________

El presente formulario debe ser completado por el trabajador titular que se encuentra en relación de dependencia en una empresa incorporada al Sistema Único de Asignaciones Familiares (SUAF), y que el otro progenitor se encuentre trabajando en una empresa que no se encuentre incorporada en este Sistema.

Se entiende por grupo familiar el conformado por ambos progenitores y los hijos reconocidos por ambos, hijos adoptivos o a su cargo como consecuencia de una guarda, tenencia, tutela o curatela decidida por autoridad administrativa o judicial competente y de acuerdo a la reglamentación vigente.

Renuncia al Cobro

Cuando desee renunciar al cobro de sus Asignaciones Familiares, deberá presentar este formulario tildando el casillero "Renuncia al Cobro" en el campo Tipo de Novedad, como así también deberá completar el período a partir del cual manifiesta dicha renuncia en el campo asignado para tal fin

Documentación de Respaldo a Presentar para la Renuncia al Cobro:

Formulario PS.2.53 debidamente cumplimentado.

Revocación de Renuncia

Cuando desee revocar la Renuncia al cobro de sus Asignaciones Familiares, deberá presentar este formulario tildando el casillero "Revocación de Renuncia al Cobro" en el campo Tipo de Novedad, como así también deberá completar el período a partir del cual manifiesta revocar dicha renuncia en el campo asignado para tal fin.

Documentación de Respaldo a presentar para la Revocación de la Renuncia al Cobro:

Formulario PS.2.53 debidamente cumplimentado.

Certificado opción pluricobertura: Constancia extendida por el empleador del cónyuge/padre/madre que avale la no percepción de beneficios por esas cargas o la renuncia al cobro de las asignaciones en el caso en que este último se encuentre en un rango menos beneficioso.

Titular viudo/a: Certificado de Defunción - original y fotocopia.

Titular divorciado/a, separado/a de hecho y/o soltero/a: Sentencia de la que surja la tenencia de los hijos, o acuerdo de partes con firma certificada y certificado de pluricobertura - original y fotocopia.

Titular cuyo cónyuge/concubino/a se encuentre desocupado/a: Declaración Jurada en la que conste dicha situación.

Esposo/a o Conviviente Autónomo: Constancia de inscripción en la Administración Federal de Ingresos (CUIT) o Constancia de Inscripcion en las Cajas Profesionales ó en las Cajas Profesionales Provinciales que correspondan - original y fotocopia.

Formulario PS.2.46 "Conformidad de Tenencia"

Versión 1.2

ANSES Form. PS.2.46 **Conformidad de Tenencia**

Frente

CUIL Padre (1) ____ CUIL Madre (2) ____

CUIL Hijo (3) ____ CUIL Hijo (3) ____

CUIL Hijo (3) ____ CUIL Hijo (3) ____

CUIL Hijo (3) ____

En la ciudad de (4)________________, a los (5) ____días del mes de (6) _____de (7)________,comparecen ante esta Administración Nacional de la Seguridad Social (ANSES), el señor (8) ____________________Titular del Documento Tipo (9) _____ Número (10) ___________________ y la Señora (11)______________________ titular del Documento Tipo (12) ____ Número (13) ______________________,, a fin de reconocer y declarar con carácter de declaración jurada, que la tenencia de hecho del/los menor/es:

____________________________ Titular del Documento Tipo (15) ______ Número (16)______________

____________________________ Titular del Documento Tipo (15) ______ Número (16)______________

____________________________ Titular del Documento Tipo (15) ______ Número (16)______________

____________________________ Titular del Documento Tipo (15) ______ Número (16)______________

____________________________ Titular del Documento Tipo (15) ______ Número (16)______________

Se encuentra/n a cargo de (17) _______________motivo por el cual presta su conformidad para que el/la mismo/a perciba en lo sucesivo las Asignaciones Familiares que correspondan a este último. Asimismo, declaran bajo juramento que no existe a la fecha sentencia judicial que contravenga lo declarado y reconocido precedentemente; y conocer las penalidades establecidas en los art. 172,292,293 y 296 Código Penal para los casos de falsedad en las declaraciones. El reconocimiento formulado, impide al Señor/a (18) ______________________________a reclamar, en el futuro, el pago de las Asignaciones Familiares que se deriven de los citados menores, a menos que se modifique la situación de hecho denunciada.

Firma o Impresión Digito Pulgar Padre Firma o Impresión Digito Pulgar Madre

En mi carácter de (19)______________________________________ certifico que las firmas del Padre y Madre son auténticas y han sido puestas en mi presencia.

Firma y Sello de la Autoridad Certificante

Lugar y Fecha____________________, ____/____/____

Sello de Recepción de ANSES

Ministerio de Trabajo,
Empleo y Seguridad Social

ANSES Form. PS.2.4x **Conformidad de Tenencia**

TALÓN PARA EL BENEFICIARIO

CUIL Padre (1) ____

CUIL Madre (2) ____

CUIL Hijo (3) ____

CUIL Hijo (3) ____

CUIL Hijo (3) ____

CUIL Hijo (3) ____

CUIL Hijo (3) ____

Sello de Recepción de ANSES

Esta Conformidad tendrá vigencia hasta tanto ambos Beneficiarios lo revoquen expresamente.

Ministerio de Trabajo,
Empleo y Seguridad Social

Formulario PS.2.68 "Acreditación de Escolaridad/Escolaridad Especial"

Versión 1.1

ANSES Form. PS2.68 **Acreditación de Escolaridad/ Escolaridad Especial**

Frente

Datos del Alumno / Paciente

CUIL | Apellido/s y Nombre/s :

Teléfono de Contacto | Correo Electrónico

Datos de Escolaridad

Ciclo Lectivo ☐☐☐☐ Tipo Escolaridad Normal ☐ Verano ☐

Tipos de Certificado (Seleccionar el que corresponde)

Escolar ☐	**Superior** ☐	**Escolar Diferencial** ☐	**Especial** ☐
-Inicial/Jardín ☐ -Primaria/EGB ☐ Grado ☐☐ -Secundaria/ Polimodal ☐ Año ☐☐	-Terciario ☐ -Universitario ☐		-Rehabilitación ☐ -Maestro Particular ☐ -Taller Protegido ☐ -Formación Laboral ☐

Provincia del Establecimiento o del Instituto al que asiste:

Datos de la Escuela / Instituto / Universidad / Escuela Diferencial

Nombre del Establecimiento Educativo:

¿Incorporado a la enseñanza Oficial? Si ☐ No ☐ Clave Única de Establecimiento (CUE) y Anexo

¿Es Alumno Regular? Si ☐ No ☐

Fecha Inicio Ciclo Lectivo

Fecha de Emisión

Sello del Establecimiento | Firma y Sello Director o Responsable

Datos del Tratamiento de Rehabilitación / Maestro Particular / Taller Protegido / Formación Laboral

Datos de Escolaridad Especial: Tratamiento de Rehabilitación / Maestro Particular / Taller Protegido / Formación Laboral

Fecha Inicio Rehabilitacion / Enseñanza Particular

CUIL / CUIT del Profesional o Instituto

Tipo y N° de Matrícula, Legajo o Registro del Profesional/Maestro Particular.

Fecha de Emisión:

Firma y Sello del Profesional / Maestro Particular o Responsable del Instituto.

Para Uso Exclusivo de ANSES

Fecha Recepción

Firma, Aclaración y Legajo del Agente Interviniente | Sello de Recepción de ANSES

CONSTANCIA DE RECEPCIÓN

ANSES Form. PS2.68 **Acreditación de Escolaridad/ Escolaridad Especial**

UDAI

Datos del Alumno / Paciente

CUIL | Fecha de Nacimiento | Apellido/s y Nombre/s :

LA LIQUIDACION DE AYUDA ESCOLAR ANUAL QUEDA CONDICIONADA AL CUMPLIMIENTO DE LOS REQUISITOS ESTABLECIDOS EN LA NORMATIVA VIGENTE.

SE RECUERDA QUE EL PLAZO DE PRESENTACION ANTE ANSES PARA ESCOLARIDAD NORMAL VENCE EL 31/10 Y PARA LA ESCOLARIDAD DE VERANO EL 31/12 DE CADA AÑO

UNA VEZ CUMPLIMENTADO DEBERÁ PRESENTARLO ANTE ANSES, JUNTO CON ORIGINAL Y COPIA DE LA PARTIDA DE NACIMIENTO Y DNI DEL ALUMNO/PACIENTE Y DNI DE LOS PROGENITORES, PREVIA SOLICITUD DE TURNO A TRAVÉS DE LA PÁGINA DE ANSES www.anses.gob.ar O TE AL 130.

Fecha Recepción

Firma, Aclaración y Legajo del Agente Interviniente | Sello de Recepción de ANSES

Ministerio de Trabajo, Empleo y Seguridad Social

Formulario PS.2.71 "Tramitación Autorización para el Cobro de Hijo con Discapacidad"

Versión 1.2

ANSES

Form. PS.2.71

DDJJ para la Tramitación de la Autorización para el Cobro de la Asignación por Hijo con Discapacidad

Frente

Código Dependencia

UDAI

Rubro 1 - Datos del Titular

CUIL

Apellido/s y Nombre/s

Domicilio

Localidad | Provincia | Código Postal

Teléfono | Correo Electrónico | Estado Civil

Rubro 2 - Datos del Discapacitado

CUIL | Tipo y N° de Documento

Apellido/s y Nombre/s

Fecha de Nacimiento | Edad : | Sexo : Masculino ☐ Femenino ☐

Domicilio

Localidad | Provincia | Código Postal

Teléfono de Contacto | Correo Electrónico | Estado Civil

Rubro 3 - Relación entre el Discapacitado y el Titular

Hijo ☐ Menor Titular de Pensión ☐

Rubro 4 - Situación Laboral/Previsional del Titular

Jubilado y/o Pensionado ☐ Trabajador en Relación de Dependencia / ART ☐

Titular de la Asignación Universal ☐ Titular de la Prestación por Desempleo ☐

Rubro 5 - Representante

CUIL | Tipo y N° de Documento

Apellido/s y Nombre/s

Teléfono de Contacto | Correo Electrónico

Firma del Representante o Impresión Dígito Pulgar Derecho

Ministerio de Trabajo,
Empleo y Seguridad Social

Versión 1.2

ANSES

Form. PS.2.71.

DDJJ para la Tramitación de la Autorización para el Cobro de la Asignación por Hijo con Discapacidad

CONSTANCIA DE RECEPCIÓN

Código Dependencia

UDAI

CUIL Titular

Apellido/s y Nombre/s

CUIL Discapacitado

Apellido/s y Nombre/s

Trámite Presentado: Aceptado ☐ Rechazado ☐ Motivo: ☐ No presenta documentación para acreditar el Estado a Cargo. ☐ ....

Firma, Aclaración y Legajo del Agente Interviniente

Fecha de Recepción y Sello de ANSES

Ministerio de Trabajo,
Empleo y Seguridad Social

Solicitud de prestación por nacimiento/adopción/matrimonio

"SOLICITUD DE PRESTACIÓN POR NACIMIENTO/ADOPCIÓN/MATRIMONIO"

Lugar y fecha, ______________________________

Yo, ____
CUIL Nº _____-____________________-____, solicito la asignación familiar por nacimiento / adopción / matrimonio (tache lo que no corresponda), por ______________________________
CUIL Nº_____-______________-____, ocurrido/a el día _____/_____/_________.

Cabe destacar que deseo percibir esta asignación familiar en la provincia de _________ ________________, localidad ____________________________ y/ó código postal _____. (Este párrafo no deberá ser cumplimentado por los beneficiarios de Pensiones Honoríficas de Veteranos de Guerra del Atlántico Sur).

A su vez, mediante el presente informo que autorizo al Sr./Sra.__________________
CUIL Nº_____-________________-____, en carácter de representante, para presentar y gestionar ante ANSES toda la documentación referente a la asignación familiar solicitada.

Atentamente.

______________________________	______________________________
Firma del titular	Firma del representante
______________________________	______________________________
Nombre y apellido del titular	Nombre y apellido del representante

IMPORTANTE: Esta solicitud deberá contener obligatoriamente la firma del titular que solicita la asignación familiar.

2.2.19. SITACI

Para utilizar este entorno debe proceder de la siguiente manera:

- Si usted ingresa con su clave de seguridad social (generada en nuestra página), debe utilizar la opción "Acceso mediante Clave de la Seguridad Social Corporativa".
- Si usted ingresa con usuario y clave (otorgada por seguridad informática) corresponde que utilice la opción "Acceso mediante otras claves".

2.2.19.1. Acceso mediante clave de la seguridad social corporativa

La clave de la seguridad social corporativa le permitirá acceder a los servicios corporativos que así lo requieran, y que se encuentren disponibles en la sección "Trámites en Línea".

A efectos de utilizar los servicios corporativos, además de la relación corporativa que se realiza mediante el formulario USI-20 (en cualquiera de sus versiones), los operadores designados en dicho formulario deberán contar con su clave personal de la seguridad social habilitada.

La firma de la máxima autoridad del organismo debe estar certificada (en caso de que quien se presente ante ANSES sea la máxima autoridad del organismo, el mismo firmará en presencia del empleado, y la certificación de la firma del formulario será realizada por el agente de ANSES que lo reciba).

Documentación

Para el caso de que el empleador sea el Estado nacional, provincial o municipal u organismos descentralizados dependientes:

- Si se presenta el titular del organismo: copia autenticada del instrumento de designación en el cargo.
- Si se presenta un representante además deberá adjuntar copia autenticada del mandato realizado mediante escritura pública donde conste la representación invocada y el poder suficiente.
- Para el caso de que el empleador sea persona jurídica-empresa: copia autenticada del instrumento de designación en el cargo del titular de la empresa.
- Si se presenta un representante además deberá adjuntar copia autenticada del instrumento donde conste la designación de representante legal del empleador o apoderado con facultad suficiente.
- Para el caso de que el empleador sea persona física: copia autenticada del DNI del empleador y constancia de AFIP de la que surja que está inscripto como empleador.

En todos los casos deberán presentarse además:

- Original y copia o copia certificada del DNI de quien firma el formulario USI 20 y/o copia certificada del DNI del representante legal o apoderado (si se presentare).
- Original y copia o copia certificada del DNI del autorizado a designar operadores (si se hubiese designado uno en el formulario USI-20).
- No será necesario presentar copias de DNI de los operadores designados.

Formulario USI 20 (sólo cuando fuera persona jurídica, es decir empresa, Estado nacional, provincial o municipal y organismos descentralizados dependientes)

AUTORIZACIÓN (ALTAS Y/O BAJAS) - CLAVE DE LA SEGURIDAD SOCIAL CORPORATIVA

A - DATOS DE LA PERSONA JURÍDICA O FÍSICA

- CUIT:
- Teléfono:
- Domicilio:
- Dirección de correo electrónico:

B - DATOS DE LA PERSONA AUTORIZADA A DESIGNAR OPERADORES [1]

- Apellido y nombre:
- Tipo y Nro. de documento:
- CUIL:
- Dirección de correo electrónico:
- Las personas que a continuación se detallan se encuentran autorizadas para operar con su clave de la seguridad social en nombre de la persona jurídica o física a través de las aplicaciones indicadas en el siguiente cuadro, si en la columna Acción se encuentran codificadas como A (alta). En su defecto, si se encuentran codificadas como B (baja) la autorización debe ser revocada.

C- OPERADORES [2]

- Documento:
- Apellido y nombre:
- Tipo Nro. documento:
- CUIL:
- Dirección de correo electrónico:
- Aplicaciones [3]:
- Acción [4]:

- Se deja expresa constancia de que la persona física o jurídica firmante al pie será responsable en los términos del artículo 1113 del Código Civil, por todas las consecuencias y/o daños y perjuicios que se deriven a esta ANSES y/o a terceros, por el uso indebido de la clave por parte de las personas autorizadas a operarla.
- El presente formulario reviste el carácter de declaración jurada, debiendo ser completado sin omitir ni falsear ningún dato, sujetando a los infractores a las penalidades previstas en los artículos 172 y 292 del Código Penal para los delitos de estafa y falsificación de documentos.
- Firma y sello de la persona física o de la máxima autoridad/representante legal de la persona jurídica.

[1] *La consignación de la persona autorizada a designar operadores es opcional. Se trata de la persona que puede autorizar operadores en representación de la persona jurídica o física. La primera solicitud debe ser firmada por la persona física o por el representante legal de la persona jurídica. Las autorizaciones que se otorguen a posteriori podrán ser firmadas por el autorizado en B.*

[2] *Incorporar tantos como sean necesarios, con la información detallada en el cuadro.*

[3] *Utilice el/los nombre/s de la/s aplicación/es que necesite y que figura/n en el listado del instructivo que se encuentra en el Canal Empresas en la página web de ANSES.*

[4] *Se deberá indicar A para las altas o B para las bajas, según corresponda.*

2.2.20. Desempleados

2.2.20.1. Prestación por desempleo para trabajadores de la ley de contrato de trabajo (L. 24013)

Para iniciar el trámite corresponde solicitar un turno por Internet a través de la sección "Trámites en Línea", o llamar al teléfono gratuito 130 de lunes a viernes de 8 a 20 hs. No se admite la gestión por correo o a través de intermediarios.

La tramitación de la prestación es personal y el trabajador cuenta con 90 días hábiles para solicitarla desde la fecha en que se produjo la ruptura de la relación laboral. Después del plazo establecido, por cada día hábil transcurrido se descontará 1 día de prestación. Se presenta el formulario PS.3.23.

Requisitos

Haber cotizado al Fondo Nacional de Empleo durante un período mínimo continuo o discontinuo de:

- Trabajadores permanentes o con finalización natural del contrato: 6 meses de los últimos 3 años anteriores a la finalización del contrato de trabajo que dio lugar a la situación legal de desempleo.
- Trabajadores contratados a través de empresas de servicios eventuales: mínimo 12 meses en los últimos 3 años anteriores al cese, o acreditar 90 días de los últimos 12 meses anteriores a la finalización del contrato de trabajo que dio lugar a la situación legal de desempleo.
- Trabajadores de temporada: mínimo 12 meses en los últimos 3 años anteriores al cese, o acreditar 90 días de los últimos 12 meses anteriores a la finalización del contrato de trabajo que dio lugar a la situación legal de desempleo

Obligaciones del trabajador

Al otorgarse la prestación, el trabajador debe prestar conformidad a las obligaciones que la reglamentación establece, destacándose las siguientes:

- Aceptar los controles y proporcionar a la Autoridad de Aplicación la documentación que reglamentariamente se determine, así como también comunicar los cambios de domicilio o de residencia.
- Participar en los programas destinados al fomento del empleo y la capacitación que le proponga el Ministerio de Trabajo, Empleo y Seguridad Social.
- Solicitar la suspensión de la prestación en alguna dependencia de ANSES, dentro de los 5 días hábiles de haberse incorporado a un nuevo trabajo.
- La suspensión debe solicitarse por escrito y puede hacerla personalmente ante la delegación de ANSES más cercana (formulario PS. 3.5), enviarla por medio postal (telegrama, carta documento) o por nota presentada a través de una persona autorizada, la cual deberá exhibir el DNI del titular. Debe consignarse la fecha de incorporación a la nueva actividad, su apellido y nombre, número de DNI y firma. Recordar conservar la constancia de su solicitud.

Versión 1.1

ANSES

Form. PS3.23

Declaración Jurada Prestación por Desempleo

Frente

UDAI	Fecha de Inicio

Datos del Titular

Número de CUIL	Apellido y Nombre						
Tipo y Nº de Documento	Prov. Emis.	Nacionalidad			Estado Civil		
Domicilio - Calle o Paraje Rural		Número	Piso	Dpto.	C. Postal	Teléfono	
Localidad	Provincia				Dirección de Correo Electrónico		

Marque con una "X" en el casillero que corresponda

¿Percibe una Jubilación?	Sí ☐ No ☐
¿Se encuentra gestionando una Jubilación?	Sí ☐ No ☐
¿Percibe un Programa de Empleo o Social o una Pensión no Contributiva?	Sí ☐ No ☐
¿Padece o padeció un accidente o una enfermedad laboral?	Sí ☐ No ☐
¿Percibe o percibió cobertura de ART?	Sí ☐ No ☐
¿Trabaja o trabajó después del cese?	Sí ☐ No ☐
¿Trabajó como Docente/Agrario/Servicio Doméstico en los últimos 36 meses?	Sí ☐ No ☐
¿Realiza o realizó aportes como Autónomo / Monotributista en los últimos 36 meses?	Sí ☐ No ☐
¿Realiza o realizó aportes jubilatorios voluntarios en los últimos 36 meses?	Sí ☐ No ☐
Si es Trabajador de la Construcción: ¿Percibió el Fondo de Cese Laboral?	Sí ☐ No ☐
¿La documentación que aporta se refiere a su último empleo?	Sí ☐ No ☐
¿Usted o su cónyuge o concubina está embarazada? Sí ☐ No ☐ Meses de gestación______	
¿Tiene Hijos a cargo?* Sí ☐ No ☐ Cuántos?__________	
¿Tiene Hijos con Discapacidad?* Sí ☐ No ☐ Cuántos?__________	

*Si es afirmativo debe completar el dorso del formulario

Datos del/la Cónyuge / Concubino/a

Número de CUIL	Apellido y Nombre		
Tipo y Nº de Documento	Prov. Emis.	Nacionalidad	Percibe Asignaciones Familiares Sí ☐ No ☐

El presente formulario reviste carácter de Declaración Jurada, debiendo ser completado sin omitir ni falsear ningún dato, sujetando a los infractores a las penalidades previstas en los artículos 172, 292, y 293 del Código Penal para los delitos de estafa y falsificación de documentos. Manifiesto conocer las normas vigentes de la Prestación por Desempleo consignadas en las Cartillas informativas recibidas.

Firma del Titular

Reservado ANSES

Firma del Operador

Sello de Recepción de ANSES

Ministerio de Trabajo,
Empleo y Seguridad Social

Form. PS3.23 (Dorso)

Detalle de Hijos a Cargo del Titular

Nº de CUIL	Apellido/s y Nombre/s	Fecha de Nacim.			Doc. Identidad		Discapacitado		Otro padre/madre percibe AAFF		Nº de CUIL del Otro padre/madre*	Apellido/s y Nombre/s del otro padre/madre*
		D	M	A	Tipo	Número						
							Si	No	Si	No		
							Si	No	Si	No		
							Si	No	Si	No		
							Si	No	Si	No		
							Si	No	Si	No		
							Si	No	Si	No		
							Si	No	Si	No		
							Si	No	Si	No		
							Si	No	Si	No		
							Si	No	Si	No		
							Si	No	Si	No		
							Si	No	Si	No		
							Si	No	Si	No		
							Si	No	Si	No		

Se recuerda que desde la fecha de recepción del presente formulario en ANSES, tiene 30 días para presentar el certificado médico en el caso de haber declarado su estado de embarazo o de su cónyuge o concubina y/o para presentar documentación a fin de actualizar la información de sus relaciones familiares, en caso de no contar esta ANSES con la misma. Si la presentación de la documentación ante ANSES de las novedades, se realiza con posterioridad a los 30 días indicados anteriormente no tendrá derecho al pago de asignaciones familiares.

***Cumplimentar sólo si el padre / madre cobra Asignaciones Familiares**

Recibí las Cartillas de Asignaciones Familiares, las que establecen los requisitos y documentación a presentar para el cobro de las mismas, quedando debidamente notificado del Régimen de Asignaciones Familiares vigente. Si No

2.2.20.2. Prestación por desempleo para trabajadores del Régimen Nacional de la Construcción (L. 25.371)

Para iniciar el trámite, se debe solicitar un turno por Internet a través de la sección "Trámites en Línea, ingresando aquí, o llamar al teléfono gratuito 130 de lunes a viernes de 8 a 20 hs. No se admite la gestión por correo o a través de intermediarios.
La tramitación de la prestación es personal y el trabajador cuenta con 90 días hábiles para solicitarla desde la fecha en que se produjo la ruptura de la relación laboral. Después del plazo establecido, por cada día hábil transcurrido se descontará 1 día de prestación. Si el trabajador cobró el Fondo de Cese Laboral Ley 22250, el derecho a la prestación se origina una vez transcurridos 60 días corridos desde la fecha de finalización de la relación laboral que dio origen a la situación legal de desempleo. Si no lo cobró, el derecho lo obtiene inmediatamente a partir de la fecha del cese laboral presentando el telegrama o carta documento, intimando al empleador el pago del Fondo del Cese Laboral.

Requisitos

- Haber trabajado en su último empleo en relación de dependencia, bajo el Régimen Nacional de la Industria de la Construcción que establece la ley 22250.
- Encontrarse en situación legal de desempleo por causas no imputables al trabajador.
- Poseer el Código Único de Identificación Laboral (CUIL) definitivo.
- Haber cotizado al Fondo Nacional de Empleo durante un período mínimo continuo o discontinuo de 8 meses en los últimos 2 años anteriores al cese del contrato de trabajo que dio lugar a la situación legal de desempleo.

Documentación

Original y duplicado de la siguiente documentación:

- DNI, LE o LC. En caso de extravío o renovación, presentar la constancia de inicio de trámite en el Registro Nacional de las Personas y la Partida de Nacimiento. Si el titular es extranjero, el DNI es obligatorio y no lo puede reemplazar otro documento.
- Declaración jurada para el inicio de trámite de la prestación por desempleo (formulario PS. 3.23).
- A fin de facilitar la tramitación de su prestación es conveniente la presentación de un recibo de sueldo de su última relación laboral.
- En caso de despido sin justa causa: telegrama de despido o carta documento o nota de despido con firma del empleador certificada por banco, escribano público, funcionario de ANSES o autoridad judicial.
- En caso de despido por quiebra o concurso preventivo del empleador: nota del síndico certificando la disolución del contrato laboral o sentencia de quiebra autenticada por el juzgado, o telegrama del empleador notificando el cese por quiebra, o el ejemplar del Boletín Oficial donde se publicó la quiebra.
- En caso de resolución del contrato de trabajo por denuncia del empleador fundada en la justa causa del despido (art. 242 LCT): telegramas del empleado rechazando la causa de despido y el formulario PS. 3.2, "Requerimiento de Actuación Administrativa Prestación por Desempleo" por el que el Ministerio de Trabajo, Empleo y Seguridad Social lo encuadra, si corresponde, en una situación legal de desempleo, que se gestiona en la delegación de ANSES.

- En caso de resolución del contrato de trabajo por denuncia del trabajador fundada en justa causa (art. 242, LCT): telegrama/s de desvinculación laboral por denuncia del trabajador fundada en justa causa. Cuando exista duda sobre la justa causa del despido, ANSES a través de la UDAI requerirá la intervención sumaria del Ministerio de Trabajo, Empleo y Seguridad Social para acreditar la situación legal de desempleo.
- En caso de no renovación de un contrato a plazo fijo: contrato de trabajo vencido.
- En el caso de solicitudes presentadas dentro de los 60 días después del cese: libreta de aportes extendida por el Instituto de Estadística y Registro de la Industria de la Construcción. En la misma debe constar el sello del banco interviniente acreditando el pago del Fondo de Cese Laboral Ley 22250, cuando éste se haya efectivizado. Caso contrario debe presentar: telegrama o carta documento intimando al empleador la entrega de la mencionada libreta y/o pago del Fondo de Cese Laboral; en este caso se retendrá el trámite hasta tanto el solicitante entregue la documentación requerida. Este requisito puede ser cumplido si el beneficiario presenta el recibo de sueldo donde conste el pago del Fondo de Cese Laboral.
- Si la solicitud es presentada pasados los 60 días después del cese, no se exigirá el requisito de presentación de libreta de aportes.
- Si el solicitante era beneficiario de una prestación de ART al momento de producirse el cese laboral: alta médica o resolución por la que se determina un grado de incapacidad laboral permanente definitiva inferior al 66%.
- Si el solicitante tiene carga de familia, para el cobro de las asignaciones familiares ordinarias y extraordinarias que correspondan: presentar la documentación que establece el Régimen Nacional de Asignaciones Familiares vigente.
- Para trámites ya iniciados: constancia de estado de trámite otorgada por ANSES.

Las obligaciones del trabajador fueron enunciadas en el ítem 2.20.1.

Obligaciones del empleador para ambas prestaciones por desempleo

Para que el trabajador acceda a la prestación por desempleo se requiere que el empleador cumpla con las siguientes obligaciones (L. 24013, art. 120):

- Ingresar sus contribuciones al Fondo Nacional de Empleo.
- Completar el "Formulario Solicitud Prestación por Desempleo " y entregarlo al trabajador cuando así corresponda.
- Proporcionar a ANSES toda la documentación, datos y certificaciones que le sean requeridas.
- Comprobar fehacientemente que el trabajador, en el caso de que fuera perceptor de prestaciones por desempleo, hubiera cumplimentado la correspondiente "Suspensión de la prestación por Desempleo" al momento de incorporarse a la empresa.
- Registrar el contrato o relación laboral del trabajador conforme lo establece la normativa laboral vigente.
- El decreto 739/92 (art. 8) reglamentario de la ley nacional de empleo, establece en su artículo 8, inciso a): "Proporcionar al trabajador documento que acredite la extinción de la relación o contrato laboral".

La ley 20744 que crea el Régimen de Contrato de Trabajo establece en su artículo 80 (2do. párrafo):"Cuando el contrato de trabajo se extinguiere por cualquier causa, el empleador estará obligado a entregar al trabajador un certificado de trabajo, conteniendo las indicaciones sobre el tiempo de prestación de servicios, naturaleza de éstos, constancia de los sueldos percibidos y de los aportes y contribuciones efectuados con destino a los organismos de seguridad social".

Finalmente la ley 24241, que crea el Sistema Integrado de Jubilaciones y Pensiones (SIJP), establece en su artículo 12, inciso g), las siguientes obligaciones del empleador:"otorgar a los afiliados y beneficiarios y sus derechohabientes, cuando éstos lo soliciten, y en todo caso a la extinción de la relación laboral, las certificaciones de los servicios prestados, remuneraciones percibidas y aportes retenidos y toda otra documentación necesaria para el reconocimiento de servicios u otorgamiento de cualquier prestación".

A considerar...

Información sobre DDJJ y aportes del trabajador con posterioridad al cese:

- Todo importe remunerativo no declarado ante la AFIP/DGI que fuera abonado al trabajador con posterioridad al cese, debe ser informado mediante DDJJ rectificatoria del mes o meses en que se produjo su devengamiento (período laboral al cual se refiere la retribución) y no como correspondiente al mes en que se está realizando el pago de los aportes y contribuciones.
- Si es empleador del Régimen de la Construcción se recuerda la obligación de entregar al trabajador, en la oportunidad del cese laboral, la Libreta de Aportes del Fondo Nacional de Empleo, con la acreditación de los correspondientes depósitos y la actualización a que hubiere lugar, según lo establecido por el artículo 17 de la ley 22250. Contar con este documento es un requisito para que el trabajador pueda acceder a la prestación por desempleo que establece la ley 25371.

2.2.20.3. Obra social

A fin de implementar la prestación médico asistencial para un beneficiario de la prestación por desempleo, ANSES dictó la resolución 1203/03, la que establece que finalizado el plazo indicado en la ley 23660, artículo 10, inciso "A", los beneficiarios titulares y su grupo familiar primario tendrán derecho a continuar recibiendo cobertura médica mientras dure la percepción de la prestación por desempleo.

Las cápitas a las obras sociales se liquidan por los siguientes familiares del titular de la prestación por desempleo que se encuentren registrados en la base de ANSES:

- cónyuge o concubino/a,
- hijos solteros hasta 21 años no emancipados,
- hijos solteros mayores de 21 y hasta los 25 años que estén a exclusivo cargo del titular y que cursen estudios regulares oficialmente reconocidos por la autoridad pertinente,
- los hijos incapacitados, cualquiera sea la edad,
- los hijos del cónyuge/concubino,
- los menores cuya guarda y tutela haya sido acordada por autoridad judicial administrativa.

Documentación

- Certificado de estudio: para que los hijos que estudien (desde los 21 a 25 años) tengan derecho a la cobertura de obra social, se debe presentar el certificado de estudio que acredite que cursan estudios regulares, oficialmente reconocidos por autoridad pertinente.
- Certificado de discapacidad: para que los hijos discapacitados tengan derecho a la cobertura de obra social deben presentar el certificado de discapacidad emitido por un Hospital Público o por el Servicio Nacional de Rehabilitación (Ramsay 2250).

Obra social y fecha de inicio de la cobertura

A fin de determinar la obra social y la fecha de inicio de cobertura, se aplica lo dispuesto en la ley 23660, artículo 10, inciso "A", la que determina que en caso de extinción del contrato de trabajo, los trabajadores que se hubieren desempeñado en forma continua durante más de tres meses, mantienen su calidad de beneficiarios de la obra social por un período de tres meses, contados desde la finalización de la relación laboral sin obligación de efectuar aportes.

La obra social que se asigna es la que el trabajador tuvo a la fecha de finalización de la relación laboral y es la que consta en la última declaración jurada del empleador para el titular, excepto que el beneficiario tenga una obra social elegida (D. 638/97 y 504/98, modif. por D. 1400/01) distinta de la declarada. En este último caso se asigna la elegida por el titular, siempre y cuando la vigencia de la opción sea anterior a la fecha de cese.

El titular de la prestación por desempleo puede informar el alta en ANSES de su cónyuge/concubina durante el período en que percibe la prestación, para incluir a la misma en la liquidación de cápitas a la obra social.

A considerar... Las cápitas a las obras sociales no se liquidan si de los controles que efectúa ANSES surge que el titular y su grupo familiar tienen cobertura de obra social (Ej.: cónyuge en relación de dependencia o titular previsional); tampoco se liquida la cápita por el familiar que tiene cobertura de obra social (Ej.: hijo o cónyuge monotributista).

Todo beneficiario de una prestación por desempleo debe solicitar en la UDAI/delegación donde realizó el trámite una CONSTANCIA donde figuren sus datos como titular, los de su grupo familiar y la obra social asignada, la cual será presentada ante la misma, a fin de recibir la cobertura médico asistencial, siempre y cuando haya superado los controles efectuados por ANSES.

La impresión del CODEM se puede obtener también desde la página web de ANSES, sección "Trámites en Línea".

Capítulo III | Administración Federal de Ingresos Públicos (AFIP)

1. OBTENCIÓN DE LA CUIT [1]

1.1. Personas físicas y sucesiones indivisas

1.1.1. 1° Paso - Trámite presencial

Para la obtención de la CUIT –Clave Única de Identificación Tributaria– habrá que dirigirse a la dependencia AFIP-DGI correspondiente al domicilio fiscal (donde el contribuyente realiza la actividad económica), con los siguientes elementos:

1) Formulario 460/F por duplicado, debiendo completar la información de los siguientes ítems:

- Datos de identificación (fecha de nacimiento, tipo y nro. de documento)
- Datos referenciales (apellidos y nombres)
- Domicilio real (el que figura en su documento de identidad)
- Domicilio fiscal (lugar donde desarrolla su actividad económica)
- Otros datos (teléfono, correo electrónico de contacto)

El titular, responsable o persona autorizada, deberá firmar el reverso del formulario. La firma deberá estar certificada por entidad bancaria, autoridad policial o escribano, excepto cuando sean suscriptos ante algún funcionario de la dependencia de la AFIP en la que se efectúa la presentación, en cuyo caso éstos actuarán como autoridades certificantes.

2) Documentación respaldatoria requerida para cada caso:

<u>Identidad</u>:

- Argentinos nativos o naturalizados y extranjeros con DNI: original y fotocopia del documento nacional de identidad, libreta cívica o libreta de enrolamiento.
- Extranjeros sin DNI:
    - No residentes, originarios de países limítrofes o asociados al MERCOSUR, deberán presentar el original y fotocopia del documento de identidad del país de origen.
    - No residentes resto de países, acompañarán el pasaporte y fotocopia del mismo.
    - Con residencia en el país –incluida la temporaria o transitoria– que no posean documento nacional de identidad, original y fotocopia del certificado o comprobante que acredite el número de expediente asignado por la Dirección Nacional de Migraciones, donde conste el carácter de su residencia.
- Sucesión indivisa: acta de defunción del causante y testimonio judicial de la designación del administrador de la sucesión indivisa.

<u>Domicilio fiscal</u>

Se presentan dos de las siguientes constancias:

- Certificado de domicilio expedido por autoridad policial.
- Acta de constatación notarial.
- Fotocopia de alguna factura de servicios públicos a nombre del contribuyente o responsable.

[1] *Fuente: www.afip.gob.ar*

- Fotocopia del título de propiedad o contrato de alquiler o de "leasing", del inmueble cuyo domicilio se denuncia.
- Fotocopia del extracto de cuenta bancaria o del resumen de tarjeta de crédito, cuando el solicitante sea el titular de tales servicios.
- Fotocopia de la habilitación municipal o autoridad municipal equivalente, cuando la actividad del solicitante se ejecute en inmuebles que requieran de la misma.

En casos especiales o cuando circunstancias particulares lo justifiquen, la dependencia interviniente podrá requerir y/o aceptar otros documentos o comprobantes que, a su criterio, acrediten fehacientemente el domicilio fiscal denunciado.
Asimismo, AFIP podrá disponer la verificación del domicilio fiscal mediante la concurrencia al mismo del personal del organismo o a través del permisionario postal, reemplazando la referida documentación respaldatoria.

3) Registrar, ante personal de la dependencia, los datos biométricos (firma, foto, y eventualmente huella dactilar). Además se efectuará el escaneo del documento de identidad.

4) Cuando posea sucursales u otros establecimientos afectados a la actividad, o cuando siendo responsables de impuesto internos posea más de un local afectado al fraccionamiento o elaboración de productos gravados, deberá presentar el formulario 561.

De la dependencia obtendrá el duplicado del F. 460/F con su número de CUIT y la constancia de la tramitación de la "Clave Fiscal" (con nivel de seguridad 3).

AFIP ADMINISTRACION FEDERAL

F. 460/F

PERSONAS FÍSICAS / SUCESIONES INDIVISAS

Sello fechador de recepción

☐ SOLICITUD DE INSCRIPCIÓN(1)

☐ MODIFICACIÓN DE DATOS(1)

DEPENDENCIA AFIP ☐☐☐ CUIT ☐☐☐☐☐☐☐☐☐☐☐☐☐

MOTIVO DEL TRÁMITE:(1) ESPONTÁNEO ☐ CONV. MIGRATORIO ☐ OFICIO ☐

DATOS DE IDENTIFICACIÓN

FECHA DE NACIMIENTO DIA MES AÑO

FECHA DE FALLECIMIENTO DIA MES AÑO

SEXO(1) M ☐ F ☐

ARGENTINO ☐ EXTRANJERO ☐ PAÍS DE ORIGEN: ....

TIPO DE DOCUMENTO (DNI/ LC/ LE/ CI/ PASAPORTE/ CERTIF. MIGACIONES) Nº ☐☐☐☐☐☐☐☐☐☐

EXTRANJERO. TIPO DE RESIDENCIA:(1) PERMANENTE ☐ TRANSITORIA ☐ TEMPORARIA ☐ PRECARIA ☐

VIGENCIA DE LA RESIDENCIA (HASTA) DIA MES AÑO

DATOS REFERENCIALES

APELLIDO PATERNO: ....

NOMBRES (completos): ....

APELLIDO MATERNO: ....

APELLIDO DE CASADA: ....

DOMICILIO FISCAL

CALLE: .... Nº: ....

SECTOR: .... TORRE: .... PISO: .... DPTO/ OFIC/ LOCAL: .... MANZANA: ....

DATO ADICIONAL: ....

LOCALIDAD: .... PARTIDO/ DEPARTAMENTO: ....

PROVINCIA: .... CÓDIGO POSTAL: ....

DOMICILIO REAL

CALLE: .... Nº: ....

SECTOR: .... TORRE: .... PISO: .... DPTO/ OFIC/ LOCAL: .... MANZANA: ....

DATO ADICIONAL: ....

LOCALIDAD: .... PARTIDO/ DEPARTAMENTO: ....

PROVINCIA: .... CÓDIGO POSTAL: ....

OTROS DATOS

TIPO DE TELÉFONO: .... Nº: .... DIRECCIÓN DE E-MAIL: ....

DECLARACIÓN JURADA - **ORIGINAL:** para la AFIP

HOJA 1 DE 4

AFIP
ADMINISTRACION FEDERAL

F. 460/F

PERSONAS FÍSICAS / SUCESIONES INDIVISAS

Sello fechador de recepción

☐ SOLICITUD DE INSCRIPCIÓN(1)

☐ MODIFICACIÓN DE DATOS(1)

DECLARACIÓN JURADA - **ORIGINAL**: para la AFIP

DATOS ECONÓMICOS

ACTIVIDAD SEGÚN NOMENCLADOR VIGENTE	DENOMINACIÓN	CÓDIGO	FECHA DE INICIO DIA/ MES/ AÑO
ACTIVIDAD PRINCIPAL			
ACTIVIDAD SECUNDARIA			

DATOS COMERCIALES

MES DE CIERRE DEL EJERCICIO: ....

MES DE CIERRE DEL EJERCICIO: .... EXPEDIENTE Nº: ....

JURISDICCIÓN: LOCALIDAD: .... PROVINCIA: ....

DATOS TRIBUTARIOS

IMPUESTOS CARÁCTER(2): ....

DENOMINACIÓN	CÓDIGO IMPUESTO	FECHA ALTA DIA/ MES/ AÑO

REGÍMENES DE RETENCIÓN/ PERCEPCIÓN

DENOMINACIÓN	RÉGIMEN			FECHA ALTA DIA/ MES/ AÑO
	CÓDIGO IMPUESTO	CÓDIGO RÉGIMEN	R.G. Nº	

DATOS DE LA SEGURIDAD SOCIAL

JUBILADO LEY 24.241(1) ☐ **CATEGORÍA AUTÓNOMA ASIGNADA** ☐

ACTIVIDAD												
FECHA INICIO		FECHA BAJA		DENOMINACIÓN	CÓDIGO	MATRÍCULA PROFESIONAL		CANTIDAD DE PERSONAL OCUPADO	TITULAR DE EMPRESA UNIPERSONAL(1)	COMPONENTE DE SOCIEDAD		CATEGORÍA OPCIONAL
MES	AÑO	MES	AÑO			MES	AÑO			DE HECHO(1)	OTRAS(1)	

TIPO DE EMPLEADOR(3)	FECHA INICIO DÍA/ MES/ AÑO	CANTIDAD DE PERSONAL

El que suscribe Don .... en su carácter de(4) .... afirma que los datos consignados en este formulario son correctos y completos y que ha confeccionado esta declaración jurada sin omitir ni falsear dato alguno que deba contener, siendo fiel expresión de la verdad.

Lugar y Fecha:

Firma y Sello:

Reservado para certificación de firma:

(1) Marcar con una X según corresponda.
(2) Importador, Productor, Comercializador de Combustibles Líquidos-Ley 23.966 Título III Cap. I)-Bienes Personales y Gcia. Mínima Presunta: Resp. de Deuda Ajena-Resp. Sustitutos-Administrador Fiduciario.
(3) Común, Servicio Doméstico/ Auxiliar.
(4) Titular o apoderado.

HOJA 2 DE 4

1.1.2. 2° paso - Trámite por internet

1) Ratificación de los datos biométricos

Deberá ingresar con "Clave Fiscal" al servicio "Aceptación de datos biométricos" para confirmar la firma y fotografía.

Recuerde que para acceder a este servicio deberá:

- Ingresar a la página de la AFIP (www.afip.gob.ar) y presionar en el recuadro "Acceso con Clave Fiscal".
- A continuación se despliega una pantalla, en la cual debe ingresar su número de CUIT/CUIL/CDI y en el campo "CLAVE" su clave fiscal.

Luego presione el botón "INGRESAR".

- El sistema desplegará en pantalla la lista de servicios AFIP que tiene habilitados. Allí seleccione el servicio denominado "Aceptación de Datos Biométricos". De no encontrar este servicio deberá habilitarlo utilizando la opción "Administrador de Relaciones de Clave Fiscal".

Finalmente accederá a la pantalla de confirmación que se muestra a continuación:

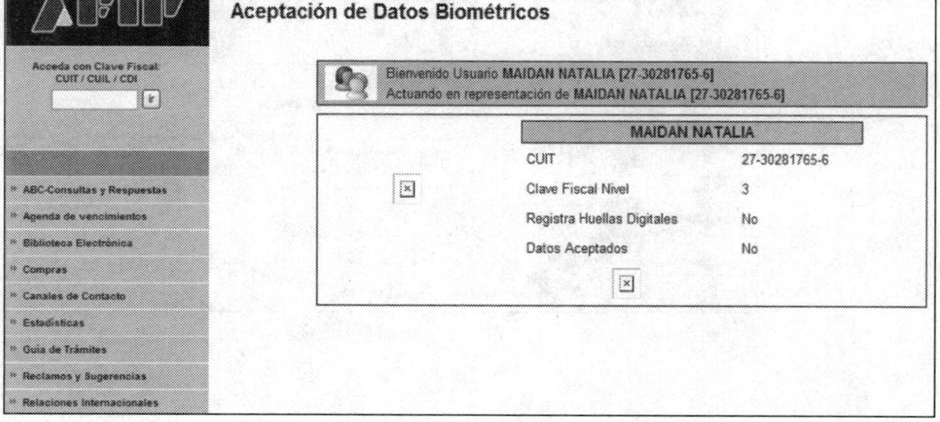

2) Declaración de las actividades económicas desarrolladas

1) Ingrese con la "Clave Fiscal" al Servicio "Sistema Registral".

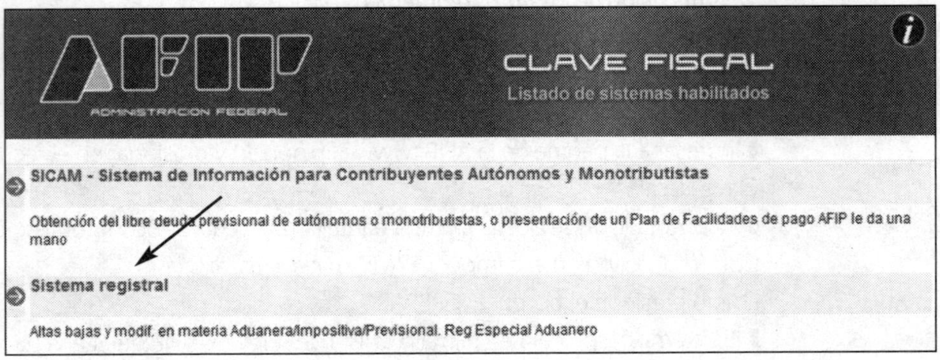

Al seleccionar el servicio aparecerán en pantalla los contribuyentes asociados a la CUIT ingresada. Deberá cliquear sobre el botón correspondiente al contribuyente.

Ir a la opción "Registro Tributario" y dentro de los ítems desplegados el denominado "Actividades Económicas".

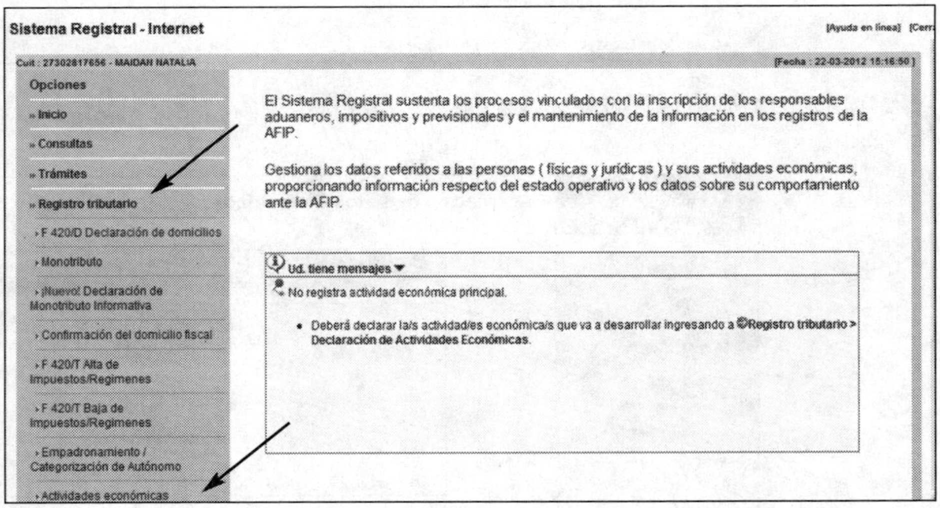

Para declarar la actividad principal debe cliquear el botón "Agregar".

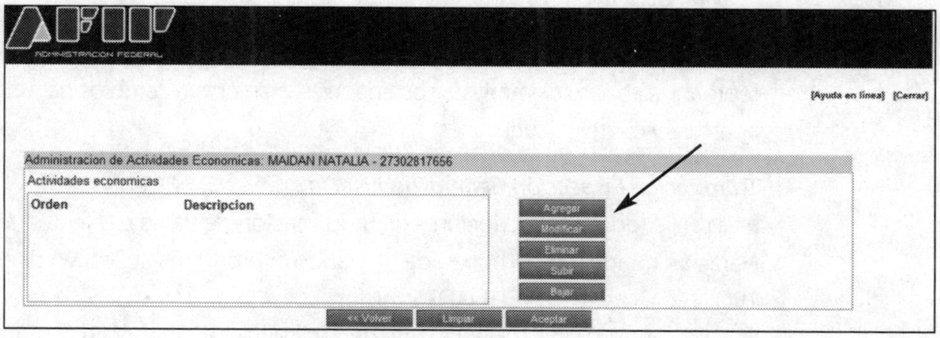

- Informar la/s actividad/es desarrollada/s: opción "Registro Tributario" - "Actividades Económicas".
- Efectuar el alta de impuestos y/o regímenes: opción "Registro Tributario" - "420/T Alta de Impuestos o Regímenes" (y de corresponder la categorización como autónomo: opción "Registro Tributario" - "Empadronamiento/Categorización de Autónomos").

De optar por el Régimen Simplificado - Monotributo en reemplazo del alta de impuestos, deberá ingresar al servicio "Monotributo", seleccionar "Adhesión", completar los datos requeridos y confirmar el envío de los datos del formulario 184.

1.2. Personas jurídicas y otros responsables

1.2.1. Sociedades con control estatal permanente

Con motivo de la conformación del Registro Nacional de Sociedades por Acciones, las presentaciones que se formalicen ante la INSPECCIÓN GENERAL DE JUSTICIA a partir del 19 de noviembre de 2007, se incorporarán al mencionado registro con la información correspondiente a las solicitudes de:

a) Inscripción de nuevas sociedades comerciales comprendidas en el artículo 299 de la ley de sociedades comerciales 19550 y sus modificaciones.
Se encuentran incluidas en el mencionado artículo las sociedades anónimas que:

- Hagan oferta pública de sus acciones o debentures.
- Tengan capital social superior a $ 10.000.000, monto este que podrá ser actualizado por el Poder Ejecutivo cada vez que lo estime necesario.
- Sean de economía mixta o se encuentren comprendidas en la Sección VI.
- Realicen operaciones de capitalización, ahorro o en cualquier forma requieran dinero o valores al público con promesas de prestaciones o beneficios futuros.
- Exploten concesiones o servicios públicos.
- Se trate de sociedad controlante de o controlada por otra sujeta a fiscalización, conforme a uno de los incisos anteriores.

b) Modificación de datos de las sociedades indicadas en el punto a).
Las restantes sociedades comerciales que se constituyan a partir de la citada fecha, podrán optar por inscribirse a través del presente procedimiento.
Queda excluida la información referida a inscripciones de sociedades resultantes de reorganizaciones societarias, a sociedades extranjeras, a cambios de jurisdicción, y a apertura y cierre de sucursales.

Tramitación Inspección General de Justicia

- Las solicitudes de inscripción y de modificación de datos se efectuarán mediante declaración jurada (F. 185), generada utilizando el programa aplicativo denominado "REGISTRO NACIONAL DE SOCIEDADES Versión 1.0".
- La presentación del formulario de declaración jurada deberá efectuarse únicamente por el solicitante, vía Internet, mediante transferencia electrónica de datos, ingresando con "Clave Fiscal", previa adhesión, al servicio "Inscripción de Sociedades - Presentación de Declaraciones Juradas".
- Como resultado de la presentación el sistema emitirá un acuse de recibo de la solicitud efectuada y su correspondiente número de transacción.

El sistema efectuará automáticamente, respecto de cada uno de los socios y de todas las personas que integren los órganos societarios o quienes ejerzan la administración y fiscalización de la sociedad, según corresponda, la validación de los siguientes datos de naturaleza fiscal:

  - Apellido y nombres o denominación social.
  - Clave Única de Identificación Tributaria (CUIT),
  - Código Único de Identificación Laboral (CUIL) o Clave de Identificación (CDI).
  - Domicilio fiscal, cuando corresponda.

- El solicitante deberá ingresar, previa adhesión, al servicio "Comunicación del estado del trámite de inscripción de sociedades", mediante "Clave Fiscal", a fin de consultar en su "ventanilla electrónica" el resultado obtenido respecto de la validación referida en el párrafo anterior.

La aceptación de la AFIP de la validez de los datos fiscales previstos será un requisito previo e inexcusable para la presentación del trámite ante la INSPECCIÓN GENERAL DE JUSTICIA o autoridad registral local, según el caso.
Cuando con motivo de dicha validación la solicitud resulte observada, el sistema reflejará las inconsistencias detectadas. El solicitante deberá subsanar las mismas e ingresar una nueva solicitud, a la que se otorgará un nuevo número de transacción.

- Una vez aceptada la solicitud el presentante deberá imprimir la constancia del resultado de la validación desde el servicio "Comunicación del estado del trámite de inscripción de sociedades".

Transcurridos 20 días corridos contados a partir del día siguiente al consignado en dicha constancia, caducará la validación obtenida y deberá efectuarse una nueva presentación.

- A fin de continuar la tramitación, el solicitante deberá presentar ante la Mesa de Entradas de la Inspección General de Justicia o autoridad registral local, según corresponda, antes del vencimiento del plazo indicado, la impresión de la aceptación emitida por la

AFIP, junto con la documentación y demás elementos requeridos por la normativa para cada trámite.

Cuando la INSPECCIÓN GENERAL DE JUSTICIA o autoridad registral local efectúe observaciones o vistas al trámite presentado, el solicitante deberá, en su caso, rectificar los datos que requieran modificación y realizar una nueva transmisión de la solicitud, de modo que la presentación documental refleje con exactitud el contenido de la solicitud electrónica.

Concluido el trámite de inscripción, la INSPECCIÓN GENERAL DE JUSTICIA o autoridad registral local, en su caso, requerirá a la AFIP la asignación de la Clave Única de Identificación Tributaria (CUIT) de la nueva sociedad inscripta.

- La AFIP confirmará la validación de los datos fiscales y, para la entrega de dicha clave, la comunicará a la autoridad registral, quien procederá a notificarla al solicitante.

En caso de detectarse desvíos o inconsistencias, la ADMINISTRACIÓN FEDERAL DE INGRESOS PÚBLICOS informará a la INSPECCIÓN GENERAL DE JUSTICIA o autoridad registral local, según el caso, el tipo de desvío o inconsistencia de que se trate, para su notificación al solicitante.

Subsanado el mismo, deberá requerirse nuevamente la asignación de la Clave Única de Identificación Tributaria (CUIT).

Tramitación ante la AFIP

Recibida la notificación de la CUIT de la Inspección General de Justicia o de las autoridades registrales locales, el representante legal o persona debidamente autorizada deberá concurrir personalmente a la dependencia de la AFIP que corresponda a la jurisdicción del domicilio fiscal de la persona jurídica, a efectos de solicitar la clave fiscal.

El representante legal deberá efectuar la tramitación del "Administrador de Relaciones" para actuar como tal en representación de la persona jurídica.

Si no hubiera efectuado ante la AFIP el registro digital de su fotografía, su firma y su huella dactilar, ni hubieran escaneado los datos de su documento de identidad, o alguno de esos datos hubieran cambiado, en la dependencia AFIP-DGI procederán a la digitalización de la totalidad de los mismos y al blanqueo de la clave fiscal.

1.2.2. Procedimiento de inscripción. Restantes personas jurídicas

La inscripción de las sociedades ante AFIP –incluidas las no constituidas regularmente y las de hecho–, asociaciones y las demás personas jurídicas, siempre que no se encuentren alcanzadas por el procedimiento dispuesto para las inscripciones de las nuevas sociedades incluidas en el artículo 299 de la ley 19550 (con fiscalización estatal permanente), deberán observar el siguiente procedimiento:

Presentación de la solicitud

Las solicitudes de inscripción se efectuarán mediante la transmisión electrónica de la declaración jurada generada con el aplicativo "Módulo de Inscripción de Personas Jurídicas".

El aplicativo solicita información relacionada con:

- Datos identificatorios: denominación social, domicilio legal y otros datos vinculados.
- Datos sobre los integrantes de la sociedad: autoridades, participaciones o socios.
- Datos de carácter comercial: datos de interés fiscal, actividades y domicilio fiscal.

Luego de ingresados los datos requeridos por la aplicación deberá generar el archivo para la transferencia electrónica de datos y deberá efectuar la impresión del formulario 420/J.

El archivo generado por el aplicativo deberá ser transferido a la AFIP por el solicitante:

▮ Con clave fiscal: utilizando el servicio "Presentación de Declaración Juradas y Pagos" del sitio web de la AFIP.

▮ Con clave bancaria: ingresando a www.linkpagos.com.ar, www.pagomiscuentas.com, www.interbanking.com.ar o mediante las páginas de los bancos habilitados.

Deberá imprimir 2 copias del acuse de recibo (contiene el número verificador y el de transacción).

Las personas jurídicas que soliciten su número de CUIT deberán registrar, ante personal de la dependencia, los datos biométricos (firma, foto y su huella dactilar) del administrador de relaciones de la persona jurídica. Además se efectuará el escaneo de su documento de identidad. Esta información quedará reflejada en el sistema para una identificación más segura con el objeto de evitar la utilización de documentación apócrifa y preservar la seguridad jurídica y patrimonial de las personas ajenas a la comisión de dichos fraudes.

De la dependencia obtendrá el duplicado del F. 420/J con su número de CUIT y la constancia de la tramitación de la clave fiscal del administrador de relaciones (habilitada con nivel de seguridad 3).

Posteriormente, confirmar los datos de Inscripción y envío de la restante información.

–Trámite por internet:

Deberá ingresar con clave fiscal al servicio "Aceptación de Datos Biométricos", para confirmar su firma y foto.

Luego deberá ingresar al servicio "Sistema Registral", para efectuar las siguientes operaciones en nombre de la persona jurídica:

▮ Informar la/s actividad/es desarrollada/s: opción "Registro Tributario - Actividades Económicas".

▮ Efectuar el alta de impuestos y/o regímenes: opción "Registro Tributario - 420/T Alta de Impuestos o Regímenes", y de corresponder la categorización como autónomo: opción "Registro Tributario - Empadronamiento/Categorización de Autónomos". De optar por el Régimen Simplificado Monotributo en reemplazo del alta de impuestos, deberá ingresar a la opción "Registro Tributario - Monotributo" para efectuar la adhesión.

Estado de la solicitud. Presentación de documentación

Para verificar el estado del trámite de inscripción, el solicitante deberá acceder con su clave fiscal, a la herramienta "e-Ventanilla" en la página web de la AFIP, www.afip.gob.ar.

El estado del trámite puede ser "Aprobado" o "Rechazado", y la consulta del mismo se efectúa con el número de transacción que surge del acuse de recibo.

▮ Trámite rechazado: se deberá descargar el archivo con el detalle de los errores. Una vez subsanados los mismos se deberá comenzar el trámite desde el inicio.

▮ Trámite aprobado: cuando el trámite no registre errores, el titular o la persona debidamente autorizada con formulario 3283 deberá concurrir en el plazo de 30 días a la agencia AFIP que le corresponda según el domicilio de la persona jurídica, con la siguiente documentación:

- Formulario 420/J.
- Acuse de recibo de la presentación de la declaración jurada enviada.
- Comprobante de aprobación del trámite.
- Documentación que acredite la existencia y veracidad del domicilio fiscal denunciado.

Los elementos requeridos para cada tipo de persona jurídica, según se detalla a continuación:

- Sociedades regularmente constituidas
  - Fotocopia del estatuto o contrato social y, en su caso, del acta de directorio o instrumento emanado del órgano máximo de la sociedad, donde se fije el domicilio legal.
  - Fotocopia de la constancia de inscripción ante los respectivos órganos de contralor.
  - Recuerde que deberá acreditarse la existencia y veracidad del domicilio fiscal denunciado.
- Sociedades en formación
  - Fotocopia del estatuto o contrato social y, en su caso, del acta del directorio o del instrumento emanado del órgano máximo de la sociedad, donde se fije el domicilio legal.
  - Fotocopia del documento de identidad de los responsables de la sociedad (directores o consejeros y fundadores, según documentación de constitución), hasta un máximo de 5.
  - Constancia de inicio del trámite de inscripción ante el registro correspondiente.
  - No podrán inscribirse como sociedades en formación las uniones transitorias de empresas.
  - Recuerde que deberá acreditarse la existencia y veracidad del domicilio fiscal denunciado.
- Sociedades irregulares
  - De corresponder, fotocopia del estatuto o contrato social y, en su caso, del acta del directorio o del instrumento emanado del órgano máximo de la sociedad donde se fije el domicilio legal.
  - Fotocopia del documento de identidad de los socios con mayor participación societaria, hasta un máximo de 5.
  - Deberá acreditarse la existencia y veracidad del domicilio fiscal denunciado.
- Fideicomisos financieros
  - Fotocopia del contrato de fideicomiso.
  - Según sea el fiduciario persona física o jurídica, deberá acompañarse también la documentación que para el tipo de sujeto corresponda.
  - Nota en carácter de declaración jurada en la cual el fiduciario identifique al fideicomiso (la firma deberá ir precedida de la fórmula dispuesta en el artículo 28 del decreto 1397, de fecha 12 de junio de 1979, y sus modificaciones, reglamentario de la ley 11683, texto ordenado en 1998 y sus modificaciones).
  - Número de expediente mediante el cual el fiduciario haya tramitado, de corresponder, la autorización en el organismo de contralor respectivo, para la emisión de certificados de participación y/o títulos de deuda, de lo cual se dejará constancia en el formulario de declaración jurada 460/J.

- Fotocopia de la respectiva resolución de alcance particular, emitida por el aludido organismo, por la cual se autoriza la emisión de los mencionados certificados y/o títulos y se aprueba el fideicomiso.
- Recuerde que deberá acreditarse la existencia y veracidad del domicilio fiscal denunciado.

- Fideicomisos no financieros
  - Fotocopia del contrato de fideicomiso.
  - Según sea el fiduciario persona física o jurídica, deberá acompañarse también la documentación debida, para el tipo de sujeto que corresponda.
  - Nota en carácter de declaración jurada en la cual el fiduciario identifique al fideicomiso (la firma deberá ir precedida de la fórmula dispuesta en el artículo 28 del decreto 1397, de fecha 12 de junio de 1979, y sus modificaciones, reglamentario de la ley 11683, texto ordenado en 1998 y sus modificaciones).
  - Recuerde que deberá acreditarse la existencia y veracidad del domicilio fiscal denunciado.

Formas extrínsecas de la declaración jurada - D. 1397/79
ARTÍCULO 28 - Las declaraciones juradas deberán ser presentadas en soporte papel, y firmadas en su parte principal y anexos por el contribuyente, responsable o representante autorizado, o por medios electrónicos o magnéticos que aseguren razonablemente la autoría e inalterabilidad de las mismas y en las formas, requisitos y condiciones que a tal efecto establezca la ADMINISTRACIÓN FEDERAL DE INGRESOS PÚBLICOS entidad autárquica en el ámbito del MINISTERIO DE ECONOMÍA.
En todos los casos contendrán una fórmula por la cual el declarante afirme haberlas confeccionado sin omitir ni falsear dato alguno que deban contener y ser fiel expresión de la verdad.

- Fondo común de inversión
  - Fotocopia del "Reglamento de Gestión" en vigor y de la constancia que acredite su inscripción en el Registro Público de Comercio.
  - Fotocopia de la resolución de alcance particular, en virtud de la cual la Comisión Nacional de Valores haya autorizado a la sociedad gerente y a la sociedad depositaria para actuar en tal carácter, y haya aprobado el "Reglamento de Gestión" del fondo común de inversión.
  - Recuerde que deberá acreditarse la existencia y veracidad del domicilio fiscal denunciado
- Consorcios ley 13512
  - Elementos que correspondan a cada sujeto según su naturaleza jurídica.
  - Fotocopia del reglamento de copropiedad y su inscripción en el registro correspondiente.
  - Además de los recaudos propios que para cada caso se establecen, deberá acreditarse la existencia y veracidad del domicilio fiscal denunciado.

- Representaciones diplomáticas
  - Elementos que correspondan a cada sujeto según su naturaleza jurídica.
  - Fotocopia del certificado que acredite la representación diplomática extendido por el Ministerio de Relaciones Exteriores, Comercio Internacional y Culto.
  - Además de los recaudos propios que para cada caso se establecen, deberá acreditarse la existencia y veracidad del domicilio fiscal denunciado.
- Condominios

  Cuando los condóminos de un inmueble lo den en locación y siempre que se trate de locaciones gravadas, corresponderá al condominio inscribirse ante la AFIP en carácter de responsable en el impuesto al valor agregado.

  El condominio deberá constituir como domicilio fiscal aquel que corresponda al condómino designado administrador, residente en el país o, en su defecto, el del condómino residente en el país de mayor participación o, en caso de que las participaciones sean iguales, el del que posea la Clave Única de Identificación Tributaria (CUIT) más baja.

  Deberá presentarse la documentación que acredite el carácter de los condóminos, así como el domicilio fiscal constituido.

A considerar... En todos los casos en que se requiera acreditación y veracidad del domicilio fiscal, deberá acompañarse como mínimo con 2 de las siguientes constancias:

- Certificado de domicilio expedido por autoridad policial.
- Acta de constatación notarial.
- Fotocopia de alguna factura de servicios públicos a nombre del contribuyente o responsable.
- Fotocopia del título de propiedad o contrato de alquiler o de "leasing", del inmueble cuyo domicilio se denuncia.
- Fotocopia del extracto de cuenta bancaria o del resumen de tarjeta de crédito, cuando el solicitante sea el titular de tales servicios.
- Fotocopia de la habilitación municipal o autoridad municipal equivalente, cuando la actividad del solicitante se ejecute en inmuebles que requieran de la misma.

En casos especiales o cuando circunstancias particulares lo justifiquen, la dependencia interviniente podrá requerir y/o aceptar otros documentos o comprobantes que, a su criterio, acrediten fehacientemente el domicilio fiscal denunciado.

Las fotocopias de la documentación que acompañen a los respectivos formularios o notas deberán estar suscriptas por el responsable que solicite inscripción, alta en impuestos y/o regímenes o modificación de datos, y certificadas por escribano público, para su exhibición. En reemplazo de las fotocopias, en las condiciones dispuestas precedentemente, podrán ser exhibidos los respectivos originales.

Obtención de la CUIT

Luego de verificada la documentación presentada y de ser aceptada la inscripción, la dependencia de AFIP-DGI entregará el número de CUIT asignado a la persona jurídica.

El representante legal deberá efectuar la tramitación del "Administrador de Relaciones" para actuar como tal en representación de la persona jurídica.

Si no hubiera efectuado ante la AFIP el registro digital de su fotografía, su firma y su huella dactilar, ni hubieran escaneado los datos de su documento de identidad, o alguno de esos datos hubiera cambiado, en la dependencia AFIP-DGI procederán a la digitalización de la totalidad de los mismos y al blanqueo de la clave fiscal.

Alta de impuestos y regímenes

Para efectuar el alta de impuestos y regímenes se deberá ingresar con "Clave Fiscal" al servicio "Sistema Registral", y en la pantalla principal del sistema deberá seleccionar "Registro Tributario". Posteriormente debe seleccionar la denominada "F. 420/T Alta de Impuestos/Regímenes".

A considerar... Las personas jurídicas deberán operar a través de la "clave fiscal" del representante legal, luego de efectuada la tramitación del administrador de relaciones. Antes de realizar el alta de impuestos o regímenes debe registrar y aceptar sus datos biométricos.

Darse de ALTA como EMPLEADOR

- Deberá ingresar con su clave fiscal al servicio "Sistema Registral", en la opción "Registro tributario"/"F. 420/T Alta de Impuestos"/"Aportes Seguridad Social (Código 301)".
- Guía:
  - Ingreso a la transacción.
  - Selección de impuesto o régimen.
  - Confirmación de datos seleccionados.
  - Visualización F. 420/T.

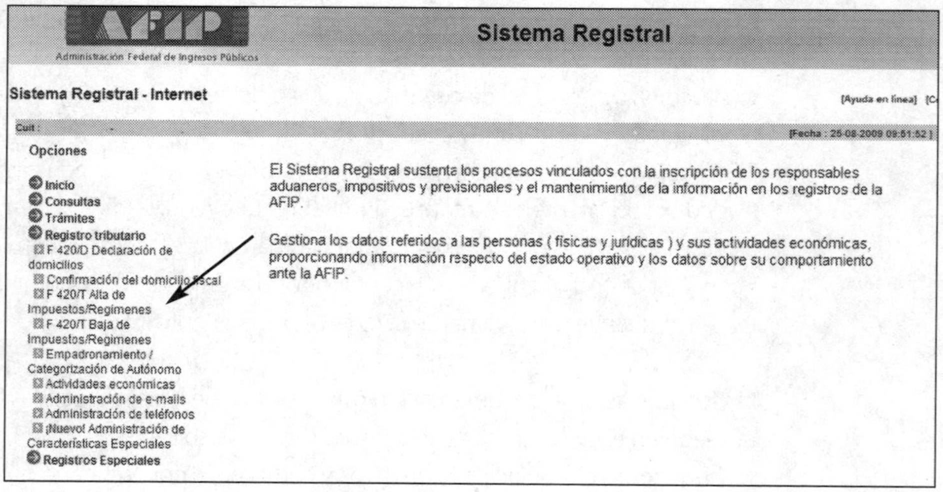

2. OBTENCIÓN DE LA CLAVE FISCAL [1]

2.1. Clave fiscal

La "clave fiscal" es una contraseña personal e intransferible.
Esta clave habilita al contribuyente, futuro empleador, para operar servicios desde la web de la AFIP de manera segura. Para obtenerla deberá efectuar el trámite de "Registración" en la web de la AFIP, dentro de la opción "Clave Fiscal".
En el mencionado procedimiento se le requerirán una serie de datos, que dependerán al "Nivel de Seguridad" de la clave fiscal que solicite.
El "Nivel de Seguridad" está relacionado con el tipo de tramitación que estará autorizado a efectuar con la clave fiscal.

2.2. Trámite

2.2.1. Obtención de la clave fiscal, nivel de seguridad 3, en forma presencial

Acreditar identidad mediante la presentación de la documentación que, en cada caso, se indica a continuación:

- Argentinos nativos o naturalizados y extranjeros: original y fotocopia del documento nacional de identidad, libreta cívica o libreta de enrolamiento y documento de identidad del país de origen, pasaporte o cédula del MERCOSUR, de tratarse de un país limítrofe.
- Extranjeros con residencia en el país –incluida la temporaria o transitoria– que no posean documento nacional de identidad: original y fotocopia de la cédula de identidad o del certificado o comprobante que acredite el número de expediente asignado por la Dirección Nacional de Migraciones, donde conste el carácter de su residencia.
- Administrador de relaciones apoderado: además de los elementos citados en los puntos anteriores, presentarán una nota confeccionada en los términos de la RG (AFIP) 1128 (Multinota F. 206), invocando alguna de las causales de excepción válidas y adjuntando la documentación que, para cada caso, se detalla a continuación:
  - Discapacitados
    - Poder otorgado por causal de discapacidad: copia del Certificado Único de Discapacidad obtenido en virtud de lo dispuesto por las leyes 22431 y 24901.
    - Poder otorgado por causal de incapacidad física temporal: certificado médico que justifique fehacientemente dicha situación.
  - Residentes en el exterior
    - Poder otorgado por causal de residencia en el exterior: copia del certificado de residencia en el exterior legalizado por Cancillería, dependiente del Ministerio de Relaciones Exteriores, Comercio Internacional y Culto de la Nación, con la pertinente traducción efectuada por traductor público y refrendada la firma de este último en el Colegio Público de Traductores, de corresponder.
    - Cuando se trate de documentación proveniente de países signatarios de la Convención de La Haya (que suprime la exigencia de legalización de documentos públicos extranjeros) y de conformidad con la ley 23458, la misma deberá contener la constancia a que se refiere el artículo 3, primer párrafo de la ley citada, con las formalidades establecidas en su artículo 4.

[1] *Fuente: www.afip.gob.ar*

A considerar...

- Las personas jurídicas, a los fines de utilizar y/o interactuar con los servicios informáticos habilitados, deberán hacerlo a través de la clave fiscal de su representante legal, quien quedará habilitado para ello a partir de la presentación de la documentación que acredite tal carácter.
- Cuando la representación legal sea plural, se deberá designar a uno de los representantes legales a efectos de que utilice y/o interactúe con los servicios habilitados. A tales fines se presentará una Multinota F. 206, con la firma certificada por escribano, entidad bancaria, juez de paz o autoridad policial, observando lo previsto en la RG (AFIP) 1128.
- La documentación respaldatoria podrá ser presentada por terceras personas a cuyo efecto deberán estar debidamente autorizadas a través del formulario 3283, suscripto por el responsable que solicite la inscripción y con su firma certificada por escribano público, juez de paz, entidad bancaria, o funcionario de la dependencia de la AFIP en la que se realiza la presentación, en cuyo caso éste actuará como autoridad certificante.

- Administrador judicial de sucesión
  - Documento de identidad de la persona física que invoque la calidad de administrador judicial (LE, LC o DNI).
  - Sentencia judicial de designación del administrador judicial.

2.2.2. Obtención de la clave fiscal, nivel de seguridad 3, en forma electrónica

Deberá efectuarse el siguiente procedimiento:

1. Consignar los datos requeridos en el formulario de solicitud de clave fiscal. (http://www.afip.gob.ar).
2. Seleccionar la clave fiscal a utilizar.
3. Imprimir a través del equipamiento informático el formulario 3282 de "Solicitud de Usuario y Selección de Clave Fiscal".
4. Concurrir a una dependencia de la AFIP para realizar el trámite de habilitación con el formulario 3282 –sin firmar– y la documentación exigida, según el sujeto de que se trate, para el trámite presencial.

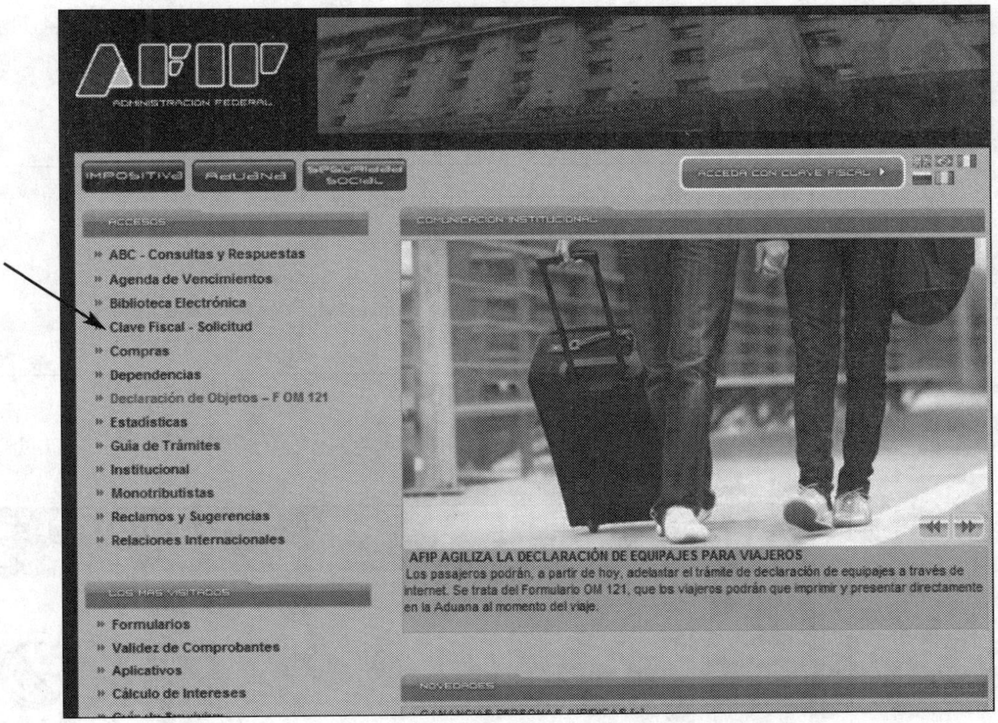

3. SIMPLIFICACIÓN REGISTRAL. REGISTRO DE ALTAS Y BAJAS EN MATERIA DE SEGURIDAD SOCIAL (MI SIMPLIFICACIÓN II) [1]

Una vez dado de alta el empleador como tal, es su obligación en oportunidad de iniciarse una nueva relación laboral, o ante la extinción de la misma o frente a la necesidad de comunicar modificaciones en los datos de los trabajadores, informar a la AFIP de dichas situaciones mediante el sistema "Mi Simplificación II", actualmente denominado "Simplificación Registral".

Al mismo tiempo es obligación del empleado proveer la información necesaria para que el empleador pueda cumplir su obligación y Suscribir "La Constancia del Trabajador" referente a las altas/modificaciones o bajas.

Por ende, podemos decir que este "registro" es un canal para comunicar novedades en forma individual o colectiva respecto a los siguientes ítems:

- Datos del empleador.
- Datos de las relaciones laborales.
- Vínculos familiares del empleado.

A tal fin deberá ingresar a la página de la AFIP (www.afip.gob.ar) y presionar el botón "Acceda con Clave Fiscal".

- Dentro de la pantalla que se despliega a continuación, ingrese su CUIT y su clave fiscal. Luego presione el botón "Ingresar".
- El sistema desplegará en pantalla la lista de servicios AFIP que tiene habilitados. Allí seleccione el denominado "Mi Simplificación". Ingresar a la página de la AFIP (www.afip.gob.ar) y presionar en "Acceda con Clave Fiscal".

[1] *Fuente: www.afip.gob.ar*

▌El sistema desplegará en pantalla la lista de servicios AFIP que tiene habilitados. Allí seleccione el denominado "Mi Simplificación". De no encontrar este servicio deberá habilitarlo utilizando la opción "Administrador de Relaciones de Clave Fiscal".

Simplificación Registral - Empleadores

Aplicación mediante la cual los empleadores deben comunicar las Novedades de Altas y Bajas de su personal, anular inicios o ceses anticipados, corregir datos erróneos asó como los vinculos familiares de los dependientes.

A continuación ejemplificamos las pantallas que se obtienen de "Mi Simplificación":

Datos Fijos

3.1. Datos del empleador requeridos

- Obras sociales: códigos y denominación de las obras sociales correspondientes a las actividades desarrolladas por el empleador.
- Domicilios de explotación: lugar/res afectado/s a la o las actividades del empleador donde presta servicios el trabajador.
- Convenios colectivos de trabajo: identificación del CCT que corresponda a la actividad principal desarrollada por el empleador.
- Medios de contacto (dato no obligatorio): si se declaran es conveniente que el contacto pertenezca a los representantes legales ante la AFIP.
- Datos del padrón: datos societarios. personas jurídicas (Tipo societario/Capital/Nacionalidad/Jurisdicción/Contrato social/Organismo de contralor/Localidad/Mes de cierre del ejercicio/Expediente/Provincia y asignaciones familiares).
- Actividad económica.
- "Más información": autoridades declaradas por RG (AFIP) 3293.
- Tipos de empleador: se ingresa la CUIT del empleador y busca el tipo de empleador declarado por F. 931, determinando la última DDJJ presentada.

Los datos aquí enunciados emergen como "datos fijos" en todas las pantallas de "Mi Simplificación II".

3.2. Datos de las relaciones laborales

En esta ventana el empleador registra nuevas altas/modificaciones y bajas de sus empleados, consultas, confirma altas telefónicas, ingresa datos complementarios y trabajadores de terceros. Los datos que debe comunicar son los siguientes:

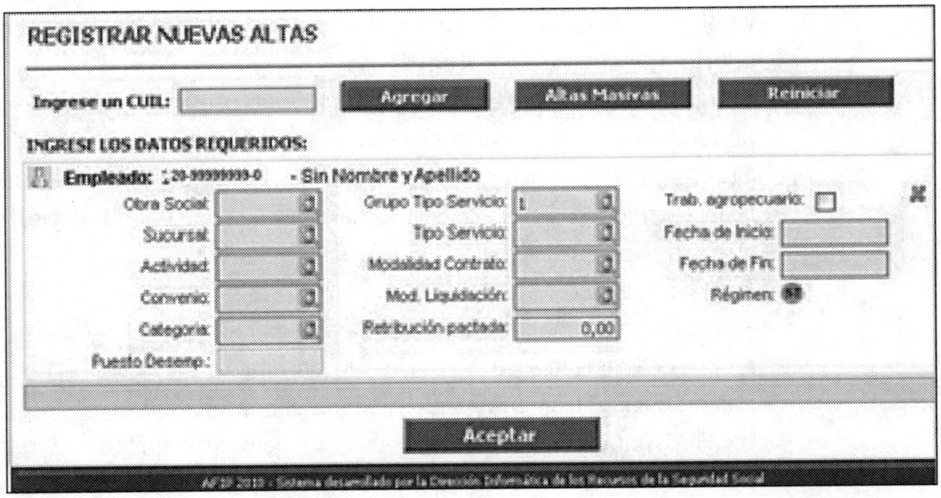

- CUIL, en caso de no poseerlo y de tener asignada la CUIT.
- Apellidos y nombres.
- Domicilio real.
- Domicilio real actualizado, de corresponder.

- Código y denominación de la obra social correspondiente a la actividad, si es que no efectivizó la opción de un determinado agente de salud.
- Remuneración mensual pactada entre empleador y trabajador.
- Código y denominación de la modalidad de liquidación de haberes.
- Interrelación "Domicilio de explotación-Actividad económica", correspondiente al lugar de desempeño del trabajador.
- Código y denominación del puesto a desempeñar por el trabajador, mediante el que se identificará la tarea específica que realizará.
- Código y denominación de la modalidad de contratación.
- Si se trata de un trabajador agropecuario.
- Fecha de inicio de la relación laboral, () alta.
- Para el caso de plazo fijo, fecha de finalización del contrato.
- Para el caso de bajas, la fecha de cese de la relación laboral y el código del tipo de baja de que se trate.
- Fecha de nacimiento. Su carga sólo operará cuando el campo esté en 15 blanco o se visualice 1900/01/2001.
- Denominación del nivel de formación: es el nivel de estudios. Se informará el nivel de estudios del trabajador al inicio del contrato.
- Marca de incapacidad/discapacidad: de acuerdo a la norma, cuando el trabajador fue contratado con una incapacidad preexistente.
- Clave Bancaria Uniforme (CBU) de la cuenta sueldo, para el depósito de las asignaciones familiares y el pago de la cobertura de la Aseguradora de Riesgos del Trabajo (ART), en caso de prestación dineraria por siniestro. Boca de pago para percepción de asignaciones familiares.
- Teléfono.
- E-mail.

Datos no modificables

CUIL / apellido y nombre.
Tipo y N° de documento.
Nacionalidad y sexo.
Fecha de nacimiento: (salvo que esté en blanco o se visualice 1900/01/01).
Obra social: cuando es opción del empleado.

A considerar... Los datos complementarios como NOMBRE, APELLIDO, NACIONALIDAD y SEXO no son editables. Si necesita corregir algún error u omisión, tenga en cuenta que si el empleado posee CUIT debe dirigirse a la dependencia de la AFIP correspondiente según su domicilio fiscal. De lo contrario, si posee CUIL, deberá acercarse a alguna UDAI de la ANSES para modificar dicho error. Este es un trámite que realiza el empleado directamente.

Datos modificables

Todos los demás enunciados.

3.3. Datos complementarios

Se los denomina complementarios, ya que pueden informarse al momento de registrar el alta, o bien, de no contar con ellos en dicha oportunidad, adicionalmente hay 5 días hábiles administrativos posteriores al alta para informarlos.

¿Cuáles son?

Sexo/Domicilio real/Fecha de nacimiento/Nacionalidad/Documento/CBU: de la cuenta sueldo, para el depósito de las asignaciones familiares y el pago de la cobertura de la Aseguradora de Riesgos del Trabajo (ART); en caso de prestación dineraria por siniestro: Boca de pago/Nivel de formación/Email/Discapacidad/Teléfono/Fallecimiento.

En los casos en que se modifiquen los datos de una relación laboral o para comunicar la baja de un empleado, debe ingresar el número de CUIL seleccionando la pestaña "Relaciones Laborales" y dentro de las opciones desplegadas "Modificaciones y Bajas".

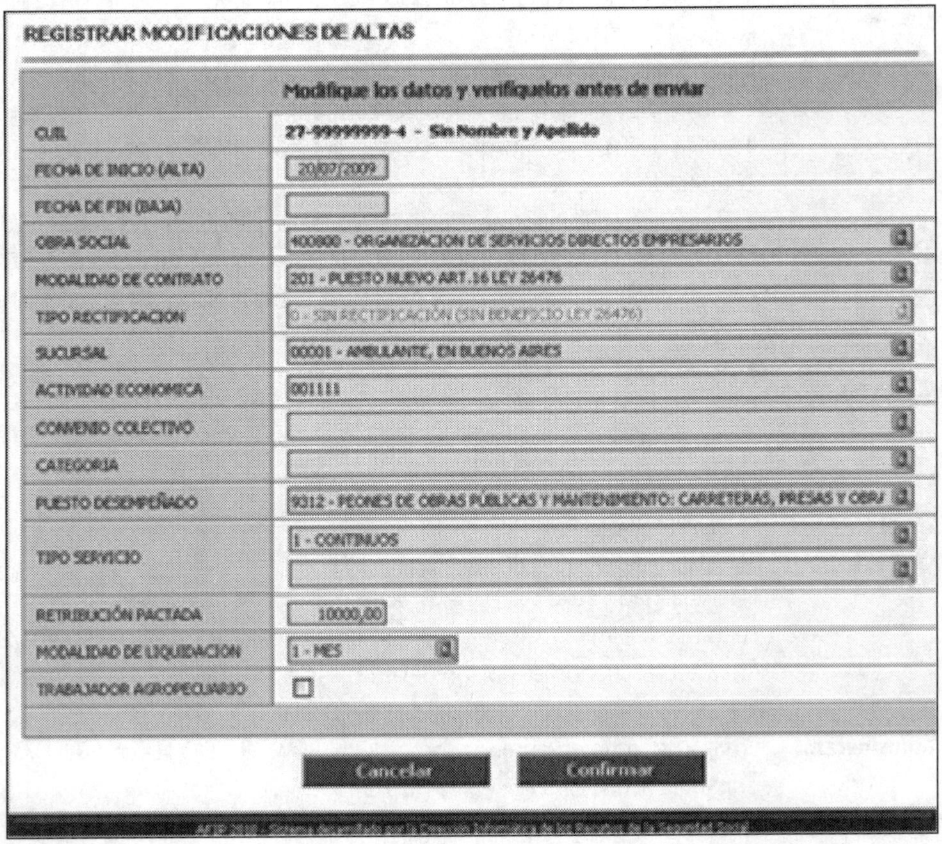

REGISTRAR MODIFICACIONES DE ALTAS

Modifique los datos y verifíquelos antes de enviar	
CUIL	27-99999999-4 - Sin Nombre y Apellido
FECHA DE INICIO (ALTA)	20/07/2009
FECHA DE FIN (BAJA)	
OBRA SOCIAL	400800 - ORGANIZACION DE SERVICIOS DIRECTOS EMPRESARIOS
MODALIDAD DE CONTRATO	201 - PUESTO NUEVO ART.16 LEY 26476
TIPO RECTIFICACION	0 - SIN RECTIFICACIÓN (SIN BENEFICIO LEY 26476)
SUCURSAL	00001 - AMBULANTE, EN BUENOS AIRES
ACTIVIDAD ECONOMICA	001111
CONVENIO COLECTIVO	
CATEGORIA	
PUESTO DESEMPEÑADO	9312 - PEONES DE OBRAS PÚBLICAS Y MANTENIMIENTO: CARRETERAS, PRESAS Y OBR/
TIPO SERVICIO	1 - CONTINUOS
RETRIBUCIÓN PACTADA	10000,00
MODALIDAD DE LIQUIDACION	1 - MES
TRABAJADOR AGROPECUARIO	☐

Cancelar | Confirmar

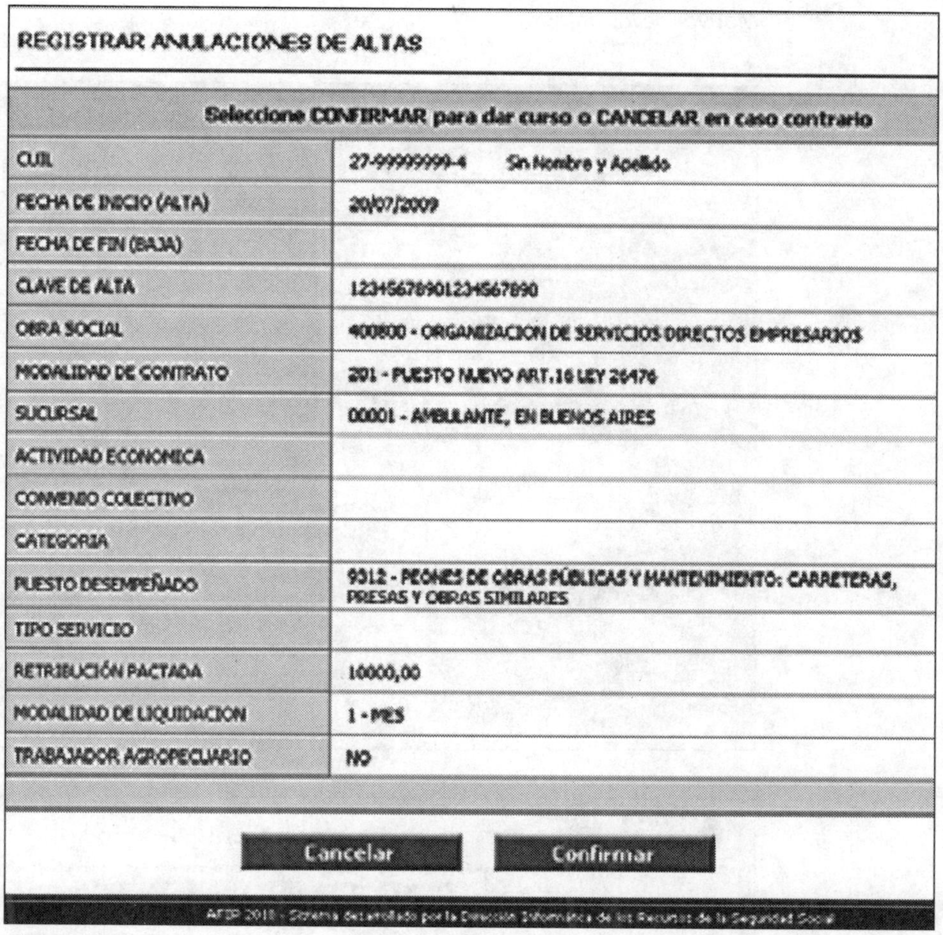

REGISTRAR ANULACIONES DE ALTAS

Seleccione CONFIRMAR para dar curso o CANCELAR en caso contrario

CUIL	27-99999999-4 Sin Nombre y Apellido
FECHA DE INICIO (ALTA)	20/07/2009
FECHA DE FIN (BAJA)	
CLAVE DE ALTA	12345678901234567890
OBRA SOCIAL	400800 - ORGANIZACION DE SERVICIOS DIRECTOS EMPRESARIOS
MODALIDAD DE CONTRATO	201 - PUESTO NUEVO ART.16 LEY 26476
SUCURSAL	00001 - AMBULANTE, EN BUENOS AIRES
ACTIVIDAD ECONOMICA	
CONVENIO COLECTIVO	
CATEGORIA	
PUESTO DESEMPEÑADO	9312 - PEONES DE OBRAS PÚBLICAS Y MANTENIMIENTO: CARRETERAS, PRESAS Y OBRAS SIMILARES
TIPO SERVICIO	
RETRIBUCIÓN PACTADA	10000,00
MODALIDAD DE LIQUIDACION	1 - MES
TRABAJADOR AGROPECUARIO	NO

Cancelar Confirmar

AFIP 2010 - Sistema desarrollado por la Dirección Informática de los Recursos de la Seguridad Social

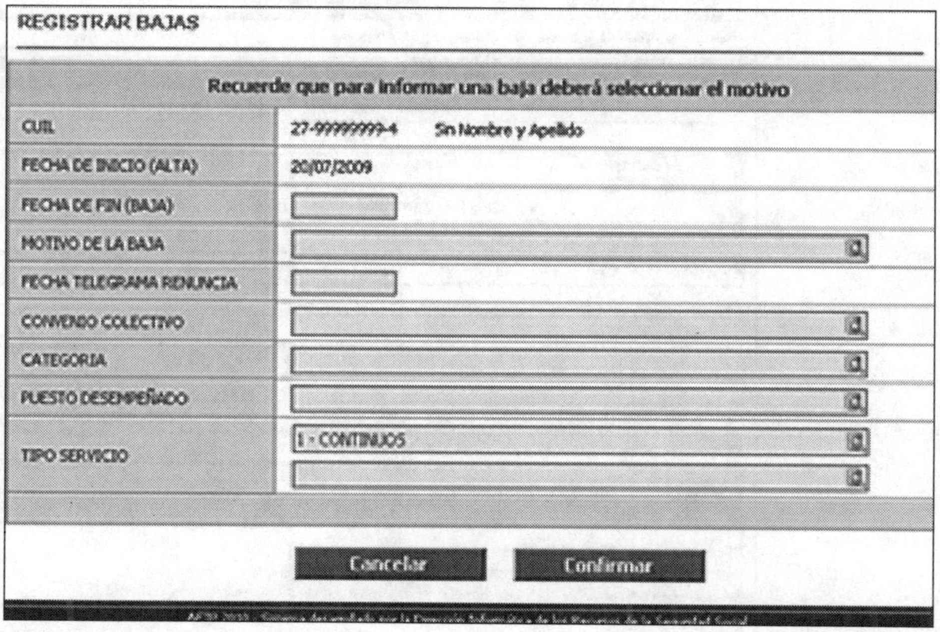

REGISTRAR BAJAS

Recuerde que para informar una baja deberá seleccionar el motivo

CUIL	27-99999999-4 Sin Nombre y Apellido
FECHA DE INICIO (ALTA)	20/07/2009
FECHA DE FIN (BAJA)	
MOTIVO DE LA BAJA	
FECHA TELEGRAMA RENUNCIA	
CONVENIO COLECTIVO	
CATEGORIA	
PUESTO DESEMPEÑADO	
TIPO SERVICIO	1 - CONTINUOS

Cancelar Confirmar

AFIP 2010 - Sistema desarrollado por la Dirección Informática de los Recursos de la Seguridad Social

Motivos de las bajas

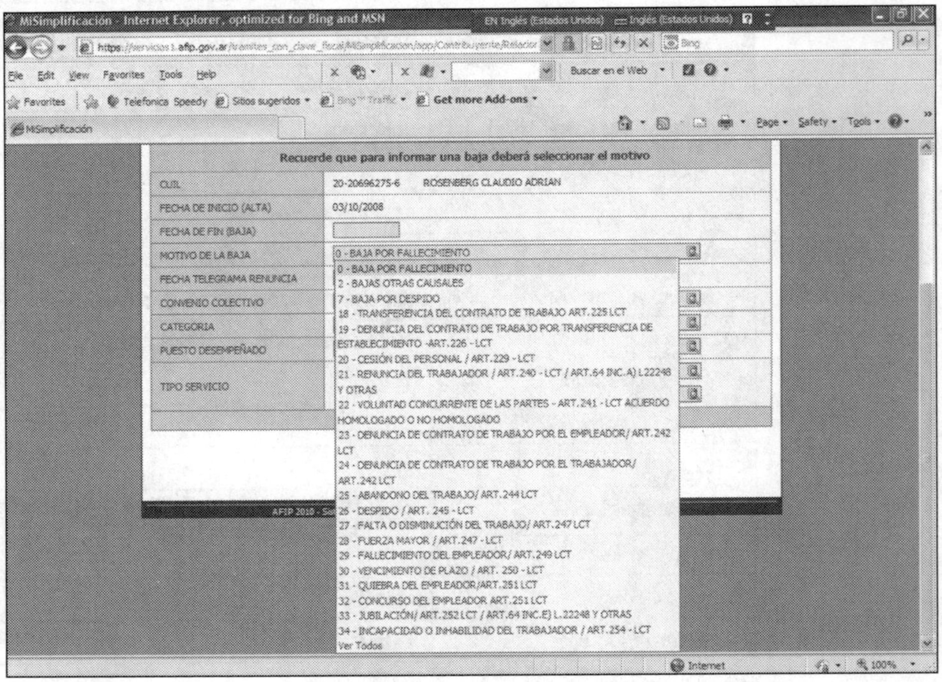

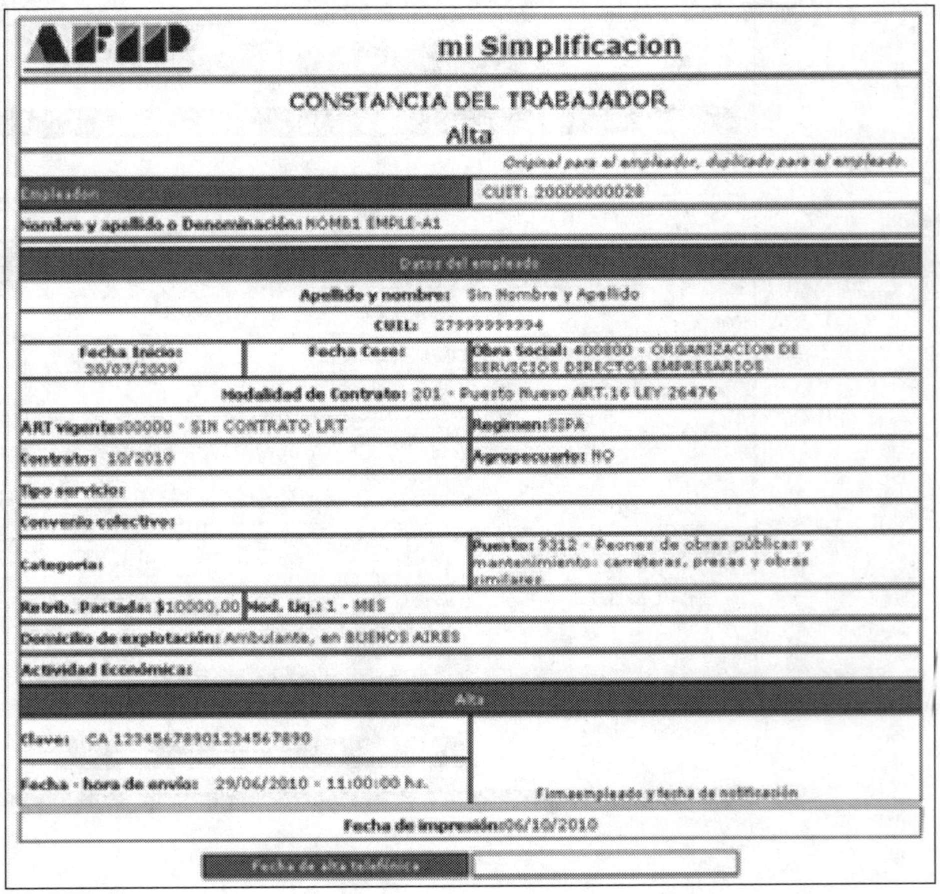

mi Simplificacion

CONSTANCIA DEL TRABAJADOR
Alta

Original para el empleador, duplicado para el empleado.

Empleador | CUIT: 20000000028

Nombre y apellido o Denominación: NOMB1 EMPLE-A1

Datos del empleado

Apellido y nombre: Sin Nombre y Apellido

CUIL: 27999999994

Fecha Inicio: 20/07/2009 | **Fecha Cese:** | **Obra Social:** 400800 - ORGANIZACION DE SERVICIOS DIRECTOS EMPRESARIOS

Modalidad de Contrato: 201 - Puesto Nuevo ART.16 LEY 26476

ART vigente: 00000 - SIN CONTRATO LRT | **Regimen:** SIPA

Contrato: 10/2010 | **Agropecuario:** NO

Tipo servicio:

Convenio colectivo:

Categoria: | **Puesto:** 9312 - Peones de obras públicas y mantenimiento: carreteras, presas y obras similares

Retrib. Pactada: $10000,00 | **Mod. Liq.:** 1 - MES

Domicilio de explotación: Ambulante, en BUENOS AIRES

Actividad Económica:

Alta

Clave: CA 12345678901234567890

Fecha - hora de envío: 29/06/2010 - 11:00:00 hs.

Firma empleado y fecha de notificación

Fecha de impresión: 06/10/2010

Fecha de alta telefónica

Trabajadores de terceros

Los empleadores que reciban servicios de trabajadores que se encuentren en relación de dependencia con otro responsable deberán solicitar a este último, antes de la prestación de servicios en su establecimiento, copia del acuse de recibo que respalda el alta en el "Registro".

Dicha copia deberá ser conservada para eventuales fiscalizaciones. Asimismo, se deberá adjuntar una impresión de la consulta realizada a "Mi Simplificación" que avale la vigencia o inexistencia de la relación laboral del trabajador con el tercero (entrando por clave fiscal).

3.4. Vínculos familiares

3.4.1. ¿Deben cargarse todos los familiares?

Deberá informar aquellas novedades (hijos menores, esposas, convivencia, tutela, etc.) que sean potenciales titulares de un beneficio (pensión, asignaciones familiares, obra social, etc.). Si el hijo supera los 25 años no deberá informarlo, excepto que sea discapacitado. Para la obra social el hijo es beneficiario hasta los 25 años si se encuentra cursando estudios universitarios, de lo contrario también lo ingresará hasta los 18 años de edad.

Los datos ingresados deben surgir de documentación respaldatoria en poder del empleador.

3.4.2. ¿Quiénes son los posibles vínculos familiares?

- Cónyuge, conviviente, hijo/a, guarda, tenencia, tutela, adopción, persona a cargo para obra social, curatela, tenencia por renuncia, hijo de cónyuge/conviviente.

3.4.3. ¿Qué datos precisos de cada uno de los vínculos familiares a ingresar debe conocer el empleador?

- CUIL, fecha de nacimiento, fecha de fallecimiento, país de residencia, incapacidad/discapacidad, convivencia con el trabajador, sexo.

4. PLAZOS

4.1. ¿Cuáles son los plazos para comunicar según la RG (AFIP) 2988/10?

4.1.1. Altas de relaciones laborales

Hasta el día inmediato anterior al del efectivo comienzo de tareas y para ciertas actividades hasta el momento del comienzo de las mismas.

4.1.2. Bajas de relaciones laborales

- Dentro de los 5 días corridos a partir de la fecha en que se produjo la extinción.
- Baja con retroactividad:
  - Cuando el empleado no se presenta a trabajar, la empresa le envía un telegrama intimándolo a su presentación, caso contrario se lo da por despedido. Se toma como fecha la del telegrama en donde se lo intimaba a presentarse.
  - Si hay telegrama de renuncia, en forma retroactiva se toma la fecha de la recepción del telegrama, y a partir de allí hay 5 días para comunicar la baja.

4.1.3. Modificaciones

- Fechas de alta: por una anterior o posterior hasta el día inmediato anterior al informado como inicio. Luego de iniciada la relación sólo se puede modificar la fecha por una anterior a ella.
- Fechas de cese: hasta las 24 horas, inclusive, del día informado como de cese, por una posterior al día en que se efectúe su sustitución.

4.1.4. Anulación de altas no concretadas (anulación extemporánea)

- Hasta las 24 horas inclusive del día informado como inicio.
- Ese plazo se extiende hasta las 12 horas del día siguiente cuando la jornada laboral esté prevista iniciarse a partir de las 17 horas.
- Relación que se inicie un día inhábil administrativo, hasta las 12 horas del 1º día hábil siguiente.

5. LA CONSTANCIA DEL TRABAJADOR

La constancia del trabajador es el documento laboral de respaldo de las altas, bajas y/o modificaciones.

5.1. ¿La constancia debe imprimirse?

Corresponde su impresión cuando se da de ALTA al trabajador o cuando se MODIFICA algún dato originalmente informado, o cuando se da de BAJA al mismo (en este último caso es indispensable completar la fecha de la baja y el motivo de la misma).
La misma debe extenderse en original y duplicado:

- Original para el empleador: debe ser suscripto por el empleado con indicación de fecha y archivado en su legajo personal.
- Duplicado para el empleado: debe ser suscripto por el empleador con indicación de fecha y ser entregado al empleado.

5.2. ¿En qué plazos se entregan los duplicados al trabajador?

- Alta: dentro de las 48 hs contadas desde las 0 hs del día inmediato siguiente a la fecha consignada.
- Modificaciones: dentro del mes calendario de realizada.
- Baja: sólo si la pide el trabajador, dentro de los 5 días corridos inmediatos al de la solicitud.

5.3. Presentación

El empleador podrá optar por alguna de las modalidades que se indican a continuación, para formalizar la comunicación de alta o baja en el Registro, modificación de datos o de anulación:

- Por transferencia electrónica de datos, vía internet. A tal fin se deberá acceder a la página web (http://www.afip.gob.ar), seleccionar la pestaña "Clave Fiscal", presionar el botón "Ingreso al Sistema", completar los datos inherentes a la CUIT y a la clave fiscal otorgada por la AFIP, e ingresar al servicio "Simplificación Registral".

Una vez finalizada y aceptada la transacción, como constancia de ella el sistema emitirá un acuse de recibo, por duplicado, el cual tendrá para su identificación un número denominado "Registro del Trámite".
Los empleadores que opten por la modalidad de transferencia electrónica de datos, vía internet, podrán utilizar herramientas de consulta e ingreso de datos en forma masiva.

- Mediante la presentación del formulario de declaración jurada F. 885 –Nuevo Modelo–, por duplicado, ante la dependencia de AFIP en la cual se encuentre inscripto. En este supuesto, la dependencia tramitará la respectiva comunicación y entregará al empleador, de corresponder, el acuse de recibo indicado en el punto anterior.

En el caso de que el sistema informático no se encuentre operativo, el empleador recibirá como constancia provisional del trámite el duplicado del referido formulario F. 885 –Nuevo Modelo–, con el sello de recepción de la AFIP. Dicha constancia provisional tendrá una validez de 2 días hábiles administrativos, lapso en el cual el empleador deberá retirar el aludido acuse de recibo.

Con relación a la denuncia de los datos relativos a los vínculos familiares del trabajador, el empleador deberá completar el formulario de declaración jurada que apruebe la Administración Nacional de la Seguridad Social y presentarlo ante la Unidad de Atención Integral (UDAI) de la citada Administración Nacional más cercana a su domicilio (consultar la UDAI más cercana: ingrese a la página web www.anses.gob.ar o consulte el servicio telefónico gratuito de la ANSES, el 130).

Todas las comunicaciones efectuadas serán procesadas mediante la aplicación de un sistema informático "Simplificación Registral", el cual opera con la información registrada en las bases de datos de esta Administración Federal y de distintos organismos vinculados con la seguridad social.

Los datos serán convalidados en función de la información disponible en el sistema. Cuando el dato no responda a los criterios de validación adoptados no se permitirá su ingreso, informándose el motivo que impide su incorporación.

El Ministerio de Trabajo, Empleo y Seguridad Social (www.trabajo.gob.ar), la Administración Nacional de la Seguridad Social (www.anses.gob.ar), la Superintendencia de Riesgos del Trabajo (http://www.srt.gob.ar) y la Superintendencia de Servicios de Salud (www.sssalud.gov.ar), verificarán la congruencia de los datos ingresados por el empleador confrontándolos con la información obrante en sus propios registros.

Dichos organismos solicitarán al empleador la modificación del dato inconsistente que se ingresará mediante las opciones previstas.

6. CONSULTA DE DEPENDENCIAS [1]

A través de la web se puede consultar la localización de:

- Dependencias DGA.
- Dependencias DGI.
- Centros de Atención.

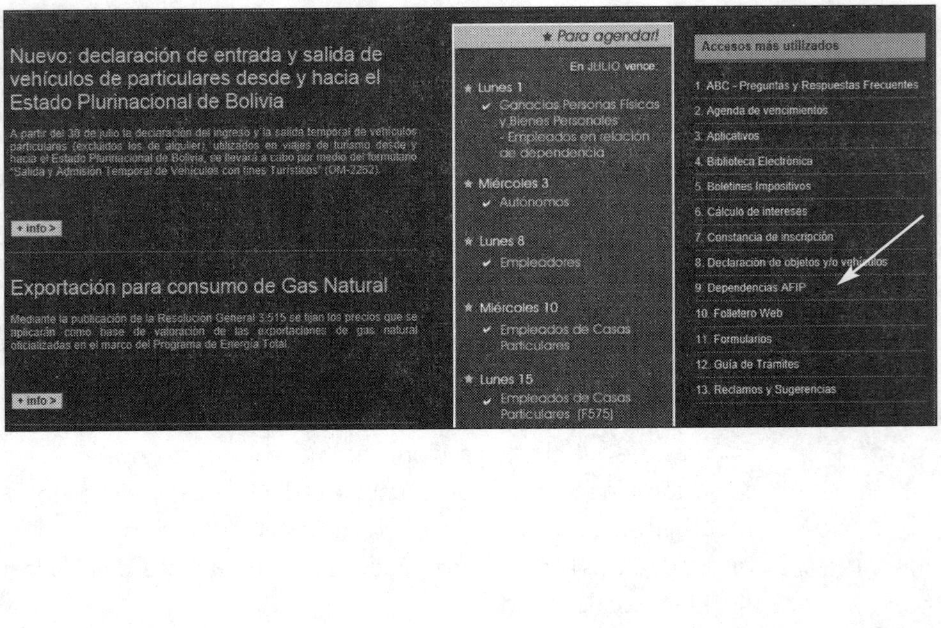

[1] *Fuente: www.afip.gob.ar*

Observemos de qué modo obtenemos la información sobre las dependencias DGI:

▮ Consultar agencia según domicilio del contribuyente

Calle / Localidad [ ]

▣ Ciudad Autónoma de Buenos Aires (por calle) - Ver mapa
☐ Conurbano (por localidad) - Ver mapa
☐ Interior (por localidad)

[CONSULTAR] [LIMPIAR]

▮ Consultar por datos de la agencia

Búsqueda por descripción de dependencia [ ]

Búsqueda por código de dependencia [ ]

[LIMPIAR]

En referencia a los Centros de Atención AFIP, son modernas unidades de atención personalizada creados especialmente para facilitar el cumplimiento de las obligaciones fiscales. A través de los Centros de Atención AFIP se accede y gestiona:

Acceder a	Obtener:
▮ Mis Aportes ▮ Mis Operaciones Aduaneras ▮ Cuenta Corriente Autónomos - Monotributistas	▮ Clave fiscal (solicitud, blanqueo y habilitación) ▮ Constancia de inscripción ▮ Asistencia en las presentaciones de declaraciones juradas por internet ▮ Aplicativos ▮ Certificado de no retención del impuesto a la transferencia de inmuebles de personas físicas y sucesiones indivisas ▮ Asistencia para el inicio del trámite ▮ Resoluciones generales
Presentar a través de internet:	**Consultar:**
▮ Declaraciones juradas ▮ Volantes electrónicos de pago ▮ Adhesión al monotributo ▮ Ajuste de autónomos ▮ SICAM ▮ Recategorizaciones	▮ Intereses ▮ DDJJ presentadas ▮ Dependencias AFIP ▮ Validez de facturas ▮ Folletos ▮ Vencimientos

■ Reclamos ante la Defensoría del Contribuyente	■ Valuaciones ■ Horarios de atención en direcciones regionales, agencias, aduanas, centros de despachantes y agentes de transporte aduanero ■ Información sobre inscripción para exportadores e importadores, agentes del transporte y despachantes de aduana

¿Cuándo se debe concurrir a la agencia?

Se necesita concurrir a una agencia cuando se deba realizar trámites de índole presencial, que cuenten con un grado mayor de especialización y demanden la presentación de documentación física que no pueda ser enviada por internet. Sólo en estos casos deberá concurrir a la agencia correspondiente a su domicilio fiscal.

7. RÉGIMEN GENERAL. MODIFICACIONES DE DATOS [1]

7.1. Domicilio fiscal

- Ingresar con la clave fiscal al servicio "Sistema Registral", opción "Registro Tributario", "F. 420 - Declaración de Domicilios". Esta opción no podrá ser utilizada cuando el domicilio actualmente declarado figure como "Inexistente" o "No notificado" (podrá consultarse el estado del domicilio ingresando a la opción "Consultas", "Datos del Contribuyente"). Luego de modificado el domicilio, en el servicio "Sistema Registral" visualizará el código trace" mediante el cual podrá realizar el seguimiento de la pieza postal que contiene el código de confirmación de domicilio ingresando a la página web del Correo Argentino www.correoargentino.com.ar, opción "Seguimiento de Envíos", "Correspondencia de Origen y Destino Nacional".
- Presentar en la dependencia de AFIP en cuya jurisdicción se halle el domicilio fiscal actual, el formulario 460/F para personas físicas y 460/J para personas jurídicas, por duplicado, y dos de las siguientes constancias:
    - Certificado de domicilio expedido por autoridad policial.
    - Acta de constatación notarial.
    - Fotocopia de alguna factura de servicios públicos a nombre del contribuyente o responsable.
    - Fotocopia del título de propiedad o contrato de alquiler o de "leasing", del inmueble cuyo domicilio se denuncia.
    - Fotocopia del extracto de cuenta bancaria o del resumen de tarjeta de crédito, cuando el solicitante sea el titular de tales servicios.
    - Fotocopia de la habilitación municipal o autoridad municipal equivalente, cuando la actividad del solicitante se ejecute en inmuebles que requieran de la misma.

En casos especiales o cuando circunstancias particulares lo justifiquen, la dependencia interviniente podrá requerir y/o aceptar otros documentos o comprobantes que, a su criterio, acrediten fehacientemente el domicilio fiscal denunciado.

[1] *Fuente: www.afip.gob.ar*

7.2. Actividades económicas

Se efectuará ingresando con clave fiscal al servicio "Sistema Registral", opción "Registro Tributario" - ítem "Actividades económicas".

7.3. Restantes modificaciones de datos

Se deberá presentar, en la dependencia que le corresponda a cada contribuyente de acuerdo a su domicilio fiscal, el formulario que para cada caso se detalla seguidamente:

- Personas físicas y sucesiones indivisas:

  Formulario 460/F:

  Se efectuará la cobertura de los rubros en los cuales se solicite la actualización de datos.

  Se ofrecen diferentes formas de obtener el F. 460/F a través de la web:

  - En formato interactivo, el cual le permite completar los datos del formulario en su computadora e imprimir el mismo completo para su presentación.
  - En formato PDF, permite la impresión del formulario para que el mismo sea completado por usted de puño y letra.

- Personas jurídicas:

  Formulario 460/J:

  Se efectuará la cobertura de los rubros en los cuales se solicite la actualización de datos.

  Se ofrecen diferentes formas de obtener el F. 460J a través de la web:

  - En formato interactivo, el cual le permite completar los datos del formulario en su computadora e imprimir el mismo completo para su presentación.
  - En formato PDF, permite la impresión del formulario para que el mismo sea completado por usted de puño y letra.

  Cuando deban efectuarse modificaciones relativas a sucursales u otros establecimientos afectados a la actividad, o cuando siendo responsables de impuestos internos haya modificado el local afectado al fraccionamiento o elaboración de productos gravados, podrá optar por alguno de los siguientes procedimientos:

  - Efectuar la modificación por internet, ingresando con su clave fiscal al servicio "Sistema Registral", opción "Registro Tributario", "F. 420 - Declaración de Domicilios".
  - Presentar en la dependencia AFIP en la que se encuentra inscripto el formulario F. 561.

8. ALTAS Y/O BAJAS DE IMPUESTOS Y/O REGÍMENES [1]

Para efectuar el alta de impuestos y regímenes se deberá ingresar con clave fiscal al servicio "Sistema Registral", y en la pantalla principal del sistema deberá seleccionar "Registro Tributario". Posteriormente debe seleccionar la denominada "F. 420/T Alta de Impuestos/Regímenes".

La comunicación de bajas en impuestos y/o regímenes se debe realizar a través de la página web de la AFIP, ingresando con clave fiscal al servicio "Sistema Registral" y, en la pantalla principal del sistema, seleccionar la opción "Registro Tributario" / "F. 420/T Baja de Impuestos/Regímenes".

[Sistema Registral: ver punto 1, ítem 2) Declaración de las actividades económicas desarrolladas]

[1] *Fuente: www.afip.gob.ar*

A considerar...

- La solicitud de baja debe ser presentada hasta el último día hábil del mes siguiente a aquel en que se produzca el cese de la actividad declarada y/o la extinción de las causales generadoras de la obligación de inscribirse.
- La cancelación surtirá efectos a partir del día hábil siguiente a aquel en que se produjo la aludida causal.
- No podrá iniciar el trámite de baja por internet si registra inconvenientes con el domicilio declarado y/o los datos referenciales. En estos casos deberá concurrir a la AFIP en la que se encuentre inscripto, con la documentación respaldatoria pertinente, a fin de subsanar el inconveniente.
- De registrar deuda pendiente con la AFIP, la misma puede ser incluida en MIS FACILIDADES.

8.1. Cancelación de inscripción ante la AFIP

Los motivos por los cuáles una persona física o jurídica puede solicitar la cancelación de la inscripción vía internet en los distintos impuestos y/o regímenes son:

Impuesto/Regímenes	Tipo persona	Motivo de baja
Monotributo	Persona física-jurídica	Cese de actividad Renuncia Exclusión
Bienes personales	Persona física	Cese de actividad No superación de los mínimos imponibles
Ganancia mínima presunta	Persona física-jurídica	No superación de los mínimos imponibles
Empleador	Persona física-jurídica	Cese de actividad Sin personal
Autónomos	Persona física	Cese de actividad Relación de dependencia Aporte a cajas provinciales Cese de aportes voluntarios
Impuestos internos	Persona física-jurídica	Cese de fabricación Cese de importación Cese de elaboración por cuenta de terceros Cese de comercialización
Resto de impuestos	Persona física	Cese de actividad
Resto de impuestos	Persona jurídica	Cese de actividad Cese de actividad/Transferencia fondo de comercio Cese de actividad/Reorganización Cese de actividad por disposiciones emanadas del Estado

A considerar... De no poder continuar el contribuyente con la baja por internet por haberse detectado un error, deberá concurrir a la dependencia con la documentación respaldatoria, según corresponda, a efectos de subsanar el mismo. El sistema indica el tipo de inconsistencia. De haber realizado el contribuyente y/o responsable la baja de algún impuesto en forma errónea, deberá concurrir a la dependencia en la cual se encuentra inscripto a efectos de solicitar nuevamente su alta.

9. PRESENTACIÓN DE DECLARACIONES JURADAS [1]

9.1. Presentación de declaraciones juradas utilizando aplicativos

- Instalar el SIAp. (Sistema Integrado de Aplicaciones).
- Ingresar a www.afip.gob.ar, seleccionando la opción "Acceda con Clave Fiscal" botón "Ir al Servicio "'Presentación de Declaraciones Juradas y Pagos'" o con clave homebanking ingresando a www.linkpagos.com.ar.

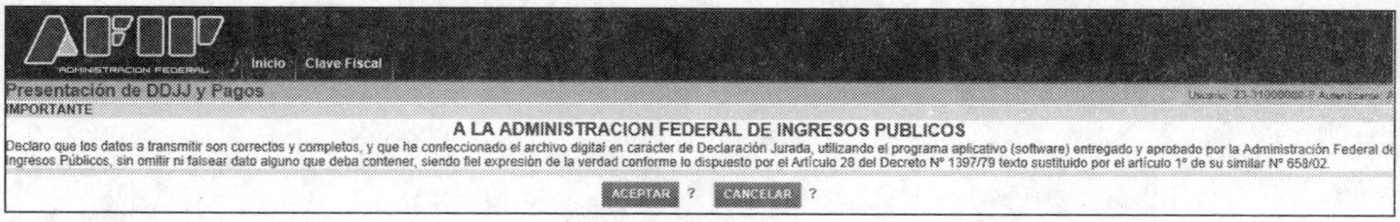

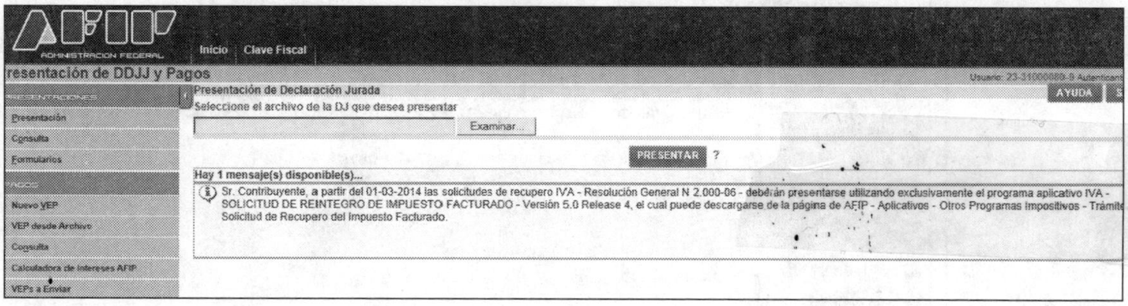

[1] *Fuente: www.afip.gob.ar*

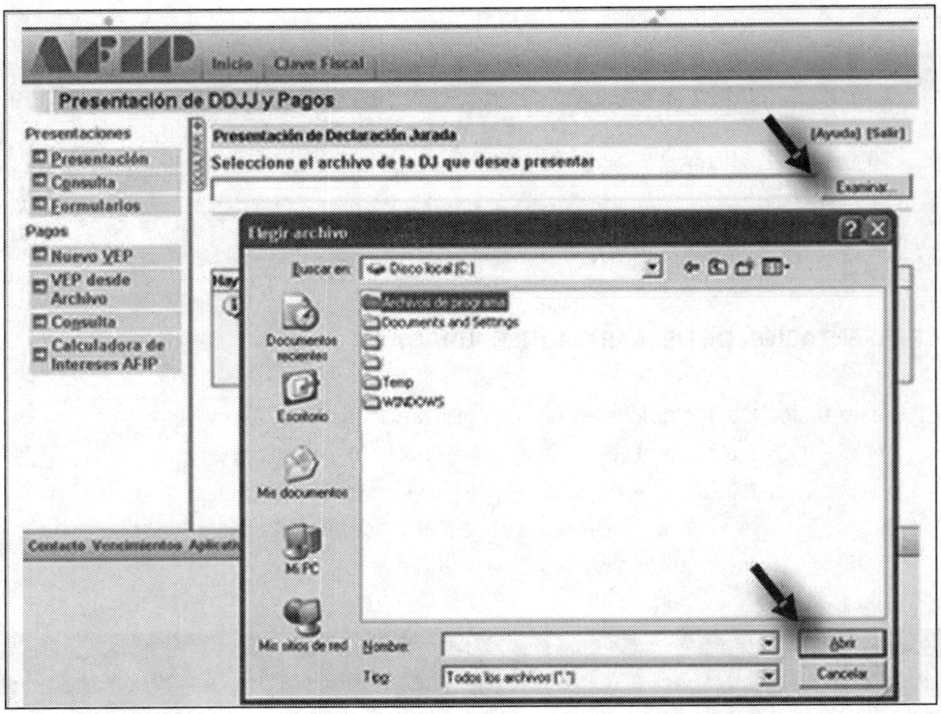
AFIP
Inicio | Clave Fiscal
Presentación de DDJJ y Pagos
Presentaciones
Presentación
Consulta
Formularios
Pagos
Nuevo VEP
VEP desde Archivo
Consulta
Calculadora de Intereses AFIP
Presentación de Declaración Jurada
[Ayuda] [Salir]
Seleccione el archivo de la DJ que desea presentar
Examinar...
Elegir archivo
Buscar en: Disco local (C:)
Archivos de programa
Documents and Settings
Temp
WINDOWS
Documentos recientes
Escritorio
Mis documentos
Mi PC
Mis sitios de red
Nombre:
Tipo: Todos los archivos (*.*)
Abrir
Cancelar
Contacto Vencimientos

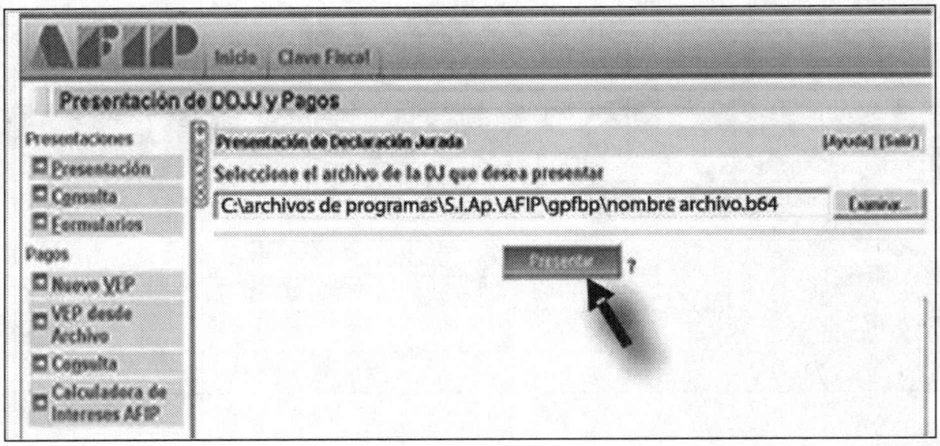
AFIP
Inicio | Clave Fiscal
Presentación de DDJJ y Pagos
Presentaciones
Presentación
Consulta
Formularios
Pagos
Nuevo VEP
VEP desde Archivo
Consulta
Calculadora de Intereses AFIP
Presentación de Declaración Jurada
[Ayuda] [Salir]
Seleccione el archivo de la DJ que desea presentar
C:\archivos de programas\S.I.Ap.\AFIP\gpfbp\nombre archivo.b64
Examinar...
Presentar
?

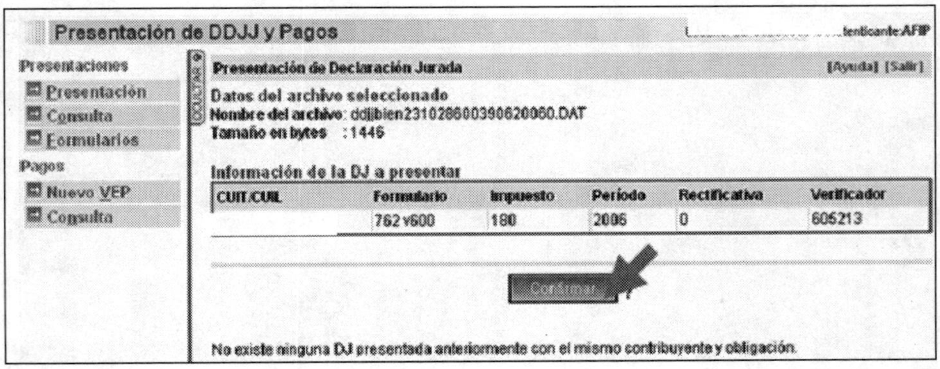
Presentación de DDJJ y Pagos
Presentaciones
Presentación
Consulta
Formularios
Pagos
Nuevo VEP
Consulta
Presentación de Declaración Jurada
[Ayuda] [Salir]
Datos del archivo seleccionado
Nombre del archivo: ddjjbien231028600390620060.DAT
Tamaño en bytes :1446
Información de la DJ a presentar
CUIT/CUIL Formulario Impuesto Período Rectificativa Verificador
762 v600 180 2006 0 605213
Confirmar
No existe ninguna DJ presentada anteriormente con el mismo contribuyente y obligación.

- El sistema emitirá, como constancia de la presentación, el formulario de acuse de recibo 1016. Las presentaciones serán consideradas realizadas en término si la fecha consignada en el acuse de recibo acredita haberlas concretado antes de la finalización del día de vencimiento general.

9.2. Presentación de declaraciones juradas utilizando servicios web

Su Declaración OnLine debe ser utilizada en reemplazo del aplicativo de seguridad social por empleadores que cumplen con determinada cantidad de empleados.

SU DECLARACIÓN

Para acceder a este servicio deberá:

- Ingresar a la página de la AFIP (www.afip.gob.ar) y en el recuadro "Acceda con Clave Fiscal" incorporar su CUIT/CUIL/CDI. Luego presione el botón "IR".
- Dentro de la pantalla que se despliega a continuación, ingrese en el campo "CLAVE" su clave fiscal. Luego presione el botón "INGRESAR".
- El sistema desplegará en pantalla la lista de servicios AFIP que tiene habilitados. Allí seleccione el denominado "Su Declaración". De no encontrar este servicio deberá habilitarlo utilizando la opción "Administrador de Relaciones de Clave Fiscal".

Funcionamiento de "Su Declaración":

- Copia la declaración jurada del período anterior, "si existiera".
- Aplica las novedades de "Mi Simplificación" a fin de eliminar de la nómina los trabajadores dados de baja en el mes anterior, e incorpora a la nómina los trabajadores dados de alta en el mes.
- Muestra la DDJJ a presentar para realizar los ajustes pertinentes.
- Muestra el F. 931 y los documentos de trabajo de la DDJJ confeccionada.
- Con la conformidad del empleador se presenta automáticamente la DDJJ en AFIP.
- Puede generar el VEP desde internet o bien pagarlo en banco presentando el F. 931.

Procedimiento para generar la declaración jurada en función de la cantidad de empleados [1]

Cantidad de empleados	Procedimiento para generar la declaración jurada
Hasta 25 empleados	Deberá generar y remitir la declaración jurada -F. 931- utilizando el servicio habilitado con clave fiscal denominado "Su Declaración".
Más de 25 Y hasta 50 empleados	Podrán optar entre: 1- Generar la Declaración Jurada Proforma de Seguridad Social Empleador -F. 931- a través del servicio con clave fiscal "Su Declaración". 2- Generar el formulario mediante la utilización del aplicativo SICOSS y remitir la declaración utilizando el servicio "Presentación de Declaraciones Juradas y Pagos".

[1] *Fuente: www.afip.gob.ar*

Cantidad de empleados	Procedimiento para generar la declaración jurada
	En el supuesto de que hubieran estado obligados a utilizar el servicio "Su Declaración" (por contar con hasta 25 empleados) si incrementan su nómina hasta un máximo de 50 trabajadores, inclusive, deberán continuar generando las referidas declaraciones juradas mediante el aludido sistema).
Más de 50 empleados	Deberán generar la declaración jurada -F. 931- mediante la utilización del APLICATIVO SICOSS, y remitir la declaración utilizando el servicio "Presentación de Declaraciones Juradas y Pagos".

9.3. Vencimiento. Fecha de presentación de la declaración jurada [1]

Los vencimientos para la presentación de la declaración jurada y el pago de los aportes y contribuciones operan todos los meses en las fechas que, para cada terminación de CUIT, se detallan seguidamente:

Digito verificador CUIT	Fecha
0-1	07
2-3	08
4-5	11
6-7	12
8-9	13

Cuando dichas fechas coincidan con días feriados o inhábiles, el vencimiento se trasladará al primer día hábil siguiente.

9.4. Pago de aportes y contribuciones [1]

Grandes contribuyentes

¿Cómo puedo pagar?	¿Dónde puedo pagar?
Transferencia electrónica de fondos	A los fines del pago, los sujetos se deberán conectar: ■ Al sitio de "internet" de los prestadores homologados por la AFIP o de la red bancaria de la entidad (http://www.linkpagos.com.ar, http://www.pagomiscuentas.com ó http://www.interbanking.com.ar). Se ingresará la identificación y la clave de acceso, observando las formas y condiciones de operación previamente acordadas con el prestador para acceder al servicio del sitio. ■ A la página web de la AFIP, con la clave fiscal conforme el procedimiento dispuesto por la RG (AFIP) 1345. Posteriormente se deberá generar el volante electrónico de pago (VEP) en el que se especificará la obligación a cancelar, completando los datos correspondientes a Clave Única de Identificación Tributaria (CUIT), período, impuesto, concepto, subconcepto e importe.

[1] *Fuente: www.afip.gob.ar*

A fin de abonar el VEP generado, se deberá acceder a la entidad de pago (EDP) conforme a la operatoria acordada con la entidad y seleccionar la opción/pestaña "PAGOS AFIP", a fin de visualizar el VEP generado. Tal pago podrá efectuarse en forma inmediata tras la generación del VEP.

Resto de contribuyentes

¿Cómo puedo pagar?	¿Dónde puedo pagar?
Efectivo	Entidades bancarias, Pago Fácil, Rapipago y Provincia Pagos.
Cheque propio, financiero y cancelatorio	Entidades bancarias.
Transferencia electrónica de fondos	Homebanking: a fin de utilizar este servicio, previamente deberá concurrir con su tarjeta de débito a cajeros automáticos que sean de la misma red que dicha tarjeta, para obtener la clave de acceso. A los fines del pago, los sujetos se deberán conectar: ▮ Al sitio de internet de los prestadores homologados por la AFIP o de la red bancaria de la entidad (http://www.linkpagos.com.ar, http://www.pagomiscuentas.com o http://www.interbanking.com.ar). Se ingresará la identificación y la clave de acceso, observando las formas y condiciones de operación previamente acordadas con el prestador para acceder al servicio del sitio. ▮ A la página web de la AFIP, con la clave fiscal conforme el procedimiento dispuesto por la RG (AFIP) 1345. Posteriormente se deberá generar el volante electrónico de pago (VEP) en el que se especificará la obligación a cancelar, completando los datos correspondientes a CUIT, período, impuesto, concepto, subconcepto e importe. A fin de abonar el VEP generado, se deberá acceder a la entidad de pago (EDP) conforme a la operatoria acordada con la entidad y seleccionar la opción/pestaña "PAGOS AFIP", a fin de visualizar el VEP generado. Tal pago podrá efectuarse en forma inmediata tras la generación del VEP.

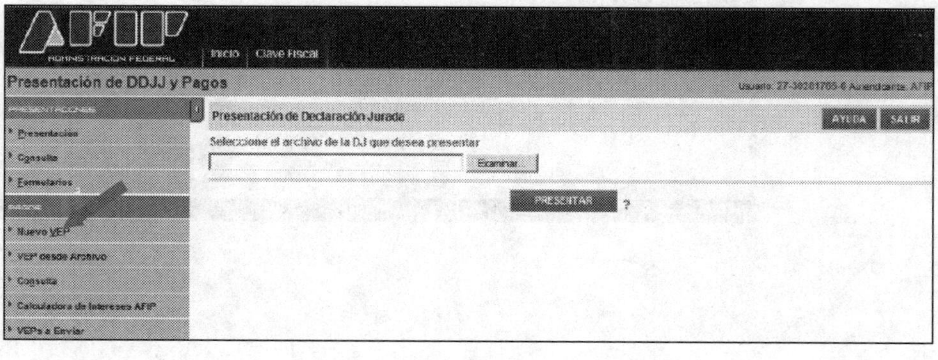

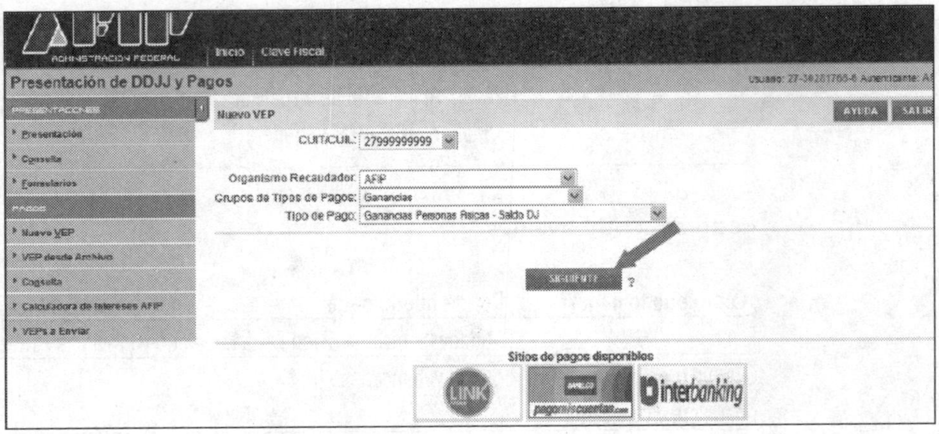
Inicio
Clave Fiscal
Presentación de DDJJ y Pagos
Presentación
Consulta
Formularios
Nuevo VEP
VEP desde Archivo
Consulta
Calculadora de Intereses AFIP
VEPs a Enviar
Nuevo VEP
AYUDA
SALIR
CUIT/CUIL: 27999999999
Organismo Recaudador: AFIP
Grupos de Tipos de Pagos: Ganancias
Tipo de Pago: Ganancias Personas Fisicas - Saldo DJ
SIGUIENTE
Sitios de pagos disponibles
LINK
interbanking

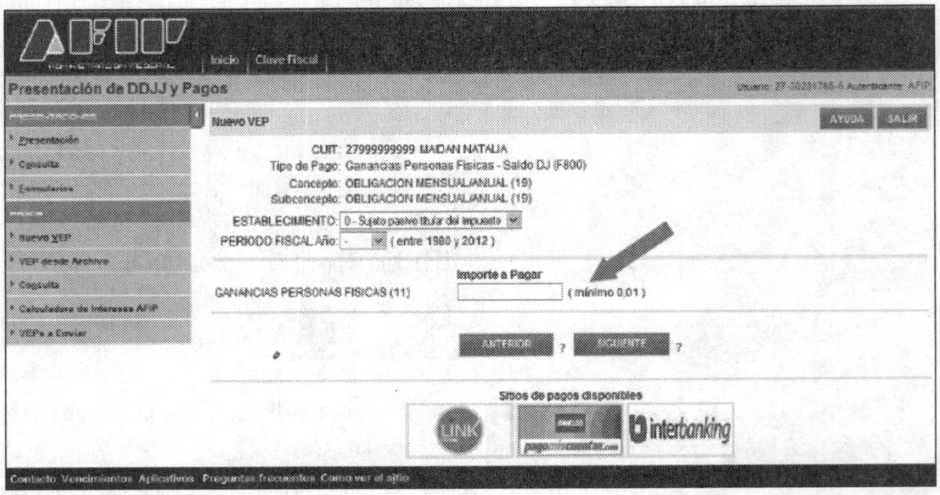
Inicio
Clave Fiscal
Presentación de DDJJ y Pagos
Presentación
Consulta
Formularios
Nuevo VEP
VEP desde Archivo
Consulta
Calculadora de Intereses AFIP
VEPs a Enviar
Nuevo VEP
AYUDA
SALIR
CUIT: 27999999999 MAIDAN NATALIA
Tipo de Pago: Ganancias Personas Fisicas - Saldo DJ (F800)
Concepto: OBLIGACION MENSUAL/ANUAL (19)
Subconcepto: OBLIGACION MENSUAL/ANUAL (19)
ESTABLECIMIENTO: 0 - Sujeto pasivo titular del impuesto
PERIODO FISCAL Año: - (entre 1980 y 2012)
Importe a Pagar
GANANCIAS PERSONAS FISICAS (11)
(mínimo 0,01)
ANTERIOR
SIGUIENTE
Sitios de pagos disponibles
LINK
interbanking
Contacto Vencimientos Aplicativos Preguntas frecuentes Como ver el sitio

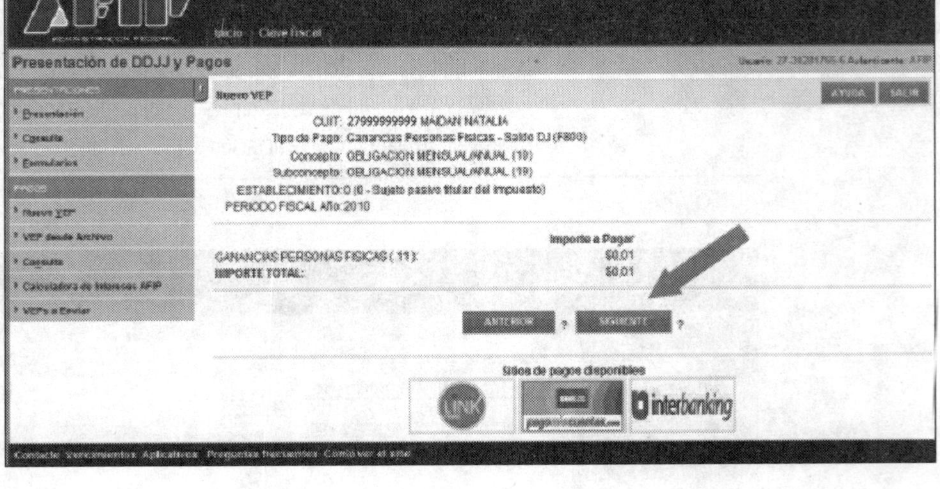
Inicio
Clave Fiscal
Presentación de DDJJ y Pagos
Presentación
Consulta
Formularios
Nuevo VEP
VEP desde Archivo
Consulta
Calculadora de Intereses AFIP
VEPs a Enviar
Nuevo VEP
AYUDA
SALIR
CUIT: 27999999999 MAIDAN NATALIA
Tipo de Pago: Ganancias Personas Fisicas - Saldo DJ (F800)
Concepto: OBLIGACION MENSUAL/ANUAL (19)
Subconcepto: OBLIGACION MENSUAL/ANUAL (19)
ESTABLECIMIENTO: 0 (0 - Sujeto pasivo titular del impuesto)
PERIODO FISCAL Año: 2010
Importe a Pagar
GANANCIAS PERSONAS FISICAS (11): $0,01
IMPORTE TOTAL: $0,01
ANTERIOR
SIGUIENTE
Sitios de pagos disponibles
LINK
interbanking
Contacto Vencimientos Aplicativos Preguntas frecuentes Como ver el sitio

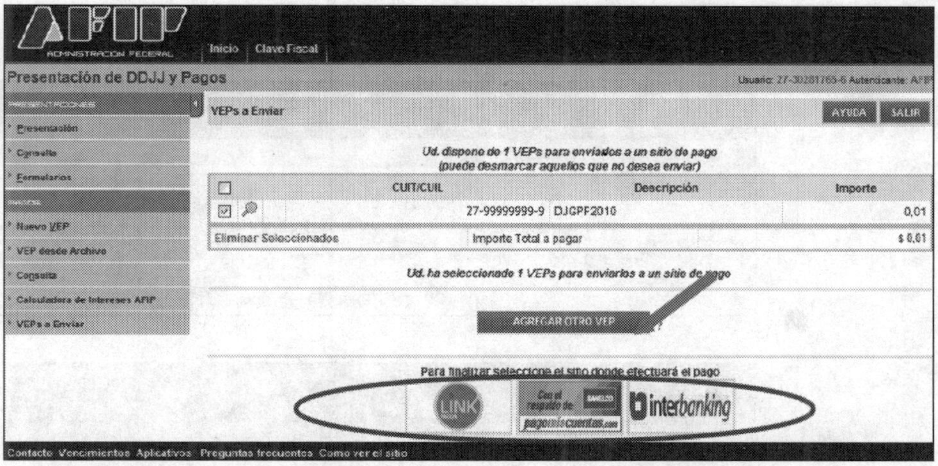

AFIP VEP

Volante Electrónico de Pago

Atención: este VEP esta pendiente de pago y expira en 25 día/s

Nro. VEP Consolidado: 92002008
Organismo Recaudador: AFIP
Tipo de Pago: Vep Consolidado AFIP
Descripción Reducida: VEPCON
CUIT: 27-55555555-0
Concepto: VEP CONSOLIDADO

Cantidad de SubVeps: 2
Fecha Generación: 2009-02-26 Hora: 14:32:35
Día de Expiración: 2009-03-23

GANANCIAS PERSONAS FISICAS (11)	$500,00
IVA (30)	$300,00
Importe total a pagar	**$800,00**

Para efectuar el pago ingrese a:

Ingresar a la entidad de pago elegida para efectuar el pago del "VEP" generado (VEP consolidado), ingresando su clave bancaria una sola vez (antes debía efectuar este procedimiento para cada obligación a cancelar).

A su vez, podrá seleccionar la opción "Agregar otro VEP" para incorporar nuevas obligaciones fiscales.

Como resultado de la confirmación del pago, el sistema desplegará en pantalla el comprobante de pago, que podrá ser impreso. Este comprobante también podrá ser impreso utilizando la consulta prevista en el servicio "Presentación de DDJJ y Pagos".

Consulta de pagos efectuados por internet

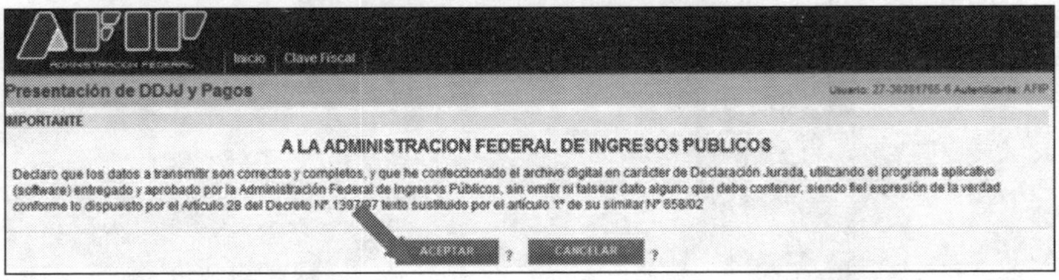

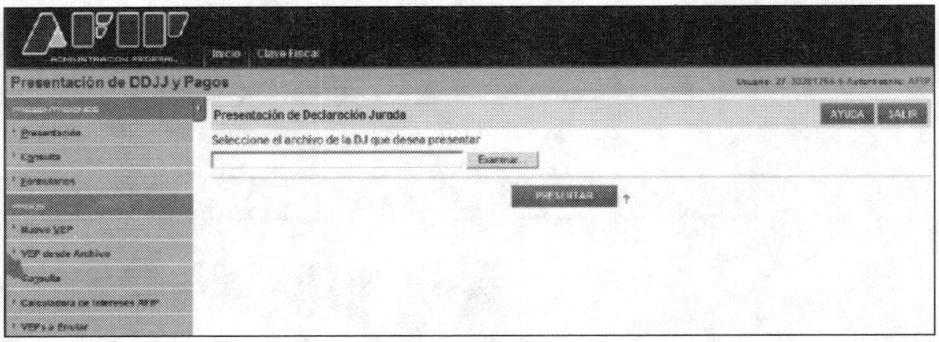

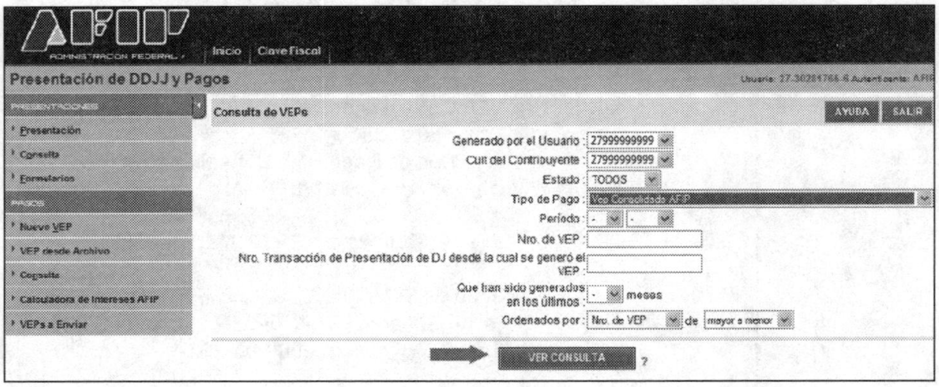

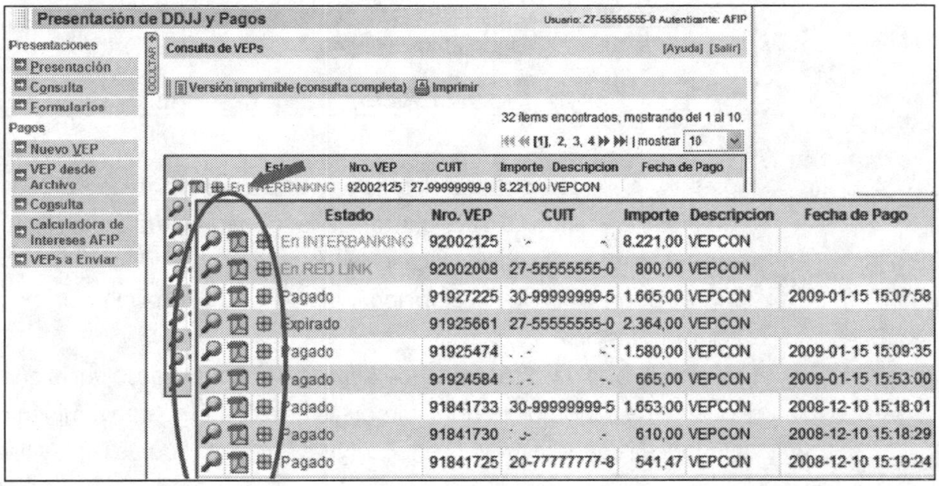

10. CORRECCIÓN DE CUILES ERRÓNEAMENTE CONSIGNADOS EN LAS DECLARACIONES JURADAS DE EMPLEADORES [1]

10.1. Trámite a realizar por el empleador

Los empleadores que constaten errores en el direccionamiento de los aportes personales, originados en la registración o asignación errónea del Código Único de Identificación Laboral (CUIL) en las declaraciones juradas presentadas, a fin de subsanarlos deberán presentar el formulario 933 (original y duplicado) en la dependencia en que se encuentran inscriptos, acompañado de la documentación que se indica a continuación:

- Certificación de servicios del aportante perjudicado, con indicación de los períodos y montos de remuneración involucrados. Deberá ser firmada por el empleador o persona autorizada, y certificada por entidad bancaria, escribano público o autoridad policial.
- Constancia del CUIL archivada en el legajo del trabajador, si existiera.
- Constancia actualizada del CUIL tramitada ante la Administración Nacional de la Seguridad Social.
- Copia del resumen de la Administradora de Fondos de Jubilaciones y Pensiones o de la Administración Nacional de la Seguridad Social o, en su caso, los registros que –a pedido del aportante– se entregan en cualquier Unidad de Atención Integral (UDAI) de la mencionada Administración Nacional, de los que surja la falta de acreditación de aportes por los que se inicia el trámite.

10. 2. Trámite a realizar por el empleado o sus derechohabientes

En caso de negativa o desaparición del empleador, el trámite podrá ser efectuado excepcionalmente por el aportante perjudicado o sus derechohabientes, en la dependencia de la AFIP, presentando el formulario 933 (original y duplicado), acompañado de los siguientes elementos:

- Recibos de sueldo.
- Certificación de servicios suscripta por el empleador o persona autorizada con firma certificada por entidad bancaria, escribano público o autoridad policial, que indique los períodos y montos de remuneración involucrados, en caso de poseerla.
- Constancia actualizada del CUIL tramitada ante la Administración Nacional de la Seguridad Social.
- Resumen de la Administradora de Fondos de Jubilaciones y Pensiones o de la Administración Nacional de la Seguridad Social o, en su caso, los registros que –a pedido del aportante– se entregan en cualquier Unidad de Atención Integral (UDAI) de la mencionada Administración Nacional, que demuestren la falta de acreditación de aportes por los que se inicia el trámite.
- Copia del certificado de defunción, si la solicitud fuera planteada por un derechohabiente, y documentación que avale su carácter de heredero.

[1] *Fuente: www.afip.gob.ar*

10.3. Trámite a realizar por el receptor involuntario de aportes acreditados erróneamente

El receptor involuntario de aportes acreditados erróneamente podrá iniciar el trámite de desafectación de los mismos en la dependencia de la Administración Federal de Ingresos Públicos - Dirección General Impositiva que corresponda a la jurisdicción de su domicilio, mediante la presentación del formulario 933 (original y duplicado) y los elementos que se indican a continuación:

- Constancia actualizada del CUIL tramitada ante la Administración Nacional de la Seguridad Social o, en su caso, constancia de la CUIT o documento de identidad.
- Copia del resumen de las Administradoras de Fondos de Jubilaciones y Pensiones o de la Administración Nacional de la Seguridad Social o, en su caso, los registros que –a pedido del interesado– se entregan en cualquier Unidad de Atención Integral (UDAI) de la mencionada Administración Nacional, que demuestren la acreditación errónea de los aportes que no le pertenecen.
- Copia del certificado de defunción, si la solicitud fuera planteada por un derechohabiente, y documentación que avale su carácter de heredero.

El receptor involuntario de aportes que cumpla con los requisitos indicados o sus derechohabientes, deberán prestar conformidad para la desafectación de los aportes de su cuenta individual, cuya titularidad desconoce, mediante la presentación de una nota. La firma deberá estar certificada por una entidad bancaria, escribano público, autoridad policial o funcionario de la AFIP.

AFIP

F. 933

MODIFICACION DE CUIL INCORRECTO

Sello fechador de recepción

RUBRO I - DATOS DEL EMPLEADOR

Apellido/s y Nombre/s, Denominación o Razón Social:	CUIT

RUBRO II - DATOS DEL EMPLEADO

CUIL/CUIT INCORRECTO/A	CUIL CORRECTO
Apellido/s y Nombre/s:	Apellido/s y Nombre/s:

Firma y Aclaración

RUBRO III - PERIODOS EN LOS QUE SE INFORMO INCORRECTAMENTE EL CUIL

DESDE						HASTA						DESDE						HASTA					
M	M	A	A	A	A	M	M	A	A	A	A	M	M	A	A	A	A	M	M	A	A	A	A

AREA PARA USO EXCLUSIVO DE LA DEPENDENCIA

DOCUMENTACION APORTADA (*)

AUTORIZACION CONTRIBUYENTE BENEFICIADO PARA RETIRAR FONDOS	
CONSTANCIA DE CUIL ACTUALIZADO	
CONSTANCIA DE CUIL INCORRECTAMENTE ASIGNADO O INCORRECTO	
CERTIFICACION DE SERVICIOS (Firma Certificada)	
RESUMEN ANSES/AFIP	
OTROS (Especificar)	

Nº de legajo del agente/ verificador:	Firma y Aclaración:

PARA USO DE LA DEPENDENCIA

Fecha de Proceso:	Código de Usuario /Operador	Firma y Aclaración Juez Administrativo:

(*) Marcar con «x» según corresponda

ORIGINAL PARA LA AFIP - DUPLICADO PARA EL EMPLEADOR

11. CORRECCIÓN DE CUILES INEXISTENTES EN EL PADRÓN GENERAL DE APORTANTES [1]

Para la corrección de CUILes inexistentes se deberá seguir el siguiente procedimiento:

- Ingresar al servicio "CUILES Inexistentes", para obtener la nómina de CUILes en estas condiciones (opción "BAJAR ARCHIVO DE TEXTO"). Deberá guardar el archivo en su PC. Esta información se actualiza el tercer día hábil administrativo inmediato siguiente al último día de cada trimestre calendario, momento en el que se encontrarán a su disposición los archivos con CUILES en estas condiciones.
- Importar el archivo obtenido en el paso 1 dentro del aplicativo "SIJP - CUILes Inexistentes - Versión 1.0".
- Efectuar la corrección de los CUILes erróneamente consignados por los correctos, dentro del aplicativo.
- Remitir la declaración jurada generada utilizando el servicio "Presentación de Declaraciones Juradas y Pagos", con su clave fiscal.

A considerar... AFIP solicitará al empleador la identificación correcta de los trabajadores dependientes, cuando verifique que el número de CUIL consignado en las declaraciones juradas –confeccionadas en los términos de la RG (DGI) 3834, texto sustituido por la RG (AFIP) 712, sus modificatorias y complementarias–, no existe en el padrón general de aportantes.

A efectos de lo dispuesto, remitirá al domicilio fiscal del contribuyente y/o responsable una comunicación que contendrá las instrucciones a seguir para obtener –vía internet y a través de la página web– el programa aplicativo denominado "SIJP - CUILes Inexistentes - Versión 1.0" y la correspondiente ayuda, así como los archivos que contienen los números de cada CUIL inexistente, con identificación del período en el cual se detectó su registración.

Dicha comunicación será notificada de acuerdo con lo establecido por el artículo 100 de la ley 11683, texto ordenado en 1998 y sus modificaciones.

Si no recibió la notificación mencionada en la norma vigente, no estará habilitado para utilizar este servicio.

Según RG (DGI) 3834/99, texto sustituido por la RG 712/99:

En el supuesto de detectarse errores en la información contenida en las presentaciones corresponderá rectificarlas, debiendo contener las nuevas presentaciones el total de la información nominativa y global, aun de aquellos datos que no sufran modificación alguna respecto de la presentación original, excepto de los consignados en los campos "Montos a ingresar". De tratarse de errores que den lugar al ingreso de diferencias, corresponderá asimismo y por separado, el pago de los intereses resarcitorios que resulten procedentes.

[1] *Fuente: www.afip.gob.ar*

12. CONSTANCIA DE INSCRIPCIÓN

Para solicitar la constancia de inscripción ir a la web, "Accesos más utilizados", "Constancia de Inscripción".

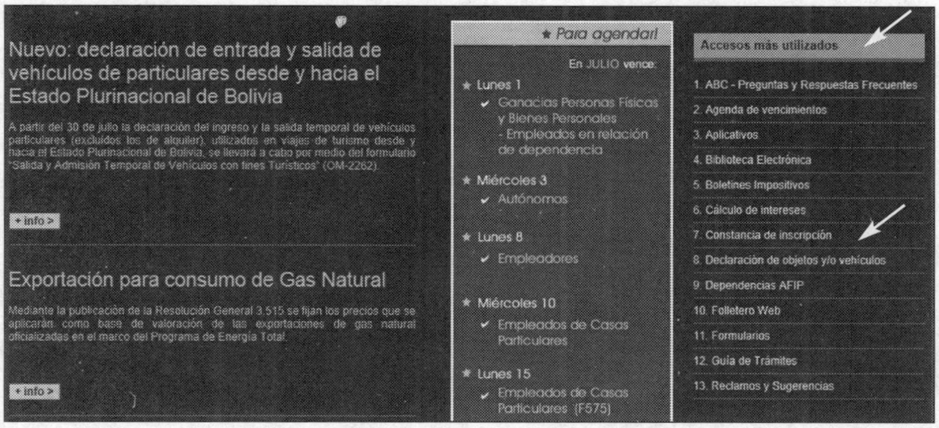

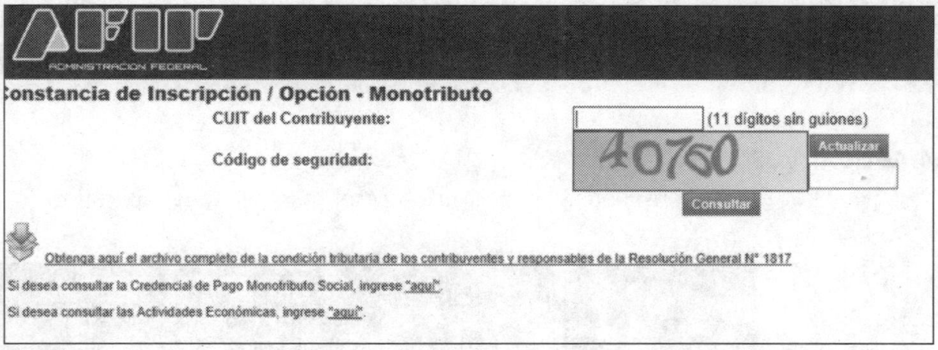

13. FORMULARIOS

La web de AFIP brinda, a través de "Accesos más utilizados", la posibilidad de buscar los formularios que se requieran en cada tramite y/o presentación.

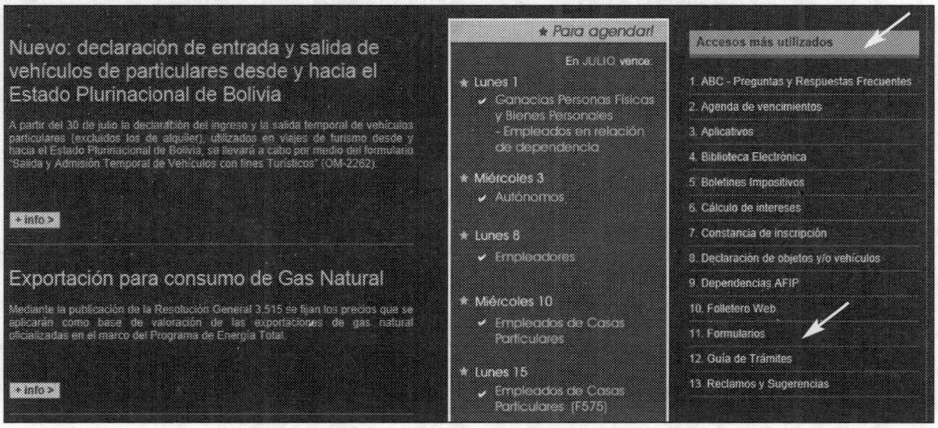

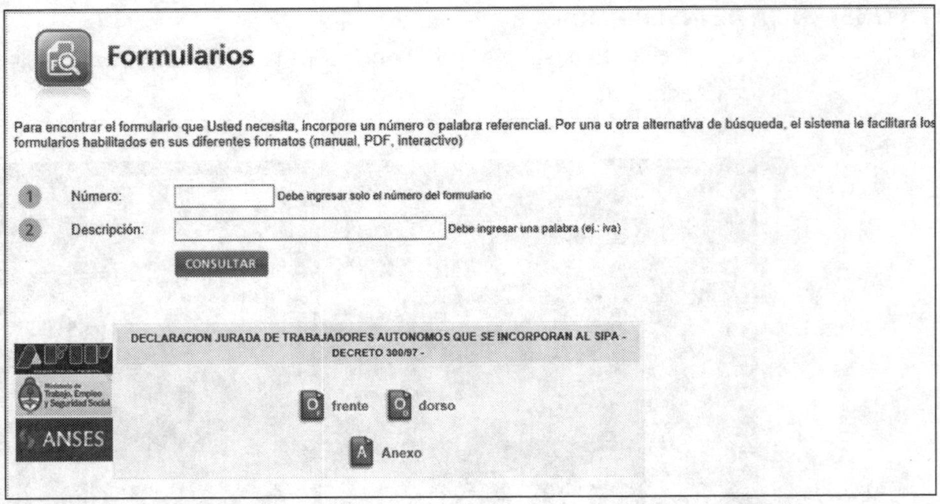

A considerar... Algunos formularios se encuentran en formato "PDF", y en algunos casos permiten que sean completados en forma interactiva. Este tipo de formato sólo podrá ser utilizado si se tiene instalado el programa Acrobat Reader 5.0 o una versión más actualizada.

14. APLICATIVOS

Para la búsqueda se ingresa en "Accesos más utilizados", Aplicativo:

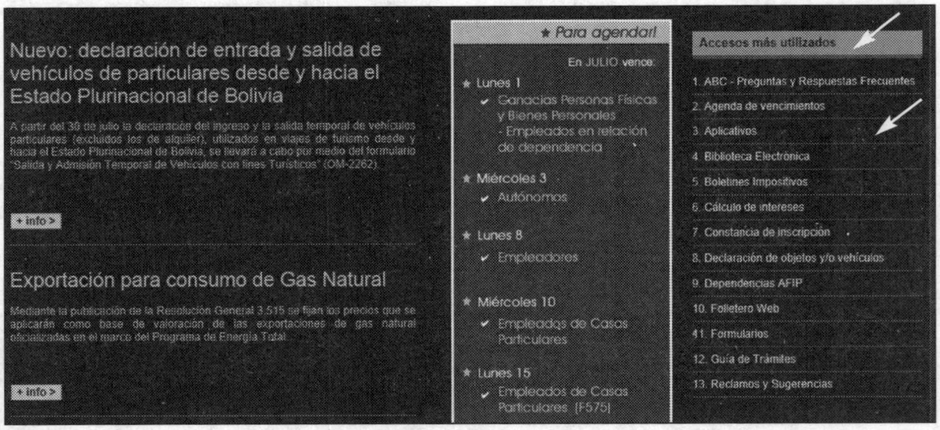

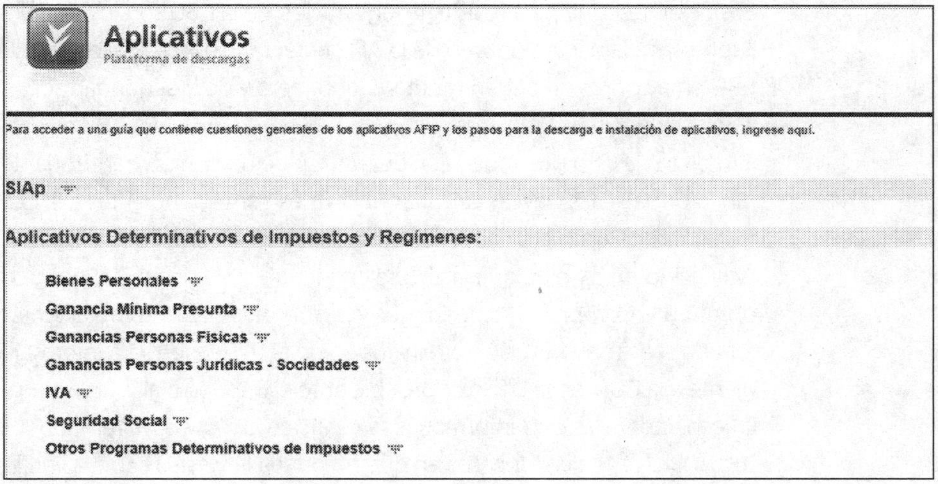

Si cliquea en "Seguridad Social" obtendrá el siguiente listado:

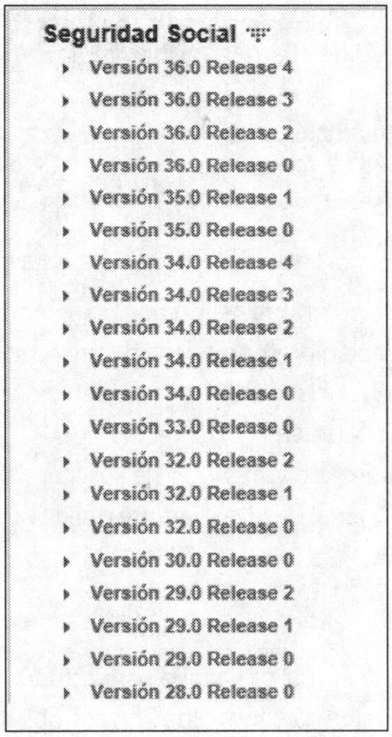

15. INFORMAR LA CBU [1]

Todos los pagos que deba realizar el organismo en concepto de devoluciones, reintegros, reembolsos y demás regímenes de restitución de fondos a contribuyentes, responsables y administrados, así como a cesionarios que resulten destinatarios de créditos cedidos conforme al Código Civil por parte de los contribuyentes y demás responsables acreedores originarios de los fondos a restituir, se efectuarán mediante transferencia bancaria a través del Banco de la Nación Argentina, en la cuenta cuya Clave Bancaria Uniforme (CBU) fuera declarada.

[1] *Fuente: www.afip.gob.ar*

Los pasos a seguir para realizar la registración de la CBU son los siguientes:

- Ingresar a la página de web de la AFIP (www.afip.gob.ar), al servicio de "Declaración de CBU para cobros de origen tributario, aduanero y de la seguridad social".
- Seleccionar la opción "Alta".
- Informar la CBU que registrará (de tratarse de una unión transitoria de empresas deberán informarse las claves bancarias uniformes correspondientes a la CUIT de cada uno de los componentes de dicha unión transitoria).

Aclaración: en caso de que la UTE se encuentre incluida en el "Registro Fiscal de Operadores en la Compraventa de Granos y Legumbres Secas" establecido por la RG (AFIP) 2300, o solicite su inclusión o reinclusión en el mismo, deberá informar la CBU correspondiente a la CUIT de la UTE responsable ante el impuesto al valor agregado.

- Respecto de las CBU informadas se verificará la respectiva relación "CUIT titular o cotitular/CBU" (en aquellos casos en que no pueda llevarse a cabo la verificación de la relación "CUIT/CBU", las entidades bancarias, mediante el servicio "e-Ventanilla", obtendrán en forma semanal el archivo correspondiente a la entidad y confirmarán o rechazarán la relación).
- Verificada la relación CUIT/CBU, la AFIP procederá a dar de alta la Clave Bancaria Uniforme (CBU) informada en el Registro de Claves Bancarias Uniformes.

A considerar... El acceso al mencionado servicio se efectuará utilizando la "clave fiscal" habilitada con nivel de seguridad 3 o superior.

16. UNIFICACIÓN DE CUIT [1]

Los extranjeros que posean constancia provisoria de inscripción al momento de la obtención del documento argentino deberán presentar, en la dependencia que les corresponda de acuerdo al domicilio fiscal, el formulario 581. La presentación se efectuará dentro de los 10 días de la obtención del documento.

Además, cuando se presente con el nuevo documento, se le solicitará la registración de los datos biométricos de la CUIT que quedará activa (siempre que la nueva inscripción se realice con posterioridad al 26/05/2010).

17. CERTIFICADO FISCAL PARA CONTRATAR [1]

El certificado fiscal es el documento por el cual se habilita para actuar como proveedor del Estado Nacional, a aquellos sujetos que han cumplido con sus obligaciones impositivas, aduaneras y de los recursos de la seguridad social.

Los responsables no comprendidos en las excepciones (sujetos que efectúen presentaciones de ofertas cuyos importes sean inferiores a $ 50.000 y la Administración Nacional, conformada por la Administración Central y los Organismos Descentralizados, comprendiendo en estos últimos a las Instituciones de Seguridad Social cuando se presenten como oferentes en procedimientos de selección) deberán presentar ante la dependencia en la cual se encuentren inscriptos, una nota –en los términos de la RG (AFIP) 1128– que se ajustará al modelo que se consigna seguidamente:

[1] *Fuente: www.afip.gob.ar*

17.1. Modelo de nota

Lugar y fecha,

Asunto: Solicitud de certificado fiscal para contratar con la Administración Nacional.

Apellido y nombres, denominación o razón social:

Domicilio:

CUIT:

Por la presente, de acuerdo con lo establecido por la RG 1814, solicito se me extienda el "Certificado Fiscal para Contratar", para participar en cualquier licitación y/o contratación que efectúen los organismos indicados en el inciso a) del artículo 8 de la ley 24156 y sus modificaciones.

A dicho efecto, comunico los datos del último certificado fiscal para contratar emitido por ese organismo:

Dependencia otorgante: (1)

Número de certificado: (1)

Fecha de emisión: (1)

Fecha en que expira el certificado: (1)

Firma y aclaración

(1) Consignar el dato cuando corresponda.

Cuando la situación del solicitante encuadre en la excepción prevista en el segundo párrafo del inciso a) del artículo 1 (acrediten fehacientemente que poseen créditos líquidos, exigibles y de plazo de pago vencido contra el Estado Nacional, Provincial o la Ciudad Autónoma de Buenos Aires, etc.), deberá adjuntarse a la referida nota una constancia emitida por la autoridad competente del Estado Nacional, Provincial o de la Ciudad Autónoma de Buenos Aires, según corresponda, en la que conste el importe del crédito líquido y exigible a su favor, conforme al modelo que se consigna en el Anexo V de la misma RG. Dicha constancia tendrá una validez de 60 días corridos contados a partir de su emisión.

17.2. Requisitos

Será condición para la obtención del certificado que los solicitantes:

- No tengan deudas líquidas y exigibles impositivas y/o de los recursos de la seguridad social.

Esta exigencia no será requerida cuando los solicitantes acrediten fehacientemente que poseen créditos líquidos, exigibles y de plazo de pago vencido contra el Estado Nacional, Provincial o la Ciudad Autónoma de Buenos Aires, sus dependencias centralizadas, descentralizadas y entes autárquicos, originados en contratos de suministro de bienes, obras y/o servicios, por montos iguales o superiores a las deudas que mantienen con esta Administración Federal.

- Hayan cumplido con la presentación de las correspondientes declaraciones juradas determinativas.
- No se encuentren suspendidos en el Registro de Importadores y Exportadores de la Dirección General de Aduanas, por falta de pago de las obligaciones aduaneras.
- No hayan sido condenados, con sentencia firme, por los delitos contemplados en las leyes 22415, 23771, 24769, según corresponda, por delitos comunes que tengan conexión con el incumplimiento de las obligaciones impositivas, de los recursos de la seguridad social o aduaneros –propias o de terceros–, o por delitos en los que se haya dispuesto el procesamiento de funcionarios o ex funcionarios estatales con motivo del ejercicio de sus funciones.

No se otorgará el mencionado certificado a las personas jurídicas, las agrupaciones no societarias y/o cualquier otro ente colectivo cuyos gerentes, socios gerentes, directores u otros sujetos que ejerzan la administración social, como consecuencia del ejercicio de dichas funciones, se encuentren involucrados en alguno de los supuestos previstos anteriormente.

- Hayan solicitado su incorporación al régimen especial para la emisión y almacenamiento electrónico de comprobantes originales de conformidad con lo dispuesto por la resolución general 2485 (este último requisito deberá ser cumplido a partir del 01/09/2010).

18. CUENTAS TRIBUTARIAS [1]

El sistema denominado "Cuentas Tributarias" permite registrar y brindar información relativa a los créditos y a las deudas de los contribuyentes y responsables, así como a los medios utilizados para su cancelación.

18.1. Obligados a su utilización

Estarán obligados a la utilización del sistema "Cuentas Tributarias" y a la cancelación de sus obligaciones conforme a la modalidad de pago por transferencia electrónica de fondos, los contribuyentes y responsables que:

- A la fecha de entrada en vigencia de la presente se encuentren:
    - Inscriptos en jurisdicción de la Dirección de Operaciones Grandes Contribuyentes Nacionales (Agencias 19 y 20), quienes deberán utilizar obligatoriamente el sistema "Cuentas Tributarias" a partir del período fiscal mensual junio de 2008 y los períodos fiscales anuales con vencimiento fijado desde el mes de julio de 2008, inclusive.
    - Incorporados oportunamente al Sistema de Control Especial dispuesto por la RG 3423, sus modificatorias y complementarias.
- Sean incorporados al universo de sujetos obligados a la utilización del sistema "Cuentas Tributarias" mediante notificación expresa emanada de juez administrativo competente y formalizada de acuerdo con lo establecido en el artículo 100 de la ley 11683, texto ordenado en 1998 y sus modificaciones.

Los restantes podrán continuar haciendo uso de dicho sistema en forma opcional y voluntaria.

[1] *Fuente: www.afip.gob.ar*

18.2. Acceso

Para acceder al sistema deberá ingresar, a través de la web, opción "Clave Fiscal", al servicio "Cuentas Tributarias".

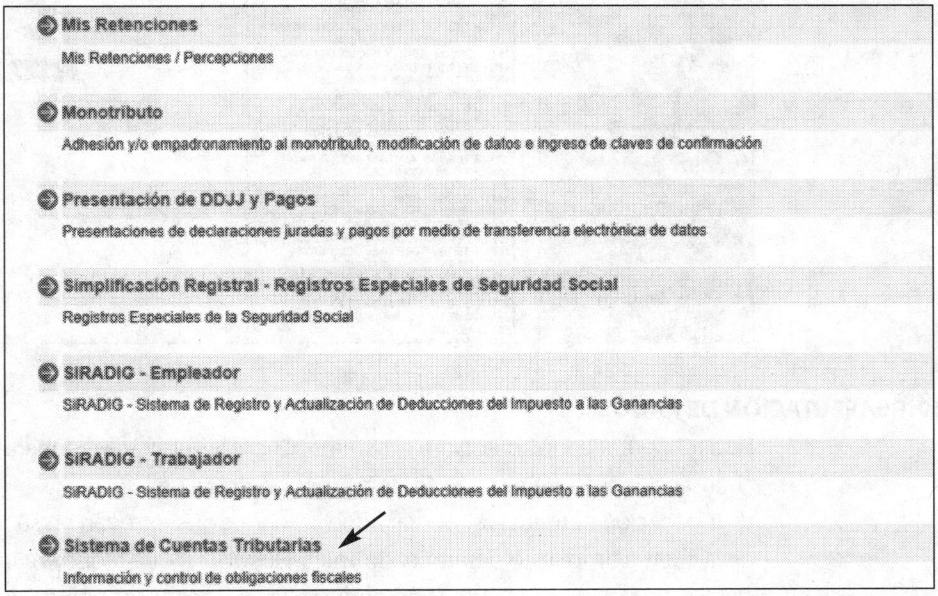

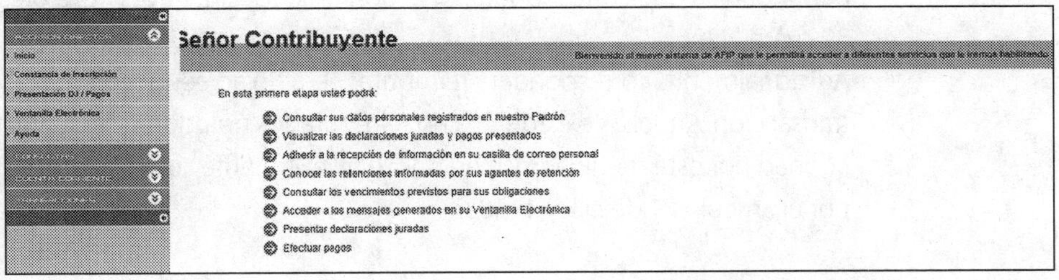

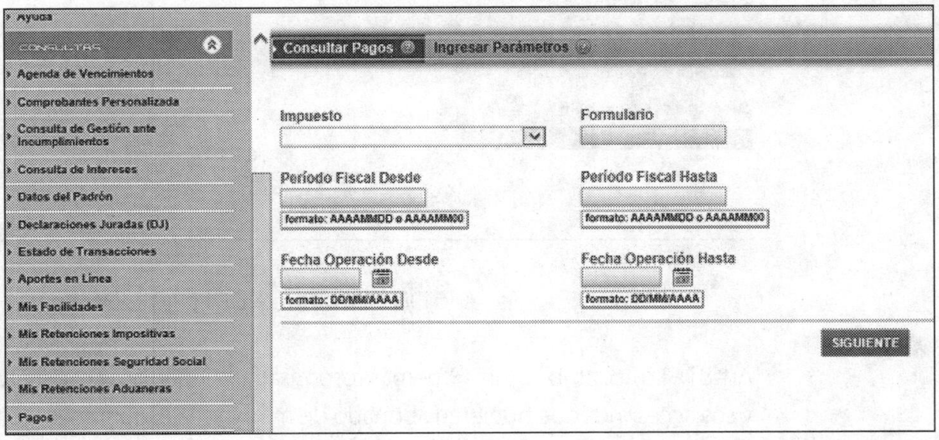

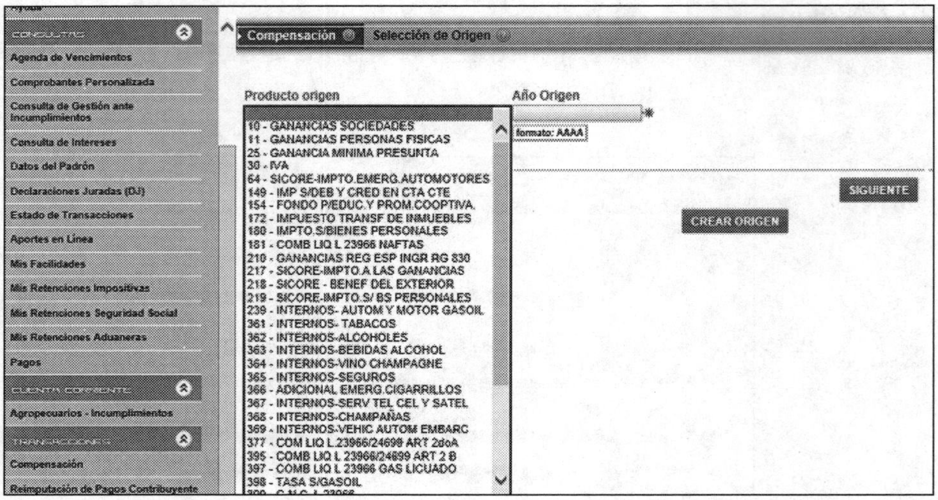

19. REAFECTACIÓN DE PAGOS [1]

Para reimputar pagos mediante el sistema "Cuentas Tributarias" deberá acceder al menú "Transacciones → Reimputación de pagos contribuyente".

La transacción permitirá reimputar aquellos pagos que excedan en su totalidad el saldo de la cuenta "Impuesto determinado", no así los pagos que registren un excedente parcial. Por tal razón, en esta situación podrá solicitar la reimputación de dichos pagos en la dependencia que corresponda por el domicilio fiscal, a través de la presentación de un F. 399 y un F. 206.

Adicionalmente, corresponderá reimputar el saldo acreedor en su totalidad en la misma transacción. Aquellos excedentes no reimputados no podrán ser reafectados con posterioridad por este medio, considerándose tal excedente sujeto al procedimiento previsto por el artículo 81 de la ley 11683.

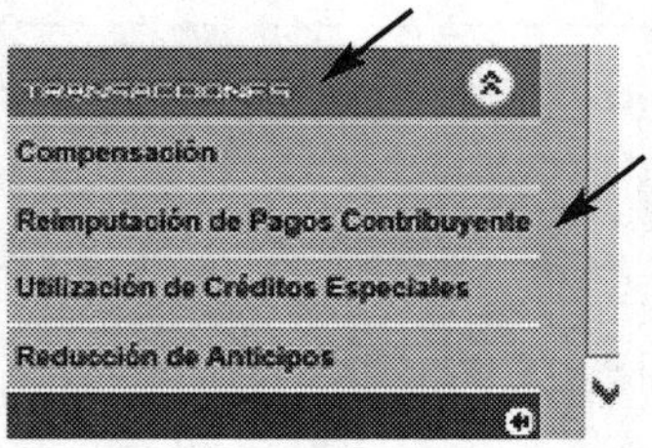

ACCIÓN Y DEMANDA DE REPETICIÓN

Art. 81 - Los contribuyentes y demás responsables tienen acción para repetir los tributos y sus accesorios que hubieren abonado de más, ya sea espontáneamente o a requerimiento de la Administración Federal de Ingresos Públicos. En el primer caso, deberán interponer reclamo ante ella. Contra la resolución denegatoria y dentro de los 15 (quince)

[1] *Fuente: www.afip.gob.ar*

días de la notificación, podrá el contribuyente interponer el recurso de reconsideración previsto en el artículo 76 u optar entre apelar ante el Tribunal Fiscal de la Nación o interponer demanda contenciosa ante la Justicia Nacional de Primera Instancia.

Análoga opción tendrá si no se dictare resolución dentro de los 3 (tres) meses de presentarse el reclamo.

Si el tributo se pagare en cumplimiento de una determinación cierta o presuntiva de la repartición recaudadora, la repetición se deducirá mediante demanda que se interponga, a opción del contribuyente, ante el Tribunal Fiscal de la Nación o ante la Justicia Nacional.

La reclamación del contribuyente y demás responsables por repetición de tributos facultará a la Administración Federal de Ingresos Públicos, cuando estuvieran prescriptas las acciones y poderes fiscales, para verificar la materia imponible por el período fiscal a que aquélla se refiere y, dado el caso, para determinar y exigir el tributo que resulte adeudarse, hasta compensar el importe por el que prosperase el recurso.

Cuando a raíz de una verificación fiscal, en la que se modifique cualquier apreciación sobre un concepto o hecho imponible, determinando tributo a favor del Fisco, se compruebe que la apreciación rectificada ha dado lugar a pagos improcedentes o en exceso por el mismo u otros gravámenes, la Administración Federal de Ingresos Públicos compensará los importes pertinentes, aun cuando la acción de repetición se hallare prescripta, hasta anular el tributo resultante de la determinación.

Los impuestos indirectos sólo podrán ser repetidos por los contribuyentes de derecho cuando éstos acreditaren que no han trasladado tal impuesto al precio, o bien cuando habiéndolo trasladado acreditaren su devolución en la forma y condiciones que establezca la Administración Federal de Ingresos Públicos.

19.1. F. 399

AFIP

F. 399
SOLICITUD DE CAMBIO DE IMPUTACION DE PAGOS

Sello fechador de recepción

Clave Única de Identificación Tributaria

Apellido y Nombre o Denominación

Dependencia	USO DGI	Trámite (HOST) Nº	Expediente Nº

ESTA PRESENTACIÓN SE ENCUENTRA SUJETA A VERIFICACIÓN POR PARTE DE ESTA ADMINISTRACIÓN FEDERAL

DATOS DEL PAGO(1)

FECHA			Nº DE OBLIGACIÓN	Nº DE TIQUE	BANCO		SUCURSAL	
DIA	MES	AÑO			DENOMINACION	USO DGI	DENOMINACIÓN	USO DGI

DESCRIPCIÓN / DETALLE

RUBRO I - BAJA - ORIGEN (3) EL SALDO SURGE DEL SIGUIENTE INGRESO IMPUTADO ERRONEAMENTE:

ESTAB. Nº	IMPUESTO		CONCEPTO		SUBCONCEPTO		PERIODO		ANTICIPO CUOTA	IMPORTE
	DESCRIPCIÓN	USO DGI	DESCRIPCIÓN	USO DGI	DESCRIPCIÓN	USO DGI	AÑO	MES		BAJA

RUBRO II - ALTA - DESTINO AL QUE SE IMPUTA:

ESTAB. Nº	IMPUESTO		CONCEPTO		SUBCONCEPTO		PERIODO		ANTICIPO CUOTA	IMPORTE
	DESCRIPCIÓN	USO DGI	DESCRIPCIÓN	USO DGI	DESCRIPCIÓN	USO DGI	AÑO	MES		BAJA

El que suscribe Don .... en su carácter de (2) ....
afirma que los datos consignados en este formulario son correctos y completos y que se ha confeccionado esta declaración jurada sin omitir ni falsear dato alguno que deba contener, siendo fiel expresión de la verdad.

LUGAR Y FECHA:

FIRMA:

USO DGI

OBSERVACIONES:	FIRMA DEL OPERADOR:	FECHA DEL PROCESO:	SELLO, FECHA Y FIRMA:
		FECHA DE NOTIFICACION:	JEFATURA RESPONSABLE:

(1) Detalle del comprobante de pago.
(2) Titular, Presidente, Gerente u otro responsable.

19.2. Multinota F. 206

Hoja.........de.........

AFIP

F. 206
FORMULARIO MULTINOTA

SELLO FECHADOR DE RECEPCION

C.U.I.T.:

Apellido y nombre o denominación:

Dependencia: | USO DGI

Código del trámite solicitado (ver detalle al pie):

Medio de contacto (Te./Fax/E-mail):

USO DGI | **Nº Sist. Control de Trámites/Destino:**

Señor/a Jefe de División / Agencia / Distrito / Receptoría:

Documentación que se adjunta (detallar):

Lugar y fecha:

Firma del contribuyente o responsable

TRAMITE	CODIGO	TRAMITE	CODIGO
Solicitud exención Art. 20 Ley Ganancias	1.1.1	Solicitud vista de legajos o DD.JJ.	1.9.1
Ampliación porcentaje impresión facturas	1.4.6	Consultas varias por escrito	1.9.3
Solicitud constancia de inscripción	1.5.15	Reconocim. capac. económ. p/discapacitados........	1.9.4
Impuestos Internos: certificaciones varias	1.6.1	Solicitud copia DD.JJ. SIJyP	1.9.10
Error en imputación de pagos	1.8.2	Trámites no clasificados (aclarar tipo)	1.9.11

Tipo de trámite no clasificado:

Hoja de

AFIP

F. 206/I
MULTINOTA
IMPOSITIVO

SELLO FECHADOR
DE RECEPCION

C.U.I.T./C.U.I.L/C.D.I.:

Apellido y nombre o denominación:

Dependencia:

USO DGI

Domicilio:
Calle:

Código del trámite solicitado (ver detalle al pie):

Tel./Fax/E-mail:

USO DGI

Nº Sist. Control de Trámites/Destino:

Trámite no clasificado:

Señor de

Documentación que se acompaña (detallar):

Fecha :

Firma del contribuyente o responsable

TRAMITE	CODIGO	TRAMITE	CODIGO
Ampliación porcentaje impresión facturas	1.4.6	Consultas varias por escrito	1.9.3
Solicitud constancia de inscripción	1.5.15	Reconocim. capac. económ. p/ discapacitados	1.9.4
Impuestos internos: certificaciones varias	1.6.1	Solicitud copia DD.JJ. SIJyP	1.9.10
Solicitud vista de legajos o DD.JJ.	1.9.1	Trámites no clasificados (aclarar tipo)	1.9.11

20. CERTIFICACIÓN DE SERVICIOS [1]

Para obtener la certificación de servicios los empleadores podrán ingresar:

- Desde la página web de AFIP (www.afip.gob.ar). Ingresando con clave fiscal al servicio: "Mi Simplificación", opción "Certificación de Servicios". Es indispensable, como paso previo a ello, dar el alta del servicio "Mi certificación - ANSES" mediante la opción denominada "Administrador de Relaciones".

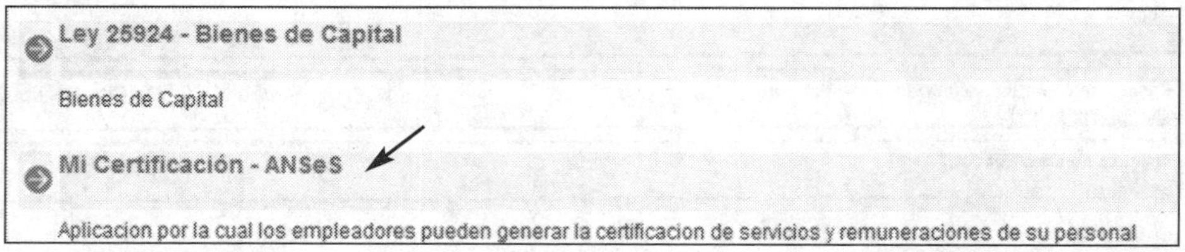

Desde la página web de ANSES (www.anses.gob.ar). Utilizando clave de seguridad social generada por ANSES, ingresando por "Autopista de Servicios" (MI ANSES) - "Certificación de Servicios".

[1] *Fuente: www.afip.gob.ar*

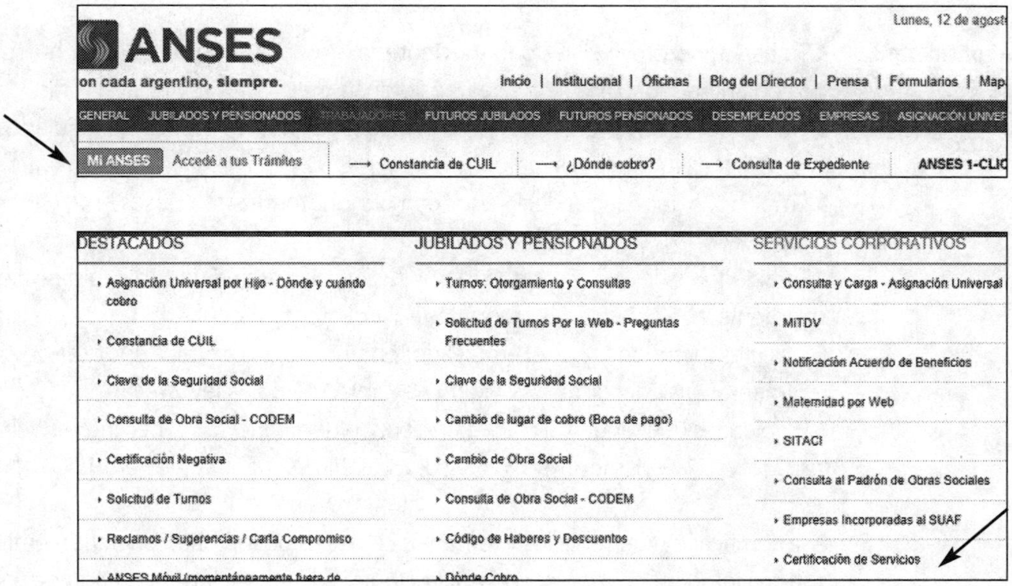

20.1. Condiciones para la tramitación

Para la generación y emisión de la certificación de servicios y remuneraciones, es condición previa y necesaria que:

- La relación laboral de que se trate se encuentre registrada en "MI SIMPLIFICACIÓN", excepto que se trate de períodos anteriores a octubre/2005 y el contribuyente haya cumplido con las previsiones de la RG 3834/99.
- Estén presentadas las declaraciones juradas correspondientes a los períodos no prescriptos posteriores al mes de junio de 1994, comprendidos en la certificación de servicios y remuneraciones a generar.
- Se rectifiquen las declaraciones juradas indicadas, cuando los datos a certificar no guarden relación con los declarados.

Períodos anteriores a junio de 1994

Para el caso de que la certificación comprenda períodos anteriores al mes de junio de 1994, inclusive, el sistema podrá requerir:

- el número de cuenta o de inscripción del empleador otorgado por la ex Dirección Nacional de Recaudación Previsional,
- el número de afiliación del trabajador ante la ex Caja de Previsión Social, y
- los distintos números de documentos que posea el trabajador (DNI, DU, CI, LC, LE y/o pasaporte).

A considerar... Excepciones

Se continuarán utilizando, a modo de excepción, los formularios manuales aprobados por ANSES para los siguientes casos:

- Trabajadores que hubieran cesado con anterioridad al 01/07/1994, independientemente de su condición laboral.

A considerar...

- Trabajadores provinciales pertenecientes a provincias transferidas que hubieran cesado con anterioridad a la fecha de transferencia de la Caja Provincial al Estado Nacional.
- Trabajadores comprendidos en los llamados regímenes especiales regulados por las leyes 22731 y 24018 y los decretos 137/05 y 160/05.
- Empleados que fueron declarados como monotributistas por sus empleadores en uno o más períodos.
- Trabajadores de empresas que fueron fusionadas, escindidas, absorbidas y liquidadas, solamente por los períodos laborados en las antecesoras.
- Titulares informados por el empleador en uno o más períodos como aportantes a un régimen previsional distinto al vigente establecido por la ley 24241.
- Empleados que tengan al menos un período declarado como becario, residencia médica según ley 22127, pasante ley 25161, y decreto 340/92, pasante decreto 1227/01.

A la certificación de servicios y remuneraciones es obligatoria generarla y emitirla por el sistema informático, ingresando por cualquiera de las opciones comentadas con las excepciones que hemos considerado.

Sin embargo, el certificado del artículo 80 de la LCT –certificado de trabajo– puede generarse manualmente.

21. TRÁMITE DE ADHESIÓN AL NUEVO PLAN DE FACILIDADES DE PAGO RG (AFIP) 3516 (1/08/2013) [1]

21.1. Sujetos alcanzados

Es un régimen de facilidades de pago destinado a cancelar las obligaciones de aquellos sujetos que actúen en calidad de empleadores y cuyo monto de ventas o ingresos brutos anuales no supere los $ 10.000.000.

21.2. Conceptos incluidos

- Obligaciones impositivas y de los recursos de la seguridad social, sus intereses, actualizaciones y multas.
- Multas y tributos a la importación o exportación, sus intereses y actualizaciones, comprendidos en cargos suplementarios o en el procedimiento para las infracciones.

La cancelación con arreglo a esta modalidad no implica reducción alguna de intereses resarcitorios y/o punitorios, como tampoco liberación de las pertinentes sanciones o cargos suplementarios.

Podrán regularizarse también mediante este régimen:

1. El impuesto que recae sobre las erogaciones no documentadas, establecido en el artículo 37 de la ley de impuesto a las ganancias, texto ordenado en 1997 y sus modificaciones.
2. Los intereses y demás accesorios adeudados correspondientes a las obligaciones mencionadas en los incisos b), c) y d) del artículo 3 de la citada RG, que se hayan cancelado hasta la fecha de adhesión al plan.
3. Las deudas en discusión administrativa, contencioso-administrativa o judicial, así como en ejecución judicial, en tanto el demandado desista o se allane totalmente y, en su caso,

[1] *Fuente: www.afip.gob.ar*

asuma el pago de las costas y gastos causídicos, a cuyos fines se deberán observar las disposiciones del Capítulo G de la RG (AFIP) 3516.

4. Los ajustes resultantes de la actividad fiscalizadora de la AFIP, siempre que los mismos se encuentren conformados por el responsable y las obligaciones respectivas sean susceptibles de ser incluidas.

21.3. Requisitos

- Respecto de la calidad de empleador:
  - Personas jurídicas y sociedades de hecho: haber exteriorizado como mínimo 2 empleados en la declaración jurada del Sistema Integrado Previsional Argentino (SIPA) correspondiente al último período fiscal vencido al mes inmediato anterior.
  - Personas físicas: haber exteriorizado como mínimo 2 empleados en la declaración jurada del Sistema Integrado Previsional Argentino (SIPA) correspondiente al último período fiscal vencido al mes inmediato anterior, pudiendo contabilizarse dentro de dicho mínimo hasta 1 empleado declarado en el Registro Especial del Personal de Casas Particulares establecido por la RG (AFIP) 3491.
- Respecto del monto de ventas o ingresos brutos anuales:

  Ventas, locaciones y prestaciones de servicios consignadas en las declaraciones juradas mensuales del impuesto al valor agregado correspondientes a los 12 últimos períodos fiscales vencidos contados desde el mes inmediato anterior al de adhesión. En caso de no registrar ventas, locaciones ni prestaciones de servicios gravadas en los períodos fiscales del impuesto al valor agregado indicados anteriormente, se verificarán los ingresos declarados en el impuesto a las ganancias en el último período fiscal vencido al mes inmediato anterior a la aludida adhesión.

21.4. Cuotas

- Las cuotas serán mensuales, iguales y consecutivas.
- El monto de cada cuota deberá ser igual o superior a $ 150.
- La cantidad máxima de cuotas a otorgar será de 6.
- La tasa de interés mensual de financiamiento será de 1,35%.

Será condición excluyente para adherir al plan de facilidades, que las declaraciones juradas determinativas de las obligaciones impositivas y de los recursos de la seguridad social por las que se solicita la cancelación financiada, se encuentren presentadas a la fecha de adhesión al régimen.

21.5. Trámite para adherir al plan de facilidades de pago

- Consolidar la deuda a la fecha de adhesión.
- Remitir a esta Administración Federal mediante transferencia electrónica de datos vía internet, conforme a los procedimientos dispuestos por las resoluciones generales. 1345 y 2239, sus respectivas modificatorias y complementarias:
  - El detalle de los conceptos e importes de cada una de las obligaciones que se regularizan y el plan de facilidades solicitado. A tales fines se ingresará con clave fiscal a la opción "Plan de Facilidades de Pago RG 3516" del sistema informático denominado

"Mis Facilidades", que se encontrará disponible a partir del día 5 de agosto de 2013, inclusive, en el sitio "web" de la AFIP (http://www.afip.gob.ar) [1].

- La Clave Bancaria Uniforme (CBU) de la cuenta corriente o de la caja de ahorro de la que se debitarán los importes correspondientes para la cancelación de cada una de las cuotas [2].
- Apellido y nombres, así como demás datos de la persona debidamente autorizada (presidente, contribuyente directo, etc.) para recibir comunicaciones vinculadas con el régimen que faciliten su diligenciamiento a través del servicio de "e-Ventanilla" que obra en el sitio "web" de la Administración Federal [3].

- Generar a través del sistema informático el formulario de declaración jurada 1003.
- Imprimir el acuse de recibo de la presentación realizada [4].

La solicitud de adhesión al presente régimen se considerará aceptada siempre que se cumplan en su totalidad las condiciones y los requisitos previstos en la RG en comentario. La inobservancia de cualquiera de ellos determinará el rechazo del plan propuesto.
Las solicitudes de adhesión que resulten rechazadas se considerarán anuladas y se deberá presentar, en su caso, una nueva solicitud de adhesión por las obligaciones que corresponda incluir.
En tal supuesto, los importes ingresados en concepto de cuotas no se podrán imputar a cuotas de planes.

[1] *Para utilizar el sistema informático denominado "Mis Facilidades" se deberá acceder al sitio web de la AFIP (http://www.afip.gob.ar) e ingresar -además de la Clave Única de Identificación Tributaria (CUIT)- la "clave fiscal" otorgada por la AFIP.*
El ingreso de la clave fiscal permitirá al contribuyente y/o responsable autenticar su identidad.
Los sujetos que no posean la aludida clave fiscal deberán gestionarla de acuerdo con las disposiciones de la RG (AFIP) 2239, su modificatoria y sus complementarias.
La información transferida tendrá el carácter de declaración jurada y su validez quedará sujeta a la verificación de la veracidad de los datos ingresados por el contribuyente y/o responsable.

[2] *Los datos informados con relación al tipo de cuenta y/o al banco donde se encuentra radicada la misma podrán ser modificados por el contribuyente y/o responsable.*
A los fines de proporcionar la nueva Clave Bancaria Uniforme (CBU) se deberá acceder al sitio web de la AFIP (http://www.afip.gob.ar).
La sustitución de la citada clave tendrá efectos a partir del primer día hábil del mes inmediato siguiente, inclusive, al mes en que se efectuó el cambio, para el débito directo de las cuotas.
Cuando coexistan 2 o más planes de un mismo contribuyente y/o responsable y éste desee utilizar diferentes cuentas de un mismo banco para que se efectúe el débito de las cuotas respectivas, tal circunstancia deberá ser previamente acordada por el responsable con la entidad bancaria. De igual manera deberá proceder en caso de modificar el número de cuenta por otro correspondiente a una cuenta de la misma entidad.

[3] *Al servicio "e-Ventanilla" se accederá con la clave fiscal del contribuyente o responsable.*

[4] *Una vez finalizada la transmisión electrónica del detalle de los conceptos e importes de las deudas y el plan solicitado, el sistema emitirá el respectivo acuse de recibo de la presentación realizada.*

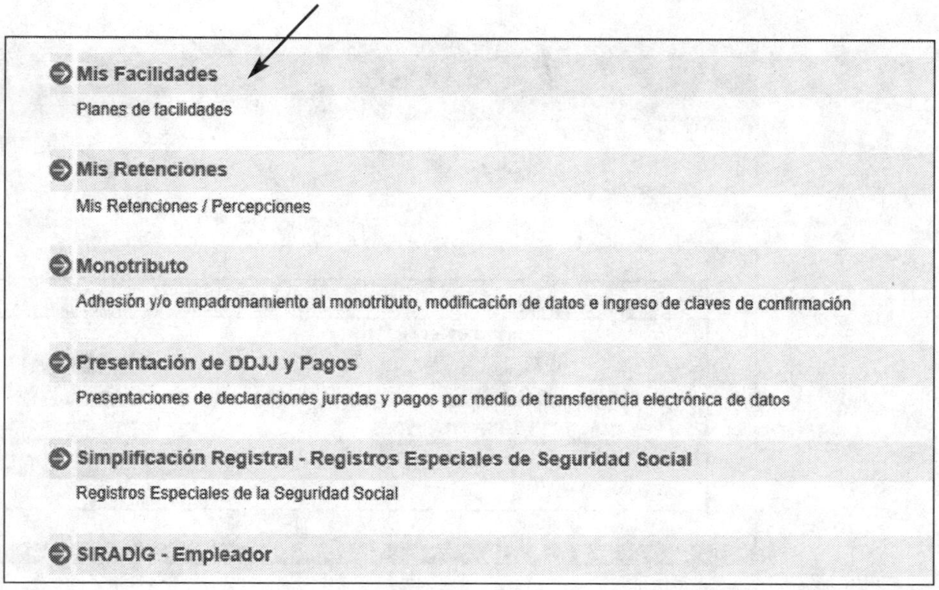

Mis Facilidades

Planes de facilidades

Mis Retenciones

Mis Retenciones / Percepciones

Monotributo

Adhesión y/o empadronamiento al monotributo, modificación de datos e ingreso de claves de confirmación

Presentación de DDJJ y Pagos

Presentaciones de declaraciones juradas y pagos por medio de transferencia electrónica de datos

Simplificación Registral - Registros Especiales de Seguridad Social

Registros Especiales de la Seguridad Social

SIRADIG - Empleador

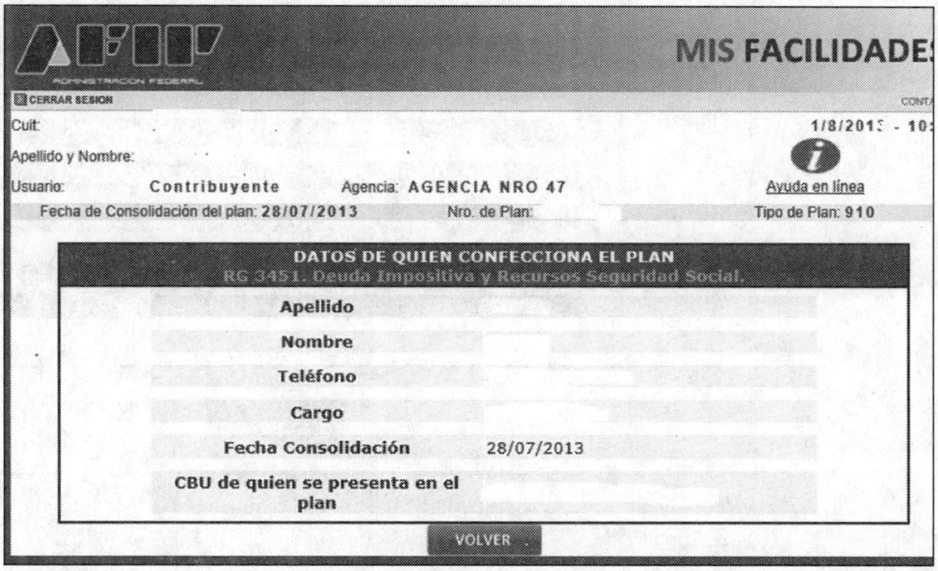

AFIP ADMINISTRACION FEDERAL

MIS FACILIDADES

CERRAR SESION

Cuit: 1/8/201: - 10:

Apellido y Nombre:

Usuario: Contribuyente Agencia: AGENCIA NRO 47 Ayuda en línea

Fecha de Consolidación del plan: 28/07/2013 Nro. de Plan: Tipo de Plan: 910

DATOS DE QUIEN CONFECCIONA EL PLAN

RG 3451. Deuda Impositiva y Recursos Seguridad Social.

Apellido	
Nombre	
Teléfono	
Cargo	
Fecha Consolidación	28/07/2013
CBU de quien se presenta en el plan	

VOLVER

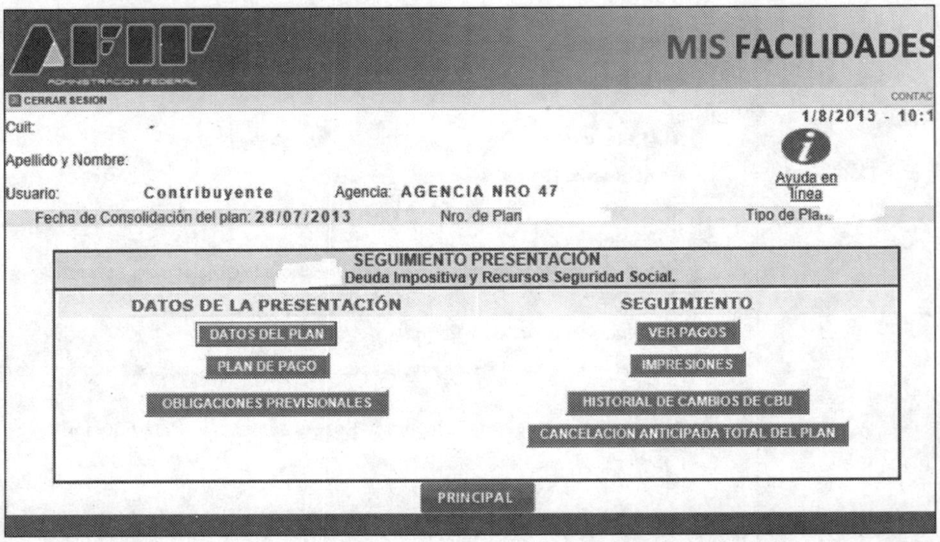
AFIP
ADMINISTRACION FEDERAL
MIS FACILIDADES
CERRAR SESION
CONTAC
1/8/2013 - 10:1
Cuit:
Apellido y Nombre:
Ayuda en línea
Usuario: Contribuyente
Agencia: AGENCIA NRO 47
Fecha de Consolidación del plan: 28/07/2013
Nro. de Plan
Tipo de Plan
SEGUIMIENTO PRESENTACIÓN
Deuda Impositiva y Recursos Seguridad Social.
DATOS DE LA PRESENTACIÓN
SEGUIMIENTO
DATOS DEL PLAN
VER PAGOS
PLAN DE PAGO
IMPRESIONES
OBLIGACIONES PREVISIONALES
HISTORIAL DE CAMBIOS DE CBU
CANCELACION ANTICIPADA TOTAL DEL PLAN
PRINCIPAL

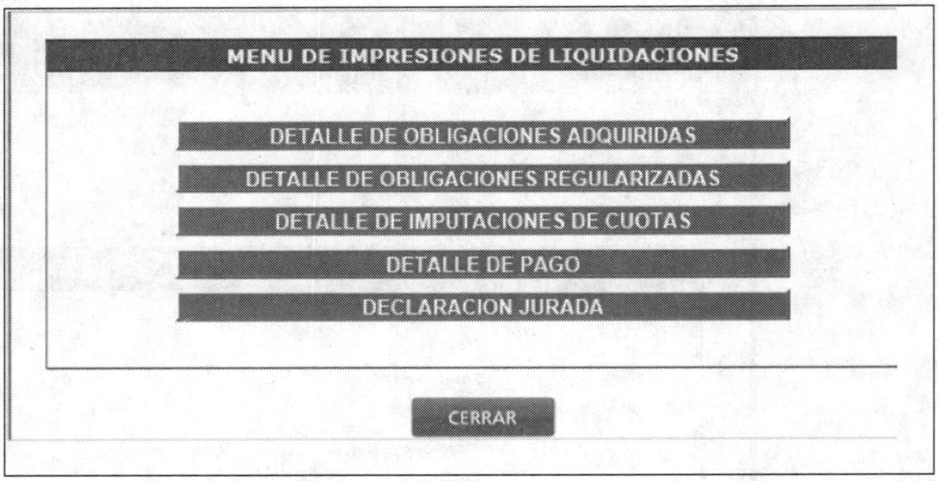
MENU DE IMPRESIONES DE LIQUIDACIONES
DETALLE DE OBLIGACIONES ADQUIRIDAS
DETALLE DE OBLIGACIONES REGULARIZADAS
DETALLE DE IMPUTACIONES DE CUOTAS
DETALLE DE PAGO
DECLARACION JURADA
CERRAR

AFIP ADMINISTRACION FEDERAL F. 1003 DDJJ	MIS FACILIDADES PLAN: . Deuda Impositiva y Recursos Seguridad Social.
	Fecha: Número de plan:

A - Datos del contribuyente

Denominación o Razón Social:	
C.U.I.T N°:	
C.B.U. asignada para el débito de cuotas:	

B - Datos del plan

Fecha consolidación:	28/07/2013			
Deuda correspondiente a	**Monto a fecha de consolidación**	**Cuotas**	**Interés Financiero**	
			Tasa	**Bonificación**
Impositiva	0.00		1.35 %	0 %
Recursos de la seguridad social				
Regímenes Aduaneros	0.00			
Total del plan				

21.6. Ventanilla electrónica

SIRCREB - Módulo Contribuyentes - Comisión Arbitral del Convenio Multilateral

e-Ventanilla

Acceda a su domicilio fiscal electrónico. Ahora es más fácil comunicarnos.

Mis Facilidades

Planes de facilidades

Mis Retenciones

Mis Retenciones / Percepciones

Monotributo

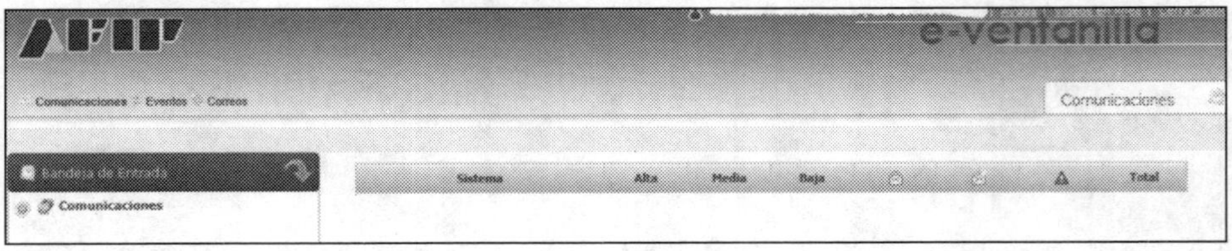

21.7. Ingreso de cuotas

Las cuotas vencerán el día 16 de cada mes, a partir del mes inmediato siguiente a aquel en que se consolide la deuda y se formalice la adhesión conforme al Capítulo D de la RG (AFIP) 3516, y se cancelarán mediante el procedimiento de débito directo, a cuyos fines se deberá observar lo dispuesto en el Anexo IV de la RG (AFIP) 3516.

En caso de que a la fecha de vencimiento general fijada en el párrafo anterior no se hubiera efectivizado la cancelación de la respectiva cuota, se procederá a realizar un segundo intento de débito directo de la cuenta corriente o caja de ahorro el día 26 del mismo mes.

En el supuesto indicado en el párrafo precedente, la respectiva cuota devengará los intereses resarcitorios indicados en el artículo 12 de la RG (AFIP) 3516.

Cuando los días de vencimiento fijados para el cobro de las cuotas coincidan con días feriados o inhábiles, se trasladarán al primer día hábil inmediato siguiente. De tratarse de un día feriado local, el débito de las cuotas se efectuará durante los días subsiguientes, según las particularidades de la respectiva operatoria.

21.8. Caducidad

La caducidad del plan de facilidades de pago operará de pleno derecho y sin necesidad de que medie intervención alguna por parte de la AFIP ante la falta de cancelación de 1 cuota.

Cuando se trate de obligaciones que involucren deudas en ejecución judicial, por las que se hubiera trabado embargo sobre fondos depositados en entidades financieras, los sujetos podrán solicitar ante la dependencia interviniente de la AFIP la suspensión de la caducidad hasta tanto el juez competente disponga el levantamiento de la medida.

21.9. Efectos de la caducidad

Una vez operada la caducidad –situación que se pondrá en conocimiento del contribuyente a través de una comunicación que se le cursará por el servicio de "e-Ventanilla" al que accederá con su clave fiscal–, el juez administrativo competente, dentro de las 48 horas, deberá disponer el inicio o prosecución, según corresponda, de las acciones judiciales tendientes al cobro del total adeudado.

Comunicada la caducidad, el responsable del área aduanera deberá proceder –en igual plazo– a la suspensión del deudor en el "Registro de Importadores y Exportadores", de acuerdo con lo dispuesto en el artículo 1122 de la ley 22415 y sus modificaciones.

Los contribuyentes y/o responsables, una vez declarada la caducidad del plan de facilidades, deberán cancelar el saldo pendiente de deuda mediante depósito bancario o transferencia electrónica de fondos conforme a las disposiciones establecidas en las RG (AFIP) 1217, 1778 y 2883, sus respectivas modificatorias y complementarias.

El saldo pendiente de las obligaciones adeudadas, que será el que surge de la imputación generada por el sistema al momento de presentarse el plan, deberá ser visualizado por los contribuyentes y/o responsables a través del servicio "Mis Facilidades", en la pantalla "Seguimiento de Presentación", opción "Impresiones", mediante la utilización de la clave fiscal obtenida conforme a lo previsto en la RG (AFIP) 2239, su modificatoria y complementarias.

22. CONSULTA F. 921/941 [1]

22.1. Tipos de rectificativas

- Por nómina completa: donde la declaración jurada rectificativa contempla la totalidad del personal declarado en la declaración original, y las diferencias surgen al confrontar ambas declaraciones. Esta modalidad resulta obligatoria en los siguientes casos (es decir, no podrá utilizarse la opción de rectificativa por novedad):
  - Agregar, eliminar y/o modificar datos de retenciones sufridas, a cuenta de contribuciones patronales.
  - Tipo de empleador.
  - Utilización de excedentes de contribuciones a favor.
  - Aplicar o eliminar el beneficio de reducción de contribuciones.
  - Modificar la alícuota y/o el componente fijo de la ley de riesgos del trabajo.
  - Asignaciones familiares pagadas.
- Por novedad: esta alternativa permite que, en ciertos casos, la rectificativa contemple únicamente las situaciones que sufren modificaciones respecto de la declaración original. Resulta factible realizar rectificativas por novedad en los siguientes supuestos:
  - Alta de CUIL no incluido en la DDJJ original.
  - Baja de CUIL, consignado en la DDJJ original.
  - Modificación de datos de un empleado incluido en la DDJJ original, siempre que dicha modificación no implique:
    - Cambio en el monto de las asignaciones familiares pagadas (pues en tal caso es obligación realizar la rectificativa por nómina completa).
    - Cambio del número de CUIL.

22.2. Rectificativas por novedad

En la actualidad el procedimiento se debe llevar a cabo con la versión vigente del aplicativo SICOSS (Sistema de Cálculo de Obligaciones de la Seguridad Social) según la normativa vigente.

El procedimiento para confeccionar la rectificativa es el siguiente: en primer lugar debe seleccionarse el tipo de novedad a informar, es decir:

- alta de CUIL, o
- baja de CUIL, o
- modificación de datos de CUIL.

[1] *Fuente: www.afip.gob.ar*

Luego de realizada la carga de datos, el sistema generará el formulario 921 y un archivo que deberá ser transferido de manera electrónica (accediendo para ello a la página web de la AFIP mediante la clave fiscal del contribuyente).
Como constancia de la presentación realizada el sistema emitirá un comprobante que tendrá el carácter de acuse de recibo de la AFIP, sujeto a confirmación.

22.3. Contenido del F. 941

En el formulario 941 van a constar los nuevos importes totales de los aportes y contribuciones involucrados en la rectificativa realizada, los cuales surgen del procesamiento de las novedades informadas (alta, baja y/o modificación de datos de CUIL) con la información existente en la base de datos de la AFIP, correspondiente a la última declaración jurada registrada por el período mensual de que se trate.

22.4. Aprobación o rechazo

La AFIP aprobará o rechazará la presentación realizada a partir de las 48 horas de presentado el formulario 921.
Si la presentación fuera aprobada dicha aprobación constará en el formulario 941, que se obtendrá a través de la página web de la AFIP.
Cuando opere el rechazo de la presentación de la rectificativa por novedad, se deberá presentar nuevamente la declaración jurada reutilizando el número de secuencia, es decir, con el mismo número de rectificativa.
Para ello, dentro de la aplicativo SIJP primero deberá realizar un respaldo (backup) de la declaración jurada rectificativa por novedad generada y rechazada para ese período; luego la deberá eliminar del aplicativo y dar de alta una nueva rectificativa, con lo cual el sistema le permitirá elegir el mismo número de rectificativa utilizado anteriormente.
Ingrese los datos correspondientes, genere el archivo y realice la presentación de dicha declaración jurada rectificativa.
Serán rechazadas las declaraciones juradas rectificativas por novedad, F. 921, cuando se trate de los períodos noviembre de 2008 y siguientes, y las declaraciones juradas originales y/o rectificativas que se pretendan modificar hayan sido generadas y presentadas con una versión anterior a la 32 del programa aplicativo.

22.5. ¿Dónde consultamos la aceptación o rechazo de AFIP?

Asociando al CUIT del empleador y accediendo con clave fiscal al servicio interactivo "Consulta 921/941 – Mis Novedades". En dicha aplicación los empleadores podrán consultar el estado de RECHAZADO/APROBADO de los F. 921, y en su caso obtener el F. 941, el cual permanecerá en el servicio "Consulta F. 921/941" durante 3 meses luego de aceptados. Si ingresa por el servicio de "Presentación de Declaración Jurada" y "Pagos con Clave Fiscal" podrá verificar en "Consultas" los F. 921 presentados.

AFIP

C.U.I.T.	
Periodo	
Secuencia	1

921

Sistema de Cálculo de Obligaciones de la Seguridad Social

Declaración Jurada Rectificativa por Novedad

Declaración Jurada en Pesos con centavos
S.U.S.S.

Apellido y Nombre o Razon Social	Nro. Verificador
Domicilio Fiscal:	V3600

Resumen de novedades y variaciones de Aportes y Contribuciones

Alta de CUILes:	0
Baja de CUILes:	0
Modificación de datos de CUILes:	10
Total de Novedades:	10
Ley 25.922 Encuadre:	No Corresponde
CUILes con marca SCVO:	0

Total Aportes de Seguridad Social	
SIPA:	0,00
INSSJP	0,00
Adicionales	0,00
Voluntarios	0,00
Aporte Diferencial	0,00
Ap. Pers. Regimen Especia	0,00
ANSSAL	0,00
Excedentes	0,00
Total Aportes SS	0,00
Total Contribuciones de Seguridad Social	
SIPA:	0,00
INSSJP	0,00
Contrib Tarea Dif	0,00
Asigs. Familiares	0,00
FNE	0,00
ANSSAL	0,00
Total Contribuciones SS	0,00
RENATEA	
Total Contribuciones	0,00
RENATEA	
Total Contribuciones	0,00
Total Aportes	0,00
Total Aportes de Obra Social	
Aportes de OS	0,00
Excedentes de Aportes OS	0,00
Total Aportes OS	0,00
Total Contribuciones de Obra Social	
Contribuciones de OS	0,00
Total Contribuciones OS	0,00

e99ec576d73789dd46edc36e7f9248a0

Sr Empleador recuerde que:
a. los aportes correspondientes a las opciones Altas de CUILes deberán ser depositados oportunamente
b. los aportes correspondientes a las opciones Bajas de CUILes deben ser gestionados en devolución
c. las diferencias de aportes en más o en menos según el resultado de la modificación de datos serán depositadas, o acreditadas a cuenta en futuras declaraciones juradas, si el dependiente continua en la nómina de la empresa o gestionadas en devolución si se hubiera desvinculado de ella.

Se sugiere agregar a la presente el anexo Detalle de novedades sobre la nómina de empleados

Transcurridas 48 horas se podrá realizar la consulta en "Mis Novedades".

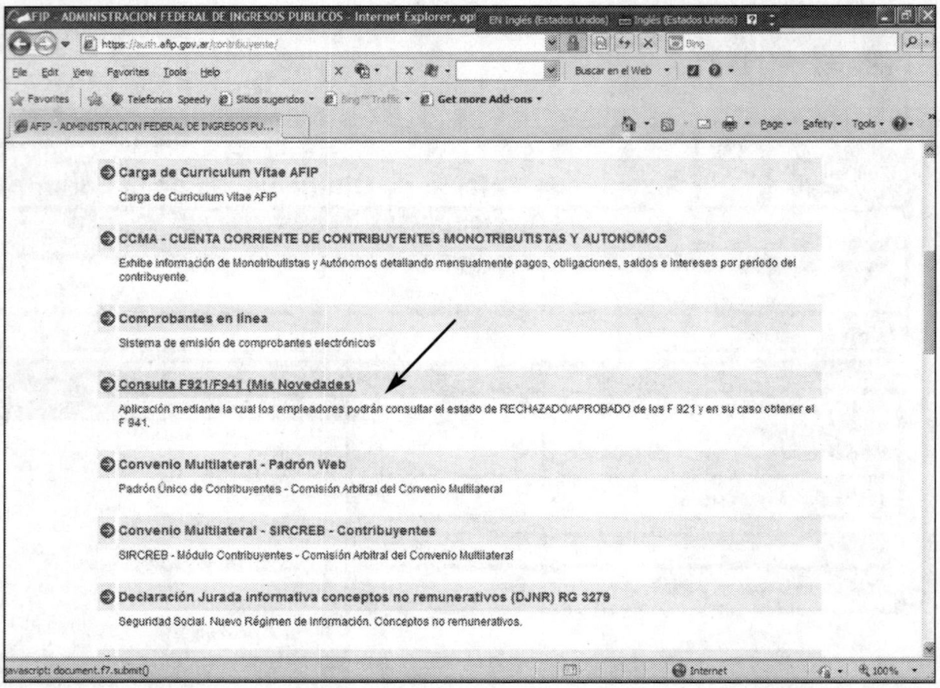
AFIP - ADMINISTRACION FEDERAL DE INGRESOS PUBLICOS - Internet Explorer
https://auth.afip.gov.ar/contribuyente/
Carga de Curriculum Vitae AFIP
Carga de Curriculum Vitae AFIP
CCMA - CUENTA CORRIENTE DE CONTRIBUYENTES MONOTRIBUTISTAS Y AUTONOMOS
Exhibe información de Monotributistas y Autónomos detallando mensualmente pagos, obligaciones, saldos e intereses por período del contribuyente.
Comprobantes en línea
Sistema de emisión de comprobantes electrónicos
Consulta F921/F941 (Mis Novedades)
Aplicación mediante la cual los empleadores podrán consultar el estado de RECHAZADO/APROBADO de los F 921 y en su caso obtener el F 941.
Convenio Multilateral - Padrón Web
Padrón Único de Contribuyentes - Comisión Arbitral del Convenio Multilateral
Convenio Multilateral - SIRCREB - Contribuyentes
SIRCREB - Módulo Contribuyentes - Comisión Arbitral del Convenio Multilateral
Declaración Jurada informativa conceptos no remunerativos (DJNR) RG 3279
Seguridad Social. Nuevo Régimen de Información. Conceptos no remunerativos.
javascript: document.f7.submit()

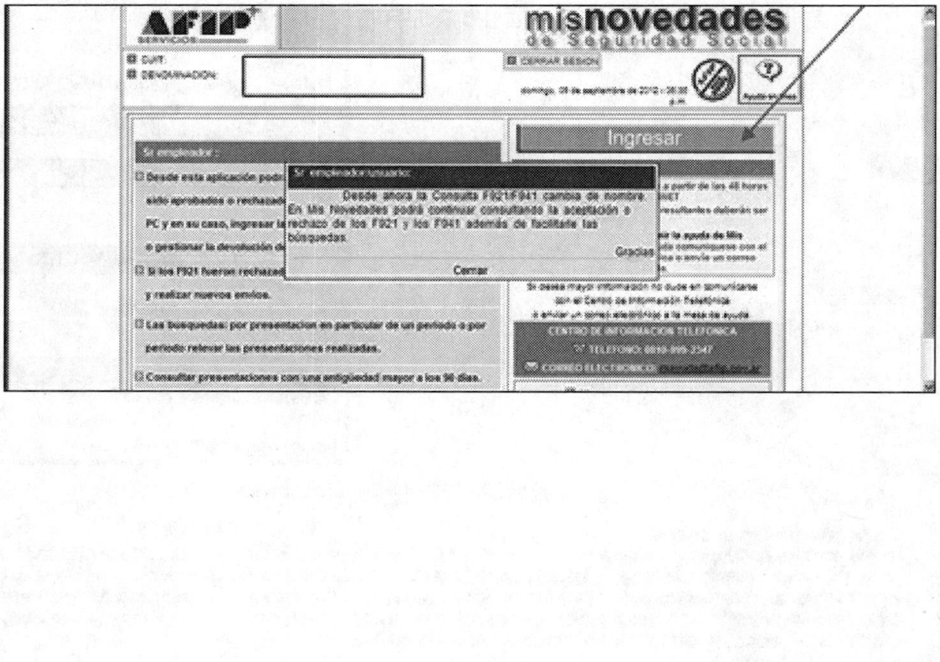
AFIP
misnovedades
de Seguridad Social
CERRAR SESION
Ingresar
Desde ahora la Consulta F921/F941 cambia de nombre.
En Mis Novedades podrá continuar consultando la aceptación o rechazo de los F921 y los F941 además de facilitarle las búsquedas.
Gracias
Cerrar

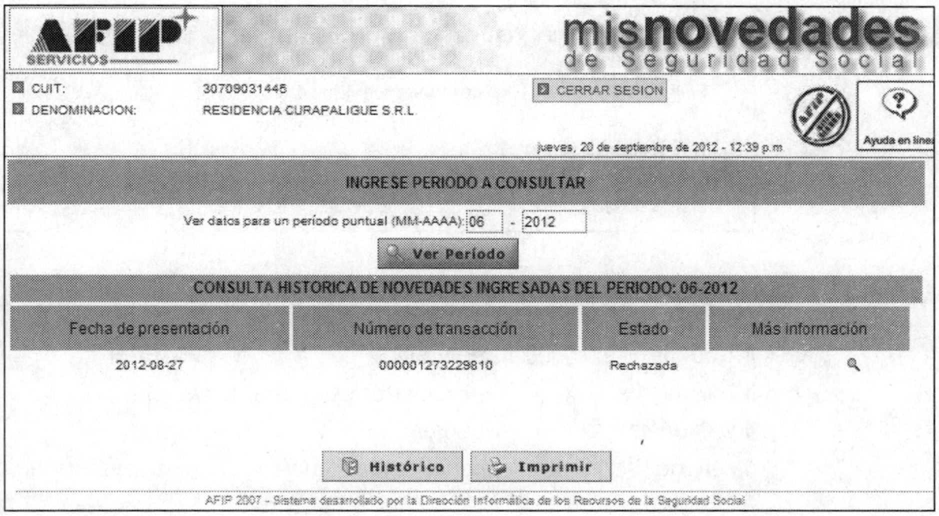

23. MIS APLICACIONES WEB [1]

23.1. Solicitud de la devolución de percepciones por compras en el exterior

Este trámite es llevado a cabo por sujetos que no son contribuyentes del impuesto a las ganancias o sobre los bienes personales.

23.2. Requisitos previos a efectuar la solicitud de devolución

- Contar con Clave Única de Identificación Tributaria (CUIT).
- Tener registrados y aceptados los datos biométricos.
- Contar con clave fiscal.
- Informar a la AFIP la Clave Bancaria Uniforme (CBU) de su cuenta bancaria, a través del servicio con clave fiscal "Declaración de CBU para cobros de origen tributario, aduanero y de la seguridad social".

[1] *Fuente: www.afip.gob.ar*

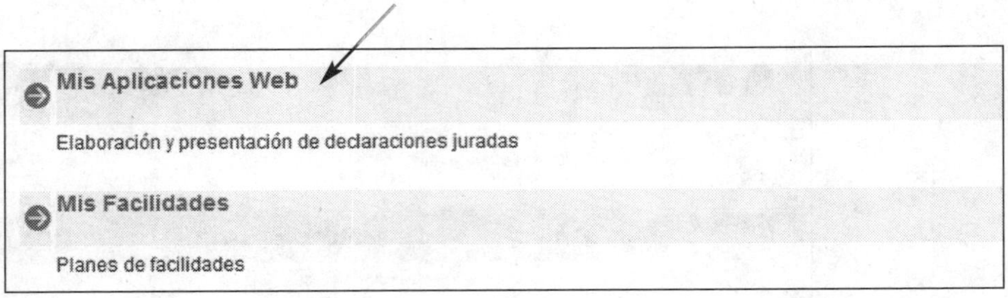

Al ingresar al servicio aparecerán en pantalla las opciones disponibles.

Deberá seleccionar la denominada "Nuevo Formulario", y completar los siguientes campos:

- Tipo formulario: declaración jurada.
- Formulario: F. 746/A – Devoluciones y transferencias.
- Versión: seleccionar la vigente.
- Período fiscal: indicar el período por el cual se solicita la devolución, con el formato AAAAMM.
- Finalmente, seleccionar "Aceptar".

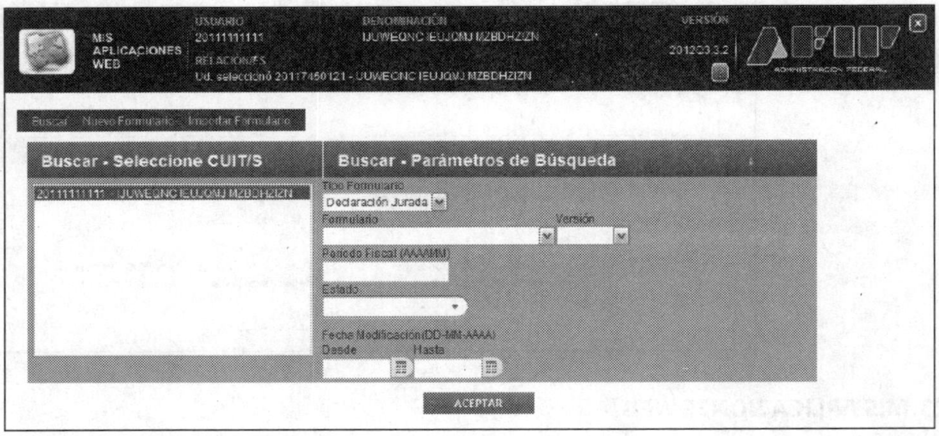

El sistema mostrará el detalle de percepciones registradas en el sistema "Mis Retenciones" para ese período. Allí deberá tildar las que desea tramitar en devolución.

Percepciones registradas en Mis Retenciones

VER	CUIT AGENTE PERCEPCIÓN	RÉGIMEN PERCEPCIÓN	FECHA PERCEPCIÓN	NÚMERO CERTIFICADO	IMPORTE PERCEPCIÓN	PERCEPCIÓN A DEVOLVER
VER	30000000000	905 - Tarjetas de crédito,	11-12-2012	2000000000	82.69	☑
VER	30000000000	905 - Tarjetas de crédito,	11-12-2012	2000000000	245.89	☑
VER	30708400412	905 - Tarjetas de crédito,	11-12-2012	2000000000	352.79	☑
VER	30000000000	905 - Tarjetas de crédito,	11-12-2012	2000000000	159.41	☑
VER	30000000000	905 - Tarjetas de crédito,	11-12-2012	2000000000	145.88	☑
VER	30000000000	905 - Tarjetas de crédito,	11-12-2012	2000000000	20.40	☑
VER	30000000000	905 - Tarjetas de crédito,	11-12-2012	2000000000	80.16	☑
VER	30000000000	905 - Tarjetas de crédito,	11-12-2012	2000000000	104.33	☑
VER	30000000000	905 - Tarjetas de crédito,	11-12-2012	2000000000	198.09	☑

Monto Total de Percepciones seleccionadas según Mis Retenciones 6063.31 OBTENER MONTO TOTAL DE PERCEPCIONES A TRAMITAR EN DEVOLUCIÓN

En caso de que existan percepciones no registradas en el sistema, podrá ingresar las mismas seleccionando: "Agregar percepción".

Para realizar la carga deberá informar:

- Origen.
- Tarjeta.
- Fecha de pago del resumen y/o liquidación/Fecha de débito.
- Monto de la percepción.

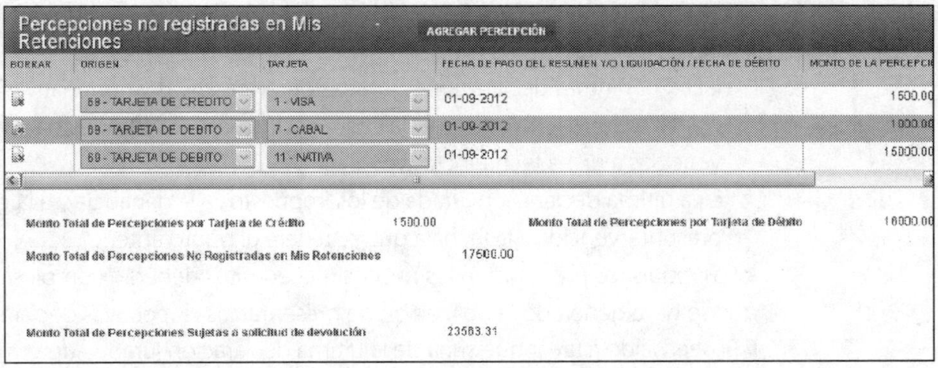

Una vez que haya realizado la carga completa de datos deberá seleccionar e botón "Grabar", que se encuentra en el margen superior de la pantalla.

Al finalizar la carga deberá presionar el botón "Presentar".

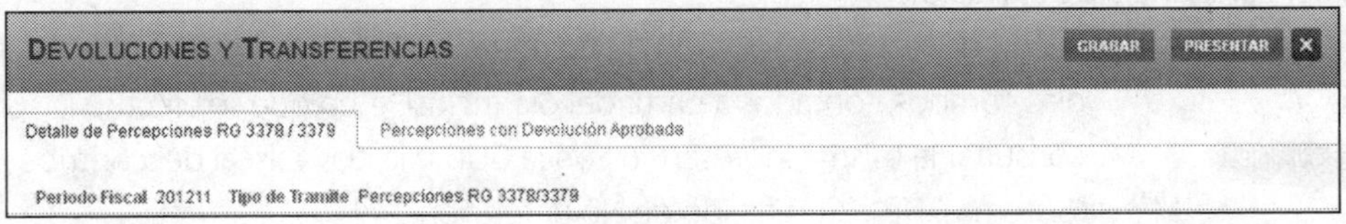

El sistema preguntará si confirma la presentación, y luego le informará que la presentación ya fue realizada.

Aceptando este mensaje podrá visualizar el "Acuse de recibo" de la presentación.

24. TRÁMITES DE LA CATEGORÍA REGÍMENES DE RETENCIÓN. CONTRIBUCIONES PATRONALES. SOLICITUD DE EXCLUSIÓN [RG (AFIP) 1904] [1]

La exclusión podrá ser solicitada en cualquier mes calendario. Se formalizará mediante transferencia electrónica de datos, con la utilización de clave fiscal, a través del servicio denominado "Sistema CNR - Certificado de No Retención".

[1] *Fuente: www.afip.gob.ar*

24.1. Requisitos

- El alta como empleador, de acuerdo con lo regulado por la RG (AFIP) 10, sus modificatorias y complementarias –solicitud de inscripción, altas y/o modificación de datos–.
- Actualizada la información sobre la actividad o las actividades económicas que se realizan, conforme al nomenclador establecido por la RG (AFIP) 485 –Clasificación y codificación de actividades–.
- Actualizado el domicilio fiscal declarado ante la AFIP [en los términos establecidos por el artículo 3 de la ley 11683, texto ordenado en 1998 y sus modificaciones, y por la RG (AFIP) 2109, sus modificatorias y complementaria –Reglamentación del domicilio fiscal–].
- Haber presentado:
  - Las 12 últimas declaraciones juradas determinativas y nominativas de los aportes y contribuciones con destino a la seguridad social y del impuesto al valor agregado, vencidas a dicha fecha, inclusive.
  - La última declaración jurada de los impuestos a la ganancia y a la ganancia mínima presunta, vencida a la fecha a que se refiere el punto anterior.
- Los requisitos previstos en los puntos precedentes deberán cumplirse en la medida en que se haya generado la obligación de presentar las respectivas declaraciones juradas.
- Poseer saldo a favor que surja de la última declaración jurada –determinativa y nominativa de los aportes y contribuciones con destino a la seguridad social– vencida a la fecha de interposición de la solicitud de exclusión, inclusive.

Dicho saldo a favor deberá tener origen en las retenciones sufridas con motivo de alguno de los regímenes incluidos en la RG en comentario. A su vez, el monto del aludido saldo a favor deberá ser equivalente como mínimo al 20% del importe total de las contribuciones patronales consignadas en la referida declaración jurada.
La procedencia o la denegatoria de la exclusión solicitada será resuelta por AFIP.

24.2. Constancia de exclusión

Luego de realizar la solicitud de no retención y transcurrido el plazo reglamentado (15 días corridos, contados a partir del día, inclusive, en que se efectuó la solicitud) podrá consultar la misma ingresando con la CUIT y la clave fiscal del contribuyente al servicio "Sistema CNR", "Certificado de No Retención".
Asimismo, ingresando a la página web de la AFIP, www.afip.gob.ar ---> Impositiva ---> Contribuyentes Régimen General ---> Consultas ---> Certificados ---> RG 1904 - No Retención - Seguridad Social, cualquier interesado puede verificar, a través de este servicio, la validez y vigencia de los certificados de exclusión de regímenes de retención de seguridad social.
De resultar procedente la exclusión se publicará en la página web de la AFIP (http://www.afip.gob.ar/), el apellido y nombres, denominación o razón social y la Clave Única de Identificación Tributaria (CUIT) del solicitante, así como el lapso durante el cual tendrá efecto.

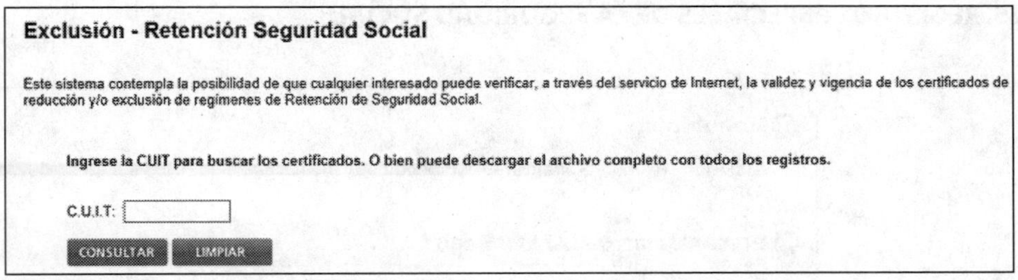
Exclusión - Retención Seguridad Social

Este sistema contempla la posibilidad de que cualquier interesado puede verificar, a través del servicio de Internet, la validez y vigencia de los certificados de reducción y/o exclusión de regímenes de Retención de Seguridad Social.

Ingrese la CUIT para buscar los certificados. O bien puede descargar el archivo completo con todos los registros.

C.U.I.T.:

CONSULTAR LIMPIAR

El beneficiario deberá imprimir, mediante la utilización de su equipamiento informático, la respectiva "Constancia de Exclusión".

24.3. Vigencia del certificado

El beneficio de exclusión será otorgado por períodos mensuales completos y tendrá una vigencia máxima de 6 meses calendarios, contados a partir del mes, inclusive, inmediato siguiente a aquel en que sea resuelta favorablemente la procedencia de dicho beneficio.

24.4. Renovación del certificado

La renovación podrá ser peticionada:

- luego de que haya finalizado la vigencia del beneficio anteriormente otorgado,
- con una anterioridad de 30 días corridos a dicha finalización, a efectos de que el beneficio sea renovado, de corresponder, a partir del día siguiente al del vencimiento original.

24.5. Pérdida del beneficio

La exclusión otorgada quedará sin efecto cuando, durante su vigencia, su beneficiario quede comprendido en alguna de las causales mencionadas en "Exclusión del Régimen".
La pérdida del beneficio de exclusión y sus fundamentos serán notificados al interesado. Asimismo, dicha situación será publicada en la página web de la AFIP.
La pérdida del beneficio de exclusión se producirá, para el interesado, a partir del día, inclusive, inmediato siguiente a la fecha de su notificación, y tendrá efecto respecto de los agentes de retención a partir de su publicación en el sitio web de la AFIP.

24.6. Disconformidad

La disconformidad respecto de la denegatoria de la exclusión solicitada podrá manifestarse mediante la presentación de una nota, en los términos de la RG (AFIP) 1128, acompañada de la prueba documental de la que el sujeto intenta valerse para respaldar su reclamo, dentro del plazo de 15 días hábiles administrativos, contados a partir del día, inclusive, inmediato siguiente a la fecha de la notificación de la mencionada denegatoria. Dicha presentación se efectuará ante la dependencia del organismo en la cual el sujeto se encuentre inscripto.
Respecto de la pérdida del beneficio de exclusión, su disconformidad deberá manifestarse mediante la vía recursiva prevista por el artículo 74 de la reglamentación de la ley 11683, texto ordenado en 1998 y sus modificaciones.
Cuando la disconformidad presentada, respecto de la denegatoria de la exclusión solicitada o de la pérdida del beneficio, sea resuelta a favor del reclamante, la exclusión se publicará en la página web de la AFIP, y producirá efecto a partir del día de dicha publicación, inclusive.

25. REGISTROS ESPECIALES DE LA SEGURIDAD SOCIAL [1]

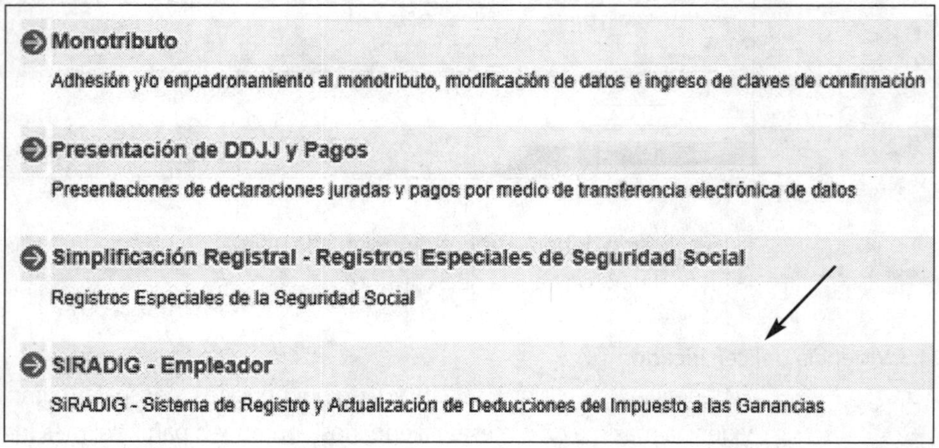

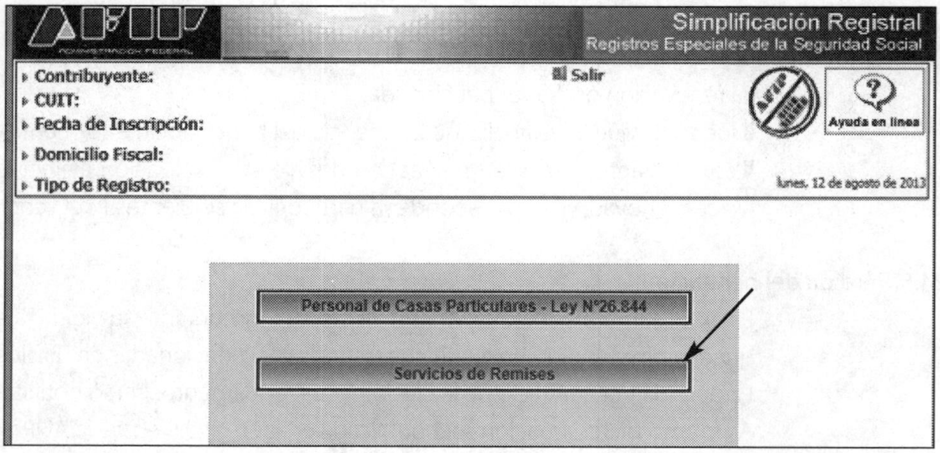

25.1. Registrar el alta como empleador y a los empleados/as de casas particulares, modificaciones y bajas

Empleados de casas particulares

Son los que realizan actividades de mucamas, niñeras, cocineras, jardineros, caseros, amas de llaves, damas de compañía, mayordomos, institutrices, nurses o gobernantas.

Registración a través de la web de AFIP

▮ Paso 1: Ingresar al servicio denominado "Simplificación Registral - Registros Especiales de Seguridad Social" (ya sea con clave fiscal o través de Link o Banelco), declarando la fecha de inscripción y el o los lugares donde los trabajadores realizan las tareas.

▮ Paso 2: Declarar los datos del o de los trabajadores.

▮ Paso 3: Con los datos declarados en los puntos 1 y 2, registrar las relaciones laborales vigentes.

[1] *Fuente: www.afip.gob.ar*

Una vez realizados estos pasos podrá imprimir los comprobantes que emite el sistema. Uno debe quedar en poder del empleador y el otro en poder del trabajador, con las respectivas firmas.

Registración a través de home banking

- Paso 1: Desde la página de homebanking, seleccionar "Servicios AFIP". El sistema abrirá una nueva pantalla y le mostrará los servicios que tiene habilitados en AFIP. Deberá hacer click en "Simplificación Registral - Registros Especiales de Seguridad Social" donde podrá declarar la fecha de inscripción y el o los lugares donde los trabajadores realizan las tareas.
- Paso 2: Declarar los datos del o de los trabajadores.
- Paso 3: Con los datos declarados en los puntos 1 y 2 registrar las relaciones laborales vigentes. Una vez realizados estos pasos podrá imprimir los comprobantes que emite el sistema. Uno debe quedar en poder del empleador y el otro en poder del trabajador, con las respectivas firmas.

Registración telefónica

- Paso 1: Deberá comunicarse telefónicamente al 0800–222–2526, opción 2. El operador, le solicitará una serie de datos y realizará un proceso de identificación personal. Para ello, deberá tener el documento (DNI) y los últimos 2 pagos realizados con el formulario F. 102/B.
- Paso 2: Cumplido el paso 1) se procederá a registrar la relación laboral, para lo cual deberá contar con la siguiente información:
  - Respecto del lugar de trabajo: provincia, código postal, calle, número, piso, departamento y localidad.
  - Respecto del trabajador: número de CUIL, nombre y apellido, obra social, fecha de nacimiento, CBU (en caso de poseer), y un teléfono o correo electrónico de contacto (opcional).
  - Respecto del domicilio del trabajador: provincia, código postal, calle, número, piso, departamento y localidad.
  - Respecto de la relación laboral - Puesto desempeñado: horas semanales que trabaja, retribución pactada y modalidad de liquidación.
- Paso 3: Finalmente el operador confirmará los datos en el registro y le indicará al empleador cómo proceder para obtener la "Constancia del Trabajador". Una constancia deberá quedar en poder del empleador y otra en poder del trabajador, con las respectivas firmas.
- Comprobante del Registro del Trabajador de Casas Particulares:

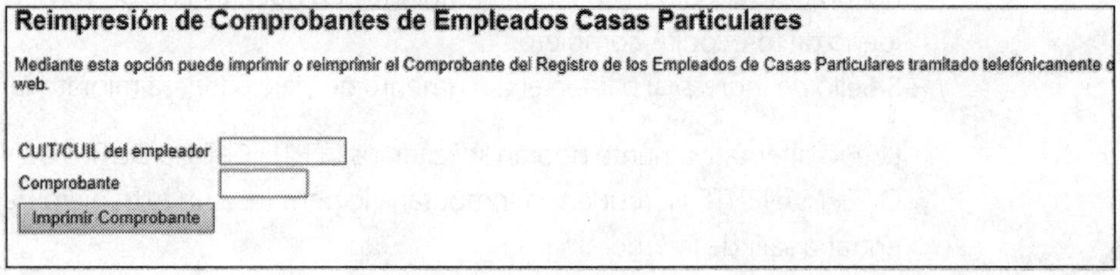

Reimpresión de Comprobantes de Empleados Casas Particulares

Mediante esta opción puede imprimir o reimprimir el Comprobante del Registro de los Empleados de Casas Particulares tramitado telefónicamente o web.

CUIT/CUIL del empleador

Comprobante

Imprimir Comprobante

Empleador de un trabajador extranjero de casas particulares [1]

Si se va a contratar a trabajadores extranjeros, es importante que se conozcan los pasos que deberán seguir para trabajar legalmente en nuestro país:

1) Tramitar la residencia en nuestro país

▌¿QUÉ ES?

La residencia precaria es un documento gratuito y provisorio –con vencimiento–, que le permite al futuro trabajador gestionar el documento nacional de identidad –DNI– y el CUIL, que lo habilita a trabajar legalmente en el país.

▌¿DÓNDE IR?

Dirigirse a la Dirección Nacional de Migraciones., Departamento Gestión de Trámites de la Dirección de Radicaciones, Dirección Nacional de Migraciones (horario de atención: 7:30 a 18:00 hs).

▌¿CUÁLES SON LOS REQUISITOS Y COSTOS PARA INICIAR EL TRÁMITE?

1. Antecedentes penales argentinos.
2. Obtener el turno on line para la residencia precaria.

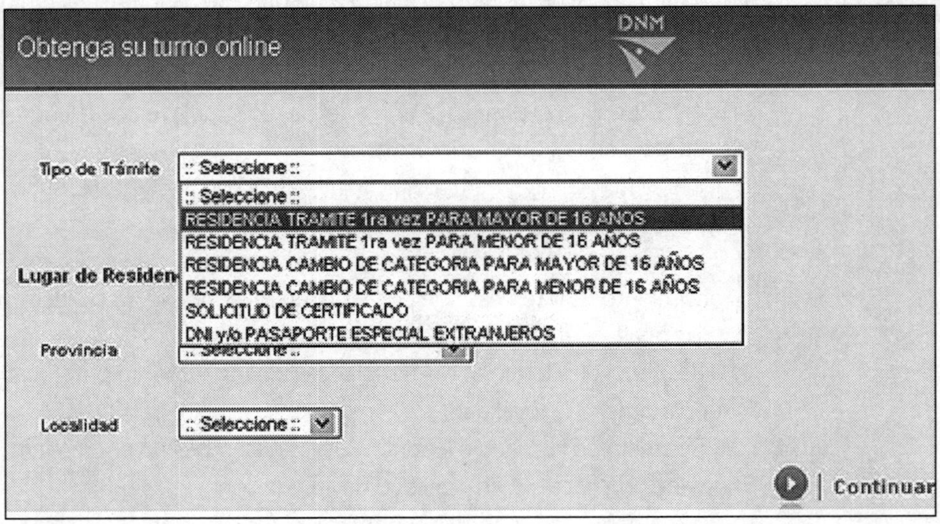

3. Tasa de radicación MERCOSUR: $ 300, NO-MERCOSUR: $ 600.
4. Dos fotos 4×4 (fondo blanco y liso)
5. Antecedentes penales país de origen.
6. Certificado de domicilio: en cualquier comisaría de Policía Federal o provincial.
7. Cédula de identidad, pasaporte o certificado de nacionalidad con foto, originales. Estos documentos deberán encontrarse vigentes, en buen estado de conservación y con un juego de fotocopias completo.
8. Sello de ingreso al país en el documento de viaje o tarjeta migratoria.

Luego, alternativamente podrán solicitar los CERTIFICADOS DE RESIDENCIA TEMPORARIA O PERMANENTE. La residencia temporaria le permite a un extranjero trabajar, estudiar y entrar o salir de la Argentina.

[1] *Fuente: www.afip.gob.ar*

Más información en el siguiente sitio web: http://www.migraciones.gov.ar/accesible/?residencias

2) Obtener el documento nacional de identidad (DNI)
Más información en el siguiente sitio web:
http://www.migraciones.gov.ar/accesible/?dni_extranjeros

3) Obtener el CUIL
Dirigirse a la Administración Nacional de la Seguridad Social, ANSES:

Solicitante	Debe presentar
Extranjeros con residencia no permanente en el país	Certificado de la Dirección Nacional de Población y Migraciones, o pasaporte (en el que conste tipo de residencia; ésta no debe ser turista o permanente), o Permiso de Ingreso al País expedido por consulados o en virtud de convenios internacionales, para el caso de extranjeros que no cuenten con documentación argentina.
Argentinos o extranjeros con residencia permanente en la Argentina	DNI, LC o LE. Solamente si extravió el DNI, deberá llevar la constancia de documento en trámite y otra documentación donde surja el nombre, apellido, la fecha de nacimiento y número de documento (ejemplo: cédula de identidad, licencia de conducir, pasaporte).

Registro

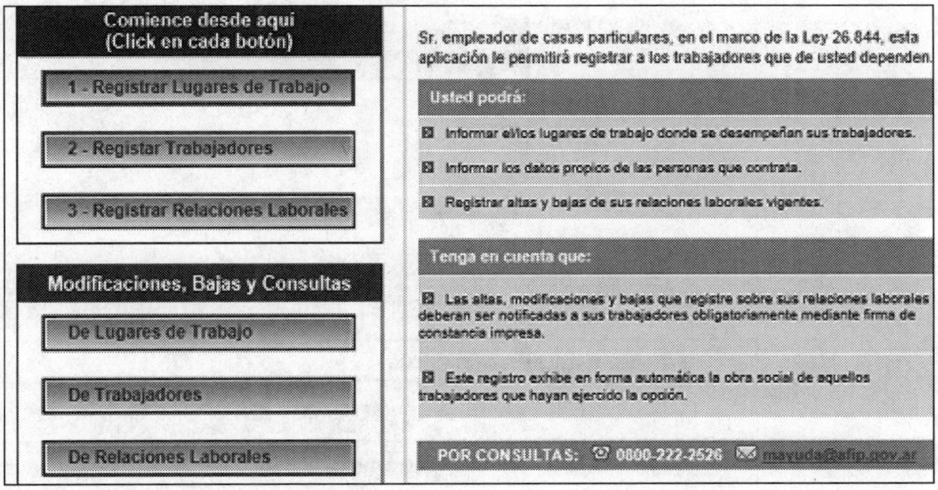

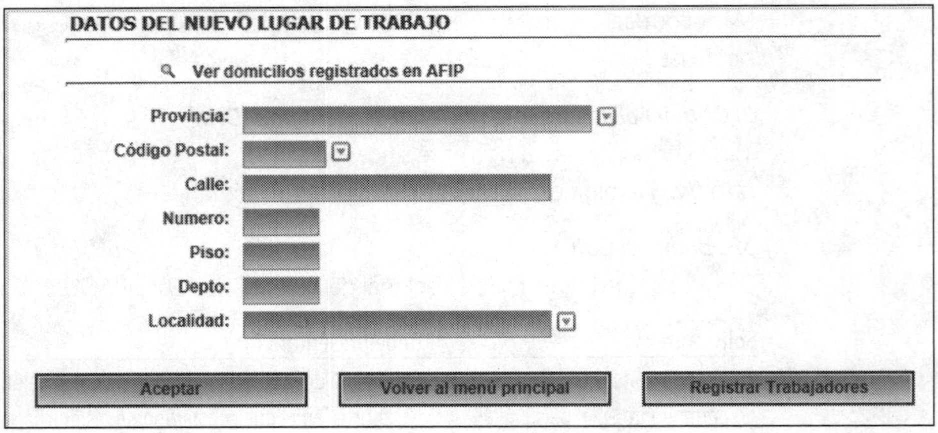
DATOS DEL NUEVO LUGAR DE TRABAJO

Ver domicilios registrados en AFIP

Provincia:
Código Postal:
Calle:
Numero:
Piso:
Depto:
Localidad:

Aceptar | Volver al menú principal | Registrar Trabajadores

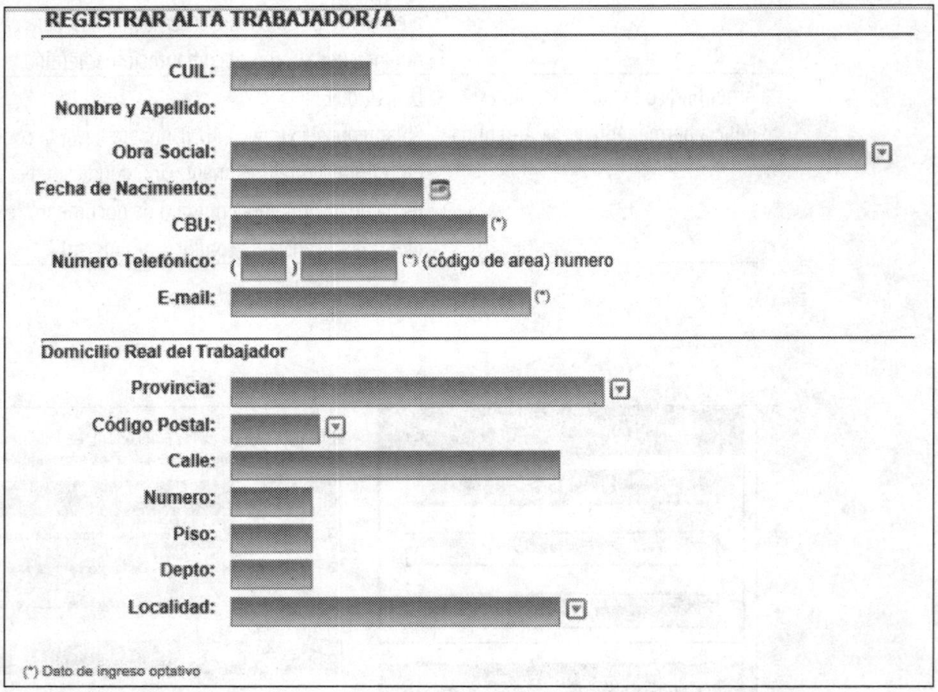
REGISTRAR ALTA TRABAJADOR/A

CUIL:
Nombre y Apellido:
Obra Social:
Fecha de Nacimiento:
CBU: (*)
Número Telefónico: ( ) (*) (código de area) numero
E-mail: (*)

Domicilio Real del Trabajador

Provincia:
Código Postal:
Calle:
Numero:
Piso:
Depto:
Localidad:

(*) Dato de ingreso optativo

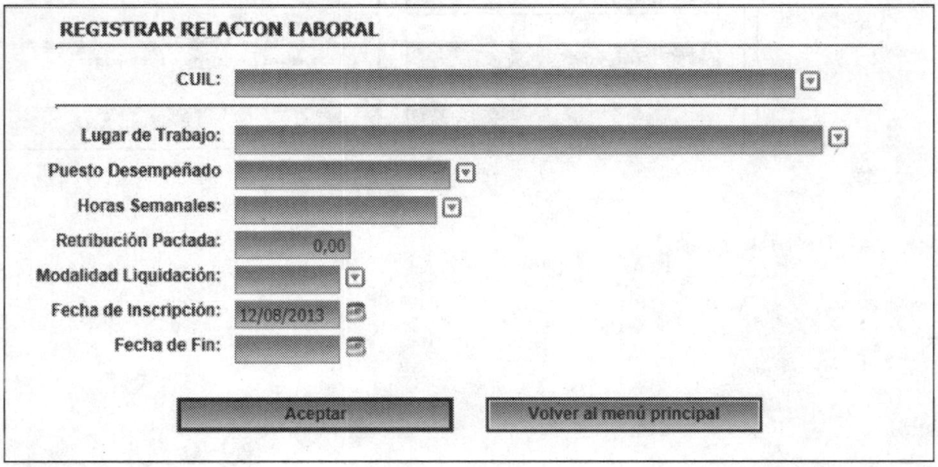
REGISTRAR RELACION LABORAL

CUIL:

Lugar de Trabajo:
Puesto Desempeñado
Horas Semanales:
Retribución Pactada: 0,00
Modalidad Liquidación:
Fecha de Inscripción: 12/08/2013
Fecha de Fin:

Aceptar | Volver al menú principal

25.2. Servicios de remises

Se refiere a la obligación de registrar los vehículos de alquiler bajo la modalidad de auto remís.

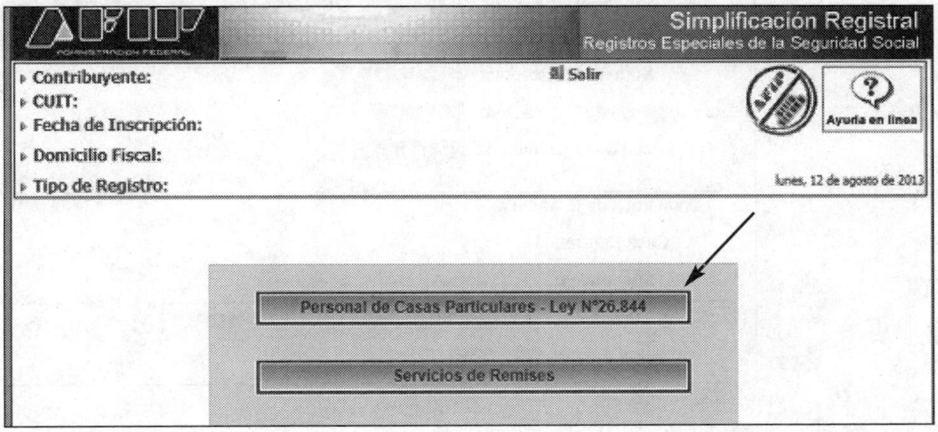

Deberá inscribirse en el registro especial de vehículos de alquiler, bajo la modalidad de auto remís, la agencia habilitada por la Autoridad de Aplicación para la prestación del servicio de viajes pactados con los locatarios, efectuada mediante automóviles de alquiler con chofer, debidamente autorizados.

La obligación de informar se cumplirá con independencia del encuadre previsional que corresponda otorgar a los choferes.

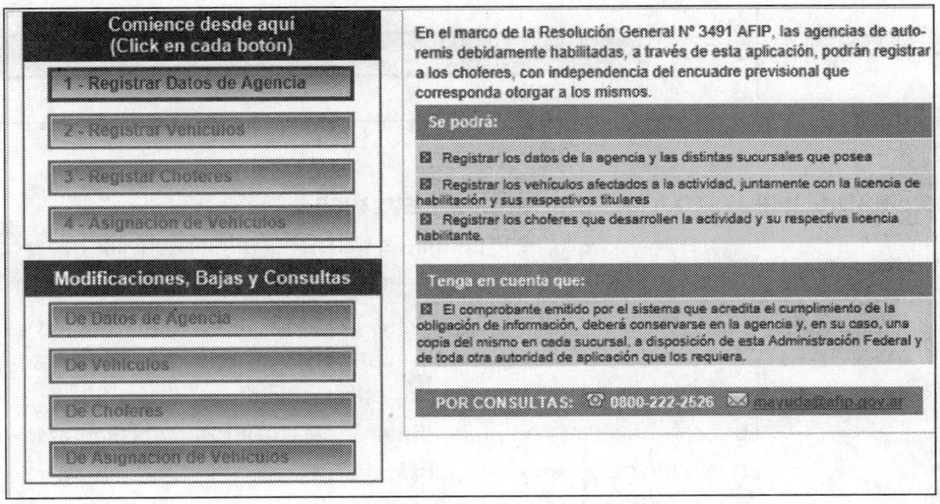

Registrar alta de agencia de remís

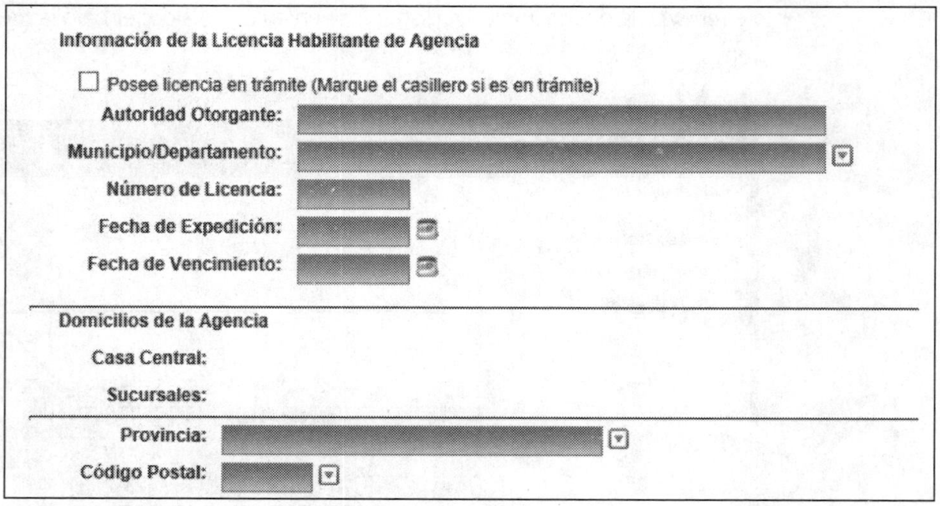

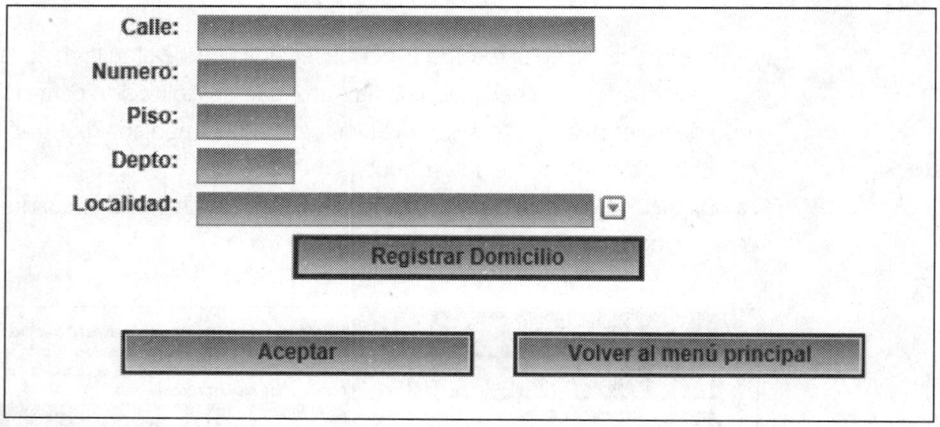

26. SiRADIG. IMPUESTO A LAS GANANCIAS. F. 572 WEB [1]

Es un servicio web que le permite al trabajador remitir aquellos datos de los conceptos que pretenda deducir en el régimen de retención del impuesto a las ganancias, las percepciones que le hubieren realizado, así como también informar otros ingresos obtenidos en caso de pluriempleo. Esta información es remitida electrónicamente al empleador a fin de habilitarlo a realizar los cálculos pertinentes.

Los contribuyentes comprendidos en las RG (AFIP) 2437/08 (Rentas del trabajo personal en relación de dependencia, jubilaciones, pensiones y otras rentas) y RG (AFIP) 2442/08 (Actores que perciben sus retribuciones a través de la Asociación Argentina de Actores), a efectos de cumplir con las obligaciones de información dispuestas por sus artículos 11 y 7, respectivamente, deberán utilizar el servicio "Sistema de Registro y Actualización de Deducciones del Impuesto a las Ganancias (SiRADIG) - TRABAJADOR", en sustitución del formulario de declaración jurada F. 572, cuando se verifique alguno de los supuestos que seguidamente se indican:

[1] *Fuente: www.afip.gob.ar*

a) Que la remuneración bruta o las rentas obtenidas, en el caso de los actores comprendidos en la RG (AFIP) 2442/08, correspondientes al año calendario inmediato anterior al que se declara, sean iguales o superiores a $ 250.000.
La determinación de la remuneración bruta aludida en el párrafo anterior se efectuará conforme a lo previsto en el apartado A del Anexo II de la RG (AFIP) 2437/08. Asimismo, cuando el año a considerar para dicha determinación sea el del inicio de la relación laboral y no se hubieran abonado remuneraciones por los 12 meses correspondientes, a los fines de establecer si en el período siguiente corresponderá utilizar el referido servicio, deberá considerarse la remuneración bruta mensual pactada y proyectarla a todo el año calendario. En caso de pluriempleo, el beneficiario deberá considerar la suma total de las remuneraciones brutas correspondientes a sus distintos empleos.

b) Que computen como pago a cuenta del gravamen las percepciones que les hubieren practicado durante el período fiscal que se liquida, conforme al régimen de percepción establecido por la RG 3450/13.

c) Que el empleador –por razones administrativas– así lo determine.
El servicio "Sistema de Registro y Actualización de Deducciones del Impuesto a las Ganancias (SiRADIG) - TRABAJADOR" –al cual se accede a través del sitio web de la AFIP (http://www.afip.gob.ar)–, permite la transferencia electrónica de los datos contenidos en el formulario de declaración jurada F. 572 web.
Para ello, deberá contarse con clave fiscal con nivel de seguridad 2 o superior, tramitada de acuerdo con lo dispuesto por la RG (AFIP) 2239/07, debiendo –en su caso– autorizar a los responsables que la utilizarán, en el servicio denominado "Administrador de Relaciones".
AFIP pondrá a disposición del empleador. en el sitio web institucional (http://www.afip.gob.ar), mediante el servicio "Sistema de Registro y Actualización de Deducciones del Impuesto a las Ganancias (SiRADIG) - EMPLEADOR", al que se accederá con clave fiscal, la información:

1. Suministrada por el beneficiario de la renta, a efectos de que sea tenida en cuenta para la determinación del importe a retener.
2. Referida a los agentes de retención que fueran sustituidos como tales, por darse alguna de las situaciones indicadas en el artículo 3 de la RG 2437/08. A tal efecto se indicarán, respecto de cada beneficiario, los datos correspondientes al nuevo agente de retención. El agente de retención deberá, previo a la determinación mensual del importe a retener, realizar la consulta a través del mencionado servicio, a fin de conocer las últimas novedades ingresadas por los beneficiarios.

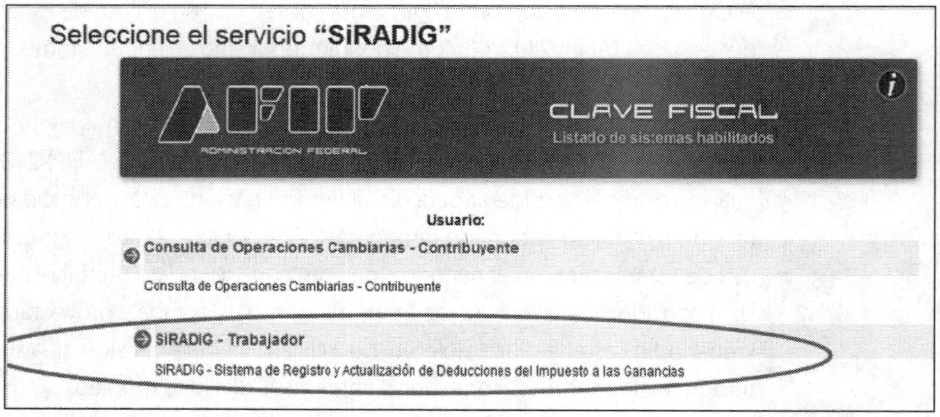
Seleccione el servicio "SiRADIG"
CLAVE FISCAL
Listado de sistemas habilitados
Usuario:
Consulta de Operaciones Cambiarias - Contribuyente
Consulta de Operaciones Cambiarias - Contribuyente
SiRADIG - Trabajador
SIRADIG - Sistema de Registro y Actualización de Deducciones del Impuesto a las Ganancias

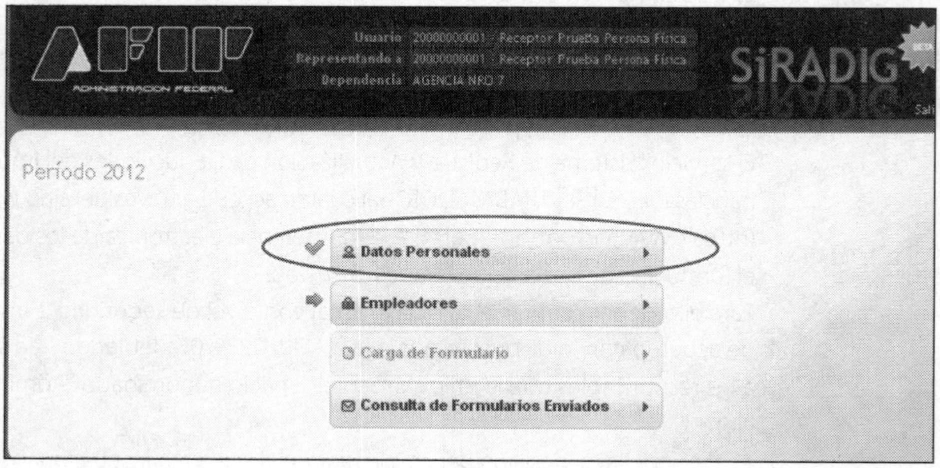
ADMINISTRACION FEDERAL
Usuario 20000000001 - Receptor Prueba Persona Fisica
Representando a 20000000001 - Receptor Prueba Persona Fisica
Dependencia AGENCIA NRO 7
SiRADIG
Período 2012
Datos Personales
Empleadores
Carga de Formulario
Consulta de Formularios Enviados

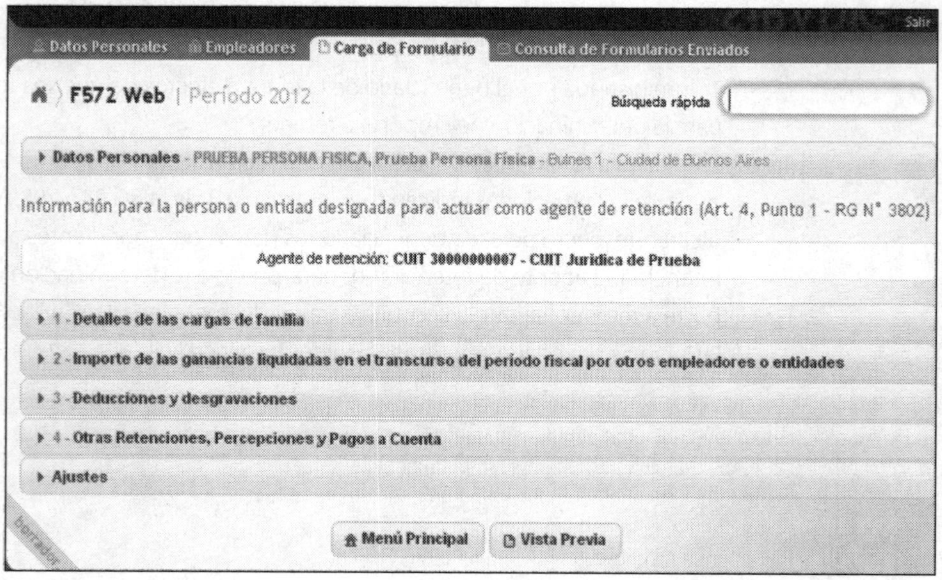
Datos Personales
Empleadores
Carga de Formulario
Consulta de Formularios Enviados
F572 Web | Período 2012
Búsqueda rápida
Datos Personales - PRUEBA PERSONA FISICA, Prueba Persona Física - Bulnes 1 - Ciudad de Buenos Aires
Información para la persona o entidad designada para actuar como agente de retención (Art. 4, Punto 1 - RG N° 3802)
Agente de retención: CUIT 30000000007 - CUIT Juridica de Prueba
1 - Detalles de las cargas de familia
2 - Importe de las ganancias liquidadas en el transcurso del período fiscal por otros empleadores o entidades
3 - Deducciones y desgravaciones
4 - Otras Retenciones, Percepciones y Pagos a Cuenta
Ajustes
Menú Principal
Vista Previa

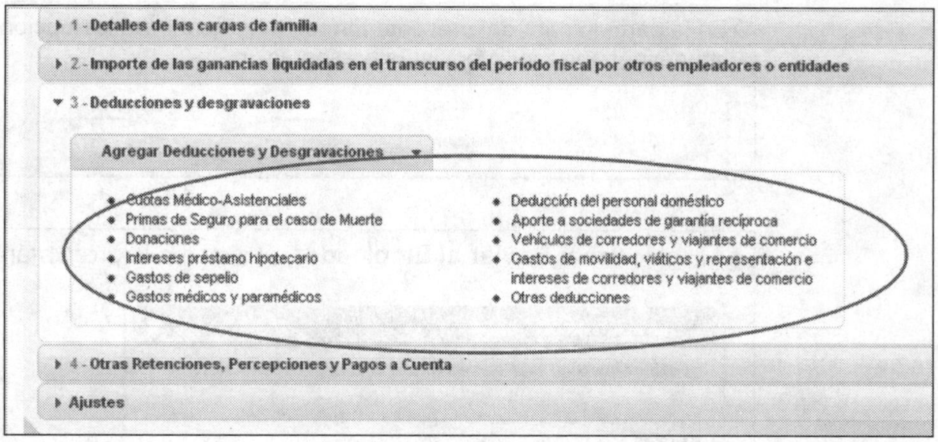

▸ 1 - Detalles de las cargas de familia

▸ 2 - Importe de las ganancias liquidadas en el transcurso del período fiscal por otros empleadores o entidades

▾ 3 - Deducciones y desgravaciones

Agregar Deducciones y Desgravaciones ▾

- Cuotas Médico-Asistenciales
- Primas de Seguro para el caso de Muerte
- Donaciones
- Intereses préstamo hipotecario
- Gastos de sepelio
- Gastos médicos y paramédicos
- Deducción del personal doméstico
- Aporte a sociedades de garantía recíproca
- Vehículos de corredores y viajantes de comercio
- Gastos de movilidad, viáticos y representación e intereses de corredores y viajantes de comercio
- Otras deducciones

▸ 4 - Otras Retenciones, Percepciones y Pagos a Cuenta

▸ Ajustes

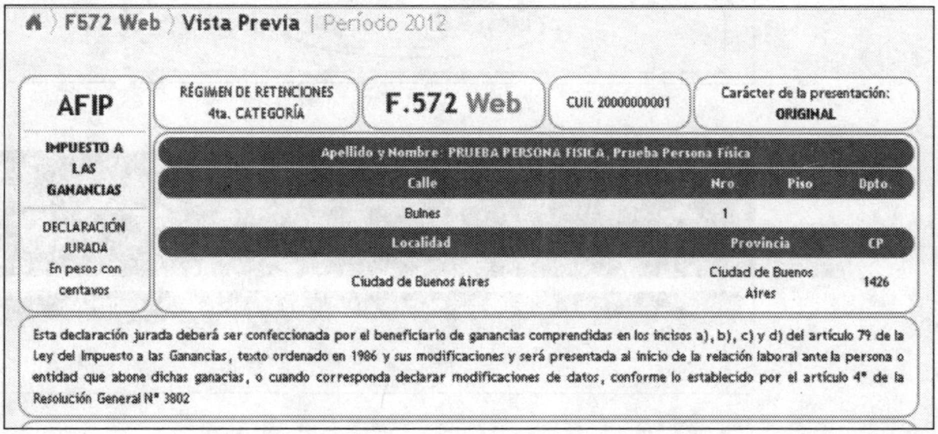

F572 Web › Vista Previa | Período 2012

AFIP | RÉGIMEN DE RETENCIONES 4ta. CATEGORÍA | F.572 Web | CUIL 20000000001 | Carácter de la presentación: ORIGINAL

IMPUESTO A LAS GANANCIAS

DECLARACIÓN JURADA En pesos con centavos

Apellido y Nombre: PRUEBA PERSONA FISICA, Prueba Persona Física

Calle	Nro	Piso	Dpto
Bulnes	1		

Localidad	Provincia	CP
Ciudad de Buenos Aires	Ciudad de Buenos Aires	1426

Esta declaración jurada deberá ser confeccionada por el beneficiario de ganancias comprendidas en los incisos a), b), c) y d) del artículo 79 de la Ley del Impuesto a las Ganancias, texto ordenado en 1986 y sus modificaciones y será presentada al inicio de la relación laboral ante la persona o entidad que abone dichas ganacias, o cuando corresponda declarar modificaciones de datos, conforme lo establecido por el artículo 4° de la Resolución General N° 3802

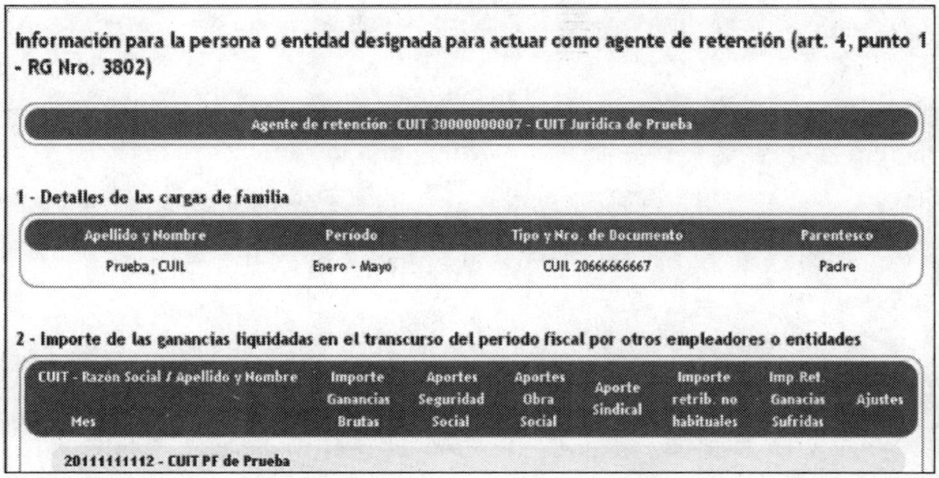

Información para la persona o entidad designada para actuar como agente de retención (art. 4, punto 1 - RG Nro. 3802)

Agente de retención: CUIT 30000000007 - CUIT Jurídica de Prueba

1 - Detalles de las cargas de familia

Apellido y Nombre	Periodo	Tipo y Nro. de Documento	Parentesco
Prueba, CUIL	Enero - Mayo	CUIL 20666666667	Padre

2 - Importe de las ganancias liquidadas en el transcurso del periodo fiscal por otros empleadores o entidades

CUIT - Razón Social / Apellido y Nombre Mes	Importe Ganancias Brutas	Aportes Seguridad Social	Aportes Obra Social	Aporte Sindical	Importe retrib. no habituales	Imp Ret. Ganacias Sufridas	Ajustes
20111111112 - CUIT PF de Prueba							

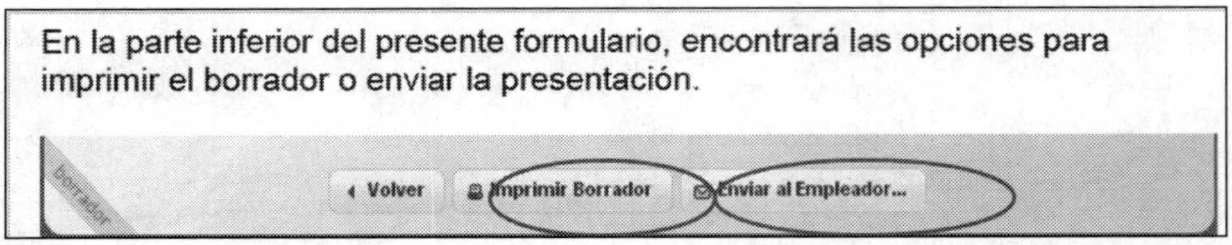
En la parte inferior del presente formulario, encontrará las opciones para imprimir el borrador o enviar la presentación.
borrador
Volver
Imprimir Borrador
Enviar al Empleador...

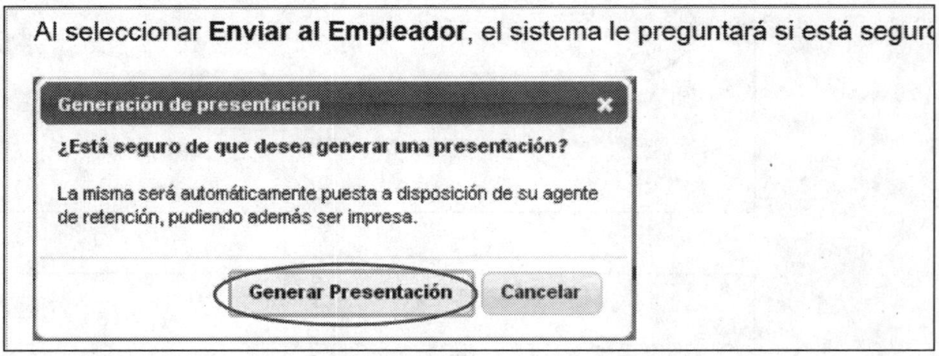
Al seleccionar **Enviar al Empleador**, el sistema le preguntará si está seguro
Generación de presentación
¿Está seguro de que desea generar una presentación?
La misma será automáticamente puesta a disposición de su agente de retención, pudiendo además ser impresa.
Generar Presentación
Cancelar

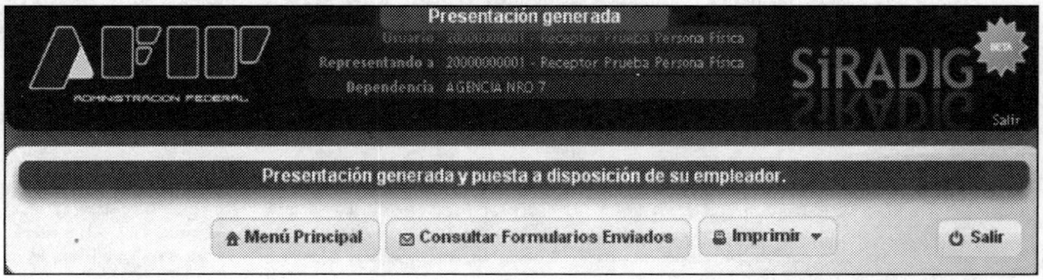
Presentación generada
Usuario 20000000001 - Receptor Prueba Persona Física
Representando a 20000000001 - Receptor Prueba Persona Física
Dependencia AGENCIA NRO 7
ADMINISTRACION FEDERAL
SiRADIG
BETA
Salir
Presentación generada y puesta a disposición de su empleador.
Menú Principal
Consultar Formularios Enviados
Imprimir
Salir

Capítulo IV | Dirección de Empleo. Gobierno de la Ciudad Autónoma de Buenos Aires

1. REGISTRO DE EMPLEADORES

Organismo responsable

Ministerio de Desarrollo Económico, Subsecretaría de Trabajo – Registro de Empleadores. Dirección: Bartolomé Mitre 575 "PB". Horarios de atención: lunes a viernes 10:00 a 16:00 hs. Tel.: 4131-5914.

1.1. Objetivo

Monitorear la evolución del mercado formal de trabajo.

1.2. Requisitos

- La carga de datos se realizará on line.
- Debe efectuarla todo empleador con domicilio legal o establecimientos localizados en la Ciudad Autónoma de Buenos Aires.

1.3. Plazo de ingreso de la carga de datos

Se informan los datos devengados en el periodo fiscal anterior, hasta el 31 de mayo de cada año siguiente.

A considerar... Los datos ingresados en el registro de empleadores on line serán exclusivamente de la empresa.
El trámite debe realizarse únicamente por los empleadores, así como toda la información consignada (mail, dirección, teléfono, etc.); en caso de requerir o restituir la clave de acceso, sólo podrá ser solicitada por el empleador; no se entregará a intermediarios.

1.4. Acceso al aplicativo [1]

1. Accederá a la aplicación desde la página web del Gobierno de la Ciudad Autónoma de Buenos Aires, www.buenosaires.gob.ar, ingresando en la sección "Trámites y Servicios", ubicada en la parte superior de la barra:

[1] *Fuente: http://www.buenosaires.gob.ar/sites/gcaba/files/instructivo_2013.pdf*

2. Al hacer clic se abrirá la siguiente ventana, donde encontrará la opción "Registro de Empleadores" (señalada con la flecha); la misma permitirá ingresar al instructivo de la guía que detalla 3 puntos sobre la implementación.

3. Dentro de la próxima pantalla que se abre luego de cliquear en la opción antes indicada, hallará un link para acceder al aplicativo y completar los datos solicitados.

En caso de conocer las instrucciones relativas al sistema, acceder directamente colocando la dirección http://www.buenosaires.gob.ar/apps/empleadores/control/index en la barra de direcciones.

Si es nuevo empleador (esto significa que nunca ha ingresado al sistema del Registro de Empleadores On Line) deberá ingresar por:

Nuevo empleador (Genere su clave desde aquí)

Una vez que ingresa como nuevo empleador, deberá hacer el paso 1 de 2, que consiste en ingresar la CUIT sin guiones, razón social, un mail válido de la empresa en cuestión, y el código de seguridad. Por último haga clic en el botón "Generar".

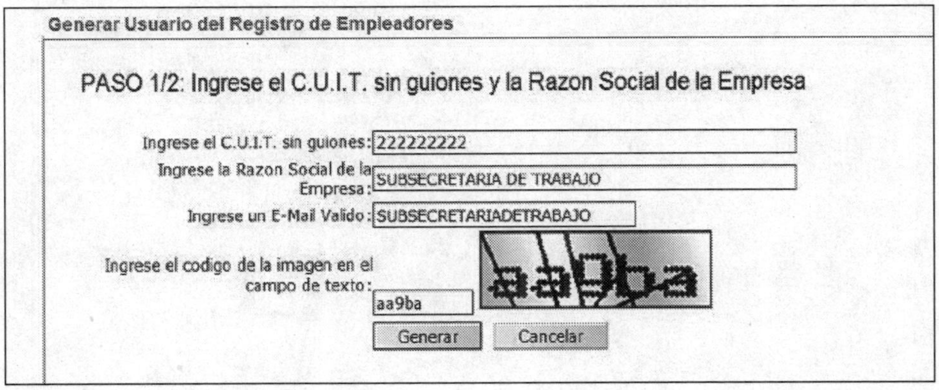

Luego ingresa a la ventana del paso 2 de 2, el cual debe imprimir y guardar como documentación laboral, dado que contiene los datos necesarios para su ingreso al registro y para todas aquellas posteriores modificaciones que desee realizar.

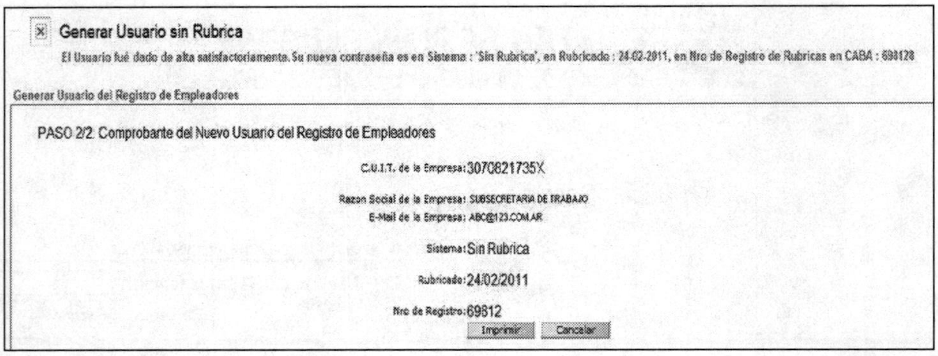

En caso de que ya sea un usuario registrado y no recuerde la clave, clic en el botón que dice "Olvidó su contraseña", luego le llegarán al mail los datos nuevos para el ingreso; tener en cuenta que si realiza este paso, por más que tenga rúbrica en CABA, en el campo "Sistema" debe ingresarse sin rúbrica.

Una vez concluidos todos los pasos, estamos en condiciones de ingresar y proceder a la carga de datos. Todos los campos marcados en rojo con asterisco son obligatorios y deben ser rellenados aunque sea con valor 0.

CARGA DE DATOS POR GRILLA

1) Grilla registral

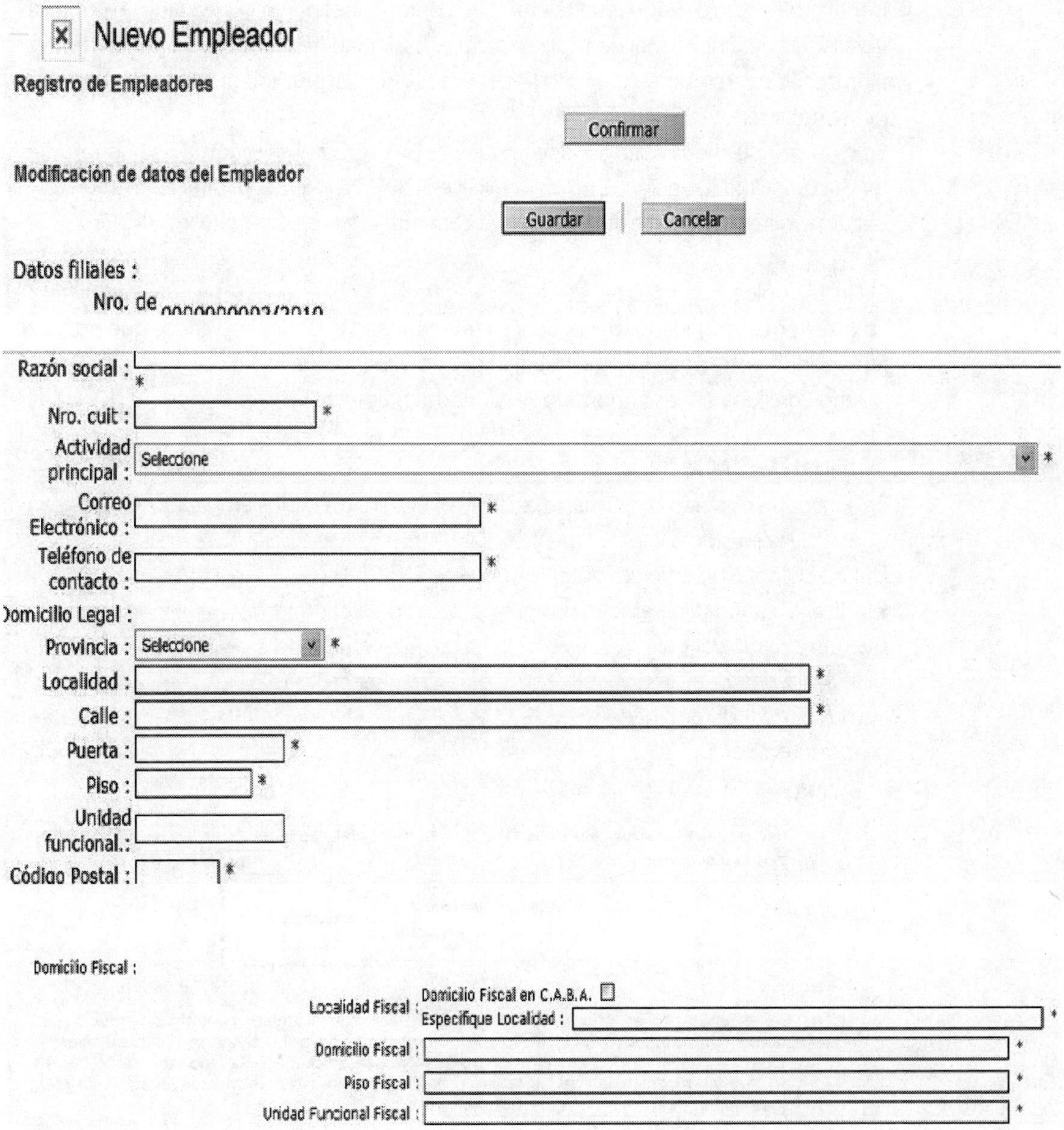
Nuevo Empleador
Registro de Empleadores
Confirmar
Modificación de datos del Empleador
Guardar | Cancelar
Datos filiales :
Nro. de 0000000003/2010
Razón social : *
Nro. cuit : *
Actividad principal : Seleccione *
Correo Electrónico : *
Teléfono de contacto : *
Domicilio Legal :
Provincia : Seleccione *
Localidad : *
Calle : *
Puerta : *
Piso : *
Unidad funcional.:
Código Postal : *
Domicilio Fiscal :
Localidad Fiscal : Domicilio Fiscal en C.A.B.A.
Especifique Localidad : *
Domicilio Fiscal : *
Piso Fiscal : *
Unidad Funcional Fiscal : *

En esta sección aparecerán por defecto cumplimentadas:

- La razón social, aunque podrá modificar este campo únicamente la primera vez que ingresa, en caso de que el nombre no sea el correcto.
- La CUIT.
- El correo electrónico que haya registrado al acceder como nuevo empleador.

Aunque la empresa realice más de una actividad, deberá seleccionar haciendo clic en la flecha superior derecha, y se desplegará un grupo de actividades de las cuales deberá elegir la actividad principal según AFIP o AGIP, para poder acceder al código de actividad que corresponda en el segundo cuadro, donde pregunta la actividad del establecimiento.
Deberá asimismo consignar un teléfono de contacto y el domicilio legal de la empresa, detallando provincia, localidad, calle, puerta, piso, unidad funcional y código postal. Por último, deberá detallar el domicilio fiscal y la localidad, el piso y la unidad funcional correspondiente.
En caso de que el domicilio fiscal se encuentre en la Ciudad Autónoma de Buenos Aires, tendrá que tildar la opción "Domicilio Fiscal en CABA" e ingresar la dirección en un recuadro emergente que se abrirá automáticamente al hacer clic en "Domicilio Fiscal".

2) Grilla empleados
En este ítem el empleador deberá declarar la cantidad total de empleados que posee, diferenciando entre aquellos que trabajan dentro y fuera de la jurisdicción de la CABA. Asimismo, consignará si es importador/exportador, o ambos.

3) Grilla sedes CABA
En esta parte deberán consignarse exclusivamente datos de los empleados que trabajen dentro de la jurisdicción de CABA.
Dentro del total de empleados en CABA deberá:

- Indicar la cantidad de empleados por modalidad de contratación, sabiendo que se pueden categorizar en:
  a. A plazo fijo.
  b. A plazo indeterminado.
  c. Por temporada.
  d. Eventual.

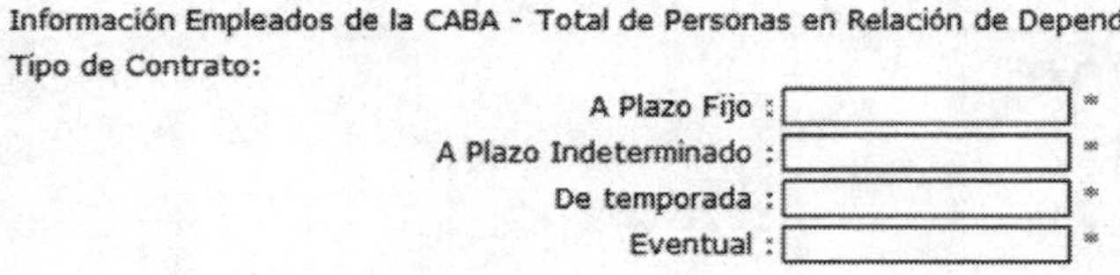
Información Empleados de la CABA - Total de Personas en Relación de Dependencia:
Tipo de Contrato:
A Plazo Fijo : *
A Plazo Indeterminado : *
De temporada : *
Eventual : *

Nota: Se entiende por el artículo 90 de la Ley 20.744 que cualquier contrato de trabajo será celebrado por tiempo indeterminado, salvo que su término resulte de las siguientes circunstancias:
a) Que se haya fijado en forma expresa y por escrito el tiempo de su duración.
b) Que las modalidades de las tareas o de la actividad, razonablemente apreciadas, así lo justifiquen.

4) Cuadro de discapacidad

Cuadro de Discapacidad	Hombres	Con discapacidad	Mujeres	Con discapacidad
		Sin Discapacidad		Sin Discapacidad
		Motora		Motora
		Visual		Visual
Entre 16 y 24 años		Auditiva		Auditiva
		Mental		Mental
		Visceral		Visceral
		Multiple		Multiple
		Sin Discapacidad		Sin Discapacidad
		Motora		Motora
		Visual		Visual
Entre 25 y 29 años		Auditiva		Auditiva
		Mental		Mental
		Visceral		Visceral
		Multiple		Multiple
		Sin Discapacidad		Sin Discapacidad
		Motora		Motora
		Visual		Visual
Entre 30 y 45 años		Auditiva		Auditiva
		Mental		Mental
		Visceral		Visceral
		Multiple		Multiple
		Sin Discapacidad		Sin Discapacidad
		Motora		Motora
		Visual		Visual
Mayores de 45 años		Auditiva		Auditiva
		Mental		Mental
		Visceral		Visceral
		Multiple		Multiple

En el cuadro de discapacidad se deberán llenar las grillas con la cantidad de hombres y mujeres, según tipo de discapacidad y rango de edad.

5) Grilla lugar de residencia

Cuadro de Lugar de Residencia	Hombres	Lugar de residencia	Mujeres	Lugar de residencia
Entre 16 y 24 años		Ciudad de Buenos Aires		Ciudad de Buenos Aires
		Gran Buenos Aires		Gran Buenos Aires
		Otros		Otros
Entre 25 y 29 años		Ciudad de Buenos Aires		Ciudad de Buenos Aires
		Gran Buenos Aires		Gran Buenos Aires
		Otros		Otros
Entre 30 y 45 años		Ciudad de Buenos Aires		Ciudad de Buenos Aires
		Gran Buenos Aires		Gran Buenos Aires
		Otros		Otros
Mayores de 45 años		Ciudad de Buenos Aires		Ciudad de Buenos Aires
		Gran Buenos Aires		Gran Buenos Aires
		Otros		Otros

El cuadro de lugar de residencia deberá contener la cantidad de empleados que viven en cada uno de los puntos marcados, según su sexo y rango de edad.

6) Cuadro de nacionalidad y nivel de instrucción

Cuadro de Nacionalidad	Hombres	Nacionalidad	Mujeres	Nacionalidad
Entre 16 y 24 años		Argentino		Argentino
		Extranjero		Extranjero
		Otros		Otros
Entre 25 y 29 años		Argentino		Argentino
		Extranjero		Extranjero
		Otros		Otros
Entre 30 y 45 años		Argentino		Argentino
		Extranjero		Extranjero
		Otros		Otros
Mayores de 45 años		Argentino		Argentino
		Extranjero		Extranjero
		Otros		Otros

Cuadro de Nivel de Instrucción	Hombres	Nivel de Instrucción	Mujeres	Nivel de Instrucción
Entre 16 y 24 años (Post Grado incluye especializaciones, master y doctorados)		Sin Instrucción		Sin Instrucción
		Primario		Primario
		Secundario		Secundario
		Terciario		Terciario
		Universitario		Universitario
		Post Grado		Post Grado
Entre 25 y 29 años (Post Grado incluye especializaciones, master y doctorados)		Sin Instrucción		Sin Instrucción
		Primario		Primario
		Secundario		Secundario
		Terciario		Terciario
		Universitario		Universitario
		Post Grado		Post Grado
Entre 30 y 45 años (Post Grado incluye especializaciones, master y		Sin Instrucción		Sin Instrucción
		Primaria		Primaria
		Secundaria		Secundaria

En el cuadro de nacionalidad se deberá ingresar el origen de los empleados, diferenciando entre sexo y rango de edad. El cuadro representa el nivel de instrucción según el rango de edad, mujeres y hombres.

7) Cuadro de altas y bajas

Cuadro de Altas	Hombres		Mujeres	
Entre 16 y 24 años		Sin Discapacidad		Sin Discapacidad
		Con Discapacidad		Con Discapacidad
Entre 25 y 29 años		Sin Discapacidad		Sin Discapacidad
		Con Discapacidad		Con Discapacidad
Entre 30 y 45 años		Sin Discapacidad		Sin Discapacidad
		Con Discapacidad		Con Discapacidad
Mayores de 45 años		Sin Discapacidad		Sin Discapacidad
		Con Discapacidad		Con Discapacidad

Cuadro de Bajas	Hombres		Mujeres	
Entre 16 y 24 años		Sin Discapacidad		Sin Discapacidad
		Con Discapacidad		Con Discapacidad
Entre 25 y 29 años		Sin Discapacidad		Sin Discapacidad
		Con Discapacidad		Con Discapacidad
Entre 30 y 45 años		Sin Discapacidad		Sin Discapacidad
		Con Discapacidad		Con Discapacidad
Mayores de 45 años		Sin Discapacidad		Sin Discapacidad
		Con Discapacidad		Con Discapacidad

El cuadro de altas y bajas del año fiscal vencido se refiere a la cantidad de modificaciones del personal que se produjeron en relación a ingreso-egreso durante el año en que se está realizando la carga. Es decir, para el año 2014 las altas y bajas se refieren a las producidas durante el año 2013, comprendiendo de enero a diciembre.

8) Establecimientos ubicados en CABA

Modificar Establecimiento Nº 1

Modificar Establecimiento | Cancelar

Domicilio del establecimiento Nº 1 ubicado en la CABA:

Domicilio : CALLAO AV. 1234 — Cargar calle (Ingrese Calle y Número)

Piso : *

Unidad funcional :

Código Postal : *

Actividad en el establecimiento :

011-Cultivos agrícolas
0111-Cultivos de cereales, oleaginosas y forrajeros
01111-Cultivo de cereales, excepto los forrajeros y los de semillas para siembra
011111-Cultivo de arroz, excepto forrajero y el de semilla para siembra
011112-Cultivo de trigo, excepto forrajero y el de semilla para siembra
011113-Cultivo de maíz, excepto forrajero y el de semilla para siembra
011119-Cultivo de cereales n.c.p., excepto los forrajeros y las semillas
01112-Cultivo de cereales forrajeros
011121-Cultivo de maíz forrajero, excepto el de semilla para siembra

(Para seleccionar varias actividades mantenga presionada la tecla 'Ctrl' y haga click en la actividad)

Cant. de empleados Hombres : *

Cant empleadas Mujeres : *

Modificar Establecimiento | Cancelar

Confirmar

Guardar datos:
Podrán guardarse los datos ingresados siempre y cuando se haya cargado al menos uno de los establecimientos. Al seleccionar "Guardar" aparecerá al inicio de la pantalla un mensaje indicando que el empleador fue dado de alta satisfactoriamente.
Seleccionando posteriormente el botón "Confirmar" aparecerá abajo una leyenda en rojo que se deberá marcar:
"La presente confirmación reviste carácter de declaración jurada, por tanto se encuentra sujeta a las penalidades vigentes".
Cuando la haya seleccionado, decidiendo así declarar los datos ingresados como válidos, seleccione el botón "Confirmar e Imprimir", y con ello el sistema emitirá una constancia de inscripción con número de registro.

2. RÚBRICA DE DOCUMENTACIÓN LABORAL

Este trámite se realiza para rubricar los libros de registro de personal y todo instrumento individual de contralor del cumplimiento de la normativa laboral vigente, exigidos en el ámbito geográfico de la Ciudad Autónoma de Buenos Aires, así como la centralización de documentación laboral para todas aquellas empresas que tengan establecimientos en otros puntos del país.
Organismo responsable: Dirección General de Empleo.

2.1. Trámites que se realizan dentro del Departamento de Rúbrica

- Libro Manual 1° vez y continuación.
- Hojas Móviles 1° vez y continuación.
- Microfichas.
- Obleas.
- Planilla Horaria Personal Femenino.
- Libreta de Transporte Automotor de Pasajeros 1° vez y continuación.
- Trabajo a Domicilio Dadores.
- Centralización Laboral.
- Modificación de Datos.

2.2. Ley tarifaria 4808. Anexo artículo 165

Por los servicios de rúbrica de documentación laboral, autorizaciones de trabajo infantil, registraciones/homologaciones de acuerdos transaccionales, liberatorios y conciliatorios espontáneos, prestados por la Subsecretaría de Trabajo, se abonan los siguientes aranceles (art. 165):

Autorización de centralización de la rúbrica de libros laborales	$ 32,00
Autorización del sistema de microfichas	$ 32,00
Rúbrica de Libro Especial de Sueldos y Jornales, por folio utilizado	$ 3,25
Rúbrica de Hojas Móviles o similar, por folio utilizado	$ 3,25
Rúbrica de Microfichas, por folio utilizado microfilmado	$ 2,25
Rúbrica del Registro Único de Personal, por folio utilizado	$ 3,25
Rúbrica del Libro de Viajantes de Comercio, por folio utilizado	$ 3,25

Inscripción en el Registro de Dadores o Talleristas de Trabajo a domicilio	$ 32,00
Rúbrica de Libros de Trabajo a domicilio, por folio utilizado	$ 3,25
Rúbrica de Talonarios de Encargo y Devolución, por talonario	$ 32,00
Carnet de tallerista	$ 32,00
Rúbrica de libreta de choferes de transporte automotor	$ 19,00
Registro de Poderes y Mandatos, por folio utilizado	$ 3,25
Rúbrica de Libro de Peluqueros, por folio utilizado	$ 3,25
Rúbrica de Libro de Órdenes para Trabajadores de Casas de Renta, por folio utilizado	$ 3,25
Rúbrica de Libro para la Actividad Rural, por folio utilizado	$ 3,25
Obleas de transporte, por oblea	$ 32,00
Rúbrica planillas de horario para el personal femenino, por folio utilizado	$ 3,25
Rúbrica de planillas de kilometraje, por folio utilizado	$ 2,25
Trámites de modificación de datos	$ 32,00
Certificación de firma	$ 32,00
Solicitud de informes por escrito, reproducciones de textos contenidos en instrumentos públicos solicitados por terceros	$ 32,00
Registraciones/Homologaciones de acuerdos transaccionales liberatorios y conciliatorios espontáneos	1% sobre el monto del acuerdo
Autorización de trabajo infantil, por cada solicitud de autorización niño/a	$ 125,00

2.3. Dónde se realiza

Para la realización de los diferentes trámites de la Dirección General de Protección del Trabajo, se deberá concurrir a:

- Sede Central, Balcarce 360, CABA.
- En las delegaciones del Consejo Profesional de Ciencias Económicas. Sólo se atenderá a profesionales matriculados en ese Consejo Profesional, con presentación de matrícula.

Los trámites que se podrán realizar en las delegaciones corresponden a:

- Libro Manual 1° vez y continuación.
- Hojas Móviles 1° vez y continuación.
- Planilla horaria.
- Modificación de datos.

En todos los casos deberá presentarse la precalificación profesional previamente legalizada por el Consejo.

Sedes habilitadas:

- Paraná Nº 744 (Centro).
- Tte. Gral. Donato Álvarez N° 11 (Flores).
- Virrey del Pino N° 2888 (Belgrano).
- Avda. Caseros N° 3241 (Parque Patricios).

En la sede Central y Consejo Profesional de Ciencias Económicas, se atenderá de lunes a viernes de 9:00 a 14:00 hs (retiro de documentación rubricada: de 15:00 a 17:00 hs).

A considerar...

- La documentación que se presente para rubricar deberá incluir (sin excepción) la precalificación profesional previamente legalizada en el Consejo, en cumplimiento de las exigencias establecidas al respecto en la Disposición (DGPDT) 263/03, Anexo I, Capítulo XVII.
- El pago del arancel correspondiente deberá hacerse exclusivamente a través de transferencia bancaria (importes mayores a $ 5.000 podrán depositarse en las cajas del Banco Ciudad), CBU: 0290000100000021021628 - CUIT: 34-99903208-9.
- Deberá obtener un turno a través de la web del GCBA, donde podrá consultar el resto de los requisitos.
- Verificar la inclusión en el Registro de Empleadores.
- Verificar que el formulario de solicitud esté dirigido a la Dirección General de Empleo.
- Hojas móviles: el límite por trámite es de 5.000.

El empleador deberá solicitar turno ingresando al sitio correspondiente al Ministerio de Desarrollo Económico, Dirección General de Empleo. Al sacar el turno se deberán ingresar los datos del responsable, que se hará presente para realizar la ejecución del trámite.

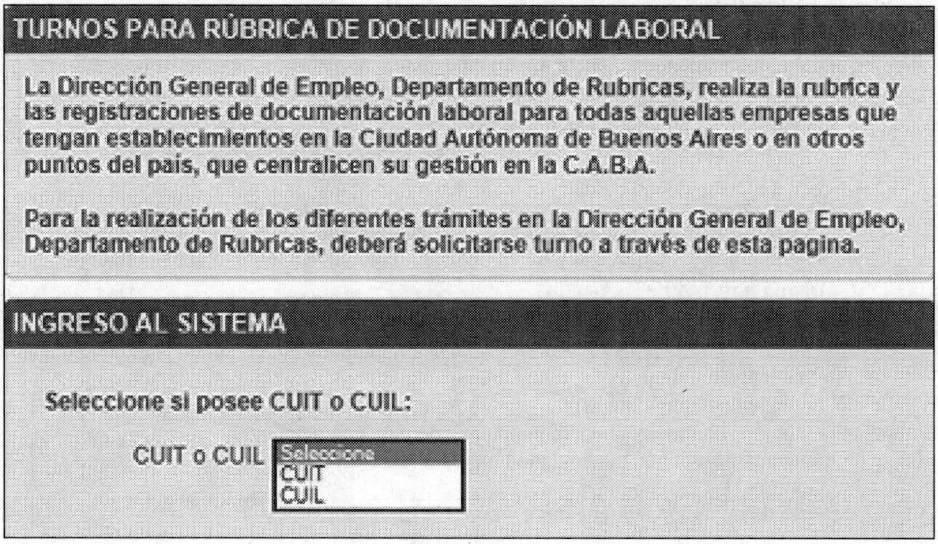

2.4. Quién puede realizarlo

El titular o un tercero, con la correspondiente autorización, en la sede Central de la Oficina de Rúbrica de Documentación Laboral, Balcarce 360. En la delegación del Consejo Profesional de Ciencias Económicas, Paraná 744, sólo se atenderá a matriculados en ese Consejo Profesional, con presentación de matrícula.

2.5. Formulario de solicitud de autorización del trámite

Fecha:....../....../......

Señores
Dirección General de Protección del Trabajo
Gobierno de la Ciudad de Buenos Aires

1.- Solicitamos autorización para la rúbrica de:

Hojas Móviles ☐ Libro Manual ☐ Libretas ☐
Planillas horarias ☐ Ordenes ☐ Otros ☐
Microfichas (período................................) ☐
con numeración correlativa de folios desde el Nº................ al Nº................inclusive, establecido por Ley Nº 20.744 ☐ 22.248 ☐ y/o 24.467 ☐ (marcar el correspondiente)
Otras:........................ ☐

2.. Razón Social..
C.U.IT: ....
Domicilio ....Número................Piso .... Dto: ....
Actividad/es: ....

Esta solicitud es a los efectos de registrar exclusivamente remuneraciones de personal en relación de dependencia que trabaja en la Jurisdicción de C.A.B.A. (en caso negativo, adjuntar Disposición de Centralización de Documentación Laboral vigente que lo permita).	SI	NO

3. Se adjunta:

Documento de Identidad (con último domicilio actualizado).	SI	NO
Constancia de inscripción en AFIP. (CUIT) vigente	SI	NO
Modelo de liquidación (de acuerdo con Leyes: 20744 y/o 22248 ó 24467)	SI	NO
Última hoja madre rubricada	SI	NO
Informe de Contador Público (original y copia)	SI	NO
Última hoja procesada	SI	NO
Última hoja en blanco	SI	NO
Formulario F.931 (último)	SI	NO
Estatutos/contratos (inscriptos en Órgano de Contralor)	SI	NO
Acta de Asamblea de designación directorio vigente (inscripta en Órgano de Contralor)	SI	NO
Acta designación Administrador/ copia libro de Actas	SI	NO
Poderes otorgados	SI	NO

TODA LA DOCUMENTACIÓN REQUERIDA DEBERÁ SER PRESENTADA EN ORIGINAL Y COPIA O EN SU DEFECTO COPIA CERTIFICADA ANTE ESCRIBANO.

4. Se autoriza a retirar el trámite a:

1.Sr... DNI......................... Firma ....
2.Sr... DNI......................... Firma ....
3.Sr... DNI......................... Firma ....
4.Sr... DNI......................... Firma ....

Firma del titular: ....
Aclaración ....
D.N.I...
Cargo ....

2.6. Precalificación profesional

Trámites comunes

- Informe Especial Registro del Art. 52 de la L. 20744 - Reemplazo por nuevo medio de almacenamiento
- Informe Especial sobre Almacenamiento de la Información en Microfichas
- Informe Especial sobre Almacenamiento de la Información en Hojas Móviles
- Informe Especial sobre el Sistema de Registro Laboral
- Informe Especial sobre Extravío del Registro del Art. 52 de la L. 20744
- Informe Especial sobre la cantidad de empleados radicados en diferentes sedes
- Informe Especial sobre Modificación de Datos y/o Sistemas de Registros Laborales
- Informe Especial sobre Planillas y Libretas Laborales
- Informe Especial sobre R. 490 del Ministerio de Trabajo y Seguridad Social
- Recomendaciones a tener en cuenta al elaborar el Informe de Extravío y el Informe de Almacenamiento

Trámites precalificados

- Informe Especial sobre modificaciones de datos en la documentación laboral
- Informe Especial sobre planilla horaria
- Informe Especial sobre rúbricas de registros laboral

2.6.1. Informes

INFORME ESPECIAL REGISTRO DEL ART. 52 DE LA LEY 20744
REEMPLAZO POR NUEVO MEDIO DE ALMACENAMIENTO

Señores Directores de
ABCDE
Domicilio CABA (*)
CUIT:

En mi carácter de contador público independiente, a su pedido y para su presentación ante la Dirección General de Empleo de la Ciudad Autónoma de Buenos Aires, informo sobre la documentación individualizada en el apartado 1.

1. INFORMACIÓN EXAMINADA

Almacenamiento de la información en.......(cantidad y/o número) de microfichas efectuada por ABCDE correspondiente al período ...(1).... compresiva de los folios.......a.......del Registro del artículo 52 de la ley 20744.

2. ALCANCE DEL EXAMEN

Mi tarea profesional consistió en la aplicación de ciertos procedimientos previstos en las Normas de Auditoría vigentes –RT 7 [1] de la Federación Argentina de Consejos Profesionales de Ciencias Económicas– puestas en vigencia por la R. CD 93/05 del Consejo Profesio-

[1] *Si bien fue aprobada la RT (FACPCE) 37, aún no han sido publicados los nuevos informes de la Dirección de Empleo.*

nal de Ciencias Económicas de la Ciudad Autónoma de Buenos Aires, y que consideré necesarios para emitir el presente informe.

- Examinar que los folios que conforman la información volcada al nuevo medio de almacenamiento cumplen con los requisitos del artículo 54 del Código de Comercio.
- Revisar en forma selectiva que los datos almacenados en el microfilm correspondiente sean coincidentes con la información existente en el registro exigido por el artículo 52 de la Ley de Contrato de Trabajo (o alternativamente artículo 87 de la L. 24.467 y artículo 2 del D. 737/95).
- Confirmar la integridad de la transcripción efectuada, verificando que el número de folios componentes de los libros sea coincidente con el número de páginas microfilmadas.
- Observar las rúbricas expedidas por el ente de contralor correspondiente a los folios del Sistema de Registro Laboral bajo análisis.

3. INFORME PROFESIONAL

En base a las tareas realizadas informo que el medio de almacenamiento realizado en microfichas expone en sus aspectos significativos la información del registro del artículo 52 de la ley de contrato de trabajo (o alternativamente artículo 87 de la L. 24467 y artículo 2 del D. 737/95) por el período mencionado en 1.

Ciudad Autónoma de Buenos Aires, xx de xxx de xxxx

(1) Normas vigentes autorizan a microfilmar los registros anteriores a la fecha de autorización de almacenar en microfilmación los libros del artículo 52 de la ley de contrato de trabajo mes a mes.

(*) A partir del 1 de noviembre de 2007, en los informes y certificaciones se debe consignar expresamente el domicilio del ente según el siguiente detalle:

- Personas físicas: domicilio real.
- Sociedades de hecho y empresas unipersonales: domicilio fiscal.
- Demás entes: domicilio legal.

INFORME ESPECIAL SOBRE ALMACENAMIENTO DE LA INFORMACIÓN EN MICROFICHAS

Señores Directores de
ABCDE
Domicilio CABA (*)
CUIT

En mi carácter de contador público independiente, a su pedido y para su presentación ante la Dirección General de Empleo de la Ciudad Autónoma de Buenos Aires, informo el resultado de la revisión que he realizado del almacenamiento de la información individualizada en el apartado 1.

1. INFORMACIÓN EXAMINADA
Almacenamiento de la información en microfichas correspondiente a ABCDE por el período......... comprensiva de los folios .... a .... del sistema de registro laboral adoptado.

2. ALCANCE DEL EXAMEN
Mi tarea profesional consistió en la aplicación de ciertos procedimientos previstos en las Normas de Auditoría vigentes –RT 7 [1] de la Federación Argentina de Consejos Profesionales de Ciencias Económicas– puestas en vigencia por la R. (CD) 93/05 del Consejo Profesional de Ciencias Económicas de la Ciudad Autónoma de Buenos Aires, y que consideré necesarios para emitir el presente, tales como:

- Realizar la identificación física del medio de almacenamiento.
- Verificar que las características de dicho medio de almacenamiento se encuentren encuadradas en el sistema de registro laboral adoptado oportunamente.
- Verificar el encabezado de los listados autorizados para cada uno de los registros, mediante la correspondiente inscripción en el ente de contralor.
- Revisar que la información registrada en dicho sistema sea verificable mediante cotejo con la pertinente documentación comprobatoria.

3. INFORME
En base a las tareas descriptas informo que el medio de almacenamiento para su conservación y guarda de la información detallada en 1, expone en forma verificable en sus aspectos significativos la información registrada, y que el encabezado utilizado en los listados se encuentra habilitado por el ente de contralor.

Ciudad Autónoma de Buenos Aires, xx de xxx de xxxx

(*) A partir del 1 de noviembre de 2007, en los informes y certificaciones se debe consignar expresamente el domicilio del ente según el siguiente detalle:

- Personas físicas: domicilio real.
- Sociedades de hecho y empresas unipersonales: domicilio fiscal.
- Demás entes: domicilio legal.

[1] *Si bien fue aprobada la RT (FACPCE) 37, aún no han sido publicados los nuevos informes de la Dirección de Empleo.*

INFORME ESPECIAL SOBRE ALMACENAMIENTO DE LA INFORMACIÓN EN HOJAS MÓVILES

Señores Directores de
ABCDE
Domicilio CABA (*)
CUIT

En mi carácter de contador público independiente, a su pedido y para su presentación ante la Dirección General de Empleo de la Ciudad Autónoma de Buenos Aires, informo el resultado de la revisión que he realizado del almacenamiento de la información individualizada en el apartado 1.

1. INFORMACIÓN EXAMINADA
Almacenamiento de la información en hojas móviles correspondiente a ABCDE por el período .... comprensiva de los folios ..... a ...... del sistema de registro laboral adoptado.

2. ALCANCE DEL EXAMEN
Mi tarea profesional consistió en la aplicación de ciertos procedimientos previstos en las Normas de Auditoría vigentes –RT 7 [1] de la Federación Argentina de Consejos Profesionales de Ciencias Económicas– puestas en vigencia por la R. (CD) 93/05 del Consejo Profesional de Ciencias Económicas de la Ciudad Autónoma de Buenos Aires, y que consideré necesarios para emitir el presente, tales como:

- Realizar la identificación física del medio de almacenamiento.
- Verificar que las características de dicho medio de almacenamiento se encuentren encuadradas en el sistema de registro laboral adoptado oportunamente.
- Verificar el encabezado de los listados autorizados para cada uno de los registros, mediante la correspondiente inscripción en el ente de contralor.
- Revisar que la información registrada en dicho sistema sea verificable mediante cotejo con la pertinente documentación comprobatoria.

3. INFORME
En base a las tareas descriptas informo que el medio de almacenamiento para su guarda y conservación de la información detallada en 1 expone en forma verificable en sus aspectos significativos la información registrada, y que el encabezado utilizado en los listados se encuentra habilitado por el ente de contralor.

Ciudad Autónoma de Buenos Aires, xxx de xxxxxxx de xxxx.

(Cuando por la cantidad de empleados se requiera rubricar un número superior a 500 hojas, el profesional deberá incluir en su informe los fundamentos de este requerimiento).

[1] *Si bien fue aprobada la RT (FACPCE) 37, aún no han sido publicados los nuevos informes de la Dirección de Empleo.*

(*) A partir del 1 de noviembre de 2007, en los informes y certificaciones se debe consignar expresamente el domicilio del ente según el siguiente detalle:

- Personas físicas: domicilio real.
- Sociedades de hecho y empresas unipersonales: domicilio fiscal.
- Demás entes: domicilio legal.

INFORME ESPECIAL SOBRE EL SISTEMA DE REGISTRO LABORAL

Señores Directores de
ABCDE
Domicilio legal CABA (*)
CUIT:

En mi carácter de contador público independiente, a su pedido y para su presentación ante la Dirección General de Empleo de la Ciudad Autónoma de Buenos Aires, informo sobre la documentación individualizada en el apartado 1.

1. IDENTIFICACIÓN DE LA DOCUMENTACIÓN OBJETO DEL INFORME
Declaración efectuada por ABCDE sobre el Sistema de Registro Laboral a utilizar, para la solicitud de la primera rúbrica del medio de almacenamiento exigido por el artículo 52 de la ley 20744 (o alternativamente del D. 737/95). Dicha declaración ha sido firmada por mi al sólo efecto de su identificación con el presente informe.

2. ALCANCE DEL EXAMEN
Mi tarea profesional consistió en la aplicación de ciertos procedimientos previstos en las Normas de Auditoría vigentes –RT 7 [1] de la Federación Argentina de Consejos Profesionales de Ciencias Económicas– puestas en vigencia por la R. (CD) 93/05 del Consejo Profesional de Ciencias Económicas de la Ciudad Autónoma de Buenos Aires, y que consideré necesarios para emitir el presente informe.

- Revisar conceptualmente la descripción del sistema de registro laboral propuesto.
- Verificar que el medio de almacenamiento –libro, hojas móviles, microfichas– a utilizar y su respectivo encabezado cumplan con disposiciones vigentes.
- Verificar la transcripción del sistema de registro laboral propuesto en el libro de Inventarios y Balances Nro. .....(u otro, detallar).
- Revisar que la información a registrar en dicho sistema sea verificable mediante cotejo con la pertinente documentación comprobatoria.

[1] *Si bien fue aprobada la RT (FACPCE) 37, aún no han sido publicados los nuevos informes de la Dirección de Empleo.*

3. INFORME
En base a la labor realizada, informo que el sistema de registro laboral propuesto permite la verificabilidad de la información a registrar, y el encabezado a utilizar se corresponde con las exigencias del artículo 52 de la ley 20744 (o alternativamente del D. 737/95).

Ciudad Autónoma de Buenos Aires, xx de xxx de xxxx

(*) A partir del 1 de noviembre de 2007, en los informes y certificaciones se debe consignar expresamente el domicilio del ente según el siguiente detalle:
- Personas físicas: domicilio real.
- Sociedades de hecho y empresas unipersonales: domicilio fiscal.
- Demás entes: domicilio legal.

INFORME ESPECIAL SOBRE EXTRAVÍO DEL REGISTRO DEL ART. 52 DE LA LEY 20744

Señores Directores de
ABCDE
Domicilio CABA (*)
CUIT:

En mi carácter de contador público independiente, a su pedido y para su presentación ante la Dirección General de Empleo de la Ciudad Autónoma de Buenos Aires, informo sobre la documentación individualizada en el apartado 1.

1. IDENTIFICACIÓN DE LA DOCUMENTACIÓN OBJETO DEL INFORME
Declaración de extravío del registro del artículo 52 de la ley 20744, el que constaba de ..... folios correspondientes al período comprendido entre el..........y el..........Dicha declaración ha sido firmada por mí al solo efecto de su identificación con el presente informe.

2. ALCANCE DEL EXAMEN
Mi tarea profesional consistió en la aplicación de ciertos procedimientos previstos en las Normas de Auditoría vigentes –RT 7 [1] de la Federación Argentina de Consejos Profesionales de Ciencias Económicas– puestas en vigencia por la R. (CD) 93/05 del Consejo Profesional de Ciencias Económicas de la Ciudad Autónoma de Buenos Aires, y que consideré necesarios para emitir el presente informe.
- Constatar la existencia de denuncia policial de extravío.
- Verificar sobre la base de pruebas selectivas la nómina de personal integrante de la declaración jurada del SUSS por el período involucrado en el extravío.
- Constatar la registración contable efectuada en el libro..... (diario o subdiario, el que corresponda) con la declaración jurada del SUSS.

[1] *Si bien fue aprobada la RT (FACPCE) 37, aún no han sido publicados los nuevos informes de la Dirección de Empleo.*

- Verificar en forma selectiva los recibos de remuneraciones con las declaraciones juradas del SUSS.

3.INFORME
Con base en la labor realizada, informo que la nómina de personal que se acompaña, firmada por mí al solo efecto de su identificación, expone en sus aspectos significativos el contenido de los registros extraviados por el período comprendido entre el .... y el .... del personal de ABCDE, rubricado el .... bajo el N° .... T° .... Serie ....

Ciudad Autónoma de Buenos Aires, xx de xxx de xxxx

(*) A partir del 1 de noviembre de 2007, en los informes y certificaciones se debe consignar expresamente el domicilio del ente según el siguiente detalle:
- Personas físicas: domicilio real.
- Sociedades de hecho y empresas unipersonales: domicilio fiscal.
- Demás entes: domicilio legal.

INFORME ESPECIAL SOBRE LA CANTIDAD DE EMPLEADOS RADICADOS EN DIFERENTES SEDES

Señores Directores de
ABCDE
Domicilio CABA (*)
CUIT:

En mi carácter de contador público independiente, a su pedido y para su presentación ante la Dirección General de Empleo de la Ciudad Autónoma de Buenos Aires, informo el resultado de la revisión de la información individualizada en el apartado 1.

1. IDENTIFICACIÓN DE LA DOCUMENTACIÓN OBJETO DEL INFORME
Declaración jurada emitida por ABCDE a efectos de determinar la jurisdicción de centralización de la documentación laboral de acuerdo al Protocolo Adicional de Rúbrica (R. 168/02 del Ministerio de Trabajo de la Nación). Dicha declaración ha sido firmada por mi al solo efecto de su identificación con el presente informe.

2. ALCANCE DEL EXAMEN
Mi tarea profesional consistió en la aplicación de ciertos procedimientos previstos en las Normas de Auditoría vigentes –RT 7 [1] de la Federación Argentina de Consejos Profesionales de Ciencias Económicas– puestas en vigencia por la R. (CD) 93/05 del Consejo Profesional de Ciencias Económicas de la Ciudad Autónoma de Buenos Aires, y que consideré necesarios para emitir el presente.

[1] *Si bien fue aprobada la RT (FACPCE) 37, aún no han sido publicados los nuevos informes de la Dirección de Empleo.*

- Cotejar las sumas abonadas en concepto de remuneraciones y la cantidad de personal incluidas en las nóminas de cada una de las sedes con el registro especial del artículo 52 de la ley 20744 del mes de ....
- Revisar selectivamente los recibos de sueldos de dicho mes a los fines de verificar su inclusión en la nómina del punto anterior.
- Revisar matemáticamente la determinación de los porcentajes de ....(especificar).
- Confrontar las declaraciones juradas del SUSS con los registros laborales rubricados de la empresa.

3. INFORME

En base a la labor profesional realizada, informo que la declaración jurada preparada y suscripta por la empresa, que no he auditado en lo relativo a sus criterios, concuerda con los elementos de juicio detallados en el apartado precedente, y expone adecuadamente en sus aspectos significativos las sumas abonadas y la cantidad de personal por jurisdicción.

Ciudad Autónoma de Buenos Aires, xx de xxx de xxxx

(*) A partir del 1 de noviembre de 2007, en los informes y certificaciones se debe consignar expresamente el domicilio del ente según el siguiente detalle:

- Personas físicas: domicilio real.
- Sociedades de hecho y empresas unipersonales: domicilio fiscal.
- Demás entes: domicilio legal.

INFORME ESPECIAL SOBRE MODIFICACIONES DE DATOS Y/O SISTEMA DE REGISTROS LABORALES

Señores Directores de
ABCDE
Domicilio CABA
CUIT:

En mi carácter de contador público independiente, informo sobre la documentación individualizada en el apartado 1.

1. IDENTIFICACIÓN DE LA DOCUMENTACIÓN OBJETO DEL INFORME

Declaración efectuada por la sociedad para su presentación ante la Dirección General de Empleo de la Ciudad Autónoma de Buenos Aires sobre modificaciones al Sistema de Registro Laboral originadas en ...(detallar la modificación). Dicha declaración ha sido firmada por mí al solo efecto de su identificación con el presente informe.

2. ALCANCE DEL EXAMEN

Mi tarea profesional consistió en la aplicación de ciertos procedimientos previstos en las Normas de Auditoría vigentes –RT 7 [1] de la Federación Argentina de Consejos Profesionales de Ciencias Económicas– puestas en vigencia por la R. (CD) 93/05 del Consejo Pro-

[1] *Si bien fue aprobada la RT (FACPCE) 37, aún no han sido publicados los nuevos informes de la Dirección de Empleo.*

fesional de Ciencias Económicas de la Ciudad Autónoma de Buenos Aires, y que consideré necesarios para emitir el presente informe.

- Verificar la documentación que respalda la modificación.
- Verificar las modificaciones correspondientes en el libro del artículo 52 de la ley 20744 y en el resto de la documentación laboral.

3. INFORME

Con base en la labor realizada informo que las modificaciones objeto de la declaración efectuada por la sociedad se corresponden con las consideradas en el Sistema de Registro Laboral y documentación inherente al mismo.

Ciudad Autónoma de Buenos Aires, ... de ... de ...

INFORME ESPECIAL SOBRE PLANILLAS Y LIBRETAS LABORALES

Señores Directores de
ABCDE
Domicilio legal CABA (*)
CUIT:

En mi carácter de contador público independiente, a su pedido y para su presentación ante la Dirección General de Empleo de la Ciudad Autónoma de Buenos Aires, informo el resultado de la revisión que he realizado sobre la documentación individualizada en el apartado 1.

1. IDENTIFICACIÓN DE LA DOCUMENTACIÓN OBJETO DEL INFORME

Declaración efectuada por ABCDE para la solicitud de registración y rúbrica de planillas y libretas laborales. Dicha declaración ha sido firmada por mí al solo efecto de su identificación con el presente informe.

2. ALCANCE DEL EXAMEN

Mi tarea profesional consistió en la aplicación de ciertos procedimientos previstos en las Normas de Auditoría vigentes –RT 7 [1] de la Federación Argentina de Consejos Profesionales de Ciencias Económicas– puestas en vigencia por la R. (CD) 93/05 del Consejo Profesional de Ciencias Económicas de la Ciudad Autónoma de Buenos Aires, y que consideré necesarios para emitir el presente informe.

- Verificar que los trabajadores involucrados en la solicitud objeto del presente informe, conforme con el detalle que la acompaña, se encuentren incluidos en el registro del artículo 52 de la ley 20744.
- Verificar la formulación ante la Administración Federal de Ingresos Públicos del alta temprana de dichos trabajadores (de corresponder).
- Constatar que los mismos integren la nómina de personal incluido en el formulario 931 correspondiente al Sistema Único de Seguridad Social del mes de... de... (último exigido a la fecha del presente).

[1] *Si bien fue aprobada la RT (FACPCE) 37, aún no han sido publicados los nuevos informes de la Dirección de Empleo.*

3. INFORME
En base a la labor realizada, informo que la solicitud de registración y rúbrica de planillas y libretas laborales corresponde a trabajadores respecto de los cuales se cumplen los recaudos enumerados en el punto anterior.

Ciudad Autónoma de Buenos Aires, xx de xxx de xxxx

(*) A partir del 1 de noviembre de 2007, en los informes y certificaciones se debe consignar expresamente el domicilio del ente según el siguiente detalle:

- Personas físicas: domicilio real.
- Sociedades de hecho y empresas unipersonales: domicilio fiscal.
- Demás entes: domicilio legal.

INFORME ESPECIAL SOBRE R. 490 DEL MINISTERIO DE TRABAJO Y SEGURIDAD SOCIAL

Señores Directores de
ABCDE
Domicilio CABA (*)
CUIT:

En mi carácter de contador público independiente, informo sobre la documentación individualizada en el apartado 1.

1. IDENTIFICACIÓN DE LA DOCUMENTACIÓN OBJETO DEL INFORME
Declaración efectuada por la sociedad para su presentación ante la Dirección General de Empleo de la Ciudad Autónoma de Buenos Aires, a efectos de la utilización de etiquetas adhesivas para cumplimentar las disposiciones del artículo 52 ley 20744, en función de la resolución 490 del MTySS Dicha declaración ha sido firmada por mí al solo efecto de su identificación con el presente informe.

2. ALCANCE DEL EXAMEN
Mi tarea profesional consistió en la aplicación de ciertos procedimientos previstos en las Normas de Auditoría vigentes –RT 7 [1] de la Federación Argentina de Consejos Profesionales de Ciencias Económicas– puestas en vigencia por la R. (CD) 93/05 del Consejo Profesional de Ciencias Económicas de la Ciudad Autónoma de Buenos Aires, y que consideré necesarios para emitir el presente informe.

- Verificar la información contenida en la declaración jurada identificada en 1, a saber:
  Tomos rubricados desde ... hasta ...
  Tomos a rubricar desde ... hasta ...
- Verificar que la etiqueta esté adherida a la primera hoja del tomo.

[1] *Si bien fue aprobada la RT (FACPCE) 37, aún no han sido publicados los nuevos informes de la Dirección de Empleo.*

3. INFORME

En base a la labor realizada, informo que la declaración efectuada por la sociedad se adecua a los requerimientos de la Dirección General de Empleo de la Ciudad Autónoma de Buenos Aires.

Ciudad Autónoma de Buenos Aires, ... de ... de ...

(*) A partir del 1 de noviembre de 2007, en los informes y certificaciones se debe consignar expresamente el domicilio del ente según el siguiente detalle:

- Personas físicas: domicilio real.
- Sociedades de hecho y empresas unipersonales: domicilio fiscal.
- Demás entes: domicilio legal.

Recomendaciones

Informe de extravío

El informe de extravío debe contener los datos de la rúbrica extraviada:

- Número de registro.
- Tomo, folios y fecha de rúbrica.
- Períodos registrados.
- Nómina de los trabajadores incluidos:
    - Nombre y apellido.
    - CUIL.
    - Tarea desempeñada.
    - Fecha de ingreso.
    - Firma del trabajador o fecha de baja, de corresponder.

Estos datos deben coincidir con los consignados en la denuncia policial.

Si los folios extraviados estuvieran sin registro –en blanco– no es necesario el informe de extravío, sino sólo una nota firmada por el titular de la empresa que mencione los folios extraviados y que los mismos se encuentran en blanco, junto con la denuncia policial correspondiente.

A considerar...

- El informe debe ser firmado por profesional independiente.
- Se debe presentar legalizado por el Consejo Profesional, en original y una copia simple.
- La denuncia policial se debe presentar en original y copia.
- Acompañar últimos seis F. 931 con acuse de recibo.
- No se aceptarán informes salvados.

Informe de almacenamiento

El informe de almacenamiento debe contener:

- Datos de los períodos registrados en la última rúbrica, haciendo mención al último folio utilizado (no rubricado ni anulado).

Recomendaciones

- Si hay folios anulados, se deben informar.
- Si el último folio procesado no coincide con el registro de un período normal de liquidación (ej.: liquidación final, anticipos, vacaciones), se deberá adjuntar también el último folio en el cual se mencione el período liquidado.
- Si en el último registro no se completó el mes, se debe informar como registración en forma parcial.
- Si el registro corresponde a la primera quincena, ello debe ser especificado.
- Si los folios fueron utilizados al dorso, se deberán anular los mismos.

A considerar...

- El informe debe ser firmado por profesional independiente.
- Se debe presentar legalizado por el Consejo Profesional, en original y una copia simple.
- Los folios deben ser presentados en original y copia.
- No se aceptarán informes salvados.

INFORME ESPECIAL SOBRE MODIFICACIONES
DE DATOS EN LA DOCUMENTACIÓN LABORAL

Señores Directores/Socios Gerentes de
ABCDE
Domicilio CABA
CUIT:

En mi carácter de contador público independiente, a su pedido y para su presentación ante la Dirección General de Empleo de la Ciudad Autónoma de Buenos Aires, informo el resultado de la revisión que he realizado de la información individualizada en el apartado 1.

1. INFORMACIÓN EXAMINADA

Nota efectuada por la sociedad o por el empleador (según corresponda) sobre modificaciones de datos de la documentación laboral con fecha dd/mm/aa que adjunto y firmo para su identificación.

2. ALCANCE DEL EXAMEN

Mi tarea profesional consistió, sin que implique una auditoría, en examinar:

- Los datos de la última Hoja Madre del libro del artículo 52 de la LCT (o norma correspondiente), emitida por: (citar el organismo que corresponda)
    - La DGPDT.
    - La DGEMP.
    - El Ministerio de Trabajo.
- La documentación respaldatoria de las modificaciones que la originaron.

3. INFORME

Con base en la labor realizada informo que la nota efectuada por la sociedad o por el empleador (según corresponda), se adecua a los requerimientos del ente de contralor de la Ciudad Autónoma de Buenos Aires y a la documentación de respaldo que le diera origen, correspondiendo su registración.

Ciudad Autónoma de Buenos Aires, ... de .... de ....

INFORME ESPECIAL SOBRE PLANILLAS HORARIAS

Señores Directores/Socios Gerentes de
ABCDE
Domicilio CABA
CUIT:

En mi carácter de contador público independiente, a su pedido y para su presentación ante la Dirección General de Empleo de la Ciudad Autónoma de Buenos Aires, informo el resultado de la revisión que he realizado de la información individualizada en el apartado 1.

1. INFORMACIÓN EXAMINADA

Solicitud de rúbrica de planillas horarias con fecha dd/mm/aaaa, que adjunto y firmo para su identificación.

2. ALCANCE DEL EXAMEN

Mi tarea profesional consistió, sin que implique una auditoría, en examinar:

- Planillas horarias extendidas por duplicado firmadas en original.
- La inscripción del domicilio en el ámbito de la CABA.
- La actividad registrada en la AFIP.
- El encuadramiento en el convenio colectivo de trabajo de la actividad registrada en la AFIP, Nº ...
- La registración del personal en el libro del artículo 52 de la LCT, del último mes rubricado.
- La descripción de la modalidad horaria, con relación a la ley 11544.
- Existencia de la firma del personal femenino.

3. INFORME

Con base en las tareas descriptas, informo que los datos que integran la información identificada en el apartado 1 se corresponden con la documentación respaldatoria indicada, la registración en el libro del artículo 52 de la LCT, y los términos de la ley 11544, correspondiendo la rúbrica de las planillas horarias requeridas, mediante la solicitud objeto de este informe.

Ciudad Autónoma de Buenos Aires, ... de .... de ....

2.7. Rúbrica libro manual. Primera vez y continuación

Presentar en ventanilla el libro a rubricar y la documentación que se detalla posteriormente para cada uno de los casos.
La carátula del libro debe estar completa con domicilio, CUIT, razón social y actividad, sin enmiendas ni tachaduras.
En caso de cambio de sistema de Hojas Móviles a Libro Manual, presentar: nota solicitando el cambio, formulario de rúbrica anterior, último folio procesado original, informe de contador público legalizado, todo en original y copia.
Si los formularios de solicitud y autorización son firmados por un apoderado de la empresa, presentar el poder original y copia (o copia certificada) del mismo.
Si la rúbrica anterior fue suministrada por el Ministerio de Trabajo, realizar el trámite con los requisitos de primera vez.

2.7.1. Primera vez en Libro Manual

Requisitos

- Solicitud de rúbrica dirigida a la DGEMP del GCBA con firma del titular, apoderado, presidente, socio gerente o administrador, certificada por banco, escribano o policía.
- Nota de autorización donde se incluirán, además de la firma del titular, apoderado, presidente, socio gerente o administrador (según el caso), la firma y Nº de DNI de los autorizados a retirar el trámite.
- Constancia de inscripción en AFIP donde figure el alta como empleador.
- Copia del último formulario 931 de AFIP con acuse de recibo. En el caso de ser el primer mes como empleador, presentar las altas tempranas.

Acreditación de la empresa según los casos

- Unipersonal: copia del DNI del titular (1º, 2º, y 3º hoja).
- Sociedad de hecho: copias de los DNI de todos los socios (1º, 2º, y 3º hoja).
- Sociedades regulares (SA, SRL, SC, etc.). estatuto o contrato social inscripto en IGJ, más la última designación de cargos (donde figure la designación del firmante).
- Consorcio de copropietarios: reglamento de copropiedad en original y copia, o copia certificada y designación de administrador en original y copia o copia certificada.
- Contratista de obra: deberás adicionar a los requisitos anteriores la plancheta de habilitación de obra en original y copia o copia certificada, y plan de obra y seguridad donde figura el contratista y plazos de obra. En estos casos el domicilio laboral (el que se encuentra en el membrete de las hojas) es el constituido en la obra.

Trámites especiales

- UTE: nota asignando la representación de la UTE firmada por los distintos titulares de las empresas que conforman la UTE, debidamente certificadas, asumiendo la solidaridad.
- PYME: acreditar esa condición mediante informe de contador.
- En caso de sociedades de hecho, en la razón social deberán constar los nombres y apellidos de los socios, seguidos de la sigla SH.
- La actividad en el libro deberá coincidir con la inscripta en la AFIP.

2.7.2. Continuación en Libro Manual de otro libro rubricado en el GCBA

Requisitos

- Libro Manual anterior rubricado por el GCBA con su correspondiente hoja madre.
- Solicitud de rúbrica dirigida a la DGEMP del GCBA con firma del titular, apoderado, presidente, socio gerente o administrador, certificada por banco, escribano o policía.
- Nota de autorización donde se incluirán, además de la firma del titular, apoderado, presidente, socio gerente o administrador (según el caso), la firma y Nº de DNI de los autorizados a retirar el trámite.
- Constancia de inscripción en AFIP donde figure el alta como empleador.
- Copia del último formulario 931 de AFIP con acuse de recibo.
- Última designación de cargos donde figure la designación del firmante.

Si se realizó algún cambio de domicilio, denominación o actividad, se requerirá:

- Nota firmada por el titular, presidente, socio gerente o administrador, donde notifica el cambio.
- Constancia de inscripción en AFIP o inscripción en IGJ donde figure el cambio realizado.
- Si el domicilio laboral no coincide con el legal ni el fiscal deberá presentar para justificarlo: contrato de locación o 2 servicios (teléfono, gas, luz, etc.).
- Si extravió la hoja madre anterior, presentar una denuncia de extravío realizada en la comisaría correspondiente, donde figuren los datos completos de dicha rúbrica.
- Si tiene disposición de centralización, realizar el cambio como trámite de centralización.

2.7.3. Requisitos de extravío:

- Nota firmada por el empleador con firma certificada por escribano público, poder judicial, policía o banco, informando del extravío del libro.
- Denuncia policial.
- Nómina de todo el personal incluido en el libro extraviado con nombre y apellido, CUIL, fecha de ingreso y firma del empleado (en caso de egreso reemplazar la firma por esa fecha). Este listado debe ser firmado por un contador público, y la firma estar certificada por el Consejo Profesional de Ciencias Económicas CABA.
- Fotocopia de los 6 últimos formularios 931 presentados ante la AFIP con acuse de recibo.
- Tomo y datos del libro extraviado.
- Fotocopia del formulario de rúbrica anterior al extraviado.

2.8. Rúbrica Hojas Móviles. Primera vez y continuación

La rúbrica es efectuada con anterioridad a su uso mediante la perforación de las mismas, debiendo hacerse la presentación ante el Departamento de Rúbrica en cualquiera de sus sedes.

La empresa deberá encuadernar las mismas para su conservación y guarda, en un período que no exceda el de tres meses o 500 hojas, debiendo pegar en la última un informe del contador público independiente, dando cuenta de que los listados autorizados se corresponden con los habilitados por el ente de contralor.

La actividad en las hojas deberá coincidir con la inscripta en la AFIP. En caso de sociedades de hecho, en la razón social deberán constar los nombres y apellidos de los socios, seguidos de la sigla SH. No serán admitidos nombres de fantasía.
Si se requieren rubricar más de 500 hojas deberán presentar una nota firmada por el titular de la empresa, expresando las razones que justifiquen la cantidad solicitada.
En el caso de cambio de sistema de Libro Manual a Hojas Móviles, se presentará nota solicitando el cambio de sistema, adjuntando el Libro Manual y constancia de rúbrica.
Si los formularios de solicitud y autorización son firmados por un apoderado de la empresa, se deberá presentar poder original y copia (o copia certificada).
Si la rúbrica anterior fue suministrada por el Ministerio de Trabajo deberá presentar el trámite con los requisitos de primera vez.

2.8.1. Primera vez en Hojas Móviles

Para la rúbrica por primera vez en Hojas Móviles se deberán presentar en ventanilla las hojas a rubricar y la siguiente documentación:

- Solicitud de rúbrica dirigida a la DGEMP del GCBA con firma del titular, apoderado, presidente, socio gerente o administrador, certificada por banco, escribano o policía.
- Nota de autorización donde se incluirán, además de la firma del titular, apoderado, presidente, socio gerente o administrador (según el caso), la firma y Nº de DNI de los autorizados a retirar el trámite.
- Constancia de inscripción en AFIP donde figure el alta como empleador.
- Copia del último formulario 931 de AFIP con acuse de recibo. En el caso de ser el primer mes como empleador, se podrán presentar las altas tempranas.
- Modelo de registración que incluya detalles de las personas que generan asignación familiar (nombre, parentesco, DNI, etc.).
- Acreditación de la empresa según los casos:
    - Unipersonal: copia del DNI del titular (1º, 2º, y 3º hoja).
    - Sociedad de hecho: copias de los DNI de todos los socios (1º, 2º, y 3º hoja).
    - Sociedades regulares (SA, SRL, SC, etc.): estatuto o contrato social con inscripción en IGJ, más la última designación de cargos (donde figure la designación del firmante). Original y copia o copia certificada.
    - Consorcio de copropietarios: reglamento de copropiedad en original y copia o copia certificada, y designación de administrador, en original y copia o copia certificada.
    - Contratista de obra: deberá adicionar a los requisitos anteriores la plancheta de habilitación de obra en original y copia o copia certificada, y plan de obra y seguridad donde figure el contratista y plazos de obra. En estos casos el domicilio laboral (el que se encuentra en el membrete de las hojas) es el constituido en la obra.
- Trámites especiales

UTE: nota asignando la representación de la UTE firmada por los distintos titulares de las empresas que conforman la UTE, debidamente certificadas, asumiendo la solidaridad.
PYME: deberá acreditar esa condición mediante informe de contador.

A considerar... Las Hojas Móviles a rubricar deberán ser presentadas preimpresas con:
- Membrete de la empresa (razón social completa, domicilio, CUIT y actividad).
- Ley y artículo por el cual rubrica (L. 20744, art. 52, L. 22248, arts. 122 y 123, etc.).
- Numeración correlativa desde folio 1 en adelante.

2.8.2. Continuación en Hojas Móviles

Para la rúbrica por continuación en Hojas Móviles se deberán presentar en ventanilla las hojas a rubricar y la siguiente documentación:

- Solicitud de rúbrica dirigida a la DGEMP del GCBA con firma del titular, apoderado, presidente, socio gerente o administrador, certificada por banco, escribano o policía.
- Nota de autorización donde se incluirán, además de la firma del titular, apoderado, presidente, socio gerente o administrador (según el caso), la firma y Nº de DNI de los autorizados a retirar el trámite.
- Constancia de inscripción en AFIP donde figure el alta como empleador.
- Copia del último formulario 931 de AFIP con acuse de recibo.
- Original y copia de última hoja madre del GCBA.
- Original y copia de último folio usado donde figure el período y su numeración.
- Informe de "Almacenamiento de Hojas Móviles" con firma del contador externo legalizada por el Consejo Profesional de Ciencias Económicas de CABA. El informe de almacenamiento deberá dar cuenta sobre qué folios fueron utilizados del último tomo en HM rubricado (de folio a folio exacto) y qué períodos comprendieron los mismos (de período a período exacto). Los folios extraviados, en blanco y anulados, también deben ser informados.
- Última designación de cargos donde figure la designación del firmante.

A considerar... Las Hojas Móviles a rubricar deberán ser presentadas preimpresas con: membrete de la empresa (razón social completa, domicilio, CUIT y actividad), ley y artículo por el cual rubrica (L. 20744 art. 52, L. 22248, arts.122 y 123, etc.). La numeración deberá ser correlativa.

Si ha realizado algún cambio en el domicilio, denominación o actividad, se requerirá:

- Nota firmada por el titular, presidente, socio gerente o administrador, donde notifica el cambio.
- Constancia de inscripción en AFIP o inscripción en IGJ donde figure el cambio realizado.

Si el domicilio laboral no coincide con el legal ni el fiscal, deberá presentar:

- Contrato de locación o 2 servicios (teléfono, gas, luz, etc.)

Si tiene disposición de centralización, deberá realizar el cambio como trámite de centralización.

Si cambia el modelo de registración deberá presentar:

- Nota firmada por el titular, indicando folio a partir del cual se realizará el cambio, más un ejemplar del modelo que incluya detalles de las personas que generen asignaciones familiares (nombre, parentesco, DNI, etc.).

Si ha extraviado la hoja madre anterior deberá presentar una denuncia de extravío realizada en la comisaría correspondiente, donde figuren los datos completos de dicha rúbrica.

2.8.3. Requisitos de extravío

- Nota firmada por el empleador con firma certificada por escribano público, poder judicial, policía o banco, informando del extravío del libro.
- Denuncia policial.
- Nómina de todo el personal incluido en el libro extraviado con nombre y apellido, CUIL, fecha de ingreso y firma del empleado (en caso de egreso, reemplazar la firma por esa fecha).
Este listado debe ser firmado por un contador público y la firma estar certificada por el Consejo Profesional de Ciencias Económicas de CABA.
- Copia autenticada de los 6 últimos formularios 931 presentados ante la AFIP, con acuse de recibo.
- Tomo y datos del libro extraviado.
- Fotocopia del formulario de rúbrica anterior al extraviado.

2.9. Rúbrica de microfichas

El trámite consiste en presentar las microfichas por parte de los empleadores para su rúbrica en forma mensual respecto al personal mensualizado y al cierre de cada quincena para el caso del personal jornalizado [R. (MTySS) 462/88], debiéndose hacer la correspondiente presentación ante el Departamento de Rúbrica.
La empresa deberá proceder a la guarda de las mismas en hojas plásticas especiales, en un período que no exceda el plazo de tres meses o 500 hojas, lo que resulte primero, debiendo adjuntar con la última un informe del contador público independiente matriculado en la Ciudad Autónoma de Buenos Aires, legalizado por el Consejo Profesional de Ciencias Económicas de la Ciudad Autónoma de Buenos Aires, dando cuenta de que los listados autorizados se corresponden con los habilitados por el ente de contralor.

2.9.1. Requisitos

En la rúbrica de microfichas se debe contar con autorización para microfilmar, la cual debe solicitarse ante la Dirección General de Empleo.

2.9.2. Autorización para microfilmar

- Nota solicitando autorización para microfilmar, donde conste razón social, actividad, domicilio en CABA, CUIT; ésta deberá ser firmada por el representante legal de la empresa y certificada por autoridad judicial, policía, escribano, banco, o concurrir el titular personalmente con DNI.
- Nota autorizando a la persona que realice el trámite, con firma certificada.
- Constancia de inscripción AFIP.
- Copia del último formulario 931 de AFIP, con acuse de recibo.
- Nota solicitando cambio de sistema (Ej.: hojas móviles a microfichas), si tuviese rúbrica anterior.

- Modelo de liquidación con personas que generen asignaciones familiares en microficha y papel.
- Estatuto, contrato social en original y copia o copia certificada, o fotocopia DNI del titular, en caso de persona física.
- Poderes otorgados, original y copia o copia certificada.

2.9.3. Rúbrica de microfichas

Una vez obtenida la disposición que autoriza a microfilmar, la rúbrica de microfichas deberá ser presentada dentro del mes siguiente al mes que se rubrica.
Solicitud de rúbrica dirigida a la DGEMP del GCBA con firma del titular, apoderado, presidente, socio gerente o administrador, certificada por banco, escribano o policía.

- Las solicitudes de rúbrica deberán contener la siguiente información: período al cual corresponden las microfichas, foliatura del mismo y conceptos de liquidación.
- Nota de autorización donde se incluirán, además de la firma del titular, apoderado, presidente, socio gerente o administrador (según el caso), la firma y Nº de DNI de los autorizados a retirar el trámite.
- Original y copia de última hoja madre del GCBA.
- Original y copia del informe de "Almacenamiento de Microfichas" con firma del contador externo, legalizada por el Consejo Profesional de Ciencias Económicas de CABA.
- Última designación de cargos donde figure la designación del firmante.

Si ha realizado algún cambio de domicilio, denominación o actividad, se requerirá:

- Nota firmada por el titular, presidente, socio gerente o administrador, donde notifica el cambio.
- Constancia de inscripción en AFIP o estatuto con inscripción en IGJ donde figure el cambio realizado.

Si el domicilio laboral no coincide con el legal ni el fiscal deberá presentar:

- Para justificarlo: contrato de locación o 2 servicios (teléfono, gas, luz, etc.).

Si cambia el modelo de registración deberá presentar :

- Nota firmada por el titular más un modelo en papel que incluya detalles de las personas que generen asignaciones familiares (nombre, parentesco, DNI, etc.).

Si ha extraviado la hoja madre anterior deberá presentar una denuncia de extravío realizada en la comisaría correspondiente, donde figuren los datos completos de dicha rúbrica.

2.10. Obleas

El trámite consiste, de acuerdo a la resolución MTySS 490, que autoriza a utilizar etiquetas adhesivas con dimensiones que permitan contener la rúbrica oficial, el tomo correspondiente y la constancia de la continuidad de los elementos así rubricados. La citada etiqueta será presentada por el empleador, mediante declaración jurada en la que deberán aclararse los tomos ya rubricados y el número del que se solicita. Dicha etiqueta deberá adherirse a la primera hoja del tomo así rubricado, careciendo de valor el que no la tuviere.

2.10.1. Requisitos

Para la rúbrica de obleas se deberán presentar en ventanilla las obleas a rubricar y la siguiente documentación:

- Solicitud de rúbrica dirigida a la DGEMP del GCBA con firma del titular, apoderado, presidente, socio gerente, certificada por banco, escribano o policía.
- Nota de autorización donde se incluirán, además de la firma del titular, apoderado, presidente, socio gerente (según el caso), la firma y N° de DNI de los autorizados a retirar el trámite.
- Copia del último formulario 931 de AFIP con acuse de recibo. En el caso de ser el primer mes como empleador, se podrán presentar las altas tempranas.
- Original y copia de última hoja madre del GCBA.
- Original y copia de último folio usado donde figure el período y su numeración.
- Original y copia del informe de "Almacenamiento" con firma del contador externo legalizada por el Consejo Profesional de Ciencias Económicas de CABA.
- Última designación de cargos donde figure la designación del firmante.
- El informe de almacenamiento deberá dar cuenta de cada tomo y folios que fueron utilizados (de folio a folio exacto) y qué períodos comprendieron los mismos (de período a período exacto), los folios extraviados, en blanco y anulados, también deben ser informados.
- Si la rúbrica anterior fue suministrada por el Ministerio de Trabajo deberá presentar el trámite con los requisitos de primera vez.
- Si los formularios de solicitud y autorización son firmados por un apoderado de la empresa se deberá presentar poder original y copia (o copia certificada).

A considerar... Las obleas deberán estar completas en todos sus campos.

2.11. Planilla horaria personal femenino

2.11.1. Requisitos

- Nota solicitando la rúbrica donde conste la razón social, actividad, domicilio (CABA únicamente) con firma certificada.
- Constancia de inscripción AFIP.
- Última constancia de rúbrica de libro de sueldos en la DGEMP.

2.11.2. Contenido

Las planillas deberán presentarse por duplicado, con firmas en original en ambas copias, y contener:

Datos del empleador:

- Razón social de la empresa.
- Domicilio.
- Actividad.
- Número de CUIT.
- Convenio colectivo de trabajo (CCT).

Datos de las empleadas:

- Nombre y apellido de la trabajadora.
- CUIL.
- Tarea.
- Horario de entrada y salida.
- Días de trabajo, días de descanso y pausa (de qué hora a qué hora).
- Firma de cada empleada.
- Firma del titular o representante legal (al pie de la planilla).

2.11.3. Modelos [1]

RAZON SOCIAL

PLANILLA HORARIA LEY 11544 - DECRETO REGLAMENTARIO 16115/33

ACTIVIDAD **CUIT**

DOMICILIO **CONVENIO**

HORARIOS	LUNES				MARTES				MIERCOLES				JUEVES				VIERNES				SABADO				DOMINGO			
	HORARIO		PAUSA		HORARIO		PAUSA		HORARIO		PAUSA		HORARIO		PAUSA		HORARIO		PAUSA		HORARIO		PAUSA		HORARIO		PAUSA	
	ENTRA DA	SALIDA	DE	A	ENTRA DA	SALIDA	DE	A	ENTRA DA	SALIDA	DE	A	ENTRA DA	SALIDA	DE	A	ENTRA DA	SALIDA	DE	A	ENTRA DA	SALIDA	DE	A	ENTRA DA	SALIDA	DE	A
1																												
2																												
3																												

NOTA: EN LUGAR DE DETALLAR EL (LOS) HORARIO(S) DIA POR DIA LA JORNADA LABORAL PUEDE INDICARSE DE OTRA FORMA COMO POR EJEMPLO

1	DIAS HABILES DE ---- A ----- HS CON UNA PAUSA DE ------ MINUTOS Y DESCANSO SEMANAL DIA SABADO Y DOMINGO A PARTIR DE LAS 13 HS DEL SABADO
2	

APELLIDOY NOMBRE	CUIL	Nº DE HORARIO	FIRMA

EL OBJETIVO CONSISTE EN INDICAR POR UN LADO, TODOS LOS HORARIOS QUE SE LLEVAN A CABO EN LA EMPRESA, Y POR OTRO EL DETALLE DE LAS EMPLEADAS QUE CUMPLEN CADA UNO DE LOS MISMOS

____

FIRMA TITULAR O REPRESENTANTE LEGAL

[1] *Fuente: Gobierno de la Ciudad de Buenos Aires.*

RAZON SOCIAL

PLANILLA HORARIA LEY 11544 - DECRETO REGLAMENTARIO 16115/33

ACTIVIDAD CUIT

DOMICILIO CONVENIO

NOMBRE Y APELLIDO	C.U.I.L.	TAREA	HORARIO										FIRMA DEL EMPLEADO
			LUN	MAR	MIE	JUE	VIE	SAB	DOM	FRANCO	DESCANSO	TOTAL	

FIRMA TITULAR O REPRESENTANTE LEGAL

Capítulo V | Superintendencia de Riesgos del Trabajo

En la SRT se pueden realizar trámites relacionados con discrepancias que pudieran surgir entre el trabajador y la ART por la cobertura de un accidente de trabajo o enfermedad profesional, las prestaciones o el alta médica, y la determinación de incapacidad. También se tramita la determinación de incapacidad para acceder a beneficios previsionales, entre otros.

1. TRÁMITE LABORAL [1]

Para obtener la cobertura del Sistema de Riesgos del Trabajo es necesario que el empleado o su empleador realicen la denuncia del accidente de trabajo o enfermedad profesional ante la ART. Si su empleador está autoasegurado, debe presentar la denuncia ante él. Es muy importante que se guarde copia de la denuncia efectuada.

La ART o el empleador autoasegurado deben citar al empleado asumiendo éste la obligación de asistir. Esto es indispensable en caso de tener que iniciar un trámite ante las Comisiones Médicas.

Los trámites laborales que se realizan ante las Comisiones Médicas son:

1.1. Rechazo de la ART o el empleador autoasegurado

Si la ART o el empleador autoasegurado rechazan el accidente de trabajo o enfermedad profesional.

1.1.1. Inicio del trámite

El trámite puede ser presentado en forma personal o por correo postal, por un derechohabiente o un apoderado, en cualquiera de las sedes de las Comisiones Médicas. Siempre acreditando identidad.

- Trámite personal
  - Documento nacional de identidad (DNI), libreta de enrolamiento (LE) o libreta cívica (LC). Si no cuenta con alguno de los documentos mencionados puede concurrir con fotocopia de otro documento que permita identificarlo, y el original de la denuncia policial de extravío, robo o hurto de su documento de identidad. Se entiende por documento identificatorio a todo aquel que contenga foto, fecha de nacimiento y número de DNI, LE o LC.
- El trámite también puede ser iniciado por:
  - Los ascendientes y descendientes, sin límite de grado, acompañados por las partidas de nacimiento o libretas de matrimonio en donde conste la inscripción de hijos.
  - El cónyuge, con el acta de matrimonio o libreta de matrimonio.
  - Los colaterales por consanguinidad hasta el segundo grado, llevando las partidas de nacimiento o libreta de matrimonio donde conste la inscripción de hijos.
  - En caso de unión civil es necesario presentar el acta de inscripción emitida por los registros competentes.
  - El conviviente, acompañando un certificado de convivencia emitido por autoridad pública.
  - Los curadores, con el testimonio judicial pertinente.

[1] *Fuente: http://www.srt.gob.ar/tramites/srt/contenidos-srt/informacion-y-tramites/tramites*

En todos los casos, quien inicie el trámite debe ser mayor de edad y acreditar el vínculo en forma personal al momento de realizar la presentación, con la documentación original correspondiente para cada caso y con fotocopia del DNI, LE o LC del interesado. Puede designarse a una persona mayor de edad, otorgándole un poder ante escribano público o una carta poder. Si opta por la carta poder debe concurrir junto con su apoderado personalmente ante la Comisión Médica con la documentación personal que acredite identidad en original. Un funcionario del Organismo certificará que los datos personales que se consignen en el formulario se correspondan con la documentación aportada, y que las firmas fueron colocadas en su presencia.

Modelo Carta Poder

SRT
Superintendencia de Riesgos del Trabajo

Carta Poder

Quien suscribe

Apellido y Nombres | Tipo y N° de documento | Sexo F M

Domicilio | CP

Correo electrónico | Teléfono

Otorga poder para tramitar ante las Comisiones Médicas a

Apellido y Nombres

Tipo y N° de documento

Parentesco | Profesional - Matrícula

Domicilio | CP

Correo electrónico | Teléfono

Firma Apoderado

Firma del Poderdante

Certificación de firmas por Autoridad Competente

Certifico que los datos personales consignados son copia fiel de los obrantes en los documentos de identidad que se indican y que tuve a la vista y que las firmas fueron colocadas en mi presencia.

Si resulta imposible concurrir personalmente a iniciar el trámite, el damnificado u otra persona que reúna los requisitos para iniciar el trámite puede informar por nota su situación a la SRT, indicando el motivo de la imposibilidad, el domicilio en donde se encuentra y los datos de contacto. Un funcionario autorizado de la SRT concurrirá personalmente al domicilio indicado, tomará nota de los motivos de la presentación que quiera formular y, de corresponder, dará inicio al trámite solicitado.

1.1.2. Duración del trámite

Si no es necesaria una Junta Médica, se resuelve dentro de los 10 días hábiles.

1.1.3. Documentación a presentar

a) Si inicia el trámite personalmente:

- Documentación que acredite identidad.
- Copia de la denuncia de accidente o enfermedad profesional ante la ART o el empleador autoasegurado.
- Copia de la carta documento en donde figura el rechazo del accidente o enfermedad profesional por parte de la ART o el empleador autoasegurado.
- Número de teléfono. Es conveniente que deje además un teléfono alternativo y dirección de correo electrónico, si tuviera.

b) Si inicia el trámite por correo postal:

Debe adjuntar además certificado de domicilio expedido por Policía o Registro Civil reciente (no más de 15 días) o servicio a su nombre (factura de luz, gas, cable o teléfono).

Si el caso corresponde a enfermedad no incluida en el listado de enfermedades profesionales:

> Debe presentar el formulario del Anexo L de la resolución 460/08 completo, y una petición fundada suscripta por un médico especialista en medicina del trabajo o medicina legal donde conste el diagnóstico y la causalidad directa entre la patología denunciada y el agente de riesgo (descripción del puesto de trabajo o de la tarea, y agentes de riesgos presentes en el ambiente laboral). En estos casos siempre se da inicio a un trámite médico ante las Comisiones Médicas.

ANEXO L

SUPERINTENDENCIA DE RIESGOS DEL TRABAJO

SOLICITUD DEL TRABAJADOR O DERECHOHABIENTE
POR PATOLOGÍAS NO INCLUIDAS EN EL LISTADO DE ENFERMEDADES PROFESIONALES

COMISIÓN MÉDICA N°		FECHA / /
LOCALIDAD		
SOLICITUD N°:		
DATOS DEL DAMNIFICADO Apellido y Nombre:		
Domicilio:	Localidad:	
Provincia:	C.P.:	TE:
Doc. de Identidad N°:	CUIL N°:	
Fecha de nacimiento: / /	Edad:	Sexo:
Lee y escribe: SI/NO	Miembro Superior hábil: Der./ Izq.	
Fecha de ingreso al establecimiento: / /		
Tarea/s habitual/es del trabajador:		
Tarea/s al momento de la primera manifestación invalidante:		
Turno habitual: diurno/rotativo/nocturno: Horario que cumple habitualmente:		
DATOS DE ASEGURADORA /EMPLEADOR AUTOASEGURADO		
NOMBRE:	CÓDIGO N°:	
DOMICILIO LEGAL:		
SINIESTRO N°:		
DATOS DEL EMPLEADOR		
RAZÓN SOCIAL:	CUIT N°:	
DOMICILIO:		
LOCALIDAD:	C.P.:	TE:
PROVINCIA:		
ACTIVIDAD PRINCIPAL DEL ESTABLECIMIENTO:		
CÓDIGO N°:		

DAMNIFICADO: EXPEDIENTE N°
DATOS DE LA ENFERMEDAD
Descripción del puesto de trabajo:

Descripción de la tarea:
Antigüedad en la tarea: **Exam. Preocupac.: SI/NO** **Fecha: / /**
Agente de riesgo denunciado:
Cuando comenzó con los problemas:
Sector del cuerpo comprometido:
Descripción de síntomas y signos:
Tratamientos instituídos:
Diagnóstico invocado:
Certificación diagnóstica:
a) Certificado Médico
b) RX
c) TAC
d) RMN
e) EMG
f) Otros
Nombre y matrícula del profesional que avala la petición:
Fecha de toma de conocimiento o primera manifestación invalidante:

FIRMA Y ACLARACIÓN DEL SOLICITANTE

1.1.4. Continuación del trámite

Una vez aportada la documentación pueden presentarse dos situaciones:

a) Que la Superintendencia de Riesgos del Trabajo, luego de efectuar un requerimiento a la ART o al empleador autoasegurado y evaluar el caso planteado, verifique que ha rechazado incorrectamente la denuncia de accidente o enfermedad profesional. Esta evaluación se realiza dentro de los 10 días de su presentación.

En este caso la ART deberá otorgarle las prestaciones correspondientes retroactivas al momento del accidente, concluyendo de esta forma el trámite iniciado.

b) Que la Superintendencia de Riesgos del Trabajo, luego de efectuar un requerimiento a la ART o al empleador autoasegurado y evaluar el caso planteado, verifique que ha rechazado en tiempo y forma la denuncia de accidente o enfermedad profesional. En este caso se iniciará un trámite médico ante las Comisiones Médicas para determinar si corresponde que el accidente o enfermedad sea cubierto por el Sistema de Riesgos del Trabajo a través de la ART o al empleador autoasegurado.

A considerar... En ambos casos, a la semana de iniciado el trámite, la SRT se comunicará con el damnificado telefónicamente para informarle el estado del mismo.

Desarrollemos la situación planteada en el punto b) sobre el trámite médico ante las Comisiones Médicas.

La Comisión Médica le remitirá al domicilio constituido una notificación en la que figura la fecha en la que debe presentarse a revisación. Es aconsejable aportar todos los estudios que considere que brindan información sobre la salud. La ART o el empleador autoasegurado deben presentar ante la Comisión Médica la historia clínica junto con todos los estudios que se le hayan realizado al trabajador.

Todos los trámites, como los estudios complementarios que pueden solicitar (análisis clínicos, radiografías, etc.) son gratuitos. Pueden considerar necesarios nuevos estudios, y en ese caso otorgará una orden de práctica o de interconsulta para que se efectúen en forma gratuita, o bien puede emitir el dictamen. Así también puede definirse necesaria una segunda revisación y, en ese caso, le notificará la fecha y la hora de la nueva citación. Una vez efectuada la segunda revisación se fijará fecha para el dictamen.

Cuando recibe el dictamen debe exigir a la ART o al empleador autoasegurado el cumplimiento del mismo. Si la ART o el empleador autoasegurado no lo cumplen, puede efectuar un reclamo ante la SRT. Los reclamos se realizan a través de la línea gratuita 0800-666-6778, en el horario de 8 a 19 horas, personalmente y por correo postal en Bartolomé Mitre 755 - PB (C1036AAM) o en Moreno 401 de la Ciudad Autónoma de Buenos Aires, en el horario de 9 a 16 horas, o a través de la página de internet.

Si el empleado no está de acuerdo con el dictamen puede presentar una apelación, es decir, un trámite de desacuerdo con el dictamen, ante la Comisión Médica que lo efectuó, dirigida a la Comisión Médica Central, dentro de los 10 días hábiles posteriores a la recepción del dictamen. El dictamen puede ser apelado también por la ART, o por el empleador autoasegurado o empleador sin ART.

En el caso de que su domicilio declarado esté ubicado en el interior del país, usted puede elegir entre recurrir a la Comisión Médica Central o apelar al Juzgado Federal de la Provincia competente.

La Comisión Médica Central procede al análisis de toda la documentación incluida en el expediente recibido. Como resultado de dicho análisis pueden surgir tres posibilidades:

- Con la documentación incluida en el expediente, la Comisión Médica Central está en condiciones de emitir el dictamen. En este caso el empleado no será citado para un nuevo examen médico ni se le requerirán nuevos estudios.
- La Comisión Médica Central necesita solicitar otros estudios médicos y/o interconsultas con especialistas, para estar en condiciones de emitir el dictamen. En este caso el empleado recibirá por correo, en el domicilio que declaró en el expediente, una orden de práctica o de interconsulta en la que se le indicará el día, la hora y el lugar en el que debe presentarse para realizar los estudios o la consulta con el médico especialista, en forma totalmente gratuita.
- La Comisión Médica Central necesita realizarle un nuevo examen médico en forma previa a emitir el dictamen. En este caso el empleado recibirá por correo, en el domicilio

que declaró en el expediente, una citación en la que se le indicará el día, la hora y el lugar en el que debe presentarse para la revisación médica. Una vez notificado, si no concurre a la primera fecha por razones justificadas, la Comisión Médica Central le asignará una nueva fecha. Si no concurre a ninguna de las dos fechas asignadas para el examen médico, la Comisión Médica Central dará por finalizado el trámite.

Si el empleado no está de acuerdo puede apelar ante la Cámara Federal de la Seguridad Social [1]. La apelación debe efectuarse por escrito y presentarse ante la Comisión Médica Central, dentro de los 10 días hábiles desde la notificación del dictamen. Para continuar con el trámite ante la Cámara Federal de la Seguridad Social debe contar con asistencia legal que debe estar domiciliada en a la Ciudad Autónoma de Buenos Aires.

A considerar... Comunicar cualquier cambio de domicilio. Para ello dirigirse a la Comisión Médica y, además de acreditar identidad, presentar certificado de domicilio expedido por Policía o Registro Civil reciente (no más de 15 días) o servicio a su nombre (factura de luz, gas, cable o teléfono).

Las Comisiones Médicas son las entidades encargadas de:

- Resolver las diferencias entre las ART y los trabajadores damnificados, sobre el accidente laboral o enfermedad profesional, tanto en el porcentaje de incapacidad como en el tratamiento otorgado.
- Determinar la disminución de la capacidad laboral de los trabajadores incorporados en el sistema jubilatorio.
- Las Comisiones Médicas realizan también la evaluación de otros beneficios previsionales como:
  - Ley 20475 (minusválidos).
  - Ley 20888 (ciegos).
  - Ley 24347 (edad avanzada).

En colaboración con ANSES: determinación de invalidez en solicitantes y beneficiarios de leyes 18037 y 18038 (de todo el país) y determinación de invalidez en derechohabientes de las mencionadas leyes.

Examen médico de trabajadores autónomos que ingresen al sistema previsional (D. 300/97): La Comisión Médica que interviene en cada caso emite un dictamen técnicamente fundado, de acuerdo a los procedimientos establecidos y con la aplicación de los contenidos de las Normas de Evaluación, Calificación y Cuantificación de Invalidez (Baremo).

Funcionan Comisiones Médicas en todo el país, y hay una Comisión Médica Central ubicada en la Ciudad de Buenos Aires que actúa ante la apelación del dictamen de una Comisión Médica. Están integradas por cinco médicos que son seleccionados mediante concurso público.

[1] *La ART o el empleador autoasegurado o empleador sin afiliar pueden apelar ante la CFSS.*

1.1.5. Silencio de la ART o del empleador autoasegurado

Si la ART o el empleador autoasegurado no brindan atención o no dan respuesta ante una denuncia de accidente de trabajo o enfermedad profesional: todo el trámite es análogo al desarrollado en el punto 1.1.

1.1.6. Divergencia en las prestaciones o en el alta médica [1]

Si está en desacuerdo con el tratamiento que le brindan la ART o el empleador autoasegurado o con el alta médica:

a) Documentación a presentar

El trámite se inicia personalmente y debe presentar:

- Documentación que acredite identidad.
- Certificado de alta médica o copia de la denuncia del accidente de trabajo o enfermedad profesional ante la ART o el empleador autoasegurado, según el tipo de divergencia que se plantee.
- Número de teléfono de contacto. Es conveniente además un teléfono alternativo y dirección de correo electrónico.

Sólo puede iniciar el trámite el damnificado, porque un médico de la Superintendencia de Riesgos del Trabajo lo revisará en el momento en que se presente. El empleado u otra persona (familiar directo o apoderado acreditando identidad y poder) puede informar por nota su situación a la Superintendencia de Riesgos del Trabajo, indicando el motivo de la imposibilidad, el domicilio en donde se encuentra y los datos de contacto. Un funcionario autorizado de la SRT concurrirá personalmente al domicilio indicado, tomará nota de los motivos de la presentación que quiera formular y, de corresponder, dará inicio al trámite solicitado.

b) Continuidad del trámite

Una vez presentada la documentación será atendido en forma inmediata por un profesional médico de la Comisión Médica para su evaluación, pudiéndose presentar las siguientes situaciones:

- Desacuerdo con el alta médica:
    - Como resultado de la evaluación el médico interviniente considera necesario que la ART continúe brindándole tratamiento: en este caso la Superintendencia de Riesgos del Trabajo informará esta conclusión a la ART o al empleador autoasegurado, adjuntando el informe médico elaborado.
        - Si la ART o el empleador autoasegurado aceptan el criterio del médico de la SRT, deberá citarlo dentro de los 2 días para volver a evaluarlo o brindarle tratamiento.
        - Si la ART o el empleador autoasegurado ratifican su propio criterio, la SRT le iniciará un trámite médico ante las Comisiones Médicas y será citado para revisación. La Comisión Médica interviniente resolverá el desacuerdo y emitirá un dictamen.
    - Como resultado de la evaluación el médico interviniente coincide con el alta médica otorgada por la ART: en este caso se le brindará información sobre la posibilidad de que su ART le fije un porcentaje de incapacidad si correspondiera, para lo cual de-

[1] *Fuente: http://www.srt.gob.ar/inicio/srt/contenidos-srt/informacion-y-tramites/tramite-por-divergencia-en-las-prestaciones-o-en-el-alta-medica*

berá notificarlo dentro de los 15 días del alta médica. Por otra parte, si usted persiste en su desacuerdo, el médico le iniciará un trámite médico ante las Comisiones Médicas en el momento.

- Desacuerdo con el tratamiento médico:
  - Como resultado de la evaluación el médico interviniente considera que el tratamiento no es el adecuado: en este caso la Superintendencia de Riesgos del Trabajo informará esta conclusión a la ART o al empleador autoasegurado, adjuntando el informe médico elaborado.
    Si la ART o el empleador autoasegurado aceptan el criterio del médico de la SRT, deberán citarlo dentro de los 2 días para volver a evaluarlo o brindarle nuevo tratamiento.
    Si la ART o el empleador autoasegurado ratifican su propio criterio, la SRT le iniciará un trámite médico ante las Comisiones Médicas y será citado para revisación. La Comisión Médica interviniente resolverá el desacuerdo y emitirá un dictamen.
  - Como resultado de la evaluación el médico interviniente constata que el tratamiento es el adecuado. Si usted persiste en su desacuerdo, el médico le iniciará un trámite médico ante las Comisiones Médicas en el momento.

El trámite continúa exactamente igual que como se ha mencionado en el punto 1.1.

1.1.7. Divergencia en la situación de Incapacidad Laboral Temporaria (ILT)

Si está dado de alta y la ART o el empleador autoasegurado no lo citan para fijar porcentaje de incapacidad, o si firmó acuerdo y la ART o el empleador autoasegurado no lo presentaron a la SRT para homologar:

a) Inicio del trámite

Puede iniciar el trámite si luego de 15 días hábiles de recibir el alta médica la ART o el empleador autoasegurado no lo citaron para fijar incapacidad y firmar el acuerdo, o si firmó acuerdo y la ART o el empleador autoasegurado no lo presentó a la SRT para homologar luego de 45 días hábiles del alta.

Si está conforme con el porcentaje de incapacidad determinado por la ART o el empleador autoasegurado y homologado ante la Oficina de Homologación y Visado de la SRT, la ART o el empleador autoasegurado deben pagarle la indemnización por la incapacidad correspondiente. Si no le pagan, puede presentar un reclamo en la SRT.

Si no está conforme con el porcentaje de incapacidad determinado por la ART o el empleador autoasegurado y homologado ante la Oficina de Homologación y Visado de la SRT, solicite copia del acta y preséntela ante la Comisión Médica para iniciar un trámite por Divergencia en la Incapacidad Laboral Permanente (ILP).

b) Documentación a presentar

El trámite se inicia personalmente y debe presentar:

- Documentación que acredite identidad.
- Certificado de alta médica.
- Número de teléfono que permita establecer contacto con el empleado. Es conveniente que deje además un teléfono alternativo y dirección de correo electrónico, si tuviera.

Si inicia el trámite por correo postal debe adjuntar además certificado de domicilio expedido por Policía o Registro Civil reciente (no más de 15 días) o servicio a su nombre (factura de luz, gas, cable o teléfono).

c) Continuidad del trámite

Una vez presentada la documentación, la Superintendencia de Riesgos del Trabajo efectuará un requerimiento a la ART o al empleador autoasegurado y, si verifica la situación planteada, la ART o el empleador autoasegurado deberá comunicarse con el empleado y citarlo para fijar incapacidad laboral, si corresponde, o bien proponer acuerdo e iniciar el trámite para homologar el acuerdo efectuado y presentarlo ante la SRT.
Si no se resuelve la situación, la SRT le iniciará un trámite médico ante las Comisiones Médicas y será citado para revisación.
El trámite restante es idéntico al mencionado en 1.1.

1.1.8. Divergencia en la Incapacidad Laboral Permanente (ILP)

Si no está de acuerdo con el porcentaje de incapacidad fijado por la ART o por el empleador autoasegurado:

a) Documentación a presentar

El trámite se inicia personalmente y debe presentar:

- Documentación que acredite identidad.
- Copia del acta en la que le fijaron incapacidad con su firma en desacuerdo.
- Número de teléfono que permita establecer contacto con el empleado. Es conveniente que deje además un teléfono alternativo y dirección de correo electrónico, si tuviera.

El resto es idéntico al punto 1.1.

2. TRÁMITES PREVISIONALES EN LAS COMISIONES MÉDICAS [1]

Todos los trámites previsionales deben ser iniciados en la Administración Nacional de la Seguridad Social (ANSES) con los requisitos que establece dicho Organismo.
En los casos en que resulte necesario determinar incapacidad para obtener el beneficio previsional, la ANSES solicita la intervención de las Comisiones Médicas dependientes de la SRT. En estos casos se realizan en las Comisiones Médicas los siguientes trámites:

2.1. Determinación de incapacidad laboral para obtener el beneficio de retiro por invalidez, régimen especial para minusválidos, régimen especial para ciegos, prestación por edad avanzada o pensión por incapacidad del derechohabiente.

2.1.1. Inicio del trámite

Para iniciar el trámite debe dirigirse a la Administración Nacional de la Seguridad Social (ANSES). ANSES le solicitará la documentación necesaria, le hará completar el formulario de Solicitud de Prestaciones Previsionales y le otorgará una fecha de citación para presentarse ante la Comisión Médica correspondiente para su revisación.

[1] *Fuente: http://www.srt.gob.ar/tramites/srt/contenidos-srt/informacion-y-tramites/tramites*

2.1.2. Documentación a presentar

Debe concurrir a la revisación médica con su DNI, LE o LC. Es aconsejable que el empleado aporte todos los estudios que desee y que considere que brindan información sobre su salud. Le serán devueltos si los solicita.

2.1.3. Determinación de la Comisión Médica

La Comisión Médica puede emitir su dictamen. También puede considerar necesario nuevos estudios y le otorgará una orden de práctica o de interconsulta para que los efectúe en forma gratuita.

La Comisión Médica también puede definir si es necesaria una segunda revisación, y en ese caso la ANSES notificará la fecha y la hora de la nueva citación. Si no concurre en la nueva fecha de citación, deberá presentarse a fin de solicitar nueva audiencia. Si no concurre a esta última fecha, el trámite quedará en reserva hasta que se presente. Si se presenta, una vez efectuada la segunda revisación se fijará fecha para el dictamen.

El dictamen contendrá el grado de incapacidad laboral que determinó la Comisión Médica producto del análisis médico fundado en la información aportada, el examen clínico practicado, los estudios complementarios y todas las consultas solicitadas por la Comisión Médica.

Una vez elaborado el dictamen se enviará al domicilio declarado y también a la ANSES, dentro de los tres días corridos desde la fecha de su emisión.

¿Cuál es el grado de incapacidad necesario para obtener el beneficio del Retiro por Invalidez, Edad Avanzada o por Incapacidad de Derechohabiente?

El grado de incapacidad laboral que determine la Comisión Médica debe ser igual o superior al 66%. Asimismo, la Comisión puede indicar que realice un tratamiento de rehabilitación o que le brinden capacitación para otra tarea, en caso de no poder continuar con la que realizaba.

¿Cuál es el grado de incapacidad necesario para obtener el beneficio del Régimen Especial para Minusválidos?

El grado de incapacidad laboral que determine la Comisión Médica debe ser igual o superior al 33%, durante los últimos 10 años anteriores al cese de la actividad laboral o al inicio de este trámite, habiendo prestado servicios durante los últimos diez años en estado de minusvalía.

¿Cuál es el grado de incapacidad necesario para obtener el beneficio del Régimen Especial para Ciegos?

En estos casos la Comisión Médica deberá constatar la ceguera total. El trámite se realiza por única vez ya que el dictamen es definitivo.

2.1.4. Apelación

Si el empleado está en desacuerdo con el dictamen, puede presentar una apelación, es decir, un trámite de desacuerdo con el dictamen, ante la Comisión Médica que lo efec-

tuó, dirigida a la Comisión Médica Central, dentro de los 5 días hábiles posteriores a la recepción del dictamen. El dictamen puede ser apelado también por la ANSES.
La Comisión Médica Central procede al análisis de toda la documentación incluida en el expediente recibido. Como resultado de dicho análisis pueden surgir tres posibilidades:

- Con la documentación incluida en el expediente, la Comisión Médica Central está en condiciones de emitir el dictamen. En este caso, el empleado no será citado para un nuevo examen médico ni se le requerirán nuevos estudios.
- La Comisión Médica Central necesita solicitar otros estudios médicos y/o interconsultas con especialistas, para estar en condiciones de emitir el dictamen. En este caso el empleado recibirá por correo, en el domicilio que declaró en el expediente, una orden de práctica o de interconsulta en la que se le indicará el día, la hora y el lugar en los que debe presentarse para realizar los estudios o la consulta con el médico especialista, en forma totalmente gratuita.
- La Comisión Médica Central necesita realizarle un nuevo examen médico en forma previa a emitir el dictamen. En este caso el empleado recibirá por correo, en el domicilio que declaró en el expediente, una citación en la que se le indicará el día, la hora y el lugar en los que debe presentarse para la revisación médica. Una vez notificado, si no concurre a la primera fecha por razones justificadas, la Comisión Médica Central le asignará una nueva fecha. Si no concurre a ninguna de las dos fechas asignadas para el examen médico, la Comisión Médica Central dará por finalizado el trámite.

Cuando recibe el dictamen el empleado debe comunicarse con ANSES para que le indique cómo sigue el trámite que inició para acceder a un beneficio previsional.
Este dictamen puede ser apelado por el trabajador o por la ANSES, ante la Cámara Federal de la Seguridad Social. La apelación debe efectuarse por escrito y presentarse ante la Comisión Médica Central, dentro de los 5 días hábiles desde la notificación del dictamen. Para continuar con el trámite ante la Cámara Federal de la Seguridad Social debe contar con patrocinio letrado.

2.2. Determinación de incapacidad para obtener el beneficio de Retiro Definitivo por Invalidez (art. 50, L. 24241)

2.2.1. Inicio del trámite

Cumplidos los 3 años de retiro transitorio por invalidez, la ANSES solicita a las Comisiones Médicas la citación de trabajadores que perciben ese beneficio previsional. La Comisión Médica debe verificar si persiste el grado de invalidez que dio origen al Retiro Transitorio. Según el resultado de la evaluación médica se puede prorrogar el beneficio transitorio por 2 años más, determinar que la invalidez es definitiva, o bien verificar que no persisten las condiciones de incapacidad por las que obtuvo el beneficio.

2.2.2. Documentación a presentar

Debe concurrir a la revisación médica con su DNI, LE o LC.

2.2.3. Continuidad del trámite

La Comisión Médica puede emitir su dictamen. También puede considerar necesario nuevos estudios y le otorgará una orden de práctica o de interconsulta para que los efectúe en forma gratuita.

El dictamen determina si la invalidez es definitiva o si por el contrario las condiciones de incapacidad laboral han disminuido. En casos puntuales la Comisión Médica puede prorrogar el beneficio transitorio por 2 años más. Una vez elaborado el dictamen se enviará al domicilio que el trabajador declaró y también a la ANSES, dentro de los tres días corridos desde la fecha de su emisión.

2.2.4. Apelación

El trabajador puede presentar una apelación, es decir, un trámite de desacuerdo con el dictamen, ante la Comisión Médica que lo efectuó, dirigida a la Comisión Médica Central, dentro de los 5 días hábiles posteriores a la recepción del dictamen. El dictamen puede ser apelado también por la ANSES.

El resto del trámite es igual a los mencionados anteriormente.

2.3. Determinación de incapacidad para obtener el beneficio de Retiro Transitorio por Invalidez por Convenios Internacionales

2.3.1. Inicio del trámite

Es para aquellas personas que tengan aportes en el país y aportes en otros países con los que la Administración Nacional de la Seguridad Social (ANSES) haya suscripto convenio. El trámite se inicia en la Administración Nacional de la Seguridad Social (ANSES). El área de Convenios Internacionales solicitará la documentación necesaria.

La ANSES envía a la Comisión Médica la documentación disponible sobre el caso. La Comisión Médica puede requerir a la ANSES documentación y/o estudios complementarios; esto se realiza a través de un informe preliminar. Una vez que la ANSES remite lo solicitado, la Comisión Médica está en condiciones de emitir un dictamen que remite a la ANSES, quien determina si corresponde el otorgamiento del beneficio que se solicita.

3. TRÁMITES ENTRE EMPLEADORES Y ARTs [1]

3.1. Afiliación a una ART

3.1.1. Inicio del trámite

- El empleador, en caso de ser una persona física.
- El representante, según el acto constitutivo o disposiciones legales, en caso de personas jurídicas.
- Apoderados designados para ello.

[1] *Fuente: http://www.srt.gob.ar/tramites/srt/contenidos-srt/informacion-y-tramites/tramites*

3.1.2. Afiliación

El trámite de afiliación puede efectuarse, por ejemplo, en las sucursales, oficinas comerciales o agencias de la ART, en la propia empresa, en las oficinas de los productores de seguros o bróker.

Para afiliarse a una ART el empleador debe suscribir una solicitud de afiliación con la aseguradora de su elección, acompañada de:

- DNI y copia del mismo, en el caso de tratarse de una persona física.
- Constancia de que ejerce la representación conforme el acto constitutivo o de acuerdo a las disposiciones legales, en el supuesto de tratarse de una persona jurídica.
- Si el empleador se presenta a través de un mandatario, además debe exhibir su DNI y poder suficiente.

La solicitud de afiliación y la documentación mencionada deben ser firmadas por la parte empleadora y por el representante de la ART que haya verificado la presentación de los originales. La solicitud de afiliación, debidamente refrendada, formará parte del contrato de afiliación, considerándola como manifestación de conformidad del empleador con dicho contrato.

3.1.3. Vigencia del contrato

El contrato tiene vigencia a partir de la fecha estipulada expresamente en la solicitud de afiliación, la cual no puede ser anterior a la fecha de suscripción de la misma. La duración del contrato es de un año. Asimismo, la fecha de finalización de los contratos de afiliación debe coincidir con el último día del mes calendario (Ej.: 12/01/2010 – 31/01/2011).

En el caso en que no se den las causas de rescisión ni se produzca un traspaso de aseguradora, el contrato se renovará automáticamente por un año más.

3.1.4. Continuidad del trámite

Una vez suscripta la solicitud, la aseguradora cuenta con un plazo de 30 días corridos, contados a partir de la fecha de inicio de vigencia acordada en la solicitud de afiliación, para instrumentar el contrato respectivo, debiendo la ART conservar una copia de dicho contrato suscripto por el empleador, y entregarle a éste una copia firmada por autoridad competente.

A considerar... En el caso de que un empleador registrase afiliación a más de una ART, se presumirá como válido el primer contrato de afiliación declarado ante la Superintendencia de Riesgos del Trabajo.

3.2. Traspaso de ART

3.2.1. Tiempo necesario para traspasarse

Depende del origen del contrato vigente: si se trata de un contrato de alta al sistema, a los 6 meses de iniciada la vigencia del contrato.

Si es un contrato nuevo, resultado de una rescisión anterior, el plazo también es de 6 meses.

Si el contrato actual es el resultante de un traspaso de ART, deberá esperarse 1 año.

3.2.2. Trámite

El empleador que desee cambiar de ART deberá suscribir una solicitud en la nueva aseguradora, presentando la siguiente documentación:

- DNI, en el caso de tratarse de una persona física.
- Constancia de que ejerce la representación conforme el acto constitutivo o de acuerdo a las disposiciones legales, en el supuesto de tratarse de una persona jurídica.
- Si el empleador se presenta a través de un mandatario, además debe exhibir su DNI y poder suficiente.

La solicitud de traspaso y la copia de la documentación mencionada precedentemente que se entregará a la aseguradora, deben firmarse por la parte empleadora y por el representante de la ART que haya verificado la presentación de los originales. La solicitud, debidamente refrendada, formará parte del contrato de afiliación, considerándola como manifestación de conformidad del empleador con dicho contrato.

La nueva aseguradora obtiene los datos de la ART anterior a través de la página web de la SRT o de la información que proporcione el empleador al respecto (ejemplo: original del contrato celebrado con la aseguradora anterior). Con la finalidad de controlar el cumplimiento de la normativa vigente en relación a los plazos mínimos exigidos para cambiar de aseguradora y comprobar que no existen deudas por aportes al sistema implementado por la ley 24557, solicita de la aseguradora de origen la emisión de un comprobante denominado "Situación de Pago de Cuotas", hasta el día 10 del mes en que se tramita el traspaso, inclusive.

Dicho requerimiento deberá ser respondido por la aseguradora de origen hasta el día 20 del mismo mes inclusive, expresando su conformidad o no al cambio. Si el cambio es procedente, la aseguradora de origen tendrá la obligación de prorrogar la vigencia del contrato hasta el último día del mes, y la nueva aseguradora emitirá el contrato de afiliación con fecha de comienzo de vigencia el primer día del mes próximo siguiente al de finalización de la vigencia del contrato anterior, o pedido de traspaso, e informará el alta del mismo hasta el último día hábil del mes, inclusive. Si no se cumpliera con todos los requisitos, la nueva aseguradora debe comunicar al empleador la imposibilidad de dar curso al trámite de afiliación.

En caso de objeción por deuda, si el empleador regularizara su situación con anterioridad al día 20 del mes en que se tramita el traspaso, la aseguradora de origen deberá comunicar dicha circunstancia a la nueva ART, para que ésta concluya el trámite de afiliación. Si la deuda no fuera cancelada dentro del plazo antes establecido, la aseguradora de origen renovará automáticamente el contrato. Si el empleador regularizara la situación vencidos los plazos, la aseguradora de origen liberará el traspaso por nota a esta SRT, indicando expresamente la fecha de inicio de vigencia del nuevo contrato.

La SRT efectuará el proceso de control, verificando el plazo mínimo y la no existencia de objeciones de la aseguradora de origen. En caso de verificarse que el contrato presentado no reúne las condiciones establecidas para el traspaso, se comunicará a la aseguradora el rechazo de la afiliación solicitada. Concluido el proceso, la SRT comunicará las altas y bajas a la AFIP y a las aseguradoras respectivas. La nueva aseguradora está obligada a poner en conocimiento al empleador el resultado del proceso, dentro de los 10 días corridos de recibida la información de esta SRT, procediéndose a emitir el correspondiente contrato.

3.3. Rescisión de contrato con una ART

3.3.1. Tipos de rescisión de un contrato

- Por traspaso de aseguradora habiendo transcurrido 6 meses desde la primera afiliación a una ART, con aportes efectivamente realizados y sin registrar deuda conforme al procedimiento establecido en materia de traspasos. Este derecho podrá ser ejercido nuevamente transcurrido un año de efectuado el primer cambio de aseguradora por la misma causa.
- Por el cese de la actividad como empleador, debiendo dejar constancia de ello mediante presentación del formulario correspondiente exigido por la AFIP ante la aseguradora, la cual debe conservar copia de dicha documentación.
- Cuando no tenga más trabajadores en relación de dependencia, debiendo notificar a la ART de tal situación, acompañando las constancias generadas por los aplicativos provistos por la AFIP, dejando copia de las mismas en la aseguradora para que sean incorporadas en su legajo.

Para poder cumplimentar estas dos últimas formas de rescisión se recomienda que la presentación de la documentación pertinente se realice al momento de contar con la misma, conservando copia con sello y fecha de recepción de la ART, para de este modo evitar que se genere deuda con la aseguradora que la faculte a rescindir el contrato por falta de pago.

3.3.2. Rescisión de contrato por parte de la aseguradora

La aseguradora podrá extinguir el contrato de afiliación por falta de pago cuando el empleador le adeude un monto equivalente a 2 cuotas, tomando como referencia la de mayor valor devengado en el último año. En el cálculo del estado de deuda deberán incluirse todos los saldos parciales a favor del empleador y, en caso de corresponder, se deberán computar a modo de compensación los montos que la ART deba en concepto de reintegros por ILT.

3.3.3. Comunicación de la rescisión

La aseguradora intimará fehacientemente el pago de las sumas adeudadas en un plazo no inferior a 15 días corridos. Vencido dicho plazo, y si el empleador no ha dado cumplimiento a la intimación de pago, la aseguradora podrá extinguir el contrato efectuando una nueva comunicación donde indique tal situación. La extinción del contrato será efectiva a partir de la CERO (0) hora del día hábil inmediato posterior a la fecha de recepción de esta última notificación.

3.3.4. Privación de afiliación a un empleador

Aquí nos encontramos con un contrato con una ART que fue rescindido por falta de pago y aún no ha regularizado su situación, motivo por el cual se encuentra dado de alta en el Registro de Contratos Extinguidos por Falta de Pago obrante en la SRT. En este caso las aseguradoras pueden negarse a afiliarlo durante el término de 1 año a partir de la fecha de rescisión del contrato. Asimismo la afiliación a una nueva ART, posterior a la rescisión, no lo libera de las obligaciones pendientes con la aseguradora que le ha rescindido el contrato por falta de pago.

4. SERVICIOS [1]

La Superintendencia de Riesgos del Trabajo brinda distintos servicios y ofrece la posibilidad de efectuar consultas en línea, que facilitan el acceso a la información a trabajadores y empleadores sobre distintos aspectos del Sistema de Riesgos del Trabajo.

▮ Cuál es el estado del trámite o expediente

En esta sección el empleado puede conocer el estado de un expediente iniciado en la Superintendencia. La consulta puede realizarse sobre reclamos efectuados y sobre trámites médicos hasta su ingreso efectivo en las Comisiones Médicas, en caso de corresponder.

▮ Cuál es la ART

A través de esta opción el empleado podrá averiguar cuál es la Aseguradora de Riesgos del Trabajo (ART) contratada por su empleador para asesorarlo en las medidas de prevención y para reparar los daños en casos de accidentes de trabajo o enfermedades profesionales.

▮ Consulta de alícuotas

Esta consulta le permite conocer y calcular las alícuotas máximas vigentes para cada actividad económica y corroborar que la alícuota de la ART se encuentra dentro de estos parámetros.

▮ Consulta de cuotas omitidas

Mediante esta opción se puede acceder a toda la información relacionada con las cuotas omitidas: normativa aplicable, cálculo de la deuda, formas de pago y vencimiento, así como los datos específicos de la empresa, si correspondiera.

▮ Historial de contratos

Al ingresar a esta sección, y colocando el número de CUIT de una empresa, se obtiene información detallada de los contratos celebrados entre esa empresa y las ART.

▮ Mi Simplificación

A través de esta opción se podrán consultar, registrar y modificar todas las altas y bajas de personal de la empresa a fin de mantener la información actualizada. Este tema ha sido abordado en el capítulo III.

▮ Biblioteca-Centro CIS

La Biblioteca de la Superintendencia de Riesgos del Trabajo es un centro de gestión documental en el que se puede obtener información relacionada con la salud y seguridad laboral en diferentes formatos y soportes (monografías, artículos científicos, congresos, etc.).

▮ Ventanilla electrónica

Comunicaciones que remitan la SRT y la ART.

▮ Consultas y reclamos.

[1] *Fuente: http://www.srt.gob.ar/inicio/srt/contenidos-srt/informacion-y-tramites/servicios*

4.1. Ingreso a la web. Servicios. Pantallas

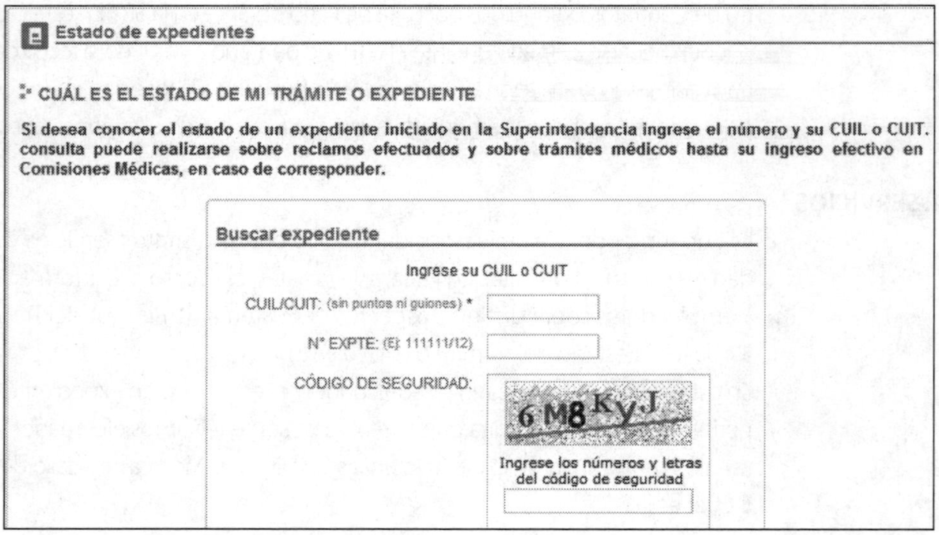

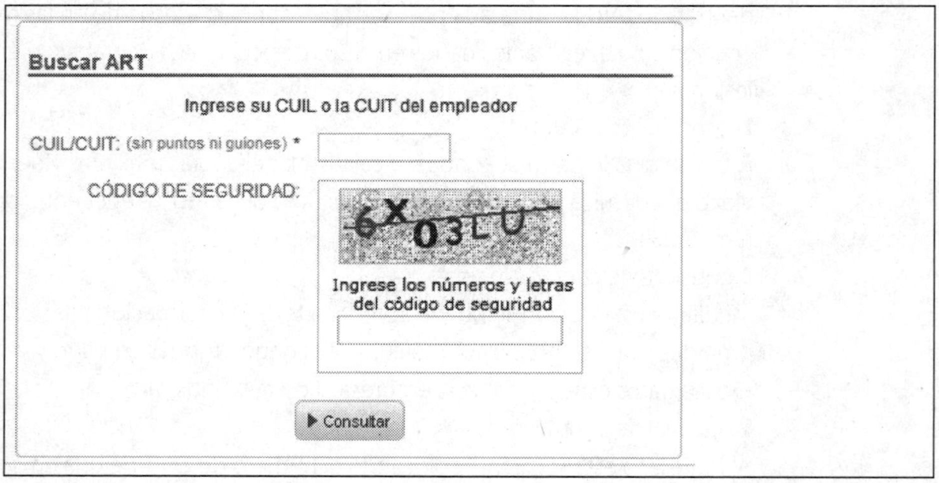

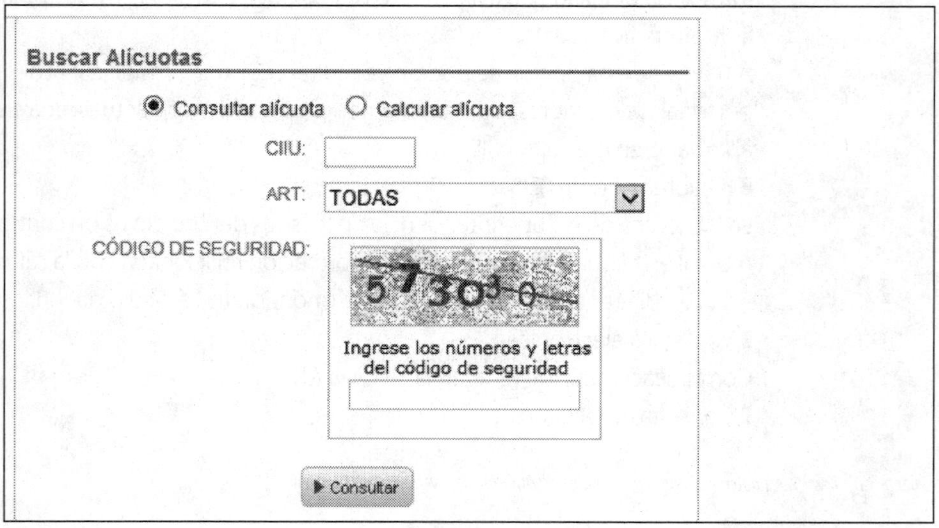

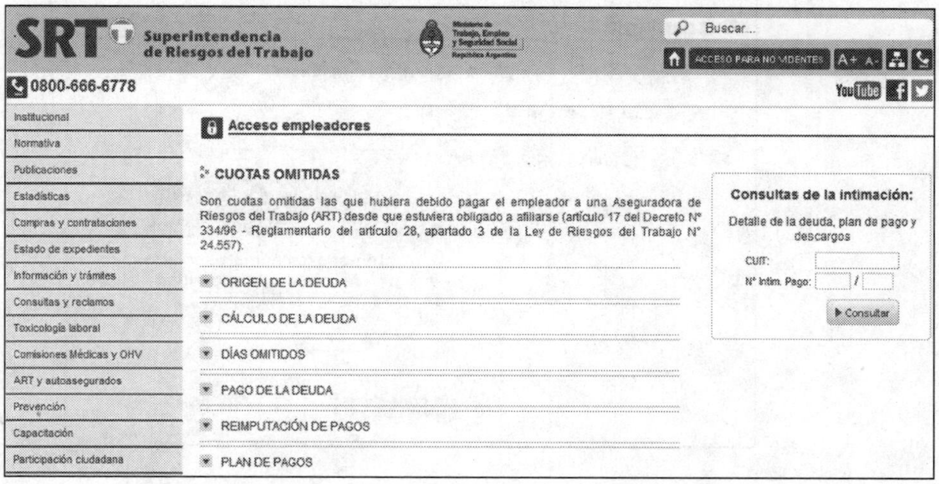

PLAN DE PAGOS

Pueden acceder:

- Los empleadores afiliados a una ART.
- Los empleadores que no se encuentren asegurados a una ART pero que carezcan de personal en relación de dependencia y/o que hayan cesado en su actividad.
- Los empleadores no afiliados a una ART, que posean trabajadores en relación de dependencia, podrán beneficiarse con la adhesión a un Plan de Pagos sólo cuando acrediten su afiliación a una ART.

NOTA: los planes de pagos los determina la SRT (Resolución SRT N° 1215/06).

Tasa de interés y plazo

La tasa de interés que se aplicará será del 1% mensual. Los planes de pagos no podrán exceder de 60 cuotas mensuales, iguales y consecutivas, y no podrán ser inferiores a un importe de $100.

Vencimientos

La primera cuota vence el quinto día hábil del tercer mes posterior a aquel en que recibió la Intimación de Pago.

Las restantes cuotas vencerán el quinto día hábil de los meses siguientes.

Caducidad

- En los planes de pago de 6 o más cuotas, la caducidad operará cuando se produzca la falta de pago de 3 cuotas consecutivas, 4 alternadas, o la acumulación de una deuda total equivalente a 3 cuotas.
- Para los planes de pagos de menos de 6 cuotas, la caducidad se producirá cuando se adeuden 2 cuotas.
- La caducidad también operará de pleno derecho cuando el empleador se presente en concurso preventivo de acreedores o le fuera decretada la quiebra.

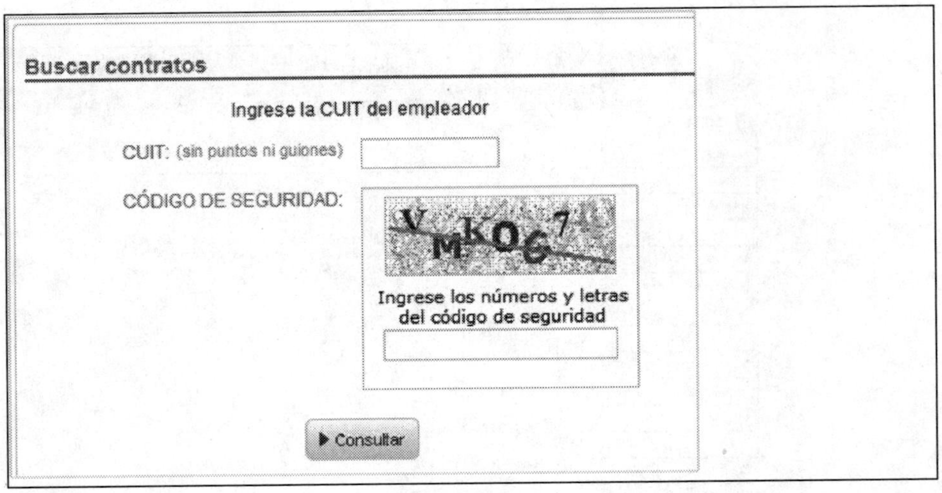

Buscar contratos

Ingrese la CUIT del empleador

CUIT: (sin puntos ni guiones)

CÓDIGO DE SEGURIDAD:

Ingrese los números y letras del código de seguridad

▶ Consultar

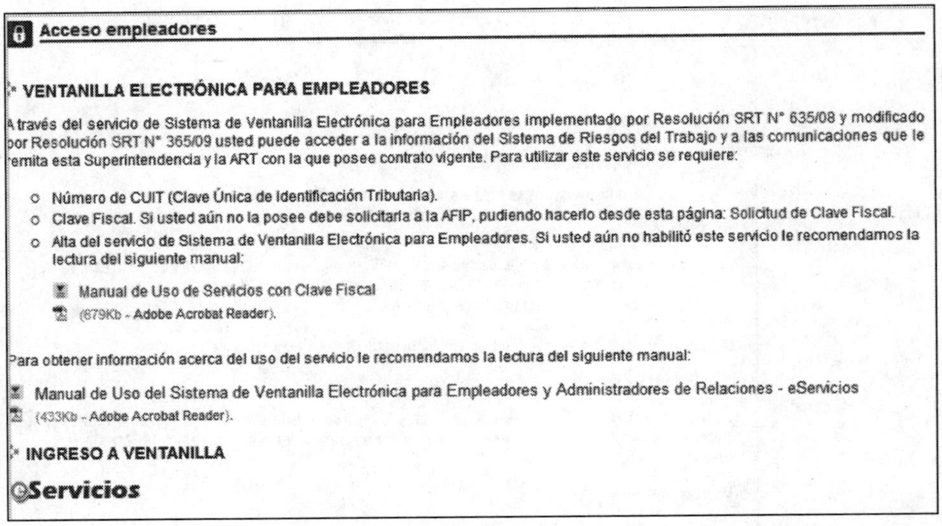

Acceso empleadores

VENTANILLA ELECTRÓNICA PARA EMPLEADORES

A través del servicio de Sistema de Ventanilla Electrónica para Empleadores implementado por Resolución SRT N° 635/08 y modificado por Resolución SRT N° 365/09 usted puede acceder a la información del Sistema de Riesgos del Trabajo y a las comunicaciones que le remita esta Superintendencia y la ART con la que posee contrato vigente. Para utilizar este servicio se requiere:

- Número de CUIT (Clave Única de Identificación Tributaria).
- Clave Fiscal. Si usted aún no la posee debe solicitarla a la AFIP, pudiendo hacerlo desde esta página: Solicitud de Clave Fiscal.
- Alta del servicio de Sistema de Ventanilla Electrónica para Empleadores. Si usted aún no habilitó este servicio le recomendamos la lectura del siguiente manual:

  Manual de Uso de Servicios con Clave Fiscal
  (679Kb - Adobe Acrobat Reader).

Para obtener información acerca del uso del servicio le recomendamos la lectura del siguiente manual:

Manual de Uso del Sistema de Ventanilla Electrónica para Empleadores y Administradores de Relaciones - eServicios
(433Kb - Adobe Acrobat Reader).

INGRESO A VENTANILLA

eServicios

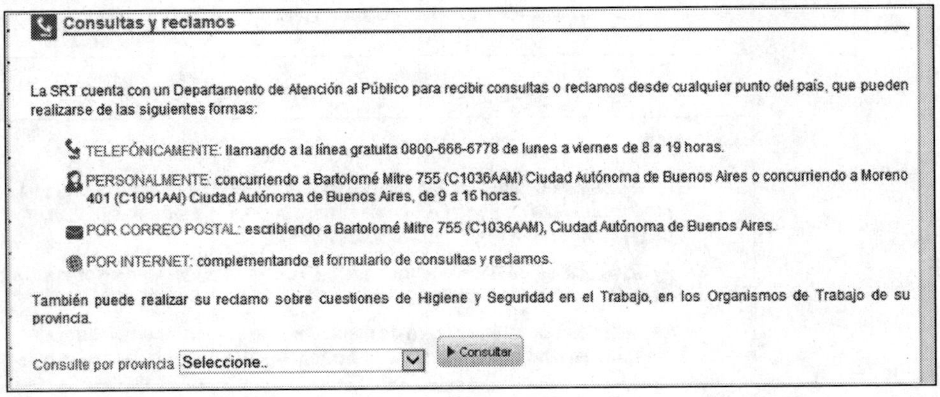

Consultas y reclamos

La SRT cuenta con un Departamento de Atención al Público para recibir consultas o reclamos desde cualquier punto del país, que pueden realizarse de las siguientes formas:

TELEFÓNICAMENTE: llamando a la línea gratuita 0800-666-6778 de lunes a viernes de 8 a 19 horas.

PERSONALMENTE: concurriendo a Bartolomé Mitre 755 (C1036AAM) Ciudad Autónoma de Buenos Aires o concurriendo a Moreno 401 (C1091AAI) Ciudad Autónoma de Buenos Aires, de 9 a 16 horas.

POR CORREO POSTAL: escribiendo a Bartolomé Mitre 755 (C1036AAM), Ciudad Autónoma de Buenos Aires.

POR INTERNET: complementando el formulario de consultas y reclamos.

También puede realizar su reclamo sobre cuestiones de Higiene y Seguridad en el Trabajo, en los Organismos de Trabajo de su provincia.

Consulte por provincia Seleccione.. ▶ Consultar

Formulario de consultas y reclamos

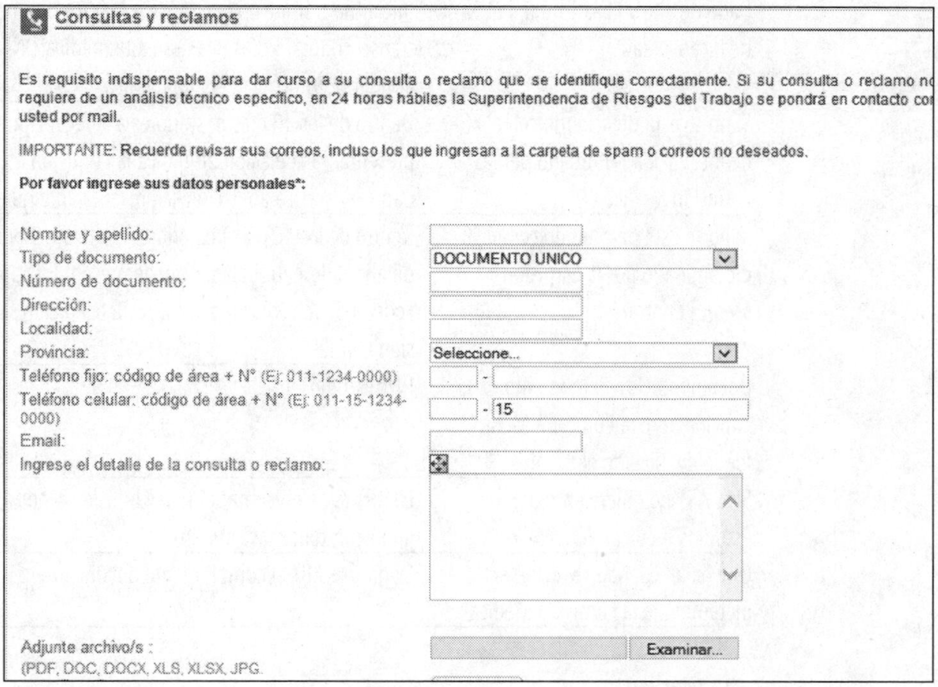
Consultas y reclamos

Es requisito indispensable para dar curso a su consulta o reclamo que se identifique correctamente. Si su consulta o reclamo n requiere de un análisis técnico específico, en 24 horas hábiles la Superintendencia de Riesgos del Trabajo se pondrá en contacto co usted por mail.

IMPORTANTE: Recuerde revisar sus correos, incluso los que ingresan a la carpeta de spam o correos no deseados.

Por favor ingrese sus datos personales*:

Nombre y apellido:
Tipo de documento: DOCUMENTO UNICO
Número de documento:
Dirección:
Localidad:
Provincia: Seleccione...
Teléfono fijo: código de área + N° (Ej: 011-1234-0000) -
Teléfono celular: código de área + N° (Ej: 011-15-1234-0000) - 15
Email:
Ingrese el detalle de la consulta o reclamo:

Adjunte archivo/s : Examinar...
(PDF, DOC, DOCX, XLS, XLSX, JPG.

5. PROCEDIMIENTO A SEGUIR FRENTE A UNA CONTINGENCIA (RESUMEN) [1]

Ante quién denunciar un accidente o enfermedad profesional	Ante el empleador, la ART o los prestadores médicos habilitados por ART. O bien notificación fehaciente, como carta documento o por nota, ante la ART o bien por ventanilla electrónica.
Atención	Deben ser brindadas por la ART tanto las prestaciones médicas como las farmacéuticas. Prestaciones dinerarias, a partir del décimo primer día de producido el accidente.
Quién hace la denuncia	El empleador tiene la obligación de comunicarlo. Si no lo hiciere, el trabajador puede efectuarla.
Si la ART no recibe la denuncia	La ART tiene la obligación de recibir toda notificación. Si se niega, realizarla mediante telegrama o carta documento.
Si la ART rechaza el siniestro	El trabajador debe presentarse ante la Comisión Médica de la zona correspondiente a su domicilio, con DNI, recibo de haberes y nota de rechazo, e iniciar allí el trámite por "Rechazo de Siniestro".
Si el empleador no posee ART	Denunciar mediante carta documento, telegrama o nota con copia debidamente recibida por el destinatario, el accidente o enfermedad profesional ante su empleador, quien está obligado a responder ante el siniestro con todas las prestaciones previstas en el sistema.
Si la ART me da un tratamiento y no estoy de acuerdo con el mismo	Iniciar trámite en la Comisión Médica y presentar DNI, recibo de haberes y certificado médico particular que indique diagnóstico y tratamiento.

[1] *Fuente: http://www.styss.gov.ar/faq_srt.htm*

Comisiones médicas

Dado de alta y la ART no fijó el % de incapacidad	Iniciar un trámite en la Comisión Médica de su zona, después de transcurridos 15 días desde su alta médica. DNI, recibo anterior al accidente, fotocopia del alta médica.
Si no se está de acuerdo con el % de incapacidad otorgado por la Comisión Médica	Dentro de los 10 días posteriores a la recepción del dictamen, presentar la apelación dirigida a la Comisión Médica Central o al Juzgado Federal. La apelación se presenta ante quien dictaminó.
Si no se está de acuerdo con el % dictaminado por la Comisión Médica Central	Dentro de los 10 días posteriores al dictamen y con el patrocinio de un abogado, el trabajador puede presentar la apelación a la Cámara Federal de la Seguridad Social. Esta apelación se presenta en la Comisión Central.
Documentación al momento de la citación ante la Comisión Médica luego de iniciado el trámite	DNI, estudios médicos.
Si la ART no quiere entregar los estudios médicos	La ART debe presentar, ante la Comisión Médica, la historia clínica junto con todos los estudios.
Qué hacer cuando se recibe el dictamen de la Comisión Médica	Exigir a la ART el cumplimiento del dictamen.

Alta médica

Si no se está de acuerdo con el alta otorgada por la ART	Presentarse ante Comisión Médica e iniciar trámite por divergencia en el alta acompañando DNI, recibo haberes, alta médica y certificado médico que indique continuar con tratamiento.
Si continúan las molestias después de la atención médica	Informar al empleador para que lo derive a la ART. Si no se encuentra trabajando para el mismo empleador o el empleador le exige que se presente a trabajar, puede solicitar por carta documento, telegrama o nota, el reingreso al tratamiento ante la ART Si no se obtiene respuesta, presentarse ante Comisión Médica.

Empleador

Contrato rescindido	Debe responder haciéndose cargo de las prestaciones en especie y dinerarias.
Si el contrato está rescindido, qué pasa con los trabajadores en caso de acc. o enfer. prof.	La ART se hace cargo de las prestaciones médicas sólo por 2 meses a partir de la rescisión, pero no de las dinerarias.

Traslados

La ART no provee los medios de traslado hacia los prestadores, Comisiones Médicas Jurisdiccionales, Central, Justicia Federal, Oficinas de Homologación y Visado	La ART debe proveer el remís, avión sanitario, etc. En caso de no estar especificado, corresponde el reintegro del transporte público. Si corresponde abonarán el alojamiento y alimentación durante el tiempo que el trabajador debiese estar a disposición de dichos organismos.
Si la ART no reintegra la plata de los viajes	Presentar los comprobantes de gastos. En caso de negativa, denunciar este hecho ante la SRT.

Capítulo VI | Superintendencia de Servicios de Salud

La Superintendencia de Servicios de Salud es el ente de regulación y control de los actores del Sistema Nacional del Seguro de Salud. Su misión es supervisar, fiscalizar y controlar a las obras sociales y a otros agentes del sistema, con el objeto de asegurar el cumplimiento de las políticas del área para la promoción, preservación y recuperación de la salud de la población, y la efectiva realización del derecho a gozar las prestaciones de salud establecidas en la legislación [1].

Se accede a este organismo a través de la atención personalizada, telefónica o virtual. Su web es www.sssalud.gov.ar

1. CONSULTAS DE EXPEDIENTES

Ingresando a la web, en CONSULTAS, se efectúa el seguimiento o se verifica estado de los expedientes ingresados.

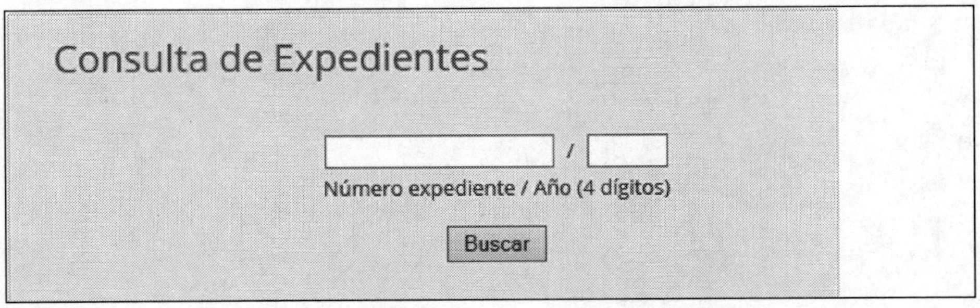

[1] *Fuente: http://www.sssalud.gov.ar/index/index.php?cat=institucion&opc=mision*

Ingresando en ATENCIÓN VIRTUAL se obtiene información y asesoramiento sobre trámites, como así también un acceso directo con distintas posibilidades.

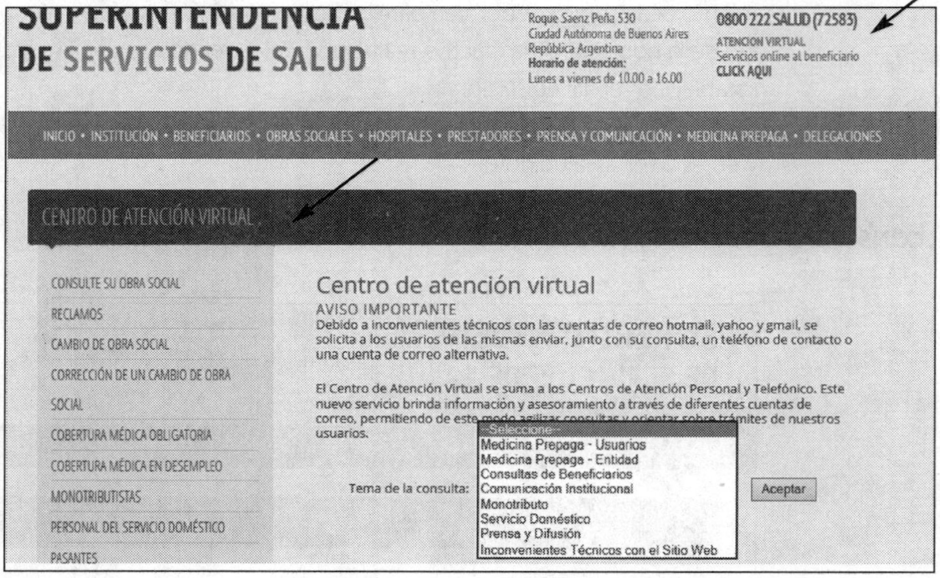

2. ACCESOS DIRECTOS

2.1. Consultas on line

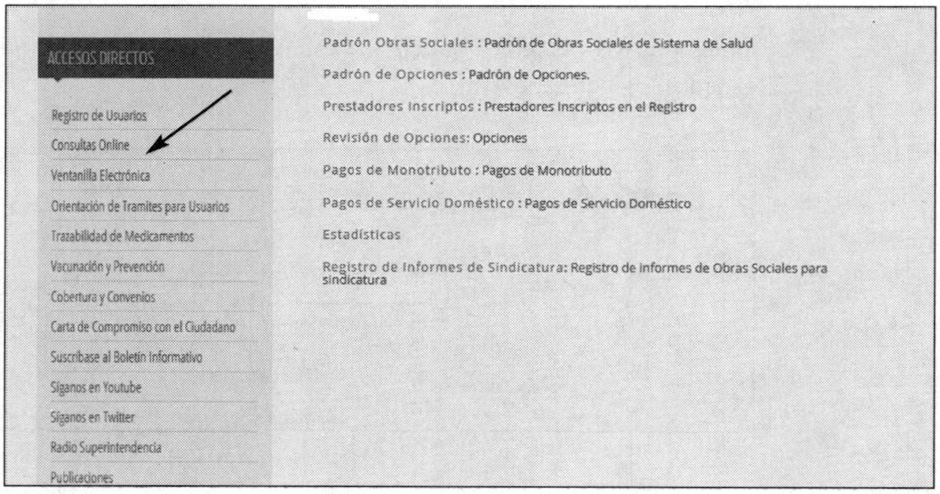

2.1.1. Padrón de beneficiarios de los agentes nacionales del sistema de salud [1]

A través de la web (http://www.sssalud.gov.ar/index/index.php?opc=padron) se podrá acceder a los datos de los beneficiarios titulares y familiares a cargo incluidos en la base de datos del Padrón de Afiliados, que actualiza esta Superintendencia con los datos aportados por cada uno de los agentes del seguro de salud con carácter de declaración jurada.

[1] *Fuente: http://www.sssalud.gov.ar/index/index.php?opc=padron*

Para ello deberá conocer previamente el número de CUIL o el documento de identidad de la persona buscada.

Existen tres formas de acceder a los datos:

▮ Consulta pública
Como resultado de la búsqueda obtendrá datos identificatorios del beneficiario y la obra social en la que se encuentra afiliado.

Acceso Público	Gral.	bus650

▮ Consulta restringida para obras sociales
Sólo podrá acceder la obra social que se encuentre previamente registrada como usuario autorizado y que tenga su identificador de USUARIO y PASSWORD correspondiente. Si el beneficiario consultado pertenece a la misma obra social que efectúa la consulta, obtendrá la totalidad de los datos registrados para ese beneficiario y la de todos sus vínculos familiares. Si no pertenece a esa obra social obtendrá los mismos datos que los desplegados en la CONSULTA PÚBLICA.

Acceso resticto para obras sociales	bus650	RNOS

▮ Consulta restringida para hospitales públicos de gestión descentralizada
Sólo podrán acceder los hospitales que se encuentren previamente registrados como usuarios autorizados y que tengan su identificador de USUARIO y PASSWORD correspon-

diente. Como resultado de la consulta se obtendrán los datos necesarios para la utilización del sistema de débito automático.

Acceso restricto para hospitales	bus650	HPGD

A considerar... Si la obra social o el hospital público ya poseen USUARIO y PASSWORD habilitados para acceder a la consulta de facturación del débito automático de HPGD, podrán utilizar la misma clave para acceder a la consulta al Padrón de Afiliados.

2.1.2. Padrón de opciones de beneficiarios en relación de dependencia

Consultas al Padrón de Opciones de Beneficiarios en Relación de Dependencia

Fecha de Actualización: 15-07-2013

CUIL:

Ingrese un número de CUIL con el formato XX-XXXXXXXX-X

Código Mostrado:

2.1.3. Monotributo

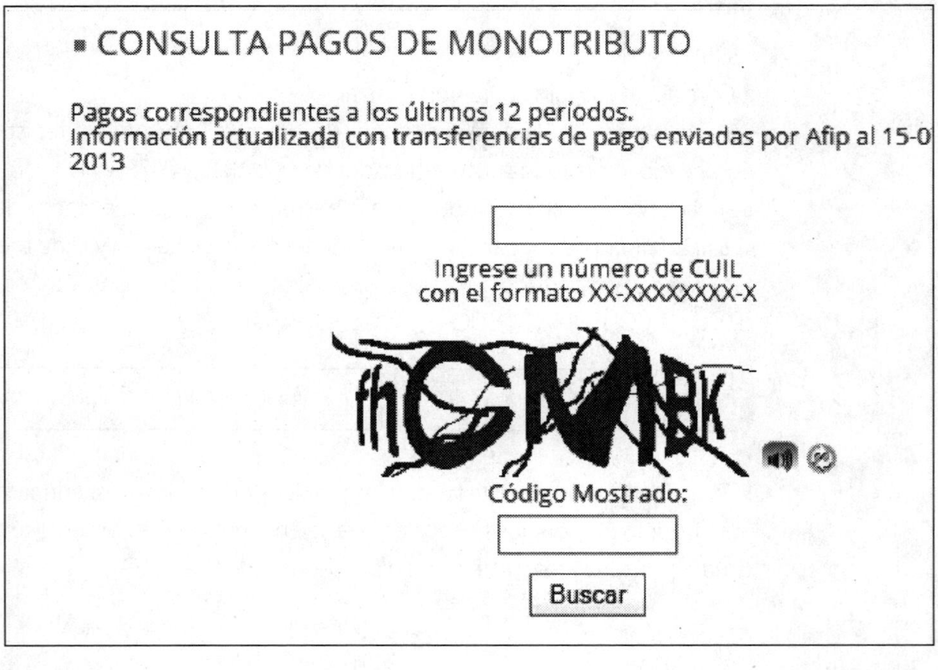
CONSULTA PAGOS DE MONOTRIBUTO

Pagos correspondientes a los últimos 12 períodos.
Información actualizada con transferencias de pago enviadas por Afip al 15-0
2013

Ingrese un número de CUIL con el formato XX-XXXXXXXX-X

Código Mostrado:

Buscar

2.1.4. Servicio doméstico

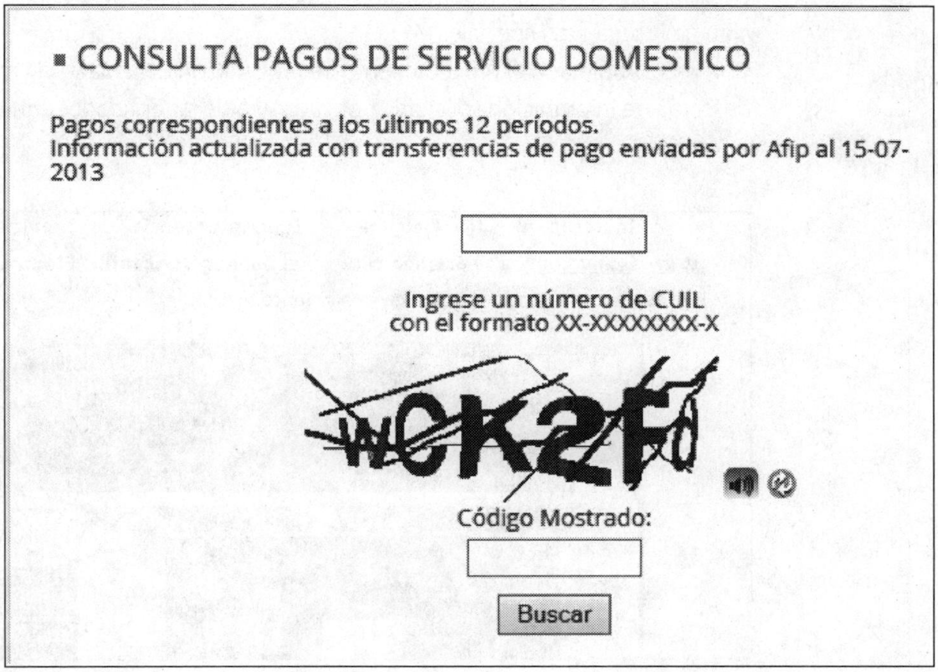

■ CONSULTA PAGOS DE SERVICIO DOMESTICO

Pagos correspondientes a los últimos 12 períodos.
Información actualizada con transferencias de pago enviadas por Afip al 15-07-2013

Ingrese un número de CUIL
con el formato XX-XXXXXXXX-X

Código Mostrado:

Buscar

2.1.5. Consulta Padrón Obras Sociales

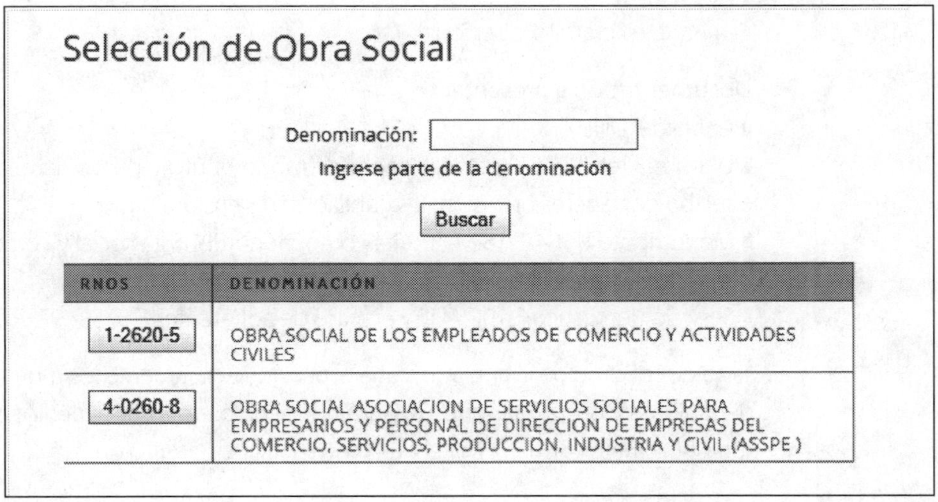

Selección de Obra Social

Denominación:
Ingrese parte de la denominación

Buscar

RNOS	DENOMINACIÓN
1-2620-5	OBRA SOCIAL DE LOS EMPLEADOS DE COMERCIO Y ACTIVIDADES CIVILES
4-0260-8	OBRA SOCIAL ASOCIACION DE SERVICIOS SOCIALES PARA EMPRESARIOS Y PERSONAL DE DIRECCION DE EMPRESAS DEL COMERCIO, SERVICIOS, PRODUCCION, INDUSTRIA Y CIVIL (ASSPE)

2.2. Ventanilla electrónica de la Superintendencia de Servicios de Salud [1]

La ventanilla electrónica de la Superintendencia de Servicios de Salud agiliza el acceso a la información, facilitando la disponibilidad de los datos y mejorando día a día los canales de comunicación con los diferentes actores del sistema.

[1] *Fuente: http://www.sssalud.gov.ar/index/index.php?opc=ventanilla_sss*

En una primera etapa este servicio está destinado a Ministerios, Secretarías de Salud, Hospitales, Sistema de Identificación Nacional Tributario y Social (SINTyS) y Administración de Programas Especiales (APE).
Una vez completado el procedimiento de registración de usuarios, la misma permite la descarga de información solicitada por cada una de las entidades adheridas a este nuevo servicio.

Ingresar al sitio web de la Superintendencia de Servicios de Salud (www.sssalud.gov.ar) haciendo click en el banner **Ventanilla Electrónica** se hace ingreso a la misma, como indica la siguiente figura.

3. TRÁMITES PARA USUARIOS

3.1. Anulación de opción

El trámite es gratuito y personal.

Documentación a presentar

- Copia del DNI.
- Últimos 3 recibos de sueldo, o pagos de monotributo, o pagos del servicio doméstico, o recibo de haberes previsionales (jubilación o pensión).
- Monotributo F. 184/F. 152 AFIP, alta como monotributista social y como efector del Ministerio de Desarrollo Social.
- Servicio doméstico F. 102 AFIP, y en caso de adherentes F. 575, AFIP.

Nota de solicitud de la anulación que especifique claramente los motivos (de corresponder, adjuntar constancias que justifiquen el pedido: certificado médico, resumen de historia clínica, etc.), firmada por el titular que solicita la anulación.

3.2. Aumento de cuota prepaga

El trámite es gratuito y personal.

Documentación a presentar

- Copia del DNI.
- CUIL o CUIT.
- Últimos tres recibos de pago de la empresa de medicina prepaga.

- Nota denunciando el aumento de pago firmada por el titular: con domicilio, mail y teléfono de contacto.
- Copia de la credencial de afiliado.

3.3. Falta de cobertura por discapacidad

El trámite es gratuito y personal, o bien persona autorizada con nota del titular.

Documentación a presentar

- DNI del titular y/o del beneficiario con discapacidad.
- Certificado de discapacidad.
- Último recibo de sueldo o haber jubilatorio / Últimos pagos de monotributo y/o servicio doméstico; cuota adherente y/o superador.
- Credencial de la obra social o prepaga.
- Diagnóstico médico.
- Prescripción actualizada de la prestación a solicitar por el médico tratante de la obra social.

3.4. Falta de cobertura prestacional

El trámite es gratuito y personal.

Documentación a presentar

- Formulario B R. 075, firmado por el titular.
- Copia del DNI.
- CUIL o CUIT.
- Últimos 3 recibos de sueldo, o pagos de monotributo, o pagos del servicio doméstico, pagos cuota adherente o plan superador, o recibo de haberes previsionales (jubilación o pensión).
- Monotributo F. 184/F. 152 AFIP, alta como monotributista social y como efector del Ministerio de desarrollo Social.
- Servicio doméstico F. 102 AFIP, y en caso de adherentes F. 575 AFIP.
- Prescripción médica actualizada.
- Síntesis de historia clínica.
- Justificación de la prestación por médico.
- Credencial obra social o prepaga.

B.O.: 23/07/98 *Resolución 075/98 Sssalud*

SUPERINTENDENCIA DE SERVICIOS DE SALUD

PRESENTACION DE RECLAMOS (RES. SSS N° 075/98 ANEXO A)

N° ______

DATOS DEL TITULAR (OBLIGATORIOS)

APELLIDOS Y NOMBRES ______

CUIT/CUIL ______ TIPO DOC. ______ N° ______

DATOS DEL APODERADO / GESTOR OFICIOSO

APELLIDOS Y NOMBRES ______

CUIT/CUIL ______ TIPO DOC. ______ N° ______

*Completar con los datos de Domicilio del titular/apoderado que presenta el reclamo según corresponda

CALLE ______ N° ______ PISO ______ DTO. ______

LOCALIDAD ______ PCIA. ______

TELEFONO ______ N° DE FAX ______

PRESENTACION PERSONAL ☐ EN REPRESENTACIÓN DE EL/LOS BENEFICIARIO A SU CARGO ☐

*Completar solo en caso de que sea en representación de el/los beneficiarios a cargo relacionados con el reclamo

APELLIDO Y NOMBRES	TIPO DOC.	N°	CUIL/CUIT	PARENTESCO

DATOS DEL RECLAMO

SINTESIS DEL RECLAMO ______

DETALLE DE LA DOCUMENTACION QUE SE ADJUNTA ______

El presente formulario reviste el carácter de declaración jurada, debiendo ser completada sin falsear ningún dato, sujetando a los infractores a las penalidades previstas en los artículos 172, 292 y 293 del Código Penal por delito de estafa y falsificación de documentos.

AUTORIZO A COMPULSAR EL EXPEDIENTE A: ______ D.N.I.: ______

LUGAR Y FECHA ______ ______

FIRMA Y ACLARACION

B.O.: 23/07/98 *Resolución 075/98 Sssalud*

RESERVADO PARA LA OBRA SOCIAL

DENOMINACION DE LA OBRA SOCIAL

CODIGO RNOS

NRO DE EXPTE. OTORGADO POR LA OBRA SOCIAL

OFICINA RECEPTORA
(SEDE CENTRAL DELEGACION)

CLASIFICACION DEL RECLAMO
TRAMITE NORMAL ☐ ESPECIAL ☐ URGENCIA MEDICA ☐
Marcar lo que corresponda

FIRMA / ACLARACION Y DNI DEL RECEPTOR

SELLO DE LA OBRA SOCIAL

3.5. Modificación de obra social por cambio de empleo

Corrección de Padrón: sólo para obras sociales sindicales en casos de nueva actividad con opción de cambio activa.

El trámite es gratuito y personal, o bien por familiar autorizado por nota del titular.

Documentación a presentar

- Solicitud de corrección de padrón completa.
- Copia del DNI.
- Certificación laboral en hoja membrete de la empresa con: nombre, apellido, CUIL, fecha ingreso, denominación y RNOS de la obra social que corresponda por la actividad (bajar nota tipo de la web).
- CUIT del empleador, firma y sello del responsable.

A considerar... En caso de obra social de dirección, el trámite debe realizarlo ante ANSES.

3.6. Negativa de afiliación

El trámite es gratuito y personal.

Documentacion a presentar

- Formulario B R. 075, firmado por el titular.
- Copia del DNI.
- CUIL o CUIT.

- Últimos 3 recibos de sueldo, o pagos de monotributo, o pagos del servicio doméstico, pagos cuota adherente o plan superador, o recibo de haberes previsionales (jubilación o pensión).
- Monotributo F. 184/F. 152 AFIP, alta como monotributista social y como efector del Ministerio de Desarrollo Social.
- Servicio doméstico F. 102 AFIP, y en caso de adherentes F. 575 AFIP.
- Certificado de discapacidad actualizado emitido por autoridad competente (en caso de corresponder).

3.7. Opción de cambio monotributistas/personal de servicio doméstico

El trámite es gratuito, personal E INTRANSFERIBLE.

Se realiza en la sede de la obra social elegida para ejercer el derecho de opción.

Documentación a presentar

- DNI del titular (original y fotocopia).
- Formulario AFIP de adhesión al régimen simplificado del monotributo (184/F).
- Último pago del monotributo.
- Formulario AFIP de adhesión al régimen del personal de servicio doméstico (102/F).
- Último pago de servicio doméstico.

A considerar... La obra social elegida brindará la cobertura a partir del primer día del tercer mes de ejercida la opción; hasta ese momento continuará con los servicios del agente del seguro que venía dando la cobertura.

Aquellos beneficiarios que hubieren cambiado de obra social, deberán permanecer un año en la obra social de opción antes de poder optar nuevamente.

3.8. Opción de cambio empleados en relación de dependencia.

El trámite es gratuito, personal E INTRANSFERIBLE.

Se realiza en la sede de la obra social elegida para ejercer el derecho de opción.

Documentación a presentar

- DNI del titular (original y fotocopia).
- Último recibo de haberes o, en su defecto, certificación laboral con todos los datos personales, fecha de ingreso, remuneración, denominación de la obra social actual.
- Remuneración requerida para optar denominación de la obra social actual.
- Remuneración requerida para optar: 4 (cuatro) bases mínimas.

A considerar... La obra social elegida brindará la cobertura a partir del primer día del tercer mes de ejercida la opción; hasta ese momento continuará con los servicios del agente del seguro que venía dando la cobertura.
Aquellos beneficiarios que hubieren cambiado de obra social, deberán permanecer un año en la obra social de opción antes de poder optar nuevamente.

3.9. Solicitud de alta inmediata

Por continuidad médica, bajo tratamiento médico, discapacidad, alta complejidad.
El trámite es gratuito y personal.

Efectuar la opción en la sede de la obra social donde quiere continuar.

Documentación a presentar

- Copia del formulario de opción legible.
- Nota explicando el pedido de alta inmediata.
- Diagnóstico médico o resumen de historia clínica.
- Copia del DNI.
- Últimos 3 recibos de sueldo, o pagos de monotributo, o pagos del servicio doméstico, o recibo de haberes previsionales (jubilación o pensión).
- Monotributo F. 184/F. 152 AFIP, alta como monotributista social y como efector del Ministerio de Desarrollo Social.
- Servicio doméstico F. 102 AFIP, y en caso de adherentes F. 575 AFIP.

3.10. Unificación de aportes

Cónyuges o concubinos: para trabajadores en actividad, monotributo, servicio doméstico, jubilados y pensionados.
El trámite es gratuito y personal.

Documentación a presentar

- Nota de solicitud de unificación firmada por ambos titulares (ver modelo).
- Certificación laboral de ambos.
- Certificado de matrimonio o de convivencia.
- Copia del DNI de ambos.
- Últimos 3 recibos de sueldo, o pagos de monotributo, o pagos del servicio doméstico, o recibo de haberes previsionales (jubilación o pensión).
- Monotributo F. 184/F. 152 AFIP, alta como monotributista social y como efector del Ministerio de Desarrollo Social.
- Servicio doméstico F. 102 AFIP, y en caso de adherentes F. 575 AFIP.

4. RECLAMOS

Ingresando por el centro de atención virtual que hemos mencionado, hallamos otras consultas y/o reclamos a realizar.

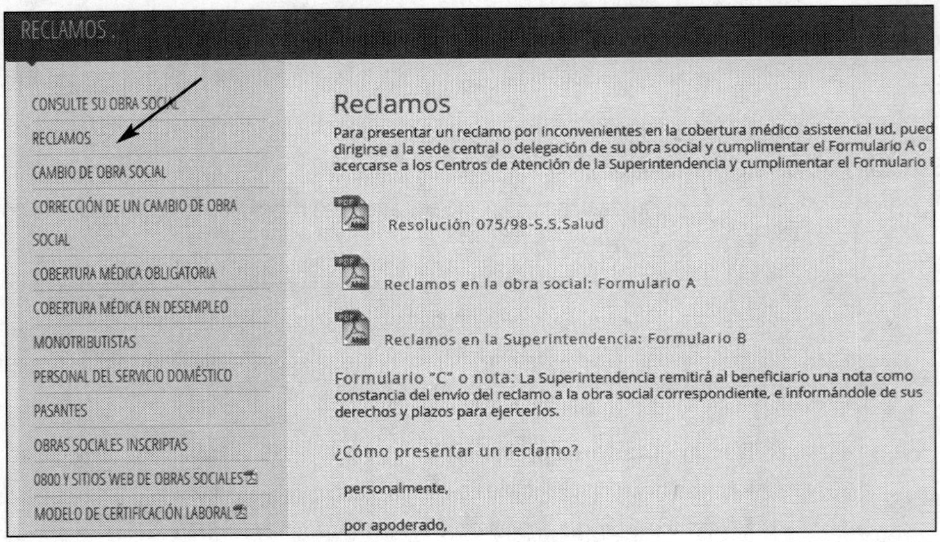

4.1. Reclamos en la obra social. Formulario A

SUPERINTENDENCIA DE SERVICIOS DE SALUD

Presentación de reclamos

RESOLUCIÓN SSSALUD Nº 075/98 ANEXO A

Nº ____________
(A completar por personal del Organismo)

DATOS DEL TITULAR

Apellido/s ____________ Nombre/s ____________

Documento ☐ DNI ☐ CI ☐ LC Número ____________ ☐ CUIT ☐ CUIL Número ____________

DATOS DEL APODERADO/GESTOR OFICIOSO

Apellido/s ____________ Nombre/s ____________

Documento: ☐ DNI ☐ CI ☐ LC Número ____________ ☐ CUIT ☐ CUIL Número ____________

DOMICILIO DEL TITULAR/APODERADO QUE PRESENTA EL RECLAMO

Calle ____________ Número ____________ Piso ______ Dpto ______

Código Postal ______ Localidad ____________ Provincia ____________

Teléfono ______ Fax ______ e-mail ____________

TIPO DE PRESENTACIÓN

☐ Presentación personal ☐ En representación de el/los beneficiario/s a su cargo *

*Completar solo en caso de que sea en representación de el/los beneficiario/s a su cargo

Apellido/s y Nombre/s	Tipo y número de documento	CUIL/CUIT	Parentesco

DATOS DEL RECLAMO

Síntesis del reclamo ____________

____

____

Detalle de la documentación que se adjunta ____________

____

____

El presente formulario reviste el carácter de declaración jurada, debiendo ser completada sin falsear ningún dato, sujetando a los infractores a las penalidades previstas en los artículos 172, 292 y 293 del Código Penal por delito de estafa y falsificación de documentos.

Autorizo a compulsar el expediente a ____________ D.N.I. ____________

Lugar y fecha ____________

FIRMA Y ACLARACIÓN

o Avenida Presidente Roque Sáenz Peña 530 | C1035AAN Ciudad Autónoma de Buenos Aires | Argentina
o 4344-2800 | 0800-222-SALUD (72583) | www.sssalud.gov.ar

RESERVADO PARA LA OBRA SOCIAL

Denominación de la Obra Social ______________________

____

____

Código RNOS ______________________

Número de expediente otorgado por la Obra Social

Oficina receptora (sede central/delegación) ______________________

Clasificación del reclamo ☐ Trámite normal ☐ Especial ☐ Urgencia médica

FIRMA, ACLARACIÓN Y DNI DEL RECEPTOR	SELLO DE LA OBRA SOCIAL

4.2. Reclamo en Superintendencia. Formulario B

SUPERINTENDENCIA DE SERVICIOS DE SALUD

Presentación de reclamos

RESOLUCIÓN SSSALUD Nº 075/98 ANEXO B

Nº ______
(A completar por personal del Organismo)

DATOS DEL TITULAR

Apellido/s ______ Nombre/s ______

Documento ☐ DNI ☐ CI ☐ LC Número ______ ☐ CUIT ☐ CUIL Número ______

DATOS DEL APODERADO/GESTOR OFICIOSO

Apellido/s ______ Nombre/s ______

Documento: ☐ DNI ☐ CI ☐ LC Número ______ ☐ CUIT ☐ CUIL Número ______

DOMICILIO DEL TITULAR/APODERADO QUE PRESENTA EL RECLAMO

Calle ______ Número ______ Piso ______ Dpto ______

Código Postal ______ Localidad ______ Provincia ______

Teléfono ______ Fax ______ e-mail ______

TIPO DE PRESENTACIÓN

☐ Presentación personal ☐ En representación de el/los beneficiario/s a su cargo *

*Completar solo en caso de que sea en representación de el/los beneficiario/s a su cargo

Apellido/s y Nombre/s	Tipo y número de documento	CUIL/CUIT	Parentesco

DATOS DEL RECLAMO

Síntesis del reclamo ______

Detalle de la documentación que se adjunta ______

El presente formulario reviste el carácter de declaración jurada, debiendo ser completada sin falsear ningún dato, sujetando a los infractores a las penalidades previstas en los artículos 172, 292 y 293 del Código Penal por delito de estafa y falsificación de documentos.

Autorizo a compulsar el expediente a ______ D.N.I. ______

Lugar y fecha ______

FIRMA Y ACLARACIÓN

○ Avenida Presidente Roque Sáenz Peña 530 | C1035AAN Ciudad Autónoma de Buenos Aires | Argentina
○ 4344-2800 | 0800-222-SALUD (72583) | www.sssalud.gov.ar

RESERVADO PARA LA SUPERINTENDENCIA DE SERVICIOS DE SALUD

Denominación de la Obra Social ______________________________

____

____

Código RNOS ______________________ | Número de expediente otorgado por la Obra Social

Clasificación del reclamo ☐ Trámite normal ☐ Especial ☐ Urgencia médica

FIRMA Y SELLO DEL FUNCIONARIO DE LA SSSALUD

Fecha de envío a la Obra Social / /

4.3. Formulario C o nota

La Superintendencia remitirá al beneficiario una nota como constancia del envío del reclamo a la obra social correspondiente, informándole de sus derechos y plazos para ejercerlos.

¿Cómo presentar un reclamo?

- personalmente,
- por apoderado,
- correspondencia a la obra social o a la Superintendencia,
- en caso de urgencia, por gestor oficioso, ratificada en 30 días.

4.4. Documentación a presentar en todos los casos

- DNI.
- CUIL o CUIT.
- Últimos recibos de sueldo.
- Últimos pagos de monotributo y/o servicio doméstico.
- Últimos pagos de cuota adherente y/o superador.
- Carnet de la obra social (en caso de corresponder).
- Diagnóstico médico, original y copia.
- Prescripción actualizada del médico tratante de la obra social.
- Toda otra documentación que haga a su derecho; original y copia.

A considerar... La Superintendencia podrá solicitarle información extra, además de la listada, si la considera necesaria para la atención de su caso.

5. CORRECCIÓN DE LA OBRA SOCIAL ELEGIDA

Al iniciar una nueva relación laboral, los beneficiarios de obras sociales sindicales pueden corregir una opción de cambio realizada en un empleo anterior, a efectos de que los aportes que el nuevo empleador realiza sean canalizados hacia la obra social de la actividad.

5.1. Documentación a presentar

- Solicitud de corrección de padrón.
- Copia del DNI
- Copia de la certificación laboral en donde conste el nombre, apellido, CUIL, fecha de ingreso y denominación de la obra social que corresponda.

El trámite es gratuito y se realiza en forma personal e individual por el titular afiliado o a través de un familiar autorizado por nota.

A considerar... Los beneficiarios de las obras sociales sindicales son los únicos que pueden realizar este trámite.

5.2. Solicitud de corrección de padrón

SUPERINTENDENCIA
DE SERVICIOS DE SALUD

Fecha ____ / ____ / ____

Departamento Control de Opciones

REF: SOLICITUD DE CORRECCIÓN DE PADRÓN

De mi consideración:

Por medio de la presente me dirijo a ustedes a los efectos de solicitar la corrección del padrón de opciones, con el objeto de lograr la derivación de aportes de manera precisa.

La situación es la siguiente: realicé la opción de cambio el mes de ____________ de 20____ a la Obra Social ______________________ (1).

El día ______ del mes de ____________ de 20____ comencé a trabajar en ____________ ____________, donde mis aportes son declarados a la Obra Social ______________ (1). Sin embargo, son derivados por el organismo pertinente a la Obra Social ______________ (1), que fuera elegida por mí oportunamente, según lo descripto en esta nota.

Por lo expuesto, solicito a ese Organismo que articule todos los medios necesarios para lograr mi cobertura y la de mi grupo familiar, en la Obra Social ______________ (1) y se respete, de esta forma, mi deseo de tener los servicios de la Obra Social de la actividad en la cual me desempeño.

____
FIRMA DEL BENEFICIARIO TITULAR

Nombre/s y Apellido/s ______________________

Dirección ______________ Código Postal ______

Localidad ______________ Provincia ______________

Teléfono (0) ______________

Adjunto copia imprescindible para dar curso al presente pedido de:
D.N.I. 1° y 2° hoja, y si correspondiere, hoja con actualización.
Certificación laboral con los siguientes datos como mínimo: nombre y apellido, número de CUIL, denominación de la Obra Social que le corresponde por la actividad, fecha de ingreso.
(ver modelo en: http://www.sssalud.gov.ar/beneficiarios/archivos/CertificacionLaboral.pdf)

(1) La denominación de las obras sociales citadas se deben transcribir en forma completa (no siglas) para evitar posibles errores.

o Avenida Presidente Roque Sáenz Peña 530 | C1035AAN Ciudad Autónoma de Buenos Aires | Argentina
o 4344-2800 | 0800-222-SALUD (72583) | www.sssalud.gov.ar

5.3. Modelo de certificado laboral

Membrete de la Empresa

Buenos Aires, _____ de ____________ de 20____

Sres. Superintendencia de Servicios de Salud

Por la presente certifico que el señor/a ______________________________,

C.U.I.L. Nº _____-__________________-____, es empleado de ____________________,

con fecha de ingreso el día ____ de ______________ de _______.

Por dicha actividad le corresponde la Obra Social ______________________________,

código RNOS ___________.

Sello y firma de la persona responsable
de RR.HH. o del Empleador

---

6. CAMBIO DE OBRA SOCIAL

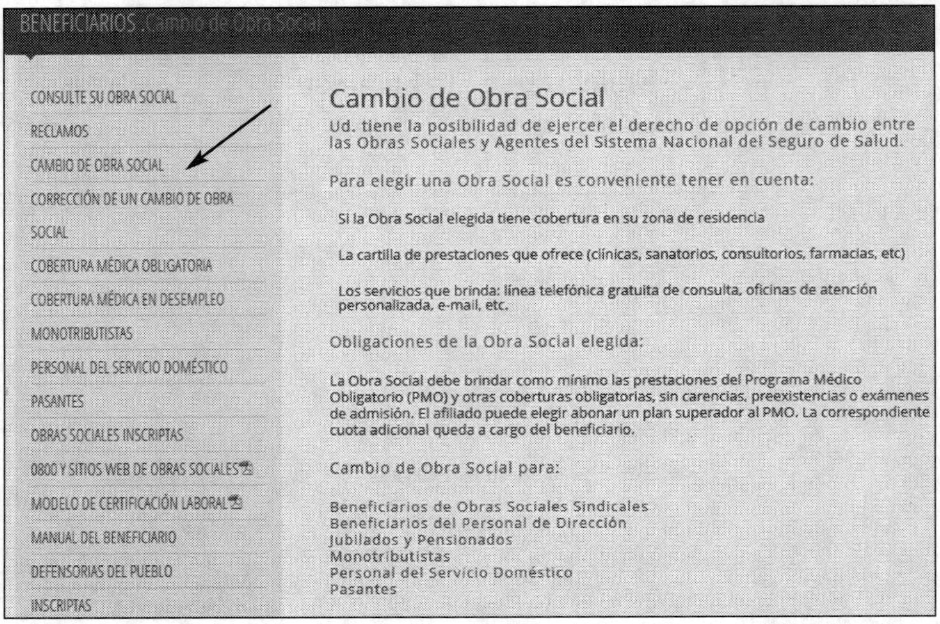

6.1. Cambio para beneficiarios de obras sociales sindicales

El beneficiario puede ejercer el derecho a la opción de cambio desde el momento mismo del inicio de la relación laboral, eligiendo una obra social del Listado de Obras Sociales Sindicales.

El trámite se realiza en forma personal e individual por el titular afiliado. El trámite es totalmente gratuito.

El único lugar autorizado para realizar la opción de cambio es la sede o delegación de la obra social elegida. No debe ejercerse en oficinas de medicina privadas ni en el lugar de trabajo.

La opción de cambio puede realizarse una vez al año.

La misma se efectiviza el primer día del tercer mes desde la presentación de la solicitud. Durante dicho período la obra social de origen debe otorgar al afiliado la prestación médica correspondiente.

El beneficiario debe completar el formulario de opción sin tachaduras ni enmiendas y presentar la siguiente documentación:

- Último recibo de sueldos o, en su defecto, certificación laboral.
- Documento nacional de identidad (DNI).

El formulario de opción deberá contar con su firma debidamente certificada por autoridad competente: escribano, autoridad policial, bancaria o judicial.

Al momento de efectuar la opción, la obra social debe entregar al beneficiario:

- La copia amarilla del formulario de opción de cambio.
- La cartilla médica con la nómina completa de sus prestadores.
- Credencial con el nombre de la obra social.

La opción de cambio es irretractable, excepto las expresas excepciones que establece la reglamentación vigente.

No pueden ejercer el derecho de opción:

- Los beneficiarios que hayan extinguido su relación laboral.
- Los trabajadores cuya retribución mensual sea inferior a cuatro bases mínimas jubilatorias de las previstas por el artículo 7 de la resolución ANSES 135/09 o la que la reemplace en el futuro (D. 330/10).

Procedimiento frente a presentaciones de beneficiarios titulares que afirmen no haber suscripto el formulario de opción de cambio

- El presente procedimiento se aplicará para aquellos formularios que no cuenten con la firma certificada del beneficiario, es decir, anteriores a la vigencia de la resolución 950/2009 (SSS).
- Ante la sola presentación del beneficiario afirmando que no ha ejercido el derecho de opción de cambio, mediante declaración jurada –ya sea que invoque falsificación o desconocimiento de su firma– la Superintendencia de Servicios de Salud formará expediente y procederá conforme se expone en los apartados siguientes.
- Si en la presentación la firma del beneficiario estuviera certificada por autoridad competente, se incorporará al expediente el ejemplar del formulario de opción de cambio en poder de la SSS.
    - La Gerencia de Servicios al Beneficiario podrá solicitar a la obra social receptora el ejemplar del formulario en su poder, fijándose para ello un plazo de 10 días y bajo apercibimiento de resolver sin su contestación.
    - Posteriormente se dictará acto administrativo disponiendo la anulación de la opción de cambio y la inmediata promoción de la denuncia penal correspondiente.
- Si la presentación no contara con firma certificada se citará al beneficiario a que ratifique su presentación, dentro del plazo de 10 días de notificado fehacientemente.
- Dicha ratificación podrá ser de manera personal ante la Gerencia de Servicios al Beneficiario, o a través de modalidades a distancia –carta documento, nota con firma certificada por autoridad competente u otros modos fehacientes–.
- Vencido el plazo previsto sin que el beneficiario hubiera ratificado su presentación, se dispondrá el archivo del expediente.
- Producida la ratificación, la Gerencia de Servicios al Beneficiario adjuntará al expediente el formulario procesado en la Superintendencia de Servicios de Salud. La Gerencia podrá solicitar el ejemplar del formulario que debió haber quedado en poder de la obra social receptora, que deberá acompañarlo en el plazo de 10 días, bajo apercibimiento de resolver sin su contestación.

- Con la ratificación y las constancias de los formularios, se procederá a dictar el correspondiente acto administrativo.

6.2. Cambio de obra social para beneficiarios del Personal de Dirección

El beneficiario puede ejercer el derecho a la opción de cambio desde el momento mismo del inicio de la relación laboral, eligiendo una obra social del Listado de Obras Sociales del Personal de Dirección.

El trámite se realiza en forma individual ante la ANSES y en forma colectiva ante la obra social elegida. El trámite es totalmente gratuito.

La opción de cambio puede realizarse una vez al año.

La misma se efectiviza el primer día del mes posterior a la presentación de la solicitud. Durante ese período la obra social de origen debe otorgar al afiliado la prestación médica correspondiente.

6.3. Cambio de obra social para jubilados y pensionados

Quienes finalizan su trámite jubilatorio pueden elegir de inmediato una obra social del Listado de Obras Sociales para la Atención de Jubilados y Pensionados si no desean permanecer en PAMI.

Los beneficiarios titulares de beneficios previsionales reciben con su grupo familiar primario las prestaciones médicas de la obra social en la que se encontraban, durante 90 días. Finalizado este período, y de no haber obtenido su jubilación, pueden solicitar una credencial provisoria para recibir prestaciones por PAMI con el número de expediente otorgado por ANSES.

En el Registro de Agentes del Sistema Nacional del Seguro de Salud se inscriben las obras sociales que deseen recibir los jubilados y pensionados de su propia actividad o de cualquier actividad.

Las obras sociales registradas están obligadas a recibir a los beneficiarios que opten por ellas y a sus respectivos grupos familiares. No pueden condicionar su ingreso por ninguna causa.

Los jubilados y pensionados pueden ejercer su opción de cambio una vez por año, en cualquier fecha.

El trámite se realiza en ANSES o en la UDAI más cercana al domicilio, con el último recibo de cobro y DNI. La opción se hace efectiva a los 90 días de realizado el trámite.

6.4. Cambio de obra social para beneficiarios monotributistas

Quienes se acreditan por primera vez ante la Administración Federal de Ingresos Públicos –AFIP–, y han elegido libremente una de las obras sociales dispuestas en la nómina de la Superintendencia de Servicios de Salud: (nómina de las obras sociales que pueden recibir nuevos afiliados del régimen simplificado).

Los beneficiarios monotributistas pueden ejercer en forma inmediata su opción de cambio a otra obra social, debiendo luego permanecer como mínimo un año para poder ejercer nuevamente una opción de cambio.

Quienes se reempadronaron (ya contaban con obra social) pueden ejercer su derecho de opción de cambio una vez por año calendario. La cobertura de la nueva obra social comienza el primer día del tercer mes desde la fecha en que se realizó la opción de cambio. Los beneficiarios monotributistas deben dirigirse a la sede de la obra social por la cual optan, completar el formulario correspondiente y suscribir el libro rubricado.
Ninguna obra social habilitada para recibir a beneficiarios monotributistas puede rechazar su afiliación.

Libro de registro de opción de cambio de obra social
Características:

- Libro de tapas duras con no menos de 100 hojas, con el diseño de los libros de actas usualmente utilizados en la práctica comercial.
- Todas las hojas deberán estar foliadas, comenzando con el número 1.
- Deberá contener como mínimo los siguientes datos encolumnados.
  - Fecha
  - Apellido y nombre del beneficiario que realiza la opción
  - Nº de CUIT
  - Nº de formulario de opción
  - Obra social de origen (y número de RNOS)
  - Firma del beneficiario que realiza la opción
  - Firma del receptor de la opción

6.5. Cambio de obra social para beneficiarios del personal de casas particulares (ex servicio doméstico)

El beneficiario puede en forma inmediata ejercer el derecho a la opción de cambio, eligiendo una obra social del Listado de Obras Sociales Sindicales, con excepción de aquellas que se encuentren en situación de crisis.

6.6. Cambio de obra social para beneficiarios pasantes

Estos beneficiarios no podrán realizar opción de cambio de obra social.

6.7. Cobertura médica en desempleo

- Cuando el beneficiario queda desempleado y ha trabajado en forma continuada durante más de 3 meses, mantiene su calidad de beneficiario durante un período de 3 meses contados desde su distracto laboral, sin obligación de efectuar aportes (L. 23660).
- Dicho período de cobertura se extiende siempre y cuando el trabajador haya gestionado y obtenido el seguro de desempleo en la ANSES.

Finalizado el lapso de cobertura se debe concurrir al servicio público de salud según su área de residencia.

7. DATOS DE LA SUPERINTENDENCIA DE SERVICIOS DE SALUD A TENER EN CUENTA

- Atención personalizada: Roque Sáenz Peña 530, Ciudad Autónoma de Buenos Aires. República Argentina.
  Horario de atención: lunes a viernes de 10.00 a 16.00 hs.
- Atención telefónica: 0800 222 SALUD (72583).
- Atención virtual: servicios on line al beneficiario.

Capítulo VII | Superintendencia de Seguros de la Nación

La Superintendencia de Seguros de la Nación (SSN) es un organismo público descentralizado dependiente del Ministerio de Economía y Finanzas Públicas.
En el año 1938 comenzó a desarrollar sus funciones como supervisor y fiscalizador de las entidades de seguros y reaseguros en la República Argentina. Su misión principal es controlar las actividades de evaluación e inspección de los operadores del mercado para garantizar el cumplimiento de las legislaciones y regulaciones vigentes [1].

1. ORIENTACIÓN AL USUARIO

1.1. Denuncias [2]

A través de la web de la Superintendencia de Seguros de la Nación se orienta al usuario del sitio sobre la forma en que puede hacer denuncias atinentes al mercado asegurador, por ejemplo: contra aseguradoras, asesores de seguros, liquidadores de siniestros y averías, entidades no autorizadas y la propia SSN; en diversos temas como pueden ser: incumplimiento de contratos, cláusulas abusivas, mala atención, etc.
Las denuncias pueden realizarse:

- Personalmente en: Subgerencia de Relaciones con la Comunidad, Julio A. Roca 721 – Planta Baja; de lunes a viernes de 10:30 a 17:30 hs
- Por medio electrónico
- Por fax al teléfono 011 4338-4000, interno 1022
- Por correo electrónico consultasydenuncias@ssn.gov.ar

Para efectuar la denuncia es importante disponer y suministrar información que cumpla (si corresponde), como mínimo con los siguientes requisitos: nombre de la aseguradora y del productor; número de póliza; detalles de los hechos que originan el reclamo; copia de la póliza de seguros; intercambio de correspondencia y otros papeles que se consideren relevantes.
Para recibir asesoramiento acerca del modo en que se deben presentar las denuncias, comunicarse al 4338-4000 Internos 1023 al 1025 en el horario de 10:30 a 17:30 hs.

---

[1] *Fuente: http://www.ssn.gov.ar/storage/Superintendencia/ssn.htm*

[2] *Fuente: http://www.ssn.gov.ar/storage/denuncias/denuncias.htm*

1.1.1. Formulario electrónico de denuncias

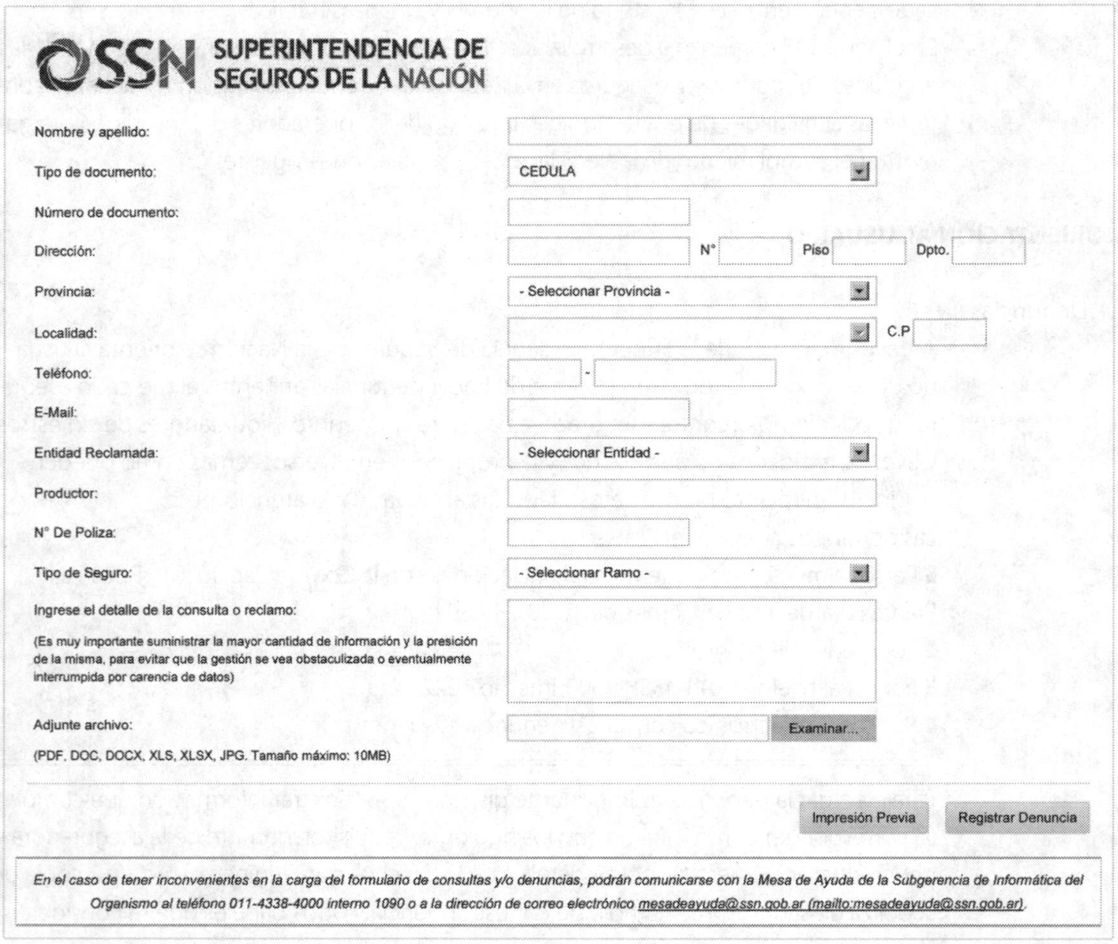

SSN SUPERINTENDENCIA DE SEGUROS DE LA NACIÓN

Nombre y apellido:

Tipo de documento: CEDULA

Número de documento:

Dirección: N° Piso Dpto.

Provincia: - Seleccionar Provincia -

Localidad: C.P

Teléfono: -

E-Mail:

Entidad Reclamada: - Seleccionar Entidad -

Productor:

N° De Poliza:

Tipo de Seguro: - Seleccionar Ramo -

Ingrese el detalle de la consulta o reclamo:

(Es muy importante suministrar la mayor cantidad de información y la presición de la misma, para evitar que la gestión se vea obstaculizada o eventualmente interrumpida por carencia de datos)

Adjunte archivo: Examinar...

(PDF, DOC, DOCX, XLS, XLSX, JPG. Tamaño máximo: 10MB)

Impresión Previa Registrar Denuncia

En el caso de tener inconvenientes en la carga del formulario de consultas y/o denuncias, podrán comunicarse con la Mesa de Ayuda de la Subgerencia de Informática del Organismo al teléfono 011-4338-4000 interno 1090 o a la dirección de correo electrónico mesadeayuda@ssn.gob.ar (mailto:mesadeayuda@ssn.gob.ar).

1.2. Atención al usuario [1]

La Subgerencia de Relaciones con la Comunidad de la SSN, dispone de una Unidad de Atención al Usuario en la planta baja del edificio central, cuya recepción se realiza en el "Stand de Ventas", ya que este es el lugar para las referencias rápidas y funciona como punto inicial de información, derivando posteriormente a los visitantes a dicha Unidad de Atención al Usuario, o hacia las distintas Gerencias de la SSN.

Además de la orientación de las personas que llegan al Organismo, en esta Subgerencia es posible obtener información de:

- Las aseguradoras, tanto en lo que atañe a sus domicilios y otros datos generales, como a su situación de actividad, etc.
- Los directorios y otras autoridades de las compañías.
- Los institutos habilitados para la capacitación de productores asesores de seguros.

[1] *Fuente: http://www.ssn.gov.ar/storage/orientacion/Atencion.htm*

- Las normas originadas en la SSN (resoluciones y comunicaciones que se han circularizado).
- los balances, y declaraciones de capitales mínimos.

En esa dependencia de la SSN también es posible realizar la gestión de algunos operativos especiales relativos al mercado asegurador.
En particular pueden destacarse cuatro tipos de actividades de la Subgerencia:
- Indicadores financieros y patrimoniales: los usuarios pueden recabar información acerca de la situación de cada compañía en lo que tiene que ver con su situación y fortaleza, consultando personalmente, telefónicamente o por correo electrónico. Si bien la SSN no elabora "ranking" ni emite calificaciones de las entidades, los índices financieros, de tamaño y de solvencia que se disponen, ofrecen un panorama de la situación de cada aseguradora.
- Consultas y denuncias: el usuario que suscribió una póliza o piensa hacerlo puede obtener el asesoramiento o precisiones en cuanto a lo que establece la normativa sobre los contratos de seguro. El sector denuncias de la Subgerencia recepciona también reclamos contra cualquier operador del mercado asegurador, y si se lo considera pertinente iniciará una denuncia formal.
- Normativa de la SSN: en el "Stand de Ventas" es posible obtener copias de las comunicaciones de la SSN y de las resoluciones públicas.
- Centro de atención telefónica: la subgerencia dispone de esta dependencia destinada a mejorar la atención del usuario donde, si corresponde, las consultas se derivan a los sectores o gerencias encargados de cada tema. La comunicación debe hacerse al 4338-4000 (líneas rotativas).

1.3. Horarios de atención [1]

- Atención personal

Se brinda información y asesoramiento de utilidad para el público usuario en la sede de Av. Julio Argentino Roca 721 - Ciudad Autónoma de Buenos Aires - Lunes a viernes de 10:30 a 17:30 hs.

- Atención telefónica: 54-11-4338-4000

El Organismo cuenta con líneas rotativas donde se reciben en forma diaria consultas, pedidos de información sobre los trámites para cada tipo de usuario y denuncias por irregularidades o anomalías en la prestación de los operadores del mercado. Se garantiza la recepción de los llamados por personal idóneo durante el horario de atención.
Denuncias: internos 1011 y 1014.
Consultas por domicilios de operadores del mercado: internos 1012 y 1015.

- Información sobre estados patrimoniales y financieros de entidades aseguradoras: internos 1009 y 1022.
- Stand de ventas: internos 1013 y 1016.

Consultas técnicas por derivación al área especializada: internos 1009 y 1001.

- Por carta: Superintendencia de Seguros de la Nación. Avenida Julio A. Roca 721, Ciudad Autónoma de Buenos Aires (CP C 1067ABC) – ARGENTINA.

[1] *Fuente: http://www.ssn.gov.ar/storage/contacto/contacto.htm*

- Por fax: 54-11-4338-4000, interno 1008.
- Por correo electrónico: consultasydenuncias@ssn.gov.ar.

2. CONSULTA DE EXPEDIENTES [1]

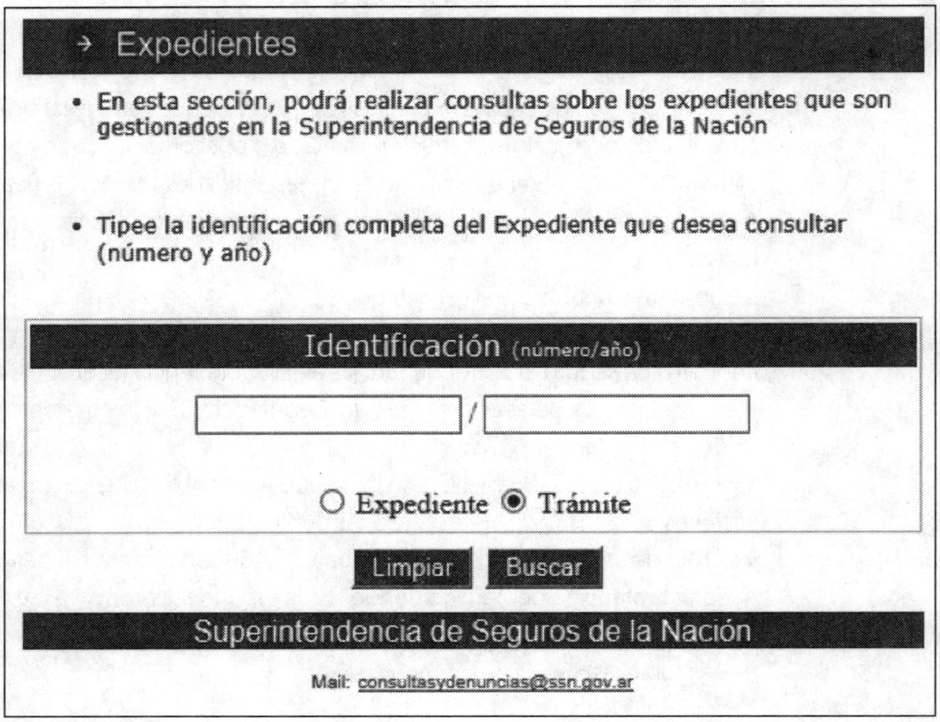

3. SEGURO COLECTIVO DE VIDA OBLIGATORIO. DECRETO 1574/79

3.1. Características

- Rige con carácter obligatorio para todos los trabajadores en relación de dependencia, cualquiera sea la actividad que desarrolle, y es independiente de cualquier beneficio social, seguro o indemnización de cualquier naturaleza. Esta cobertura no comprende a los trabajadores rurales ni a aquellos trabajadores contratados por menos de un mes. Para contratar este segurodebe enviar la nómina de trabajadores actualizada e informada al SUSS. Este seguro se actualiza automáticamente sobre la base de la información enviada a la AFIP a través del formulario 931.
- Riesgo cubierto: muerte (incluye suicido del empleado/a).
- Capital asegurado: $ 12.000.
- Prima: pago a cargo del empleador, el cual lo hace simultáneamente con sus cargas sociales al abonar el formulario 931.

[1] *Fuente: http://www.ssn.gov.ar/storage/BusquedaExpedientes/buscaWEB.asp*

3.2. Modelo nota solicitud

INSTITUTO ASEGURADOR MERCANTIL
COMPAÑÍA ARGENTINA DE SEGUROS S.A.
Av. Belgrano 774 (C1092AAU) C.A. de Buenos Aires
Argentina - Tel / Fax 011-5555-8500
www. institutoasegurador.com.ar

revisión 06/11

POLIZA Nº 30 - ____________

Cliente Nº ____________

SEGURO COLECTIVO DE VIDA OBLIGATORIO

Decreto Nº 1567/74 del Poder Ejecutivo Nacional Resolución Nº 35.333 de la Superintencia de Seguros de la Nación

SOLICITUD

Para la cobertura de un Seguro de Vida Colectivo Obligatorio con el objeto de asegurar a los trabajadores en relación de dependencia, conforme a lo dispuesto por el Decreto Nº 1567/74 del Poder Ejecutivo Nacional y Resolución Nº 35.333 de la Superintendencia de Seguros de la Nación y sus modificatorias.

Razón Social: ____________

Calle: ____________

Cód.Postal: ______ Localidad ____________ Provincia ____________

Teléfono: ____________ E-mail: ____________

Condición I.V.A. : ____________ C.U.I.T. : ____________

Fecha inicio de actividades de la empresa ____________

Actividad principal: ____________

Actividad secundaria: ____________

La nómina corresponde a Empleado/a Doméstico (si / no) ____________

La cantidad inicial de trabajadores a asegurar asciende a ______ conforme a la última nómina del personal empleado declarado al Sistema Unico de la Seguridad Social (S.U.S.S.)

Los/as trabajadores/as EMPLEADOS/AS DOMESTICOS/AS indíquelos en otra solicitud para emitir la Póliza correspondiente a los los mismos.

Adjunto a la presente, constancia de baja de la cobertura correspondiente al período anterior, emitida por la aseguradora desde el sistema Kausay.

La nómina corresponde a Empleado/a Doméstico (si / no)

____________ Lugar y Fecha

____________ Sello y Firma del Empleador

IMPORTANTE: Nómina de trabajadores: Es indispensable acompañar con esta solicitud la nómina completa del personal declarada al S.U.S.S. (Nombre y Apellido, Documento, Fecha de Nacimiento, etc.

Este formulario debe ser cumplimentado a máquina o letra de imprenta

Canal Nivel 1 ___ Plan ___ Canal Nivel 2 ___ Plan ___ Canal Nivel 3 ___ Plan ___ Canal Nivel 4 ___ Plan ___

3.3. Nómina inicial de asegurados

INSTITUTO ASEGURADOR MERCANTIL
BELGRANO 774 - CP1092 - BS AS - TEL 5555-8500

POLIZA Nº 30 -
COMPLETAR CON LETRA DE IMPRENTA O A MAQUINA

302

NOMINA DE ASEGURADOS - INCORPORACION INICIAL

Razón Social: ____
con domicilio en: ____
Cod. Postal: ____ Loc.: ____
Prov.: ____ Teléfono: ____
Situación frente al I.V.A.: ____ Nº C.U.I.T.: ____
Direción de E-mail: ____

FECHA RECEPCION I.A.M

ORIGINAL
Formulario Aprobado de la Superintendencia de Seguros de la

APELLIDO Y NOMBRE	Fecha de Nacim.			Nº C.U.I.L. Y/O CAJA DE AHORRO (*)	
	Día	Mes	Año		

(*) EN CASO DE MENORES

Acompañamos ____ fichas solicitudes individiales (F.303)

Lugar y Fecha: ____

Firma Autorizada y Sello del Empleador

INSTITUTO ASEGURADOR MERCANTIL
CHACABUCO 170 - C1069AAD - BUENOS AIRES
TEL. Y FAX: 4331-8333/34/35/36

POLIZA Nº 30 -
COMPLETAR CON LETRA DE IMPRENTA O A MAQUINA

302

NOMINA DE ASEGURADOS - INCORPORACION INICIAL

Razón Social: ____
con domicilio en: ____
Cod. Postal: ____ Loc.: ____
Prov.: ____ Teléfono: ____
Situación frente al I.V.A.: ____ Nº C.U.I.T.: ____
Direción de E-mail: ____

FECHA RECEPCION I.A.M

DUPLICADO
Formulario Aprobado de la Superintendencia de Seguros de la

APELLIDO Y NOMBRE	Fecha de Nacim.			Nº C.U.I.L. Y/O CAJA DE AHORRO (*)	
	Día	Mes	Año		

(*) EN CASO DE MENORES

Acompañamos ____ fichas solicitudes individiales (F.303)

Lugar y Fecha: ____

Firma Autorizada y Sello del Instituto

Presentar por duplicado.

3.4. Formulario designación beneficiarios

FORMULARIO DE DESIGNACION DE BENEFICIARIOS

ORIGINAL: La presente constancia deberá ser remitida por el Empleador

SEGURO COLECTIVO DE VIDA OBLIGATORIO DECRETO 1567/74 | N° Legajo, Registro, Ficha, etc.

Compañia Aseguradora: INSTITUTO ASEGURADOR MERCANTIL

Nombre y Apellido

Documento: Tipo: DNI Nro. C.U.I.L.:
Expedido por: (o Nro. Libreta de Ahorro)

FECHAS DE NACIMIENTO			CAPITAL ASEGURADO	FECHA DE INGRESO AL EMPLEO		
Día	Mes	Año		Día	Mes	Año

Domicilio particular
Calle: Nro.: Piso: Dpto.: Cod.Postal:
Localidad: Provincia:

Empleador:

Domicilio Empleador
Calle: Nro.: Piso: Dpto.: Cod.Postal:
Localidad: Provincia:

BENEFICIARIOS:

Nombre y Apellido	Parentesco	Domicilio	Documento

Todo el personal asegurado deberá designar beneficiario. (El presente certificado anula y reemplaza a cualquierotro emitido con anterioridad).

Lugar y Fecha:	FIRMA DEL ASEGURADO (o impresión digital)

FORMULARIO DE DESIGNACION DE BENEFICIARIOS

DUPLICADO: La presente constancia deberá ser archivada por el Empleador

SEGURO COLECTIVO DE VIDA OBLIGATORIO DECRETO 1567/74 | N° Legajo, Registro, Ficha, etc.

Compañia Aseguradora: INSTITUTO ASEGURADOR MERCANTIL

Nombre y Apellido

Documento: Tipo: DNI Nro. C.U.I.L.:
Expedido por: (o Nro. Libreta de Ahorro)

FECHAS DE NACIMIENTO			CAPITAL ASEGURADO	FECHA DE INGRESO AL EMPLEO		
Día	Mes	Año		Día	Mes	Año

Domicilio particular
Calle: Nro.: Piso: Dpto.: Cod.Postal:
Localidad: Provincia:

Empleador:

Domicilio Empleador
Calle: Nro.: Piso: Dpto.: Cod.Postal:
Localidad: Provincia:

BENEFICIARIOS:

Nombre y Apellido	Parentesco	Domicilio	Documento

Todo el personal asegurado deberá designar beneficiario. (El presente certificado anula y reemplaza a cualquierotro emitido con anterioridad).

Lugar y Fecha:	FIRMA DEL ASEGURADO (o impresión digital)

FORMULARIO DE DESIGNACION DE BENEFICIARIOS

TRIPLICADO: La presente constancia deberá ser entregada por el Empleador al Empleado Asegurado

SEGURO COLECTIVO DE VIDA OBLIGATORIO DECRETO 1567/74 | N° Legajo, Registro, Ficha, etc.

Compañia Aseguradora: INSTITUTO ASEGURADOR MERCANTIL

Nombre y Apellido

Documento: Tipo: DNI Nro. C.U.I.L.:
Expedido por: (o Nro. Libreta de Ahorro)

FECHAS DE NACIMIENTO			CAPITAL ASEGURADO	FECHA DE INGRESO AL EMPLEO		
Día	Mes	Año		Día	Mes	Año

Domicilio particular
Calle: Nro.: Piso: Dpto.: Cod.Postal:
Localidad: Provincia:

Empleador:

Domicilio Empleador
Calle: Nro.: Piso: Dpto.: Cod.Postal:
Localidad: Provincia:

BENEFICIARIOS:

Nombre y Apellido	Parentesco	Domicilio	Documento

Todo el personal asegurado deberá designar beneficiario. (El presente certificado anula y reemplaza a cualquierotro emitido con anterioridad).

Lugar y Fecha:	FIRMA DEL ASEGURADO (o impresión digital)

Presentar por triplicado.

4. TRABAJADORES RURALES

4.1. Características

Todo emprendimiento agropecuario debe asegurar a sus trabajadores según la ley 16600.

Es importante contratar este seguro colectivo de vida obligatorio para todo el personal, dado que es uno de los elementos a verificar por las autoridades del Ministerio de Trabajo al inspeccionar la actividad de empresas agropecuarias. Su falta de contratación es susceptible de sanciones.

Coberturas

- Muerte.
- Incapacidad total y permanente.

Capital asegurado

En la actualidad el capital asegurado es de $ 9.000, el cual es actualizado periódicamente por el Ministerio de Economía de la Nación. Se pueden contratar capitales adicionales y mejorar la prestación que debe recibir el trabajador rural o su familia.

4.2. Modelo solicitud [1]

INSTITUTO ASEGURADOR MERCANTIL
BELGRANO 774 - CP1092 - BS AS - TEL 5555-8500

POLIZA N° 27 - ______________
COMPLETAR CON LETRA DE IMPRENTA O A MAQUINA

501

SOLICITUD DE SEGURO DE VIDA COLECTIVO PARA TRABAJADORES RURALES

Razón Social: ______________
con domicilio en: ______________
Cod. Postal: ________ Localidad.: ______________
Prov.: ________ Teléfono: ________
Situación frente al I.V.A.: ________ N° C.U.I.T.: ________
Direción de E-mail: ______________

CONFORMIDAD RECEPCION I.A.M.

ORIGINAL
Formulario Aprobado de la Superintendencia de Seguros de la Nación

Solicitamos al Instituto Asegurador Mercantil, Compañia de Seguros Sociedad Anónima I.A.M., la emisión de un Seguro Colectivo de Vida para Trabajadores Rurales en las siguientes condiciones:

Vigencia inicial: ______________ Forma de facturación ______________

Las personas a incorporar se indican a continuación, adjuntándose las ficas de designacion de beneficiarios (talón para el asegurado), correspondiente a cada una de ellas

Nómina de asegurados

APELLIDO Y NOMBRE	Fecha de Nacim.			N° DE DOCUMENTO	Sexo	Fecha de Ingreso			Capital	Capital
	Día	Mes	Año	L.E./L.C./D.N.I./C.I.		Día	Mes	Año	Obligatorio	Adicional

Dejamos constancia que los datos arriba citados, son exactos y estamos de acuerdo en que esta solicitud sirva de base para la emisión de la póliza, cuyas condiciones son de nuestro conocimiento y conformidad.
Adjuntamos el cuerpo "TALON PARA LA ASEGURADORA" de los trabajadores rurales que se detallan a continuación, comprometiéndose a presentar los restantes dentro de los treinta días.
(consignar apellido y nombre de los talones adjuntos) ______________

INSTITUTO ASEGURADOR MERCANTIL
BELGRANO 774 - CP1092 - BS AS - TEL 5555-8500

POLIZA N° 27 - ______________
COMPLETAR CON LETRA DE IMPRENTA O A MAQUINA

501

SOLICITUD DE SEGURO DE VIDA COLECTIVO PARA TRABAJADORES RURALES

Razón Social: ______________
con domicilio en: ______________
Cod. Postal: ________ Localidad.: ______________
Prov.: ________ Teléfono: ________
Situación frente al I.V.A.: ________ N° C.U.I.T.: ________
Direción de E-mail: ______________

FECHA RECEPCION I.A.M.

a de Seguros de la Nación

Solicitamos al Instituto Asegurador Mercantil, Compañia de Seguros Sociedad Anónima I.A.M., la emisión de un Seguro Colectivo de Vida para Trabajadores Rurales en las siguientes condiciones:

Vigencia inicial: ______________ Forma de facturación ______________

Las personas a incorporar se indican a continuación, adjuntándose las ficas de designacion de beneficiarios (talón para el asegurado), correspondiente a cada una de ellas

Nómina de asegurados

En original y duplicado.

[1] *Fuente: www.institutoasegurador.com.ar/uploads/.../trabajadores-rurales.xls*

SEGURO DE VIDA COLECTIVO PARA TRABAJADORES RURALES - FICHA DE DESIGNACION DE BENEFICIARIOS N° 503

TALON PARA EL EMPLEADOR

SEGURO COLECTIVO DE VIDA OBLIGATORIO PARA TRABAJADORES RURALES (Ley 16,600 y sus modificaciones) — CERTIFICADO N° — POLIZA N°

Entidad Aseguradora:

Datos del Contratante:

Empleador:

Domicilio Empleador

Calle: Nro.: Piso: Dpto.: Cod.Postal:

Localidad: Provincia:

Datos del Asegurado: N° legajo, registro, ficha, etc.

Nombre y Apellido:

Documento: Tipo: Nro. C.U.I.L.:

Expedido por: (o Nro. Libreta de Ahorro)

FECHAS DE NACIMIENTO			Vigencia Inicial	Fecha de Emisión:	FECHA DE INGRESO AL EMPLEO		
Día	Mes	Año			Día	Mes	Año

Domicilio particular

Calle: Nro.: Piso: Dpto.: Cod.Postal:

Localidad: Provincia:

Cobertura	Suma Asegurada	Prima	Riesgo Cubierto:
Cap. Basico Uniforme y Oligatorio			Muerte e Inc. Total y Permanente para el trabajo
Capital Adicional			

BENEFICIARIOS: Todo el personal asegurado deberá designar beneficiarios

Nombre y Apellido	Parentesco %	Domicilio	Documento

Lugar y Fecha: FIRMA DEL ASEGURADO (o impresión digital)

TALON PARA EL ASEGURADO

SEGURO COLECTIVO DE VIDA OBLIGATORIO PARA TRABAJADORES RURALES (Ley 16,600 y sus modificaciones) — CERTIFICADO N° — POLIZA N°

Entidad Aseguradora:

Datos del Contratante:

Empleador:

Domicilio Empleador

Calle: Nro.: Piso: Dpto.: Cod.Postal:

Localidad: Provincia:

Datos del Asegurado: N° legajo, registro, ficha, etc.

Nombre y Apellido:

Documento: Tipo: Nro. C.U.I.L.:

Expedido por: (o Nro. Libreta de Ahorro)

FECHAS DE NACIMIENTO			Vigencia Inicial	Fecha de Emisión:	FECHA DE INGRESO AL EMPLEO		
Día	Mes	Año			Día	Mes	Año

Domicilio particular

Calle: Nro.: Piso: Dpto.: Cod.Postal:

Localidad: Provincia:

Cobertura	Suma Asegurada	Prima	Riesgo Cubierto:
Cap. Basico Uniforme y Oligatorio			Muerte e Inc. Total y Permanente para el trabajo
Capital Adicional			

BENEFICIARIOS: Todo el personal asegurado deberá designar beneficiarios

Nombre y Apellido	Parentesco %	Domicilio	Documento

Lugar y Fecha: FIRMA DEL ASEGURADO (o impresión digital)

TALON PARA LA ASEGURADORA

SEGURO COLECTIVO DE VIDA OBLIGATORIO PARA TRABAJADORES RURALES (Ley 16,600 y sus modificaciones) — CERTIFICADO N° — POLIZA N°

Entidad Aseguradora:

Datos del Contratante:

Empleador:

Domicilio Empleador

Calle: Nro.: Piso: Dpto.: Cod.Postal:

Localidad: Provincia:

Datos del Asegurado: N° legajo, registro, ficha, etc.

Nombre y Apellido:

Documento: Tipo: Nro. C.U.I.L.:

Expedido por: (o Nro. Libreta de Ahorro)

FECHAS DE NACIMIENTO			Vigencia Inicial	Fecha de Emisión:	FECHA DE INGRESO AL EMPLEO		
Día	Mes	Año			Día	Mes	Año

Domicilio particular

Calle: Nro.: Piso: Dpto.: Cod.Postal:

Localidad: Provincia:

Cobertura	Suma Asegurada	Prima	Riesgo Cubierto:
Cap. Basico Uniforme y Oligatorio			Muerte e Inc. Total y Permanente para el trabajo
Capital Adicional			

BENEFICIARIOS: Todo el personal asegurado deberá designar beneficiarios

Nombre y Apellido	Parentesco %	Domicilio	Documento

Lugar y Fecha: FIRMA DEL ASEGURADO (o impresión digital)

La presente constancia debe ser remitida al Asegurador dentro de los 30 dias.

COMUNICACION AL ASEGURADO:

1°) El asegurado que se identifica en este certificado de incorporación tendra derecho a solicitar uba copia de la póliza oportunamente entregada al tomador del presente contrato de seguro.

2°) El seguro de Vida Colectivo Obligatorio para Trabajadores Rurales previsto en La Ley 16,00 cubre los riesgos de Muerte e Incapacidad Total y Permanente para el Trabajo. En caso de suicidio solo se abonará; a) El capital básico Uniforme Obligatorio y b) El importe del capital adicional que tuviera una vigencia de más de 1 (un año).

3°) El incumplimiento por parte del empleador lo hará responsable por a) el importe del seguro obligatorio, cuando no incorpore su personal al seguro b) Por el importe total del seguro contratado, cuando produzca la exclusión del asegurado, de tal modo que al ocurrir el siniestro el beneficiario o los derechohabientes del asegurado no perciban el importe del seguro.

4°) Las primas correspondientes al seguro Obligatorio estarán integramente a cargo del empleador y las del seguro adicional a cargo de los asegurados (art. 9° Condiciones Grales. Comunes).

5°) El empleador o persona interesada deberá comunicar de inmediato al asegurador los formularios que éste le suministre, el fallecimineto del asegurado de acuerdo a lo dispuesto en el artítulo 11° de las Cond. Grales. Comunes, previa presentación del certificado de defunción y cualquier constancia que correspondiere exigir según la causal de la muerte.

6°) Los beneficios previstos en esta póliza deberán ser abonados en forma integra dentro de los 15 días de notificado el siniestro o de acompañada si correspondiere, la información complementaria solicitada por la Entidad Aseguradora, de conformidad con el articulo 46 de la Ley 17,418. El plazo de denuncia será de 15 días En caso de fallecimineto este plazo deberá contarse desde que el denunciante toma conocimineto del siniestro. En caso de invalidez Total y Permanente este plazo deberá contarse desde la finalización del período de 6 meses de invalidez ininterrumpida estipulado en las Cond. Grales. Comunes, sin perjuicio de que pueda ser denunciado durante el citado período.

7°) Los Asegurados que se jubilen continuarán comprendidos en el seguro, salvo manifestación en contrario, de acuerdo a lo establecido en el art. 13 de las Condiciones Grales. Comunes.

8°) Las acciones fundadas en esta póliza prescriben al año de ser exigible la obligación correspondiente. Para el beneficiario el plazo de prescripción se computa desde que conoce la exigencia del beneficio, pero en ningún caso excederá de 3 años desde el nacimiento de su derecho a la prestación por tarte del asegurador.

9°) Los asegurados podran soliciatar información ante la Superintendencia de Seguros de la Nación con relación a la situacion economico financiera de la Entidad Aseguradora dirigiéndose personalmente ó por nota a: Julio A. Roca 721 (CP 1067) Cap. Federal. O por teléfono a los nros.: (54-11) 4338-4000 (líneas rotativas).

5. LEYES LABORALES. SEGURO OPTATIVO

5.1. Extinción del contrato de trabajo por muerte del trabajador

▮ Indemnización por antigüedad. Monto. Beneficiarios. Art. 248, LCT

En caso de muerte del trabajador, las personas enumeradas en el artículo 38 del decreto-ley 18037/69 (t.o. 1974) tendrán derecho, mediante la sola acreditación del vínculo, en el orden y prelación allí establecidos, a percibir una indemnización igual a la prevista en el artículo 247 de esta ley. A los efectos indicados queda equiparada a la viuda, para cuando el trabajador fallecido fuere soltero o viudo, la mujer que hubiere vivido públicamente con el mismo, en aparente matrimonio, durante un mínimo de 2 años anteriores al fallecimiento.

Tratándose de un trabajador casado y presentándose la situación antes contemplada, igual derecho tendrá la mujer del trabajador cuando la esposa, por su culpa o culpa de ambos, estuviere divorciada o separada de hecho al momento de la muerte del causante, siempre que esta situación se hubiere mantenido durante los 5 años anteriores al fallecimiento.

Esta indemnización es independiente de la que se reconozca a los causahabientes del trabajador por la ley de accidentes de trabajo, según el caso, y de cualquier otro beneficio que por las leyes, convenciones colectivas de trabajo, seguros, actos o contratos de previsión, le fuesen concedidos a los mismos en razón del fallecimiento del trabajador.

5.2. Extinción del contrato de trabajo por incapacidad o inhabilidad del trabajador

▮ Incapacidad e inhabilidad. Monto de la indemnización. Art. 254, LCT

Cuando el trabajador fuese despedido por incapacidad física o mental para cumplir con sus obligaciones y la misma fuese sobreviniente a la iniciación de la prestación de los servicios, la situación estará regida por lo dispuesto en el artículo 212 de esta ley.

Tratándose de un trabajador que contare con la habilitación especial que se requiera para prestar los servicios objeto del contrato, y fuese sobrevinientemente inhabilitado, en caso de despido será acreedor a la indemnización prevista en el artículo 247, salvo que la inhabilitación provenga de dolo o culpa grave e inexcusable de su parte.

5.3. Características

Este seguro ampara a todos los trabajadores en relación de dependencia, al margen de la actividad que desarrollen.

Coberturas

▮ Muerte.

▮ Incapacidad total y permanente.

Capital asegurado

Éste se actualiza cuando el empleador informa los nuevos sueldos de su personal, por lo cual, en caso de siniestro, se indemniza hasta el capital contratado e informado.

▮ En caso de incapacidad total y permanente, la cifra es equivalente a la indemnización por despido, es decir, un sueldo informado por el empleador por cada año trabajado.

▮ En caso de muerte, la indemnización equivale al 50% de la anterior.

5.4. Modelo de solicitud aprobado por la SSN

COMPLETAR CON LETRA DE IMPRENTA O A MAQUINA

SEGURO DE VIDA COLECTIVO LEYES LABORALES

MOVIMIENTO MENSUAL DE ALTAS Y BAJAS DE ASEGURADOS

FECHA RECEPCION I.A.M.

Razón Social: ____________________

con domicilio en: ____________________

Cod. Postal: __________ Loc.: __________

Prov.: __________ Teléfono: __________

Situación frente al I.V.A.: __________ N° C.U.I.T.: __________

Dirección de E-mail: ____________________

APELLIDO Y NOMBRE	Fecha de Nacim. Día	Mes	Año	N° DE DOCUMENTO L.E./L.C./D.N.I./C.I.	Fecha de Ingreso al Empleo	Ocup. (*)	Sueldo Actual	Capital Asegurado	Día de Alta	Día de Baja

Lugar y Fecha: ____________________

Firma Autorizada y Sello de la Empresa

(*) Se utilizará el siguiente código.

1- Empleado 6- Vendedor a Sueldo y/o Comisión
2- Obrero 7- Mensualizado
3- Dueño 8- Jornalizado
4- Personal Superior 9- Por hora
5- Viajante 10- Reducida

En original y copia.

6. SEGUROS DE VIDA OBLIGATORIOS POR CCT

En este acápite prestaremos atención al seguro de vida obligatorio correspondiente a los obreros de la construcción y empleados mercantiles.

6.1. Unión Obrera de la Construcción de la República Argentina [1]

Cobertura

La resolución 484/07, que modifica al artículo 108 del convenio 76/75, establece que los obreros comprendidos en esta convención colectiva estarán cubiertos por un seguro de vida colectivo. Para hacer frente al pago de la prima deberán aportar a la UOCRA la suma equivalente al 2% del sueldo mensual correspondiente a la categoría de Sereno fijada por el CCT para la zona "A", cualquiera sea la zona en la que presten servicios en forma efectiva.

El importe resultante será retenido por los empleadores mensualmente de los haberes de la segunda quincena de cada mes o, en su caso, a la fecha del cese.

Beneficiarios

Para el caso de fallecimiento del trabajador los beneficiarios son los siguientes: casados o unidos maritalmente, la esposa o conviviente, y los hijos menores y/o mayores (según lo normado por el Código Civil), solteros o sin cargas sociales, los padres o los hermanos. En aquellos casos en que el vínculo familiar presente dificultad probatoria, se solicitará dictamen a la Dirección de Asuntos Jurídicos de la UOCRA.

Documentación

- Fotocopia de la documentación probatoria del vínculo familiar.
- Fotocopia del certificado de defunción. Certificado de servicios, por parte del empleador. Fotocopia de la documentación familiar (certificado de nacimiento, documentos y declaración jurada de los beneficiarios).
- Esta documentación podrá variar según cada caso en particular.

Certificación de servicios para el cobro del seguro

CERTIFICACIÓN DE SERVICIOS PARA
EL COBRO DEL SEGURO DE VIDA COLECTIVO

Nombre de la empresa:

Nº de inscripción en el IERIC:

Domicilio de la empresa:

Por la presente, certificamos que el señor .... se ha desempeñado con relación de dependencia en nuestra empresa desde el día ...../...../..... hasta el día ...../...../....., fecha de su fallecimiento.

[1] *Fuente: http://www.uocra.org/elgremio/elgremio_seguros.htm*

Asimismo certificamos haber efectuado la retención de la cuota correspondiente al seguro de vida establecida en el convenio colectivo de trabajo. A continuación se detalla la composición del grupo familiar:

Apellido y nombre	Fecha de nacimiento	Nº documento y tipo	Parentesco

DECLARAMOS bajo juramento que los datos consignados en esta CERTIFICACIÓN son correctos y se encuentran basados en documentación fehaciente.

Firma y sello de la empresa

Nota: La firma de la empresa deberá ser autenticada ante autoridad competente: escribano o entidad bancaria.

Tramitación

El Área de Subsidios, ubicada en el tercer piso de la Avenida Belgrano 1870 de esta Ciudad de Buenos Aires, atiende en el horario de 9 a 17 horas, tels. 4384-7140 al 60. Esta cobertura alcanza a todos los trabajadores de la construcción que al momento de su fallecimiento se encuentren en relación de dependencia, aportando la suma de $ 9 por mes, sin ningún costo adicional (variando la misma según la zona de trabajo del país).

Requerimiento

- Ser afiliado sindical con por lo menos 8 meses de descuento de cuotas sindicales.
- Estar en actividad, con descuento sindical, en momento de presentar la solicitud.
- Cada solicitud deberá estar acompañada de la documentación requerida por el formulario de cada subsidio o reintegro.

6.2. Seguro mercantil obligatorio CCT 130/75

El seguro de vida obligatorio del Convenio Colectivo de Trabajo para Empleados Mercantiles 130/75, rige con carácter obligatorio para todos los trabajadores comprendidos en este convenio. Es independiente de cualquier otro seguro de vida o beneficio.

Riesgos cubiertos

- Muerte (inclusive suicidio).
- Incapacidad total y permanente.
- Indemnizaciones adicionales por accidente.

Capital asegurado

El capital asegurado del seguro de vida obligatorio del artículo 97 del Convenio Mercantil 130/75, ha sido fijado por la resolución 204 del MTSS de marzo de 1988 en 12 sueldos del empleado administrativo categoría "A" de dicho convenio. Actualmente es de $ 72.599.

El Instituto Asegurador Mercantil reconocerá, a partir de noviembre de 2013, un capital indemnizatorio para el seguro de vida obligatorio del Convenio Mercantil de $ 78.967, y de febrero de 2014 de $ 82.533.

Prima

Las dos terceras partes de la prima mensual están a cargo del empleador, y el tercio restante a cargo del empleado.

En http://www.institutoasegurador.com.ar/p/mercantil-obligatorio.html, encontramos los formularios correspondientes:

Formulario Aprobado por la Superintendencia de Seguros de la Nación

Solicitud del seguro

INSTITUTO ASEGURADOR MERCANTIL
BELGRANO 774 - CP1092 - BS AS - TEL 5555-8500

POLIZA N° 10 - ______________________ **1**

SOLICITUD DE SEGURO DE VIDA COLECTIVO OBLIGATORIO

CONVENIO MERCANTIL

Razón Social: ______________________
Nombre del Negocio: ______________________
con domicilio en: ______________________
Cod. Postal: __________ Loc.: __________
Prov.: __________ Teléfono: __________
Situación frente al I.V.A.: __________ N° C.U.I.T.: __________
Direción de E-mail: ______________________

CONFORMIDAD RECEPCION I.A.M.

COD. PROV. [|] ABREVIATURA PROV. [| | |] COD. SELLADO [ ] USO I.A.M. [| | |]

Solicitamos al Instituto Asegurador Mercantil, Compañía Argentina de Seguros Sociedad Anónima I.A.M.:

1) La incorporación Obligatorio (O): En un Seguro de Vida Colectivo, del total del personal comprendido en la Convención Colectiva de Trabajo para los Empleados de Comercio.

2) La incorporación Especial (E): En el mismo Seguro de Vida Colectivo, del Personal y de los empleadores de esta empresa que así lo solicitaron, no afectador por la Convención Colectiva de Trabajo para los Empleados de Comercio, todos ellos menores de 60 años y mayores de 14 años.

Las personas a incorporar se indican en la nómina adjunta (Form.2) determinando con (O) ó (E) su categoría. Ademas, las respectivas Fichas Solicitud Individual (Ficha 3) con declaración de beneficiarios.

LIQUIDACION DE LAS PRIMAS PRIMAS Y SELLADOS

Personas Aseguradas	Primas con Impuestos por Persona	TOTAL POR PRIMAS	Derechos de Emisión	Sellado Prov. Por persona	TOTAL SELLADOS	TOTAL LIQUIDACION	IMPORTE GIRADO	DIFERENCIA A GIRAR
(1	(2	(3	(4	(5	(6	(7	(8	(9

El saldo que arroja esta liquidación deberá hacerse efectivo indefinidamente antes del ______________________
de acuerdo con el inc.4 Art. 6to. De las Condiciones Generales de Póliza. (Vencido el plazo de gracia sin que el Contratante haya satisfecho la prima, la cobertura del seguro quedará automaticamente suspendida).
EXPLICACION AL DORSO

Adjuntamos **CHEQUE / GIRO** **no negociable c/Bco.** ______________________

N° ______________________ **Por un importe de** ______________________

Lugar y Fecha ______________________ ______________________
Sello y firma del Contratante

Este formulario debe ser cumplimentado a maquina o letra de imprenta

Instrucciones para completar la solicitud

INSTRUCCIONES PARA CUMPLIMENTAR ESTA SOLICITUD

POLIZA N°: Reservado para el I.A.M.

RAZON SOCIAL: Indicar nombre o nombres del o los dueños de la firma o de la sociedad
NOMBRE DEL NEGOCIO: Denominación por la cual es conocido en plaza.
Para la liquidación de los primeras primas y sellados, se procederá de la siguiente forma:
1) Cantidad de asegurados, según nómina adjunta.
2) Primas por casa persona asegurada
3) 1 x 2.
4) Derecho de Emisión de Póliza.
5) Sellado provincial por cada persona asegurada.
6) 1 x 5
7) Se suman 3 más 4 más 6.
8) Importe que hemos recibido para acreditar esta póliza.
9) Saldo a nuestro favor.

En cuanto al sellado provincial (Cuadro 5), se deberá liquidar de acuerdo a lo dispuesto por cada provincia, en caso de corresponder.

NOTA: Del total a girar (Punto 7°) corresponde abonar 2/3 al empleador y el 1/3 restante descontar al personal.

TODO MOVIMIENTO DE PERSONAL (ALTAS O BAJAS) DEBERA SER COMUNICADO POR FORM. 8 CON EL RESPECTIVO NUMERO DE POLIZA.

Formulario nómina de asegurados

INSTITUTO ASEGURADOR MERCANTIL
BELGRANO 774 - CP1092 - BS AS - TEL 5555-8500

POLIZA N° 10 -
COMPLETAR CON LETRA DE IMPRENTA O A MAQUINA

2

NOMINA DE ASEGURADOS - CONVENIO MERCANTIL

Razón Social: ______
con domicilio en: ______
Cod. Postal: ______ Loc.: ______
Prov.: ______ Teléfono: ______
Situación frente al I.V.A.: ______ N° C.U.I.T.: ______
Direción de E-mail: ______

FECHA RECEPCION I.A.M

ORIGINAL
Formulario Aprobado de la Superintendencia de Seguros de la Nación

APELLIDO Y NOMBRE	Fecha de Nacim.			N° DE DOCUMENTO L.E./L.C./D.N.I./C.I.	OCUPACION	
	Día	Mes	Año			

A la vez damos entrada a ______ fichas solicitudes individuales de las personas detalladas que hemos cubierto a partir de la fecha, dejando bien aclarado que quedan de hecho exceptuadas todas aquellas que en el momento de solicitar esa firma la cobertura se encontraban con licencia por enfermedad. Las incorporaciones solicitadas por medio de este formulario serán válidas a partir de la fecha, no responsabilizándose este Instituto Asegurador Mercantil por ningún siniestro ocurrido con anterioridad.

Lugar y Fecha: ______

Firma Autorizada y Sello del Contratante

INSTITUTO ASEGURADOR MERCANTIL
CHACABUCO 170 - C1069AAD - BUENOS AIRES
TEL. Y FAX: 4331-8333/34/35/36

POLIZA N° 10 -
COMPLETAR CON LETRA DE IMPRENTA O A MAQUINA

2

NOMINA DE ASEGURADOS - CONVENIO MERCANTIL

Razón Social: ______
con domicilio en: ______
Cod. Postal: ______ Loc.: ______
Prov.: ______ Teléfono: ______
Situación frente al I.V.A.: ______ N° C.U.I.T.: ______
Direción de E-mail: ______

FECHA RECEPCION I.A.M

DUPLICADO
Formulario Aprobado de la Superintendencia de Seguros de la Nación

APELLIDO Y NOMBRE	Fecha de Nacim.			N° DE DOCUMENTO L.E./L.C./D.N.I./C.I.	OCUPACION	
	Día	Mes	Año			

A la vez damos entrada a ______ fichas solicitudes individuales de las personas detalladas que hemos cubierto a partir de la fecha, dejando bien aclarado que quedan de hecho exceptuadas todas aquellas que en el momento de solicitar esa firma la cobertura se encontraban con licencia por enfermedad. Las incorporaciones solicitadas por medio de este formulario serán válidas a partir de la fecha, no responsabilizándose este Instituto Asegurador Mercantil por ningún siniestro ocurrido con anterioridad.

Lugar y Fecha: ______

Firma Autorizada y Sello del Instituto

En original y duplicado.

Formulario de beneficiarios

INSTITUTO ASEGURADOR MERCANTIL
BELGRANO 774 - CP1092 - BS AS - TEL 5555-8500

SOLICITUD INDIVIDUAL DE
SEGURO DE VIDA COLECTIVO
CONVENIO MARCANTIL

POLIZA N°

3

Este formulario debe ser cumplimentado a maquina o letra de imprenta

RAZON SOCIAL: ____________________

DIRECCION: ____________________ LOCALIDAD: **CAP. FED.** PROVINCIA: **BS. AS.**

ASEGURADO (APELLIDO Y NOMBRE)	FECHAS DE					
	NACIMIENTO			ING. AL EMPLEO		

L.E./L.C./D.N.I./C.I./N°.: ____________________ OCUPAC. EN LA EMPRESA: ____________________

BENEFICIARIO (S) APELLIDO Y NOMBRES	FECHA DE NACIMIENTO			DOC. IDENTIDAD L.E./L.C./D.N.I./C.I.	EXPEDIDO POR

¿Ha tenido accidentes? XX ____________ ¿Ha estado enfermo u operado en los últimos 3 años? X ______

En caso afirmativo: ¿De qué enfermedad u operación? ____________

¿Desde cuándo hasta cuándo? ____________

¿Qué médico lo asistió? ____________

¿Autoriza al Instituto a pedir informes? ____________

¿Goza actualmente de buena salud? ____________

____
FIRMA DEL ASEGURADO

Certificamos la autenticidad de lo expuesto, que el firmante forma parte de nuestro personal y no figura con licencia por enfermedad a la fecha.

COMPLETAR ____________________
LUGAR Y FECHA

____
SELLO Y FORMA DEL CONTRATANTE

Capítulo VIII | Sindicatos

1. BUSCADOR DE ENTIDADES SINDICALES [1]

Ingresando a www.trabajo.gob.ar, en el ítem "Sindicatos" hallamos cada una de las entidades sindicales registradas en el MTEySS.
El esquema propuesto da la posibilidad de generar búsquedas por actividad, provincia y grado, pudiendo optar además por aquellas entidades que ostentan personería gremial, inscripción gremial o simplemente por todo el universo.
Asimismo, se obtendrá información de las asociaciones sindicales en lo referente a sus antecedentes, estructura, vida institucional, y de todos aquellos trámites y expedientes presentados ante la Dirección Nacional de Asociaciones Sindicales.

La información que aparece en los registros está desagregada en:
- Datos personales de la entidad sindical.
- Cantidad de afiliados.
- Adhesiones a entidades de grado superior.
- Estado actual y resoluciones.
- Antecedentes de uniones, fusiones o disoluciones.
- Antecedente de aquellas que se encuentren con delegado normalizador o intervenidas.
- Ámbitos de actuación personal y territorial.
- Estatutos aprobados y ordenados cronológicamente por números de resolución.
- Expedientes en trámite.

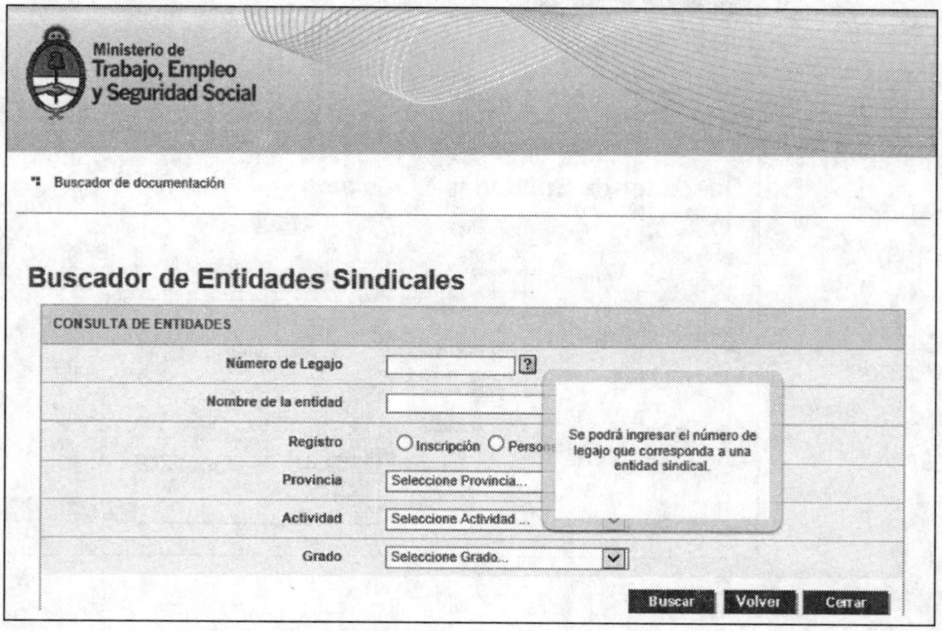

[1] *Fuente: http://www.trabajo.gob.ar/sindicatos/*

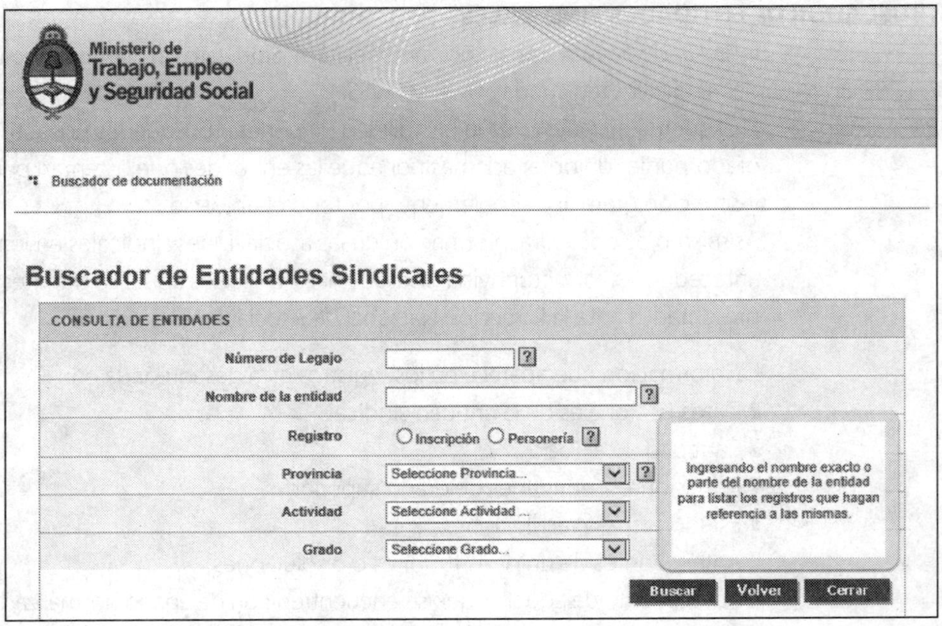
Ministerio de
Trabajo, Empleo
y Seguridad Social
Buscador de documentación
Buscador de Entidades Sindicales
CONSULTA DE ENTIDADES
Número de Legajo
Nombre de la entidad
Registro
Inscripción
Personería
Provincia
Seleccione Provincia...
Actividad
Seleccione Actividad ...
Grado
Seleccione Grado...
Ingresando el nombre exacto o parte del nombre de la entidad para listar los registros que hagan referencia a las mismas.
Buscar
Volver
Cerrar

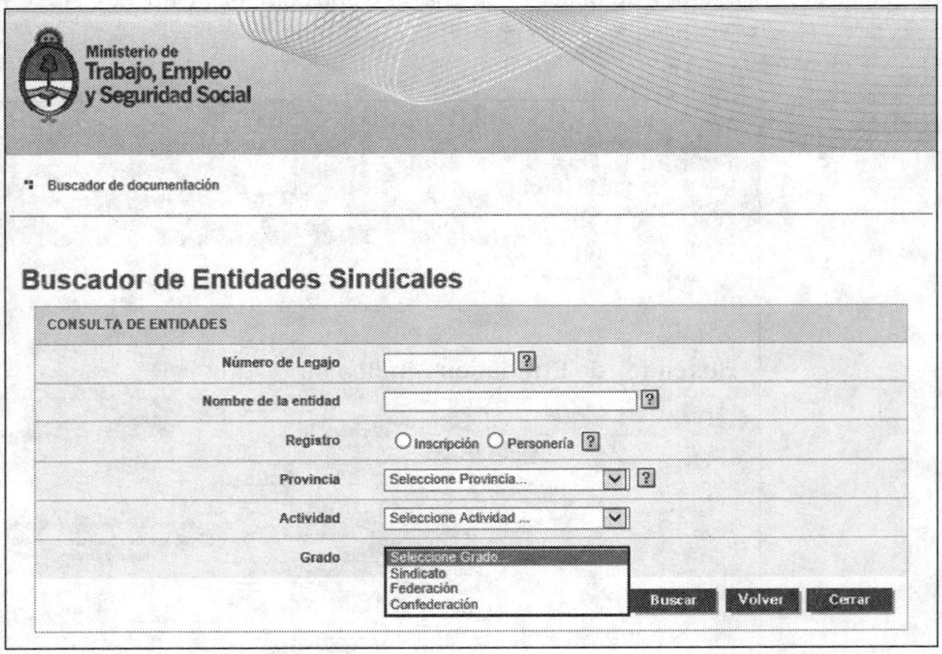
Ministerio de
Trabajo, Empleo
y Seguridad Social
Buscador de documentación
Buscador de Entidades Sindicales
CONSULTA DE ENTIDADES
Número de Legajo
Nombre de la entidad
Registro
Inscripción
Personería
Provincia
Seleccione Provincia...
Actividad
Seleccione Actividad ...
Grado
Seleccione Grado...
Sindicato
Federación
Confederación
Buscar
Volver
Cerrar

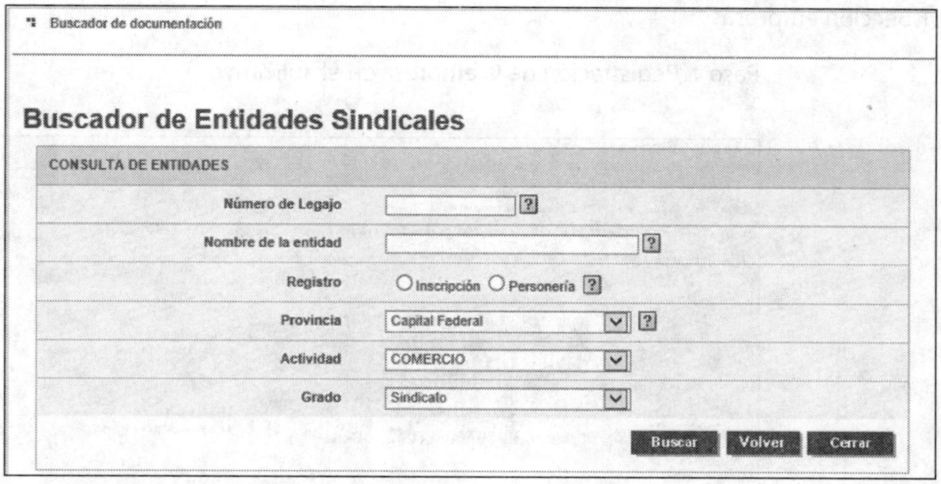

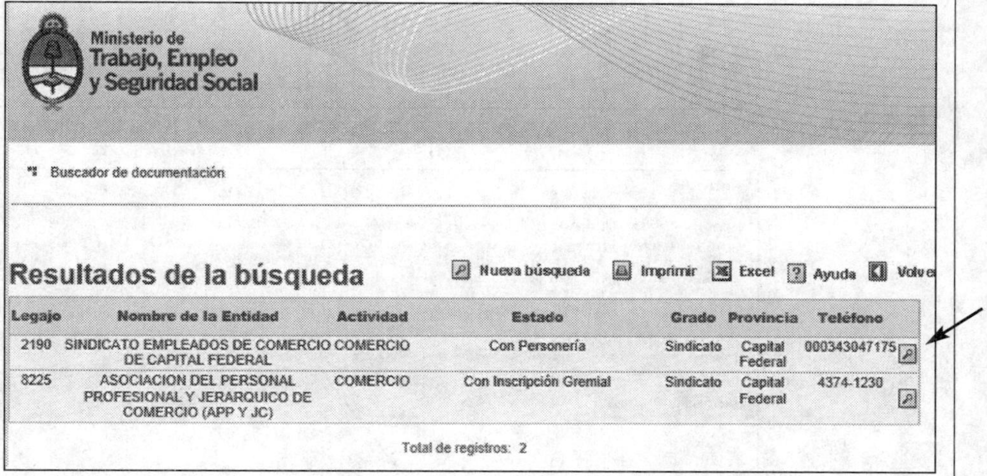

Legajo	Nombre de la Entidad	Actividad	Estado	Grado	Provincia	Teléfono
2190	SINDICATO EMPLEADOS DE COMERCIO DE CAPITAL FEDERAL	COMERCIO	Con Personería	Sindicato	Capital Federal	000343047175
8225	ASOCIACION DEL PERSONAL PROFESIONAL Y JERARQUICO DE COMERCIO (APP Y JC)	COMERCIO	Con Inscripción Gremial	Sindicato	Capital Federal	4374-1230

Total de registros: 2

2. SINDICATO DE EMPLEADOS DE COMERCIO

Ingresando a la web del sindicato existen posibilidades de gestiones on line tanto para el empleado como para el empleador.

A continuación exteriorizamos las mismas:

2.1. Sección empresas

Paso 1. Registración de la empresa en el aplicativo

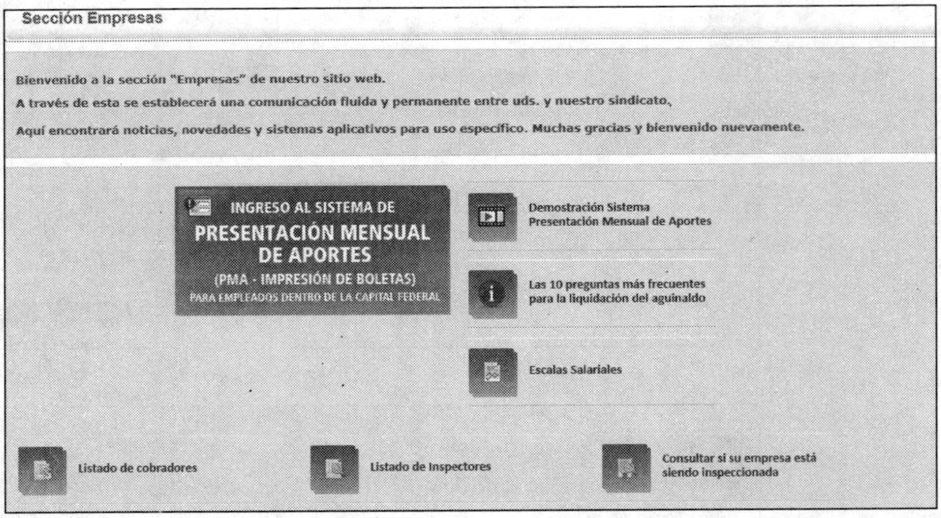

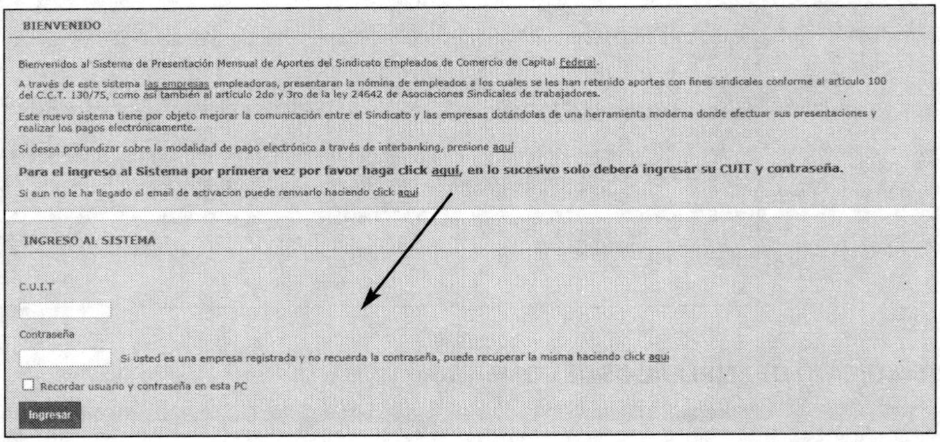

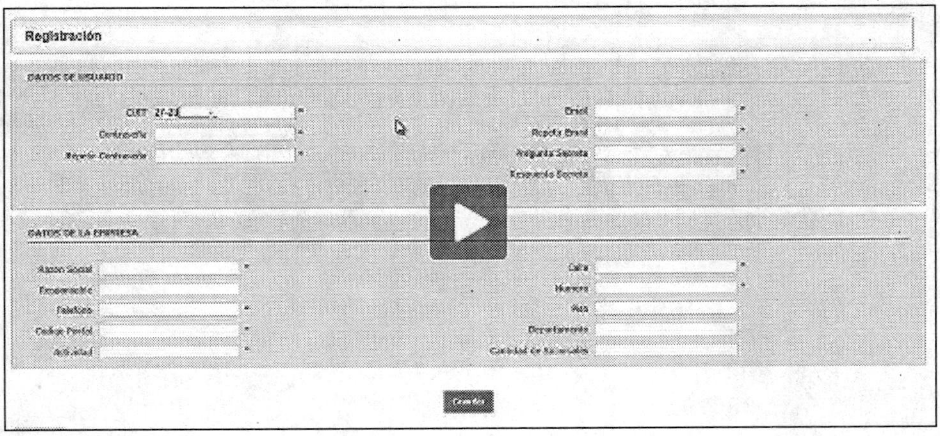

Paso 2. Ingreso al sistema, luego de haber sido debidamente registrada la empresa en el sistema aplicativo

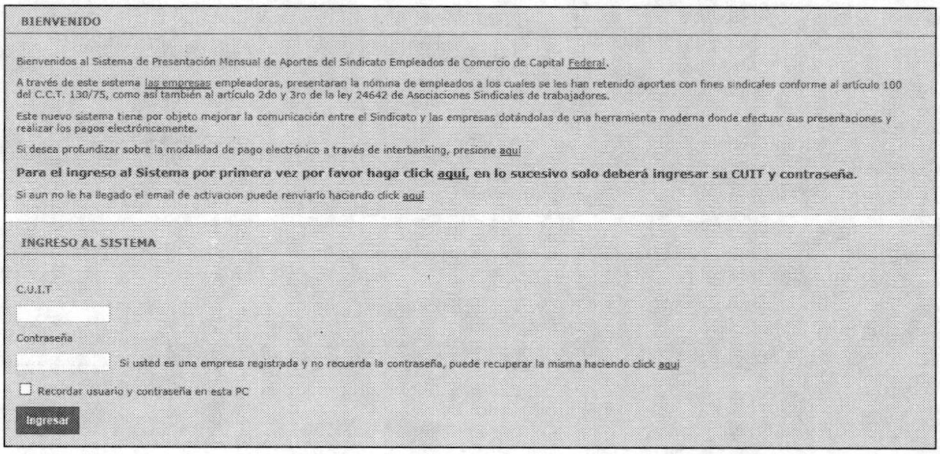

Paso 3. Alta de una presentación mensual de aportes

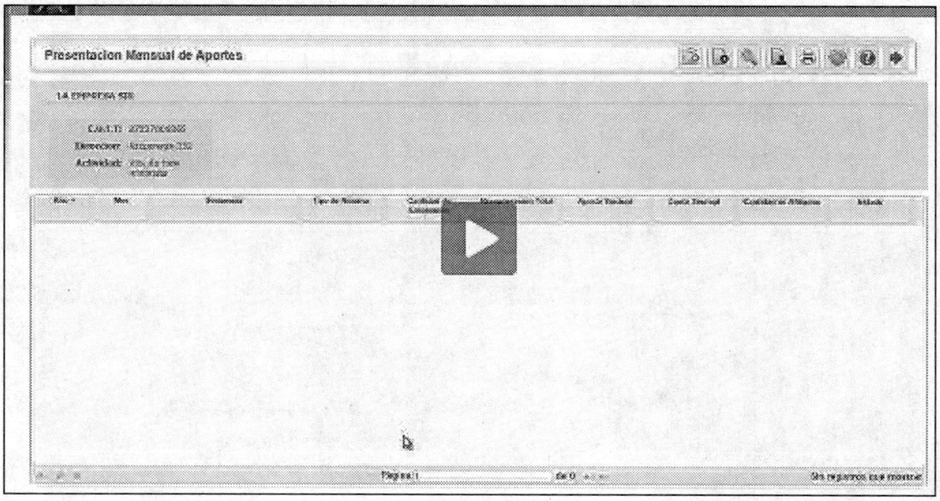

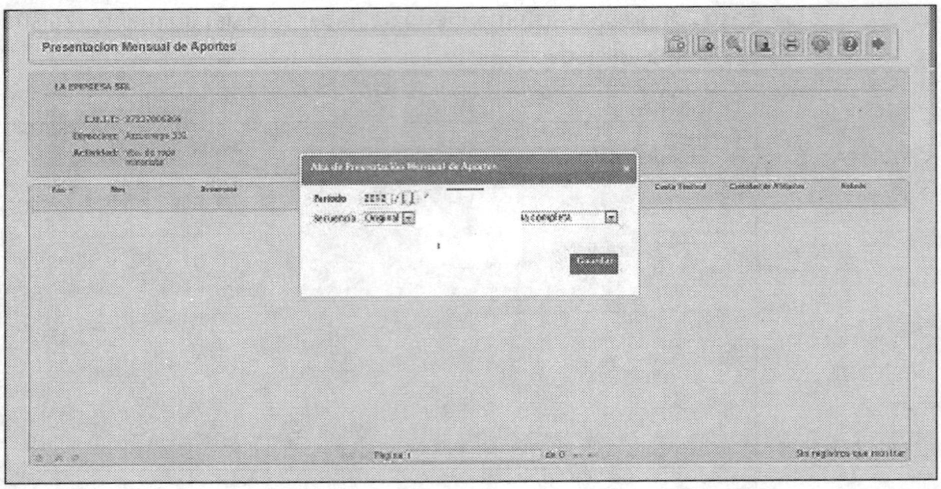

Paso 4. Incorporación de la nómina de empleados a una presentación mensual de aportes

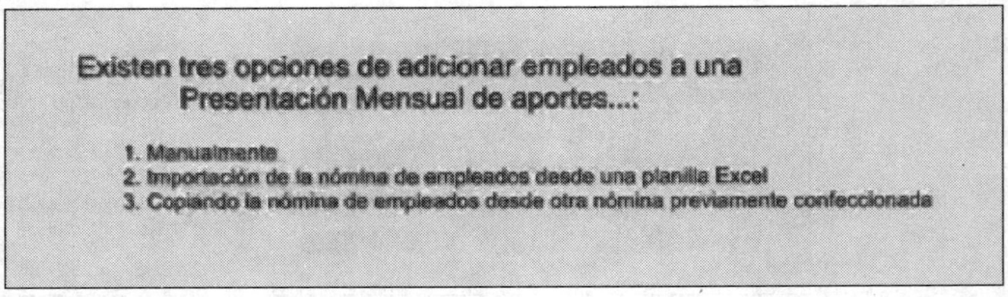

Opción 1. Alta manual de empleados para una presentación mensual de aportes

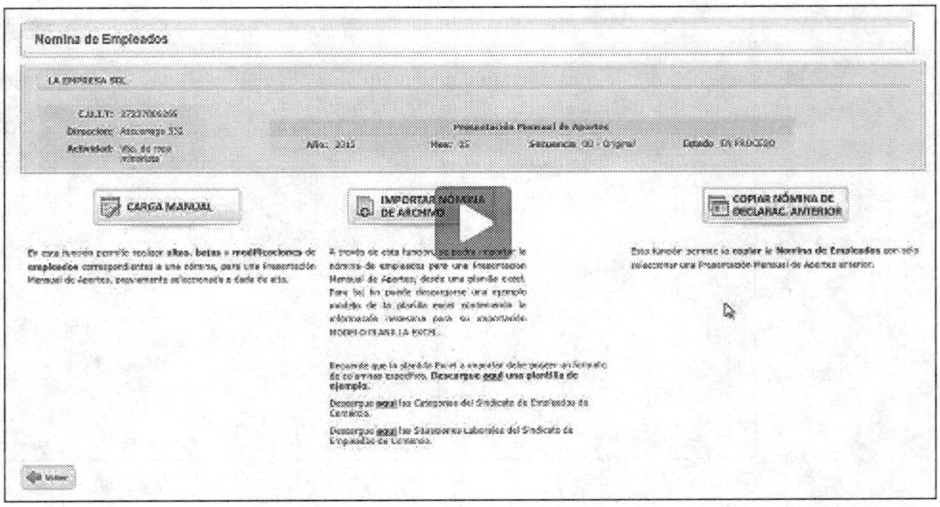

2.2. Afiliación de empleados

La afiliación es optativa para todos los trabajadores mercantiles.
Se debe completar un formulario que se envía por internet, o bien se puede concurrir personalmente al sector afiliación.

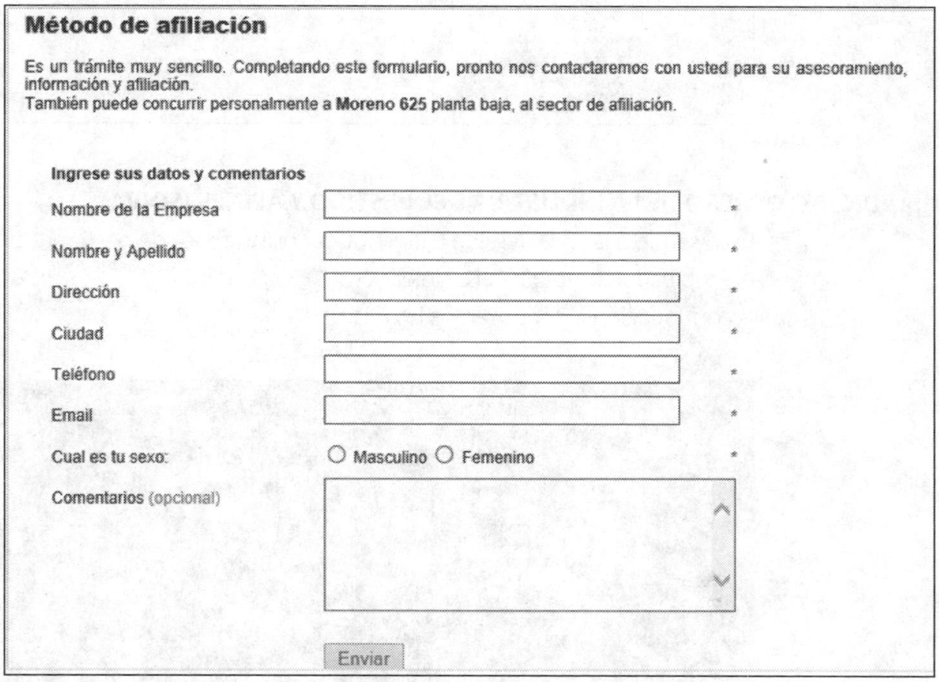

Método de afiliación

Es un trámite muy sencillo. Completando este formulario, pronto nos contactaremos con usted para su asesoramiento, información y afiliación.
También puede concurrir personalmente a **Moreno 625** planta baja, al sector de afiliación.

Ingrese sus datos y comentarios

Nombre de la Empresa *
Nombre y Apellido *
Dirección *
Ciudad *
Teléfono *
Email *
Cual es tu sexo: ○ Masculino ○ Femenino *
Comentarios (opcional)

Enviar

La cuota a cargo del empleado afiliado será de $ 30 al mes y de $ 1 para jubilados afiliados. Se abona a través de cobradores que visitarán al empleado en su domicilio laboral o particular, o en la sede central del gremio sita en la calle Moreno 625 de la Ciudad de Buenos Aires.

2.3. Denuncias laborales

Los empleados podrán realizar denuncias laborales respecto a trabajo no registrado o deficientemente registrado. Para ello enviarán un mail a gremiales@sec.org.ar exponiendo:

- Nombre de la empresa.
- CUIT.
- Cantidad de trabajadores.
- Domicilio en CABA.
- Reclamos.

3. SINDICATO OBRERO DE LA INDUSTRIA DEL VESTIDO Y AFINES (SOIVA)

Ingresando a la web del sindicato existen posibilidades de gestiones on line tanto para el empleado como para el empleador.

A continuación exteriorizamos las mismas:

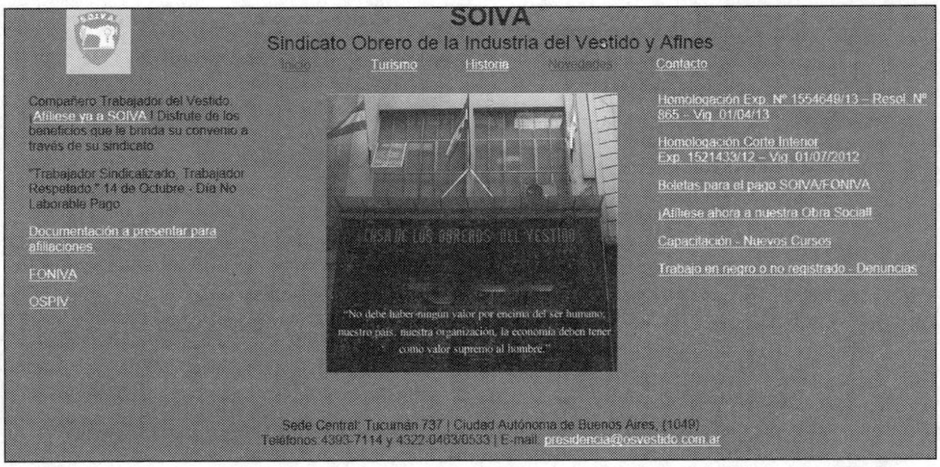

3.1. Afiliaciones

SOIVA
Sindicato Obrero de la Industria del Vestido y Afines
Inicio Turismo Historia Novedades Contacto

DOCUMENTACIÓN A PRESENTAR PARA AFILIACIONES	
TITULAR	Fotocopia de DNI o precaria Fotocopia de los dos últimos recibos de sueldo Trabajadores a domicilio: libreta de trabajo Dos fotos 4x4 color (sólo para carnet sindical)
GRUPO FAMILIAR	
ESPOSA/O	Fotocopia certificado de matrimonio Fotocopia DNI o precaria Constancia de CUIL Certificación de negativa de obra social - sólo para el esposo
HIJOS	Fotocopia certificado de nacimiento Fotocopia DNI o precaria Mayores de 21 a 25 años: certificado de estudios Constancia de CUIL
CONCUBINA/O	Fotocopia testimonio de convivencia (para ser presentado ante OSPIV debe constar en el mismo el estado civil de ambos y tener dos años mínimo de convivencia. En caso de ser menores de edad, el testimonio de convivencia debe estar firmado por ambos padres.) Fotocopia DNI o precaria Constancia de CUIL Certificación de negativa de obra social - sólo para el concubino
ES IMPRESCINDIBLE PRESENTAR EL ÚLTIMO RECIBO DE SUELDO MENSUAL PARA TODO TRÁMITE DE OBRA SOCIAL Y SINDICATO.	

3.2. Denuncias laborales [1]

¿Dónde pueden efectivizarse las denuncias por TRABAJO NO REGISTRADO?

El sindicato viene denunciando, en forma permanente, ante las autoridades nacionales, del Gobierno de la Ciudad de Buenos Aires y provinciales, la presencia de talleres clandestinos y de aquellos que operan con personal sin registrar, e incluso en distintas ocasiones detectó en ellos personas reducidas a la servidumbre, indocumentadas o sin residencia legal en nuestro país.

¿Qué se puede hacer? DENUNCIARLO en:

- El Gobierno de la Ciudad de Buenos Aires:

Las denuncias por situaciones de trabajo ilegal pueden efectuarse on line a través del Sistema Único de Denuncias, www.buenosaires.gob.ar, seleccionando en el ítem "Rubro" la

[1] *Fuente: http://www.soiva.org.ar/*

opción "Trabajo no registrado". También se reciben denuncias en el 0800-999-2727 (opción 1), de 8 a 20 hs.

▮ El Ministerio de Trabajo:
Las denuncias efectuadas pueden ser colectivas o individuales, existiendo la posibilidad, en este último caso, de hacerlo en forma anónima.
Por teléfono: 0800-666-4100, de 10 a 16 hs.
Personalmente: Departamento de Denuncias Laborales de la Dirección de Inspección Federal, sito en Av. Leandro N. Alem 628, Piso 5°, Ciudad de Buenos Aires. Horario de atención: lunes a viernes de 9:00 a 16:00 hs.
Mesa de Entradas del Ministerio de Trabajo, Empleo y Seguridad Social: Av. Leandro N. Alem 650, Planta Baja, Ciudad de Buenos Aires, e-mail: denuncias@trabajo.gob.ar

▮ El Ministerio de Justicia y Derechos Humanos:
Centro de Recepción de Denuncias y Orientación Ciudadana
Horario de atención: lunes a viernes de 10 a 16 hs.
Dirección: 25 de Mayo 606, 4° piso, Ciudad Autónoma de Buenos Aires.
Teléfono: 4316-4965/6.
E-mail: denuncias@derhuman.jus.gob.ar

▮ Defensoría del Pueblo de la Ciudad de Buenos Aires:
Venezuela 842 (1095) - Ciudad Autónoma de Buenos Aires - Tel: 4338-4900 (líneas rotativas) 0810-333-3676.
E-mail: consultas@defensoria.org.ar - De lunes a viernes de 10 a 18 hs.

▮ Organización Internacional para las Migraciones (OIM):
Callao 1033. Piso 3º C1023AAD, Ciudad de Buenos Aires - Tel.: 4815-5194/ 4322-7041, e-mail: info@oimconosur.org

O comunicarte con las organizaciones sindicales que trabajan en el tema:
▮ Sindicato Obrero de la Industria del Vestido y Afines (SOIVA): Tucumán 737 (1049) Ciudad Autónoma de Buenos Aires - Tels.: 4393-7114 y 4322-0463/0533 - 0800-999-1941.
▮ Asociación Obrera Textil (AOT): Av. La Plata 754, Ciudad Autónoma de Buenos Aires - Tels.: 4924-3241.
▮ Sindicato de Empleados Textiles de la Industria y Afines (SETIA): Montes de Oca 1437, Ciudad Autónoma de Buenos Aires - Tels.: 4301-4175/4178
▮ Sindicato de Trabajadores Talleristas a Domicilio (STTAD): Acevedo 553, Ciudad Autónoma de Buenos Aires - Tels.: 4854-3506/4708
▮ Unión de Cortadores de la Indumentaria (UCI): México1440, Ciudad Autónoma de Buenos Aires - Tels.: 4382-7666/4381-6931.

3.3. Generación de boletas

El aplicativo permite el pago de las siguientes boletas:

FONIVA [1]

Involucra a todas las empresas del país, sin importar dónde trabajan sus operarios.

Incluye:

- Pago de la posición mensual.
- Pago de actas.
- Pago de cuotas de convenio.

SOIVA

Para la declaración de aporte sindical solamente a Ciudad de Buenos Aires y parte de la Provincia de Buenos Aires.

Incluye:

- Pago de la posición mensual.
- Pago de actas.
- Pago de cuotas de convenio.

OSPIV

Involucra a todas las empresas del país, sin importar donde trabajan sus operarios.

Incluye:

- Pago de actas.
- Pago de cuotas de convenio.

Ingreso al sistema y registración

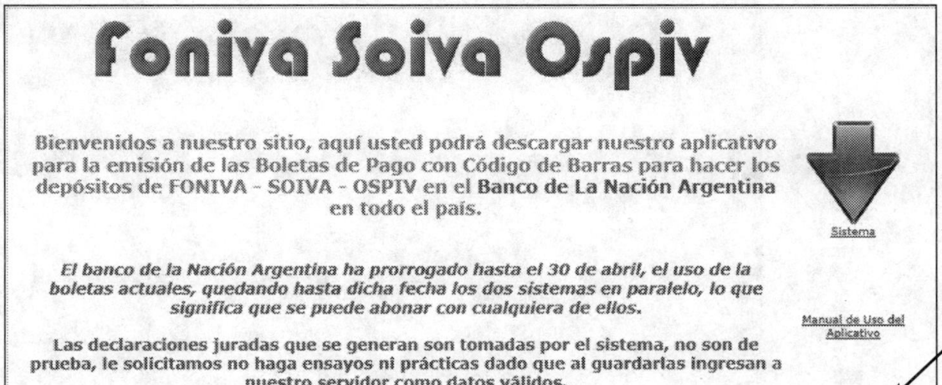

[1] *Fuente: www.vestidosistemas.com.ar/imagen/Manual.pdf*

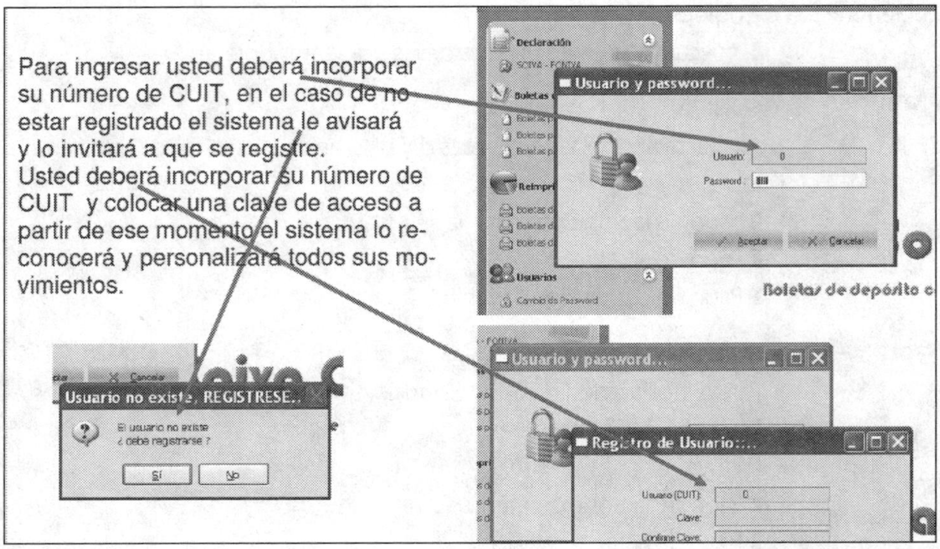

OPCIONES:

Declaración

Dentro de esta opción podrá declarar a sus empleados y el sistema le irá liquidando automáticamente los importes que corresponden para SOIVA y FONIVA.

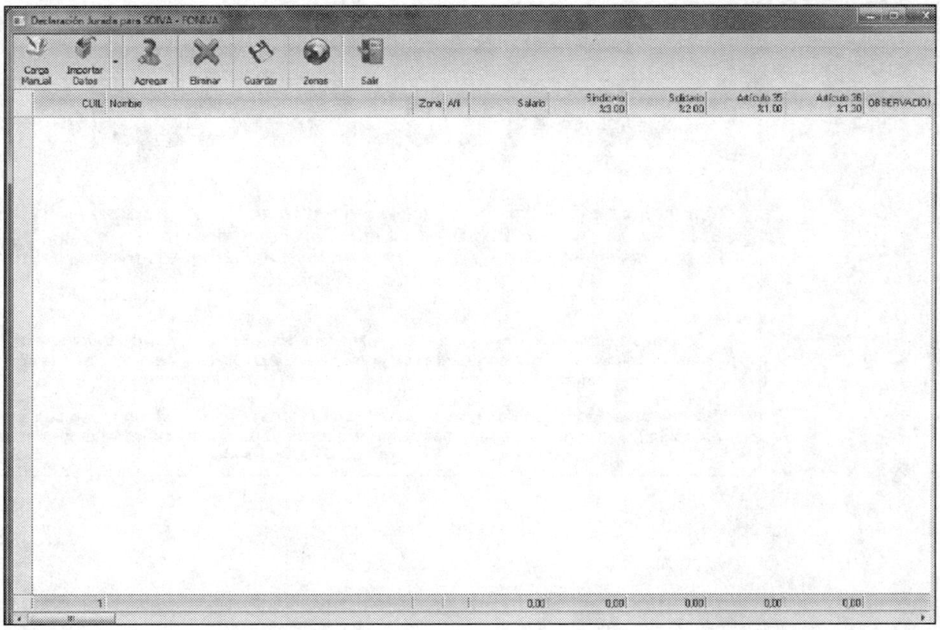

Pantalla de elección de posición

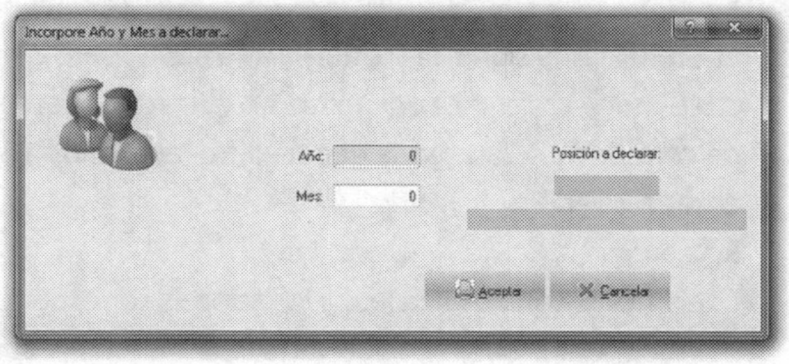

Esta pantalla nos permitirá determinar cual es la posición que vamos a declarar

Nos pedirá el año y el mes y nos mostrará en letras la posición para verificación nuestra.

Esta misma pantalla se utiliza en la incorporación de declaraciones juradas por importación de datos.

Dentro de la declaración encontramos las siguientes solapas, que permitirán realizar una carga manual, importar datos, agregar, eliminar, guardar, y hacer una búsqueda por zonas.

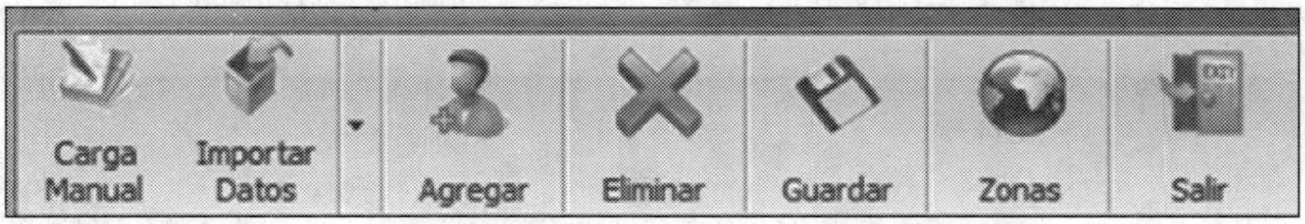

Pantalla de carga manual

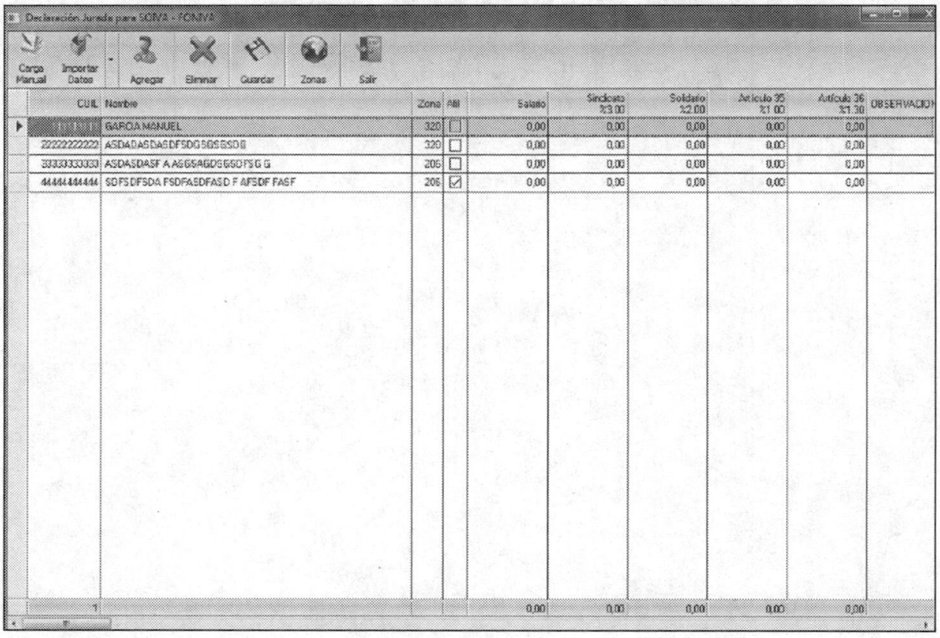

Donde:

- Afil:

Es un tilde que significa si está afiliado al sindicato o no. Sólo permite su marca o desmarca cuando el salario se encuentra en 0 (cero), por eso se debe declarar primero; en caso de corrección o cambio se deberá llevar el salario a 0 y luego cambiar Afil y volver a declarar el salario.

- Salario:

Es el importe que está sujeto a los aportes correspondientes. Para poderlo completar primero debemos haber completado CUIL, nombre y zona.

- Zona:

Es el lugar donde desempeña tareas el empleado. Si el empleador indica una zona incorrecta, el sistema le mostrara en qué zonas tiene declarada actividad.

- Zonas:

Nos muestra en qué zonas está declarada la empresa.

Boletas de depósito

Una vez efectuadas las declaraciones juradas, el sistema genera los ítems de la boleta de depósito para cada una de las entidades que corresponda, FONIVA o SOIVA, lo que significa que debemos entrar en ambas opciones para poder imprimir las boletas.

FONIVA:

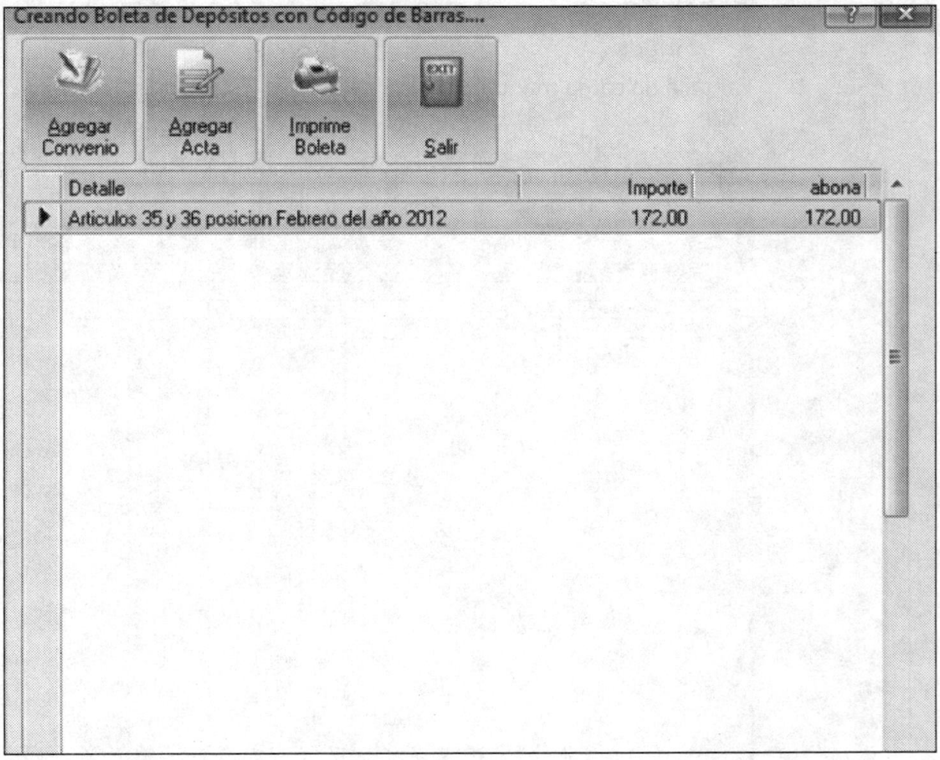

Como vemos en la imagen, el sistema nos ofrece los ítems pendientes de impresión. El empleador debe seleccionar, con un doble click, cuáles son los que queremos abonar; en ese momento la columna "Abona" iguala la cantidad de la columna "Importe"; en caso de error de la misma manera lo deseleccionamos. Estos ítems están relacionados al pago de las posiciones mensuales, pero el sistema también permite incorporar pagos a cuotas de convenio o a actas.

Pago de actas

Se incorpora el número de acta al cual le queremos imputar un pago y el importe correspondiente.

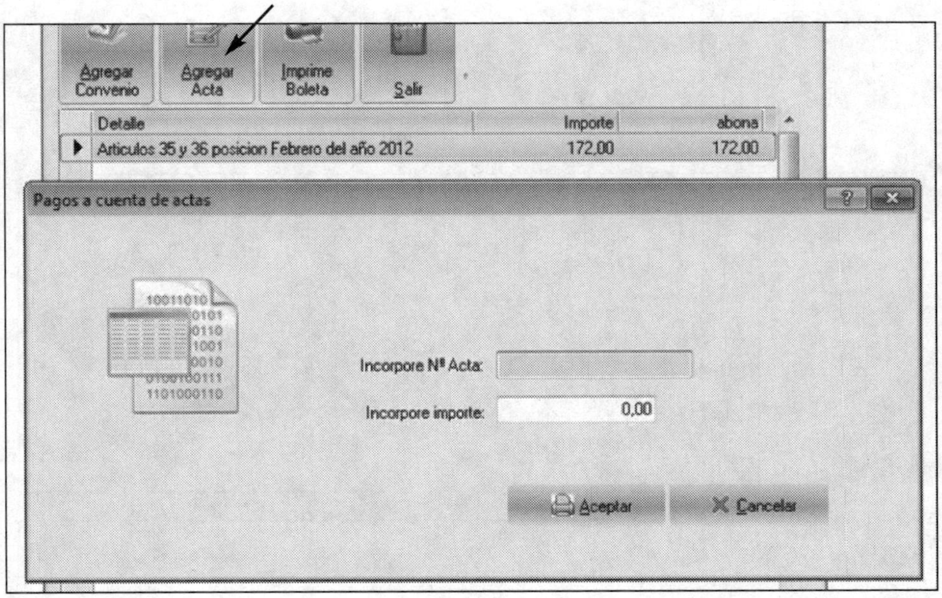

Para pagar pagos de cuotas de convenio: el sistema nos solicitará el Nº del CCT al cual queremos imputar un pago, y el importe correspondiente al mismo.

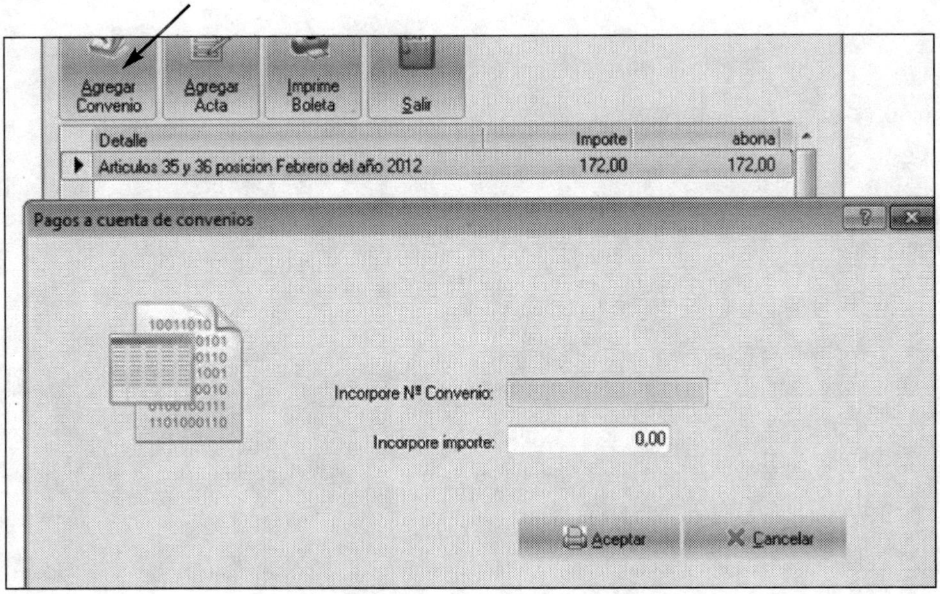

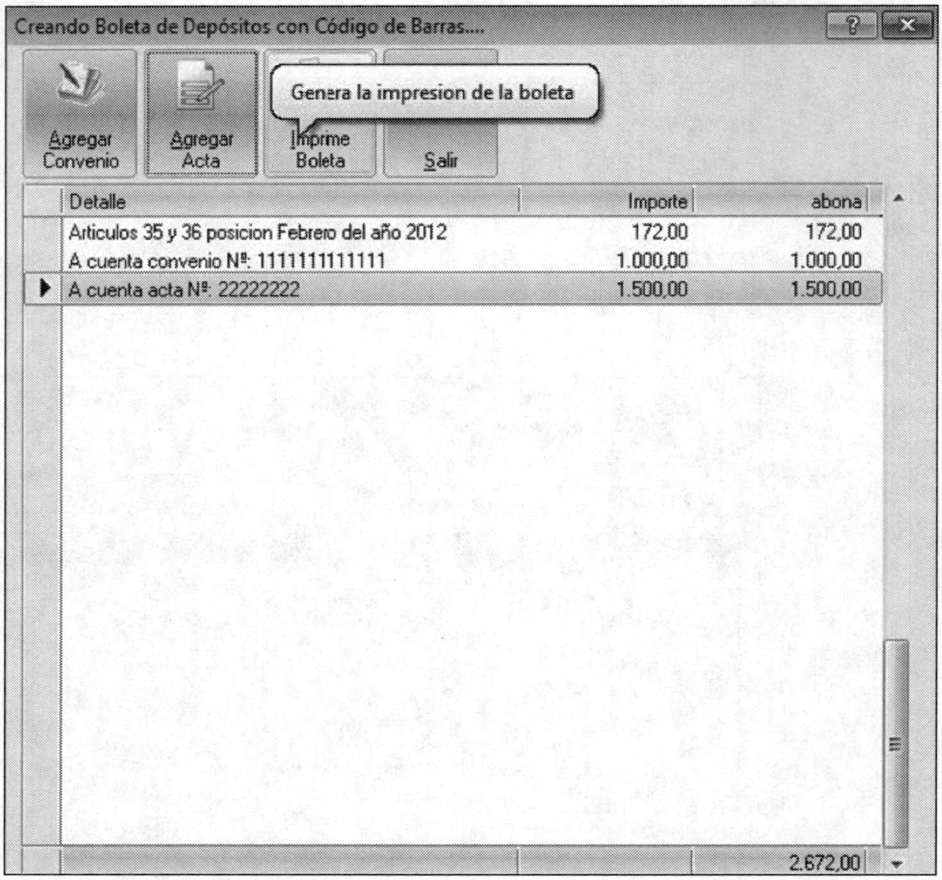
Creando Boleta de Depósitos con Código de Barras....
Agregar Convenio
Agregar Acta
Imprime Boleta
Salir
Genera la impresion de la boleta
Detalle
Importe
abona
Articulos 35 y 36 posicion Febrero del año 2012
172,00
172,00
A cuenta convenio Nº: 1111111111111
1.000,00
1.000,00
A cuenta acta Nº: 22222222
1.500,00
1.500,00
2.672,00

F.O.N.I.V.A.

[illegible]

Nº Boleta: 10046

BANCO DE LA NACION ARGENTINA

Nota de Crédito para la Cuenta Corriente Nº: 2566419

Depositante

C.U.I.T.: 30505685222 Razón Social: TEXTIL PEGASO S.R.L

Descripción	Importe
Articulos 35 y 36 posicion Febrero del año 2012	172,00
A cuenta convenio Nº: 1111111111111	1.000,00
A cuenta acta Nº: 22222222	1.500,00

☐ Efectivo
☐ Cheque

Banco Sucursal Numero

Son pesos: dos mil seiscientos setenta y dos

TOTAL 2.672,00

56 55 000 000 00 00100452

Talón Empresa Sellar al dorso

Cortar sobre línea punteada..

F.O.N.I.V.A.

[illegible]

Nº Boleta: 10045

BANCO DE LA NACION ARGENTINA

Nota de Crédito para la Cuenta Corriente Nº: 2566419

Depositante

C.U.I.T.: 30500685222 Razón Social: TEXTIL PEGASO S.R.L

Descripción	Importe
Articulos 35 y 36 posicion Febrero del año 2012	172,00
A cuenta convenio Nº: 1111111111111	1.000,00
A cuenta acta Nº: 22222222	1.500,00

☐ Efectivo
☐ Cheque

Banco Sucursal Numero

Son pesos: dos mil seiscientos setenta y dos

TOTAL 2.672,00

58 55 000 000 00 00100452

Talón Banco Sellar al dorso

Reimprimir

Esta opción permite reimprimir por entidad cualquiera de las boletas impresas hasta el momento.

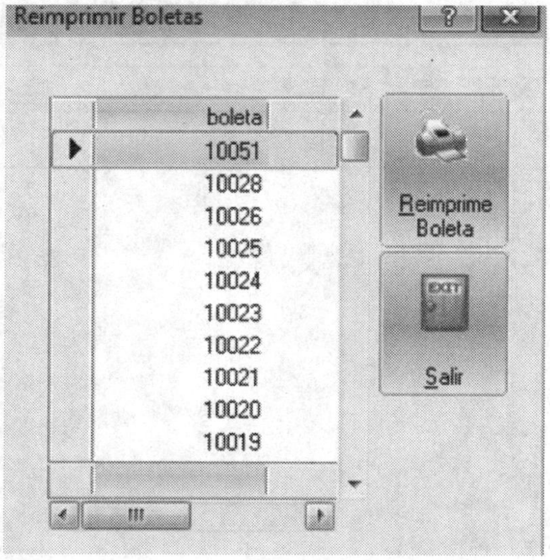

Usuarios

Dentro de esta opción podrá acceder a la opción para el cambio de clave de acceso al mismo.

Salir del sistema

Esta opción le permite salir del aplicativo.

Declaración de excepciones

Estado: determinamos si el empleado está jubilado.

Gremio: si el empleado pertenece a otro gremio como cortadores o peleteros.

Excepciones salariales: estas excepciones se utilizan cuando en forma justificada no se debe liquidar por el salario mínimo.

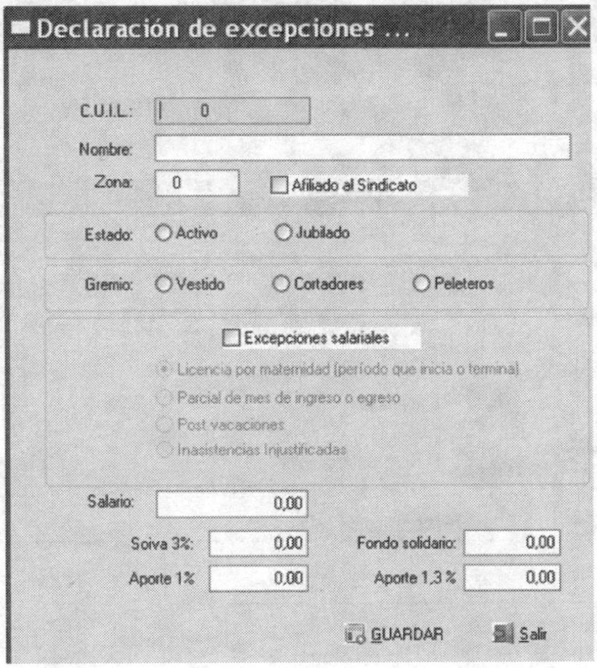

SOIVA:

Boletas para OSPIV

En lo que respecta a la obra social, solamente se pueden hacer pagos de actas o cuotas de convenio.

4. UNIÓN DE TRABAJADORES DEL TURISMO, HOTELEROS Y GASTRONÓMICOS (UTHGRA) [1]

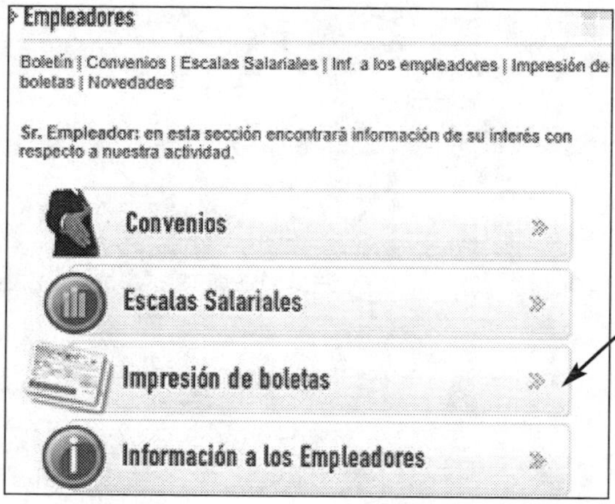

[1] *Fuente: http://www.uthgra.org.ar/site/index.php*

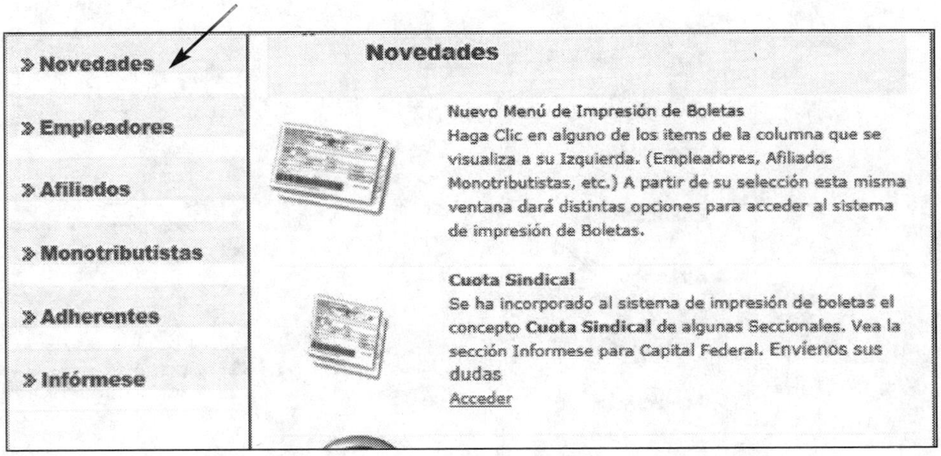
» Novedades
» Empleadores
» Afiliados
» Monotributistas
» Adherentes
» Infórmese
Novedades
Nuevo Menú de Impresión de Boletas
Haga Clic en alguno de los items de la columna que se visualiza a su Izquierda. (Empleadores, Afiliados Monotributistas, etc.) A partir de su selección esta misma ventana dará distintas opciones para acceder al sistema de impresión de Boletas.
Cuota Sindical
Se ha incorporado al sistema de impresión de boletas el concepto Cuota Sindical de algunas Seccionales. Vea la sección Informese para Capital Federal. Envienos sus dudas
Acceder

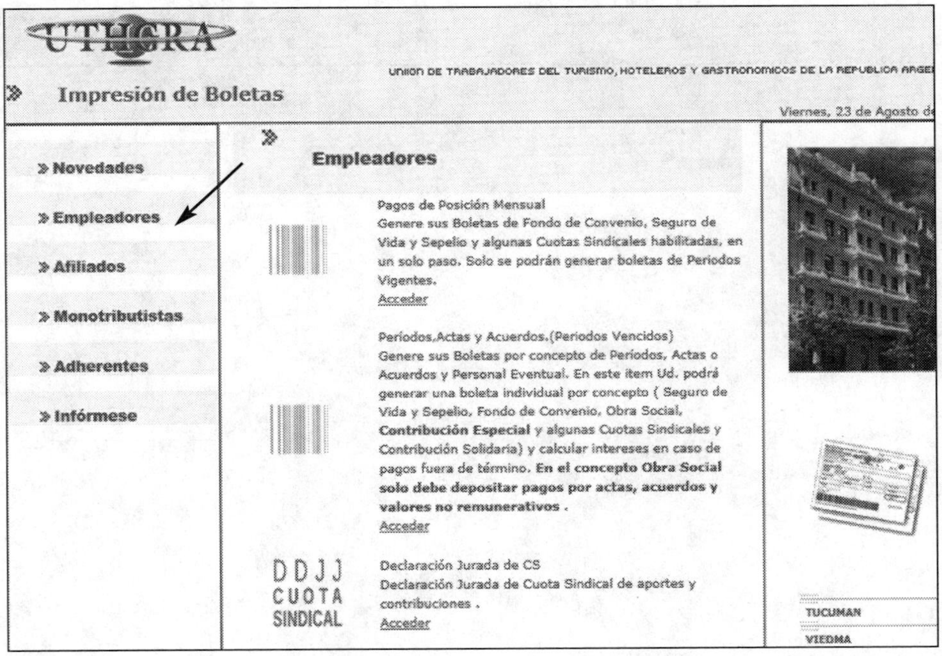
UTHGRA
UNION DE TRABAJADORES DEL TURISMO, HOTELEROS Y GASTRONOMICOS DE LA REPUBLICA ARGE
» Impresión de Boletas
Viernes, 23 de Agosto d
» Novedades
» Empleadores
» Afiliados
» Monotributistas
» Adherentes
» Infórmese
Empleadores
Pagos de Posición Mensual
Genere sus Boletas de Fondo de Convenio, Seguro de Vida y Sepelio y algunas Cuotas Sindicales habilitadas, en un solo paso. Solo se podrán generar boletas de Periodos Vigentes.
Acceder
Periodos,Actas y Acuerdos.(Periodos Vencidos)
Genere sus Boletas por concepto de Periodos, Actas o Acuerdos y Personal Eventual. En este item Ud. podrá generar una boleta individual por concepto (Seguro de Vida y Sepelio, Fondo de Convenio, Obra Social, Contribución Especial y algunas Cuotas Sindicales y Contribución Solidaria) y calcular intereses en caso de pagos fuera de término. En el concepto Obra Social solo debe depositar pagos por actas, acuerdos y valores no remunerativos .
Acceder
DDJJ CUOTA SINDICAL
Declaración Jurada de CS
Declaración Jurada de Cuota Sindical de aportes y contribuciones .
Acceder
TUCUMAN
VIEDMA

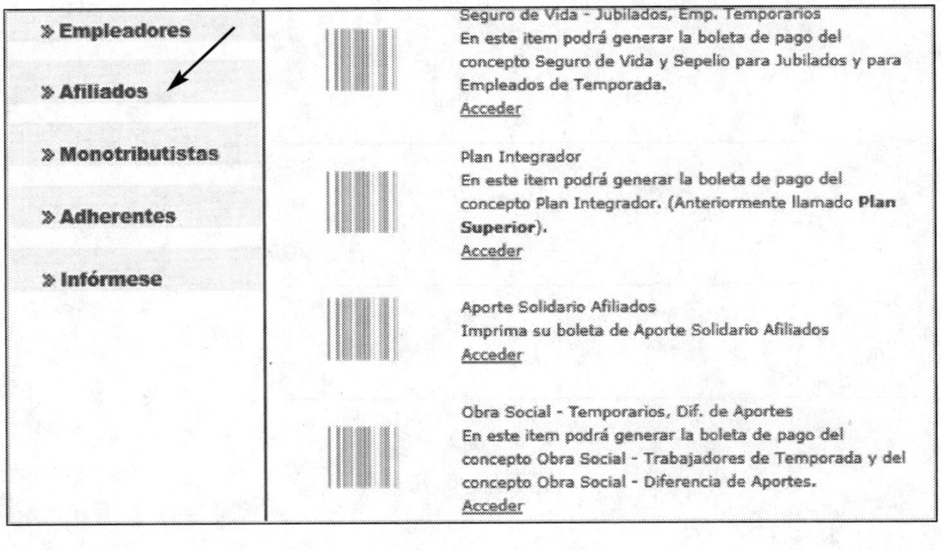
» Empleadores
» Afiliados
» Monotributistas
» Adherentes
» Infórmese
Seguro de Vida - Jubilados, Emp. Temporarios
En este item podrá generar la boleta de pago del concepto Seguro de Vida y Sepelio para Jubilados y para Empleados de Temporada.
Acceder
Plan Integrador
En este item podrá generar la boleta de pago del concepto Plan Integrador. (Anteriormente llamado Plan Superior).
Acceder
Aporte Solidario Afiliados
Imprima su boleta de Aporte Solidario Afiliados
Acceder
Obra Social - Temporarios, Dif. de Aportes
En este item podrá generar la boleta de pago del concepto Obra Social - Trabajadores de Temporada y del concepto Obra Social - Diferencia de Aportes.
Acceder

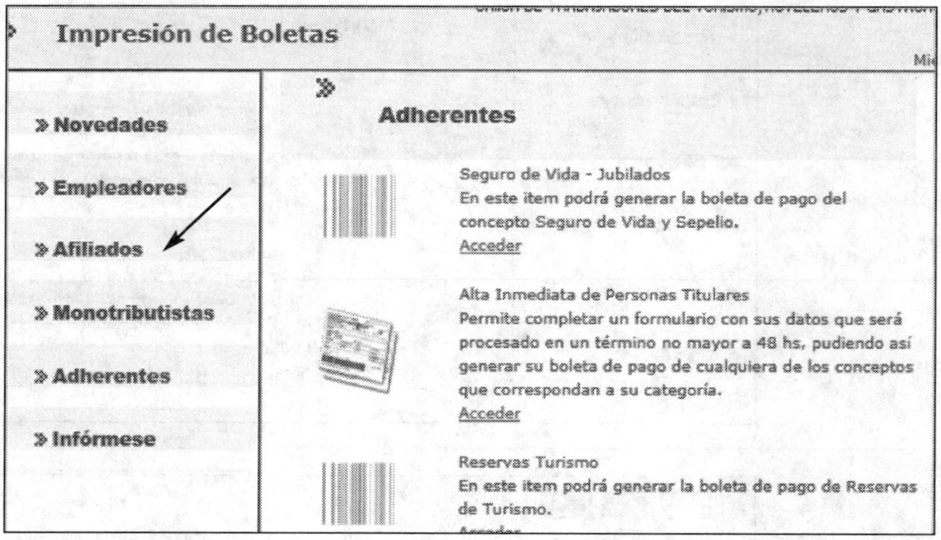
Impresión de Boletas
» Novedades
» Empleadores
» Afiliados
» Monotributistas
» Adherentes
» Infórmese
Adherentes
Seguro de Vida - Jubilados
En este item podrá generar la boleta de pago del concepto Seguro de Vida y Sepelio.
Acceder
Alta Inmediata de Personas Titulares
Permite completar un formulario con sus datos que será procesado en un término no mayor a 48 hs, pudiendo así generar su boleta de pago de cualquiera de los conceptos que correspondan a su categoría.
Acceder
Reservas Turismo
En este item podrá generar la boleta de pago de Reservas de Turismo.

Capítulo IX | Otros organismos

1. INSTITUTO DE ESTADÍSTICA Y REGISTRO DE LA CONSTRUCCIÓN (IERIC) [1]

1.1. Objeto y funciones

El IERIC, Instituto de Estadística y Registro de la Construcción, es una entidad pública no estatal sin fines de lucro, regida por el derecho privado. Su finalidad es la realización de actividades de estadística, censo y registro del sector de la construcción en todo el territorio de la República Argentina, y para tales fines lleva a cabo las siguientes funciones:

- Inscribir y llevar registro de empleadores y trabajadores, otorgando constancias fehacientes de las prestaciones que efectúen.
- Registrar obras.
- Expedir y registrar la Libreta de Aportes al Fondo de Desempleo u otro instrumento que la sustituya, asegurando su autenticidad.
- Exigir a los empleadores la exhibición de la documentación laboral requerida por la ley 22250. Ante la verificación de incumplimientos, el Instituto efectuará un acta de comprobación de la infracción, la instrucción del sumario y la aplicación de sanciones.
- Fijar el monto de los aranceles por inscripciones y renovación anual de las mismas, por expedición de la Libreta de Aportes al Fondo de Desempleo o por otros servicios que brinde. Asimismo, el de las contribuciones (herencias, legados, subsidios y subvenciones).
- Propender a través de instrumentos financieros idóneos, la utilización de los recursos del Fondo de Desempleo, a fin de promover la construcción de viviendas.
- Promover reglas y procedimientos a seguir por las entidades bancarias para optimizar la capitalización de los Fondos de Desempleo.
- Realizar un censo de empresas y trabajadores de la construcción, como así también de obras.
- Dictar normas que regulen la actividad y permitan cumplir su cometido.

Entre las funciones específicas de registración se encuentran las siguientes:

- Inscripción de empleadores.
- Renovación anual de la Credencial de Empleador.
- Modificaciones: cambio de razón social - cambio de denominación - cambio de carácter - cambio de CUIT - cambio de domicilio.
- Baja empresaria.
- Rúbrica de Libretas de Aportes al Fondo de Cese Laboral.
- Emisión de la Credencial de Registro Laboral "Soy Constructor".
- Alta y baja de obreros.
- Consignación de libretas (art. 20, L. 22250).
- Declaración de inicio de obra.

1.2. Trámites sector empleadores

Ingresando a http://www.ieric.org.ar/tramites.asp, el empleador y los trabajadores tienen la posibilidad de realizar trámites vía on line.

[1] *Fuente: www.ieric.org.ar*

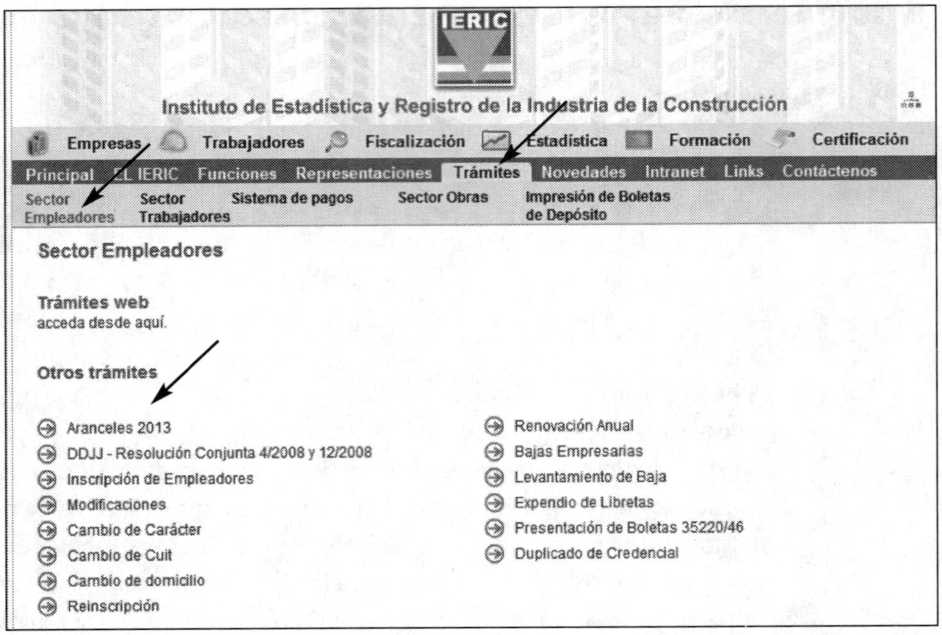

1.2.1. Inscripción empleadores

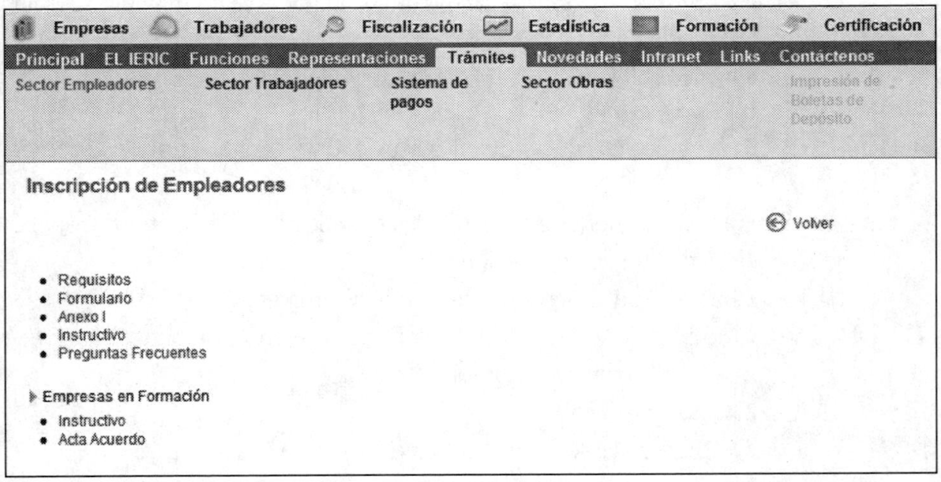

Requisitos

Completar y firmar los formularios que se adjuntan:

- "Solicitud del empleador" (firma/s certificada/s).
- "Anexo I" Declaración jurada/Constitución del domicilio legal (firma/s certificada/s).
- Original y copia del formulario de la AFIP empleador (del mismo se verificará el N° de CUIT, la fecha de inscripción en la AFIP como empleador, actividad y cantidad de obreros declarados).
- En caso de sociedad, traer copia autenticada del contrato o estatuto.
  - Si es una SA, adjuntar copia autenticada de la última acta de designación de cargos.

  - Si es una UTE, cada empresa integrante de la UTE deberá presentar una carta firmada por su representante legal, dando cuenta de que con respecto a las obligaciones previstar en la ley 22250/80, asumen una responsabilidad solidaria por todos los trabajadores de la construcción contratados a los fines del emprendimiento.
  - Si el firmante es apoderado, adjuntar copia autenticada del poder.
- Declaración jurada (nota por duplicado hecha por la empresa y firmada por el/los representantes legales) declarando fecha de inicio de actividades y la nómina del personal obrero. Se debe informar la totalidad de los ingresos y egresos de obreros, desde el inicio de actividades en obra. Datos a consignar: apellido/s y nombre/s, N° de CUIL, fecha de ingreso, fecha de egreso, N° de libreta de aportes (si posee, adjuntarla). Queda exceptuado el personal administrativo, técnico, profesional y de supervisión. [art. 2, inc. a), L. 22250/80].
- Altas tempranas (Simplificación Registral).
- Al iniciarse la relación laboral el empleador está obligado, dentro de los 15 días hábiles contados desde la fecha de ingreso del trabajador, a gestionarle la libreta por primera vez, o tramitar el duplicado o continuación en caso de obreros ya inscriptos (art. 13, L. 22250/80). De lo contrario, deberá abonar los aranceles variables según la zona:

ZONA "A"
  Pasados los 15 días... $ 110,00
  Pasados los 30 días... $ 220,00
ZONA "B": Provincias de Neuquén, Río Negro y Chubut
  Pasados los 15 días... $ 122,00
  Pasados los 30 días... $ 244,00
ZONA "C": Provincia de Santa Cruz
  Pasados los 15 días... $ 185,00
  Pasados los 30 días... $ 370,00
ZONA "C *": Provincia de Tierra del Fuego
  Pasados los 15 días... $ 220,00
  Pasados los 30 días... $ 440,00

Zonas: A - B - C - C*: Pasados los 45 días hábiles deberá además abonar lo que corresponda según la etapa administrativa en que se encuentre y la DDJJ presentada (remitirse a la resolución conjunta, complementaria y su reglamentación, publicadas en la página web IERIC).

Aranceles de inscripción

Empresa	Importe
Tipo A Unipersonal- Sociedad de hecho y otras	$ 1.500
Tipo B Sociedades formalmente constituidas	$ 3.000

Recuerde que de la fecha de inicio de actividades de obra, la ley 22250/80 contempla 15 días hábiles para su inscripción. Una vez inscripta, la empresa deberá presentar la credencial (original o copia autenticada) para todo trámite en el Instituto.

Formulario de solicitud

INSTITUTO DE ESTADÍSTICA Y REGISTRO DE LA INDUSTRIA DE LA CONSTRUCCIÓN

IERIC

SOLICITUD DEL EMPLEADOR

FORMULARIO 5/1

INSCRIPCIÓN ☐ MODIFICACIÓN ☐

COD. DE REPRESENTACIÓN ☐☐ CUIT Nº ☐☐ ☐☐☐☐☐☐☐☐ ☐

A- DATOS DE LA EMPRESA

Nº

RAZÓN SOCIAL O APELLIDO/S Y NOMBRES

B- DOMICILIO LEGAL CONSTITUIDO/ANEXO I

CALLE | Nº | PISO | DTO/OF

LOCALIDAD | PROVINCIA

CP | PREFIJO | TELÉFONO | TELÉFONO

TELÉFONO CELULAR | E-MAIL

C- CARACTERÍSTICAS DE LA EMPRESA

ACTIVIDAD DE LA EMPRESA RELACIONADA CON LA CONSTRUCCIÓN

CARACTER DE LA EMPRESA

CONSTRUCTORA ☐ CONTRATISTA ☐ SUBCONTRATISTA ☐

TIPO DE SOCIEDAD

S. A. ☐ S. C. A. ☐ S. R. L. ☐ COLECTIVA ☐ COMANDITA ☐ CAP. E IND. ☐ SOC. DE HECHO ☐

UNIPERSONAL ☐ U. T. E. ☐ SOC. EXTRANJ. ☐ COOPERATIVA ☐ ASOC. MUTUAL ☐ SOC. CIVIL ☐ OTRAS ☐

D- DATOS DEL PERSONAL OBRERO

FECHA DE ING. DEL PRIMER OBRERO ☐☐☐ CANTIDAD DE OBREROS ☐

E- CANTIDAD DE OBRAS EN EJECUCIÓN, DECLARACIÓN DE DOMICILIO Y CANTIDAD DE OBREROS EN DICHAS OBRAS.

OBRAS	DOMICILIO	OBREROS
1		
2		
3		

F- RESERVADO PARA EL IERIC

COD.	AÑO	TOTAL	FECHA DE PAGO	TIPO DE PAGO	AUTORIZÓ

Impresor: AKTION S.R.L. - Tel.: 4921-2224 - Cantidad 5000 X 1

G- REPRESENTANTES LEGALES DE LA EMPRESA

PARA SOCIEDADES CONSTITUIDAS, DE HECHO Y UNIPERSONALES

APELLIDO/S Y NOMBRES	TIPO Y NÚMERO DE DOC.	CARGO	FIRMA
DOMICILIO PARTICULAR			
TELÉFONO Y E-MAIL			

APELLIDO/S Y NOMBRES	TIPO Y NÚMERO DE DOC.	CARGO	FIRMA
DOMICILIO PARTICULAR			
TELÉFONO Y E-MAIL			

APELLIDO/S Y NOMBRES	TIPO Y NÚMERO DE DOC.	CARGO	FIRMA
DOMICILIO PARTICULAR			
TELÉFONO Y E-MAIL			

APELLIDO/S Y NOMBRES	TIPO Y NÚMERO DE DOC.	CARGO	FIRMA
DOMICILIO PARTICULAR			
TELÉFONO Y E-MAIL			

H- APODERADOS DE LA EMPRESA

APELLIDO/S Y NOMBRES	TIPO Y NÚMERO DE DOC.	CARGO	FIRMA
DOMICILIO PARTICULAR			
TELÉFONO Y E-MAIL			

APELLIDO/S Y NOMBRES	TIPO Y NÚMERO DE DOC.	CARGO	FIRMA
DOMICILIO PARTICULAR			
TELÉFONO Y E-MAIL			

I-

CERTIFICACIÓN DE FIRMAS

J-

OBSERVACIONES ....

....

Anexo I - Constitución de domicilio

Anexo I

DECLARACIÓN JURADA

CONSTITUCIÓN DE DOMICILIO

El que suscribe, ...

☐ DNI ☐ LC ☐ LE ☐ CI N° ....

en su carácter de ....

de la empresa ....

N° de Inscripción en el IERIC ....

CUIT N° ....

Telefono N° (..............) ....-..

Constituye domicilio a todos los efectos legales para la ejecución de sus obligaciones con el IERIC.

Calle...N°...............................Piso...................Of..................

Localidad ....Pcia. .... C.P.......................

Teléfono N° (..............) ....-.......................... e-mail ....

Se deja expresamente aclarado:

QUE DICHO DOMICILIO LEGAL DENUNCIADO ANTE EL IERIC SUBSISTIRÁ Y SURTIRÁ TODOS LOS EFECTOS LEGALES HASTA TANTO LA EMPRESA SOLICITANTE DE LA INSCRIPCIÓN HAGA SABER DE MODO FEHACIENTE EL CAMBIO DE DOMICILIO AL INSTITUTO.

QUE EN DICHO DOMICILIO SERÁN VÁLIDAS TODAS LAS NOTIFICACIONES Y COMUNICACIONES QUE EL INSTITUTO DEBA REALIZAR A LA EMPRESA.

...., ... de ....de...................
(lugar) (día) (mes) (año)

FIRMA:

ACLARACIÓN:

(Se deja aclarado que la firma del presente formulario deberá, en todos los casos, estar certificada por escribano público o entidad bancaria)

Instructivo solicitud del empleador

Instructivo de inscripción empresaria

El formulario 5/1 debe ser completado con letra mayúscula.

- Cuadro "A" Razón social o apellido/s y nombre/s
  - Sociedad constituida: completar con la razón social, la cual se ajustará a lo establecido en el contrato o estatuto.
  - Sociedad de hecho: completar con apellido/s y nombre completo de todos los integrantes de la sociedad. De actuar con nombre de fantasía, colocar éste al final de la razón social, entre guiones.
  - Empresa unipersonal: completar con apellido/s y nombre completo del titular. De actuar con nombre de fantasía, se procederá de igual forma que en el caso anterior.

- Cuadro "B" Domicilio legal constituido /Anexo I
  - Completar los siguientes datos: calle, número, piso, departamento u oficina, localidad, provincia, código postal, teléfono y e-mail (ningún casillero debe ser omitido).

- Cuadro "C" Actividad, carácter de la empresa y tipo de sociedad
  - Ingresar la actividad de la empresa, la cual debe estar relacionada con la construcción.
  - Marcar con una "X" según corresponda al carácter de la empresa y al tipo de sociedad.

- Cuadro "D" Datos del personal obrero
  - Día, mes y año en los que la empresa queda comprendida bajo el régimen de la ley 22250/80, teniendo personal obrero en relación de dependencia y cantidad de obreros.

- Cuadro "E" Obras
  - Declarar la/s obra/s, si la/s tuviere, al momento de la inscripción, además del domicilio y la cantidad de obreros.

- Cuadro "F" Reservado para el IERIC.

- Cuadro "G" Representante/s legal/es de la empresa
  - Sociedad constituida: deberán incluirse las firmas, las cuales se ajustarán a lo establecido en el artículo de administración de contrato o estatuto, luego de completar los casilleros correspondientes.
  - Sociedad de hecho: luego de completar los casilleros correspondientes deberán firmar todos los socios. De poseer éstos contrato social, se ajustarán a lo establecido en el artículo de administración de aquél.
  - Empresa unipersonal: deberá firmar el titular de la empresa, luego de completar los casilleros correspondientes.

- Cuadro "H" Apoderado/s de la empresa
  - Incluir los apoderado/s legal/es de la empresa, si los tuviere, además de sus respectivas firmas.

- Cuadro "I" Certificación de firmas
  - Lugar reservado para realizar la certificación de firmas.

- Cuadro "J" Observaciones
  - Cualquier tipo de enmienda que se efectúe en los datos consignados deberá ser salvada por el responsable de la empresa en el presente cuadro de observaciones.

Empresas en Formación - Instructivo

Las empresas que soliciten su inscripción "En formación" deberán cumplir con los siguientes requisitos:

- Formulario de inscripción: la razón social se ajustará al contrato y/o estatuto, seguida de la leyenda "En formación". Dicho formulario será firmado por todos los integrantes de la sociedad (firmas simples).
- Original y copia del formulario empleador de la AFIP.
- Delcaración jurada con nómina de obrero/s.
- Declaración jurada de domicilio constituido (Anexo I). La razón social de este formulario se ajustará a la declarada en el formulario de inscripción (firma/s certificada/s).
- Fotocopia autenticada del contrato y/o estatuto con la debida presentación en la Inspección General de Justicia o Registro Público de Comercio, según corresponda.
- Completar acta acuerdo de la sociedad en formación suscripta por los socios fundadores de la sociedad, de la cual surja la autorización expresa de inscripción en el Instituto de Estadística y Registro de la Industria de la Construcción.
- Valor a cobrar según lo estipulado para una empresa tipo "B".

A partir de la fecha de presentación del contrato y/o estatuto en la Inspección General de Justicia o Registro Público de Comercio, la empresa tiene 180 días corridos para cumplimentar su trámite.

Requisitos a presentar para cumplimentar el trámite:

1. Nota por duplicado, firmada por el/los representante/s de la empresa, informando la documentación que se adjunta para cumplimentar el trámite, además de constar la razón social y el número asignado por el IERIC.
2. Original y copia del formulario de la AFIP, con la modificación correspondiente.
3. Fotocopia autenticada del contrato y/o estatuto con la inscripción definitiva en la Inspección General de Justicia o Registro Público de Comercio.

Suspensión provisoria

Pasados los 180 días corridos de la presentación en la Inspección General de Justicia o Registro Público de Comercio, el sistema, en forma automática, suspenderá provisoriamente a la empresa, no permitiendo la realización de los siguientes trámites:

- Adquisición de libretas.
- Presentación de libretas para su habilitación.
- Retiro de libretas presentadas.
- Cambio de carácter.
- Comunicación de altas y bajas.
- Presentación de boletas.

Levantamiento de la suspensión provisoria

Los requisitos a presentar son los detallados en los puntos 1, 2 y 3 arriba detallados.

Para todo trámite en el IERIC, la empresa deberá presentar original o copia autenticada de la credencial del año en curso.

IERIC

ACTA ACUERDO

El que suscribe, ...

☐ DNI ☐ LC ☐ LE ☐ CI N° ....

Fecha de Nacimiento: ..../.............../................ Estado Civil:...

Domicilio:..N°.............Dpto.........CP:.................Tel.:...........................

de la Localidad/ Ciudad de:.. ....

en su carácter de .... de la empresa ....

El que suscribe, ...

☐ DNI ☐ LC ☐ LE ☐ CI N° ....

Fecha de Nacimiento: ..../.............../................ Estado Civil:...

Domicilio:..N°.............Dpto.........CP:.................Tel.:...........................

de la Localidad/ Ciudad de:.. ....

en su carácter de .... de la empresa ....

El que suscribe, ...

☐ DNI ☐ LC ☐ LE ☐ CI N° ....

Fecha de Nacimiento: ..../.............../................ Estado Civil:...

Domicilio:..N°.............Dpto.........CP:.................Tel.:...........................

de la Localidad/ Ciudad de:.. ....

en su carácter de .... de la empresa ....

Conforme surge de las copias del Contrato/Estatuto:

Acredita fehacientemente **haber dado inicio al trámite** de inscripción de la Sociedad ante el Registro Público de Comercio/ Dirección Provincial de Personas Jurídicas/ Inspección General de Justicia (testar lo que no corresponda), el día....................del mes de..................................del año.........................

Asumo el compromiso de presentar ante el IERIC, dentro del plazo de ciento ochenta (180) días corridos contados a partir de la fecha precedentemente indicada, el Contrato/Estatuto social **debidamente inscripto** ante la Dirección Provincial de Personas Jurídicas/Inspección General de Justicia/Registro Público de Comercio, o el organismo competente en la Jurisdicción en materia del otorgamiento de personería jurídica a las sociedades.

Expresamente reconozco que el incumplimiento de esta obligación será considerado por el IERIC como un trámite desistido, suspendiéndose provisoriamente la inscripción al vencimiento del plazo antes citado, por el sólo transcurso del tiempo, sin necesidad de intimación y/o interpelación de ninguna naturaleza.

Asimismo, el/los que suscribe/n asume/n el compromiso de notificar al IERIC de toda modificación efectuada en el Contrato/Estatuto de la sociedad con posterioridad al acto constitutivo.

El incumplimiento de la debida registración de la sociedad constituirá, a los integrantes de la sociedad que conformaron el acto constitutivo, en forma directa, solidaria e ilimitada, responsables de las obligaciones contraídas en nombre de la sociedad con el IERIC.

...., ... de ....de.............................
(lugar) (día) (mes) (año)

Certificación de firmas

(Se deja aclarado que la firma del presente formulario deberá, en todos los casos, estar certificada por escribano público o entidad bancaria)

1.2.2. Modificaciones

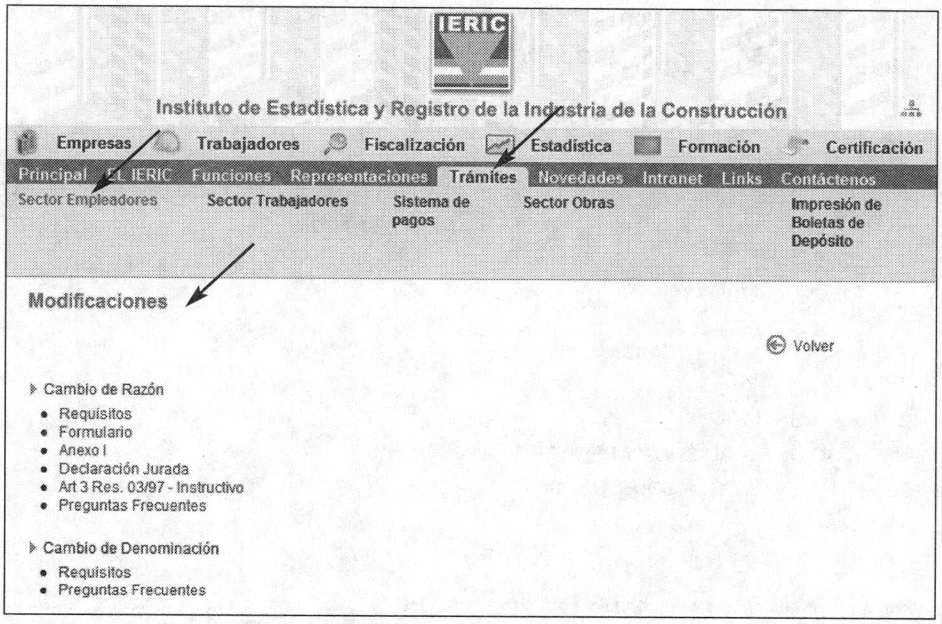

a) Modificación de cambio de razón

Requisitos

El empleador que solicite cambio de razón social deberá:

- Completar el formulario de inscripción con la nueva denominación firmado por el/los representante/s actual/es.
- Completar la nota adjunta (declaración jurada interna) con firma/s certificada/s de el/los representante/s anteriores a la modificación.
- Presentar original y copia del formulario de la AFIP con la debida modificación.
- Adjuntar original de la credencial del año en curso.

Sociedad constituida:

- Deberá acompañar fotocopia autenticada del contrato o estatuto inscripto en la Inspección General de Justicia o Registro Público de Comercio del cual surja la modificación solicitada.

Sociedad de hecho:

- El pedido de la modificación será suscripto por todos los integrantes de la empresa, quienes deben declarar si poseen o no contrato social; en caso afirmativo, deberá adjuntar copia autenticada del mismo.

El IERIC se reserva el derecho de considerar, aceptar o rechazar solicitudes de este tipo, que no se ajusten estrictamente a lo determinado en los párrafos anteriores.
Las modificaciones en las razones sociales no liberan a las primitivas empresas de las obligaciones y responsabilidades que pudieran subsistir para con este Instituto, pudiendo éste requerir el cumplimiento o ejecución de lo pendiente tanto a aquélla como a la continuadora.

Formularios

- Solicitud del empleador (ídem al expuesto anteriormente).
- Declaración de domicilio (ídem al expuesto anteriormente).
- Declaración jurada de cambio de razón.

IERIC

DECLARACIÓN JURADA

CAMBIO DE RAZÓN

...., ... de ....de.....................
(lugar) (día) (mes) (año)

Sr. Gerente del
INSTITUTO DE ESTADÍSTICA Y REGISTRO
DE LA INDUSTRIA DE LA CONSTRUCCIÓN
S/D

Por la presente se lleva a su conocimiento que a partir del .... de ....de.................
(día) (mes) (año)

La empresa ....

N° de Inscripción en el IERIC ....

Ha procedido al cambio de su Razón Social, adoptando la denominación de

Nombre de la empresa ....

Con domicilio en calle...N°.........................Piso................Of..........

Localidad ....Pcia. .... C.P........................

Teléfono N° (...............) ....-........................... e-mail ....

Modificación motivada por:

Respecto de esta gestión, se declara bajo juramento conocer y respetar lo establecido en el último párrafo del Art. 5° de la Disposición RNIC N° 1/80 (Ley 22.250), cuyo contenido dice: "Las modificaciones en las razones sociales que sean autorizadas por este Organismo, lo serán únicamente a los fines administrativos y con el objeto de permitir la continuidad del régimen para la industria de la construcción, no teniendo efectos más allá de los estrictamente aquí expresados, ni significando de manera alguna la liberación de las obligaciones y responsabilidades que puedan subsistir con terceros o con esta dependencia por parte de la primitiva empresa, pudiendo este Registro Nacional requerir el cumplimiento o ejecución de lo pendiente tanto a aquella como a la continuadora."

Se adjunta solicitud de inscripción con sus requisitos debidamente cumplimentados.

Sin otro particular, saludo a Ud. atentamente.

FIRMA:

ACLARACIÓN:

(Las firma/s deben estar certificadas por escribano público o entidad bancaria)

b) Cambio de denominación

Requisitos

El trámite sólo podrá ser realizado por empresas unipersonales o sociedades de hecho que soliciten agregar a su razón social un nombre de fantasía. Para esto se utilizará el mismo formulario que aquel que se emplea para el cambio de razón social.

- Nota solicitando la modificación.
- Formulario 5/1 completo y firmado.
- Original de la credencial del año en curso.

1.2.3. Reinscripción

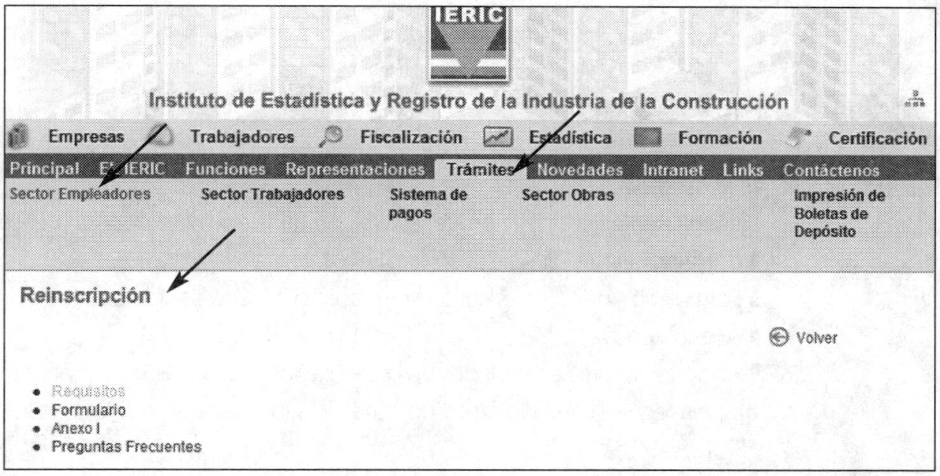

a) Requisitos

- Nota por duplicado solicitando la reinscripción y declarando el personal obrero a cargo (nombre y apellido, N° CUIL y fecha de ingreso).
- Original y fotocopia del formulario empleador de la AFIP, del cual se tomará el N° de CUIT y se verificará la razón social.
- Formulario adjunto Anexo I (DDJJ / Domicilio legal constituido).
- Si se trata de una sociedad formalmente constituida, copia autenticada del contrato o estatuto. Si es una SA, adjuntar última acta de designación de cargos. En el caso de que el firmante sea un apoderado, presentar fotocopia autenticada del poder.

b) Formularios

Formulario de inscripción (ídem al expuesto anteriormente).

Declaración jurada constitución de domicilio.

1.2.4. Renovación anual

a) Requisitos

Para realizar la actualización del arancel anual, la empresa deberá presentar:

- Credencial anterior.
- Formulario Anexo I / Constitución de domicilio (si no ha sido presentado con anterioridad).
- Anexo Renovación.
- Abonará: valores estipulados en dicho período [del 1 de diciembre del año anterior hasta la fecha de vencimiento, de acuerdo a lo dispuesto por las resoluciones (IERIC) 15/08 y 21/14].
  - Empresas tipo "A" unipersonal, sociedad de hecho, otras: $ 1.000.
  - Empresas tipo "B" formalmente constituidas (SA, SRL, etc.): $ 2.000.

Por resolución (IERIC) 21/14 se establece, para la renovación anual, el siguiente cronograma de vencimiento:

- 28/02/2014 (último día hábil de febrero): empresas tipo "B", Ciudad Autónoma de Buenos Aires y conurbano bonaerense.
- 31/03/2014 (último día hábil de marzo): empresas tipo "B", interior del país, y las tipo "A" de la CABA y conurbano bonaerense.
- 30/04/2014 (último día hábil de abril): empresas tipo "A" del interior del país.
- De efectuarse la renovación con posterioridad a la fecha que corresponda de acuerdo a lo establecido, los importes a abonar sufrirán un recargo por multa del 10% del arancel vigente para cada categoría de inscripción empresaria, con más un interés del 2% mensual del arancel por cada mes de mora en el pago de la renovación.

IERIC

ANEXO: RENOVACIÓN DE ARANCELES

(*talón para el IERIC*)

...., ... de ....de....................
(lugar) (día) (mes) (año)

DATOS DEL EMPLEADOR

N° IERIC: ☐☐☐☐☐☐☐ / ☐ N° CUIT: ☐☐ - ☐☐☐☐☐☐☐☐ - ☐

Razón Social: ………

……….

DATOS DEL CONTACTO

Apellido/s: ………………………………………………… Nombre/s:………………………………………………………

N° de DNI ☐☐☐☐☐☐☐☐

Teléfono ☐☐☐☐☐ - ☐☐☐☐☐☐☐☐ Interno: ☐☐☐☐☐

Tel. alternativo ☐☐☐☐☐ - ☐☐☐☐☐☐☐☐ Interno: ☐☐☐☐☐

Horario sugerido para el contacto de ________ a ________ hs.

Correo Electrónico: ………………………………………………………@……………………………………………………

Observaciones: ……

DOMICILIO DE CORRESPONDENCIA (*)

Calle: …………………………………………………………............……...... Número:…................ Piso........... Dpto............

Provincia:... Localidad:.. C.P.:..........................

(*) Los datos consignados en el presente formulario revisten carácter informativo no implicando en ningún caso, cambio de domicilio legal oportunamente informado por el empleador a todos los efectos legales para la ejecución de sus obligaciones.

ANEXO: RENOVACIÓN ARANCELES

(*talón para el Empleador*)

COMPROBANTE DE RECEPCIÓN

Fecha: _______ /______ /________

N° CUIT: ☐☐ - ☐☐☐☐☐☐☐☐ - ☐

N° IERIC: ☐☐☐☐☐☐☐ / ☐

………………………………………………………………

Firma y sello IERIC

1.2.5. Bajas empresarias

a) Requisitos

Para solicitar la baja se deberá presentar:

- Original y copia de la credencial del año en curso.
- Nota por duplicado solicitando la baja empresaria firmada por el/los representante/s legal/es (firma/s certificadas).

Si la nota es firmada por un apoderado, se deberá adjuntar fotocopia autenticada del poder.

Las SA deberán adjuntar fotocopia autenticada de la última acta de asamblea de designación de cargos.

Las SRL deberán adjuntar fotocopia autenticada del contrato.

Si la baja es solicitada por una sociedad de hecho, todos los integrantes deberán firmar la nota. En caso de que alguno falleciera, se deberá presentar original y copia del acta de defunción.

Si la baja es solicitada por una UTE, la nota deberá estar firmada por el/los representante/s legal/es, además de adjuntar fotocopia autenticada del contrato.

1.2.6. Levantamiento de bajas

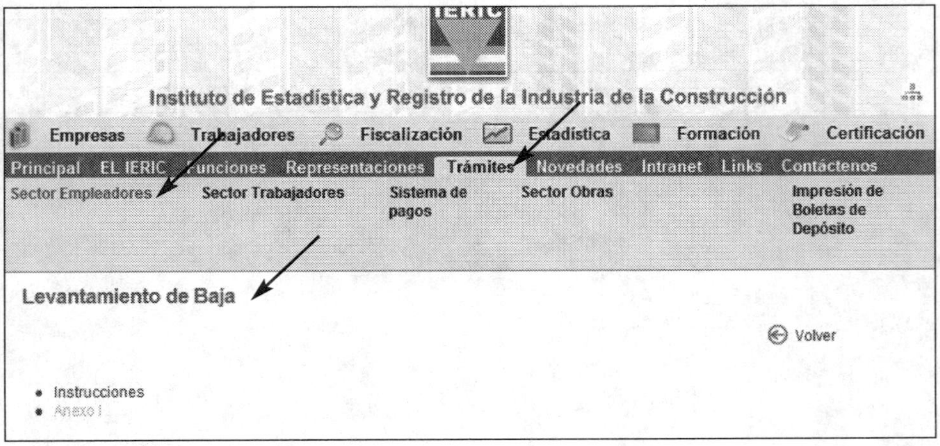

a) Requisitos

- Nota por duplicado solicitando el levantamiento de baja, firmada por el/los representante/s de la empresa.
- Original y copia del formulario de la AFIP.
- En caso de tratarse de una sociedad, fotocopia autenticada del contrato/estatuto.
- Si es una SA, fotocopia autenticada de la última acta de designación de cargos.
- Formulario adjunto Anexo I (Declaración jurada/Constitución de domicilio).

1.2.7. Trámites web

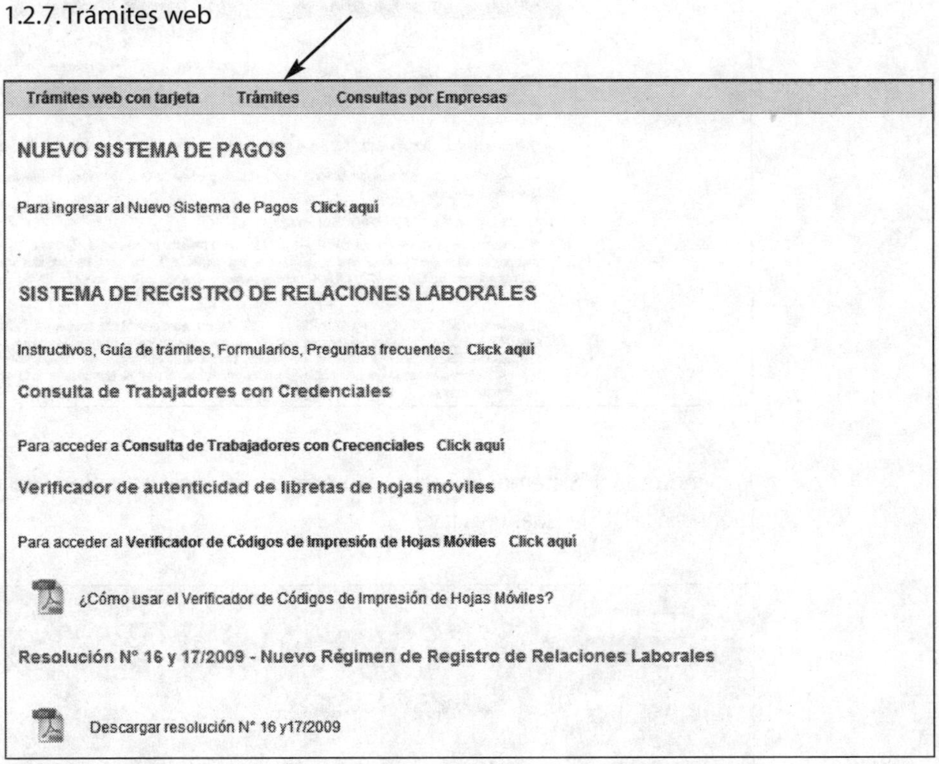

¿Quiénes pueden utilizar el nuevo "Sistema de Pagos - Boletas on line"?

Todo empleador de la industria de la construcción podrá registrarse como usuario y operar con el "Sistema de Pagos – Boletas on line", aun cuando no estuviere al día con el pago de aranceles, y en la medida en que no se encuentre dado de baja.

a) "Sistema de Pagos". Boletas web

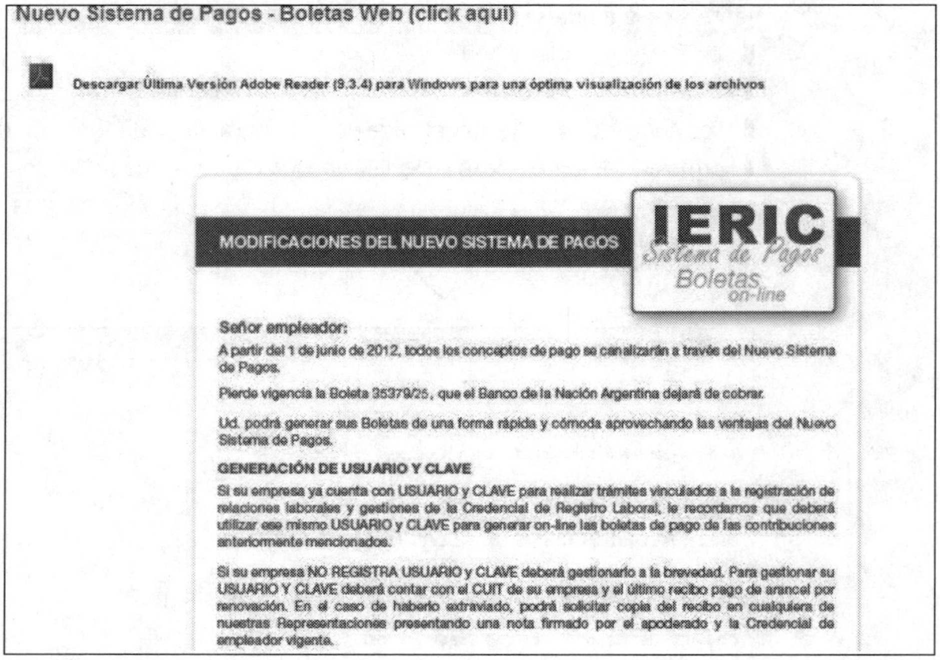

Para ingresar al "Sistema de Pagos" el empleador deberá completar los datos correspondientes a la CUIT, usuario y clave.

Tras haber presionado "Registración" se abrirá una pantalla en la que se deberá:

- Ingresar la CUIT de la empresa.
- Hacer click en el botón "Buscar".

Ubicada la razón social del empleador, se presionará el botón "Siguiente".

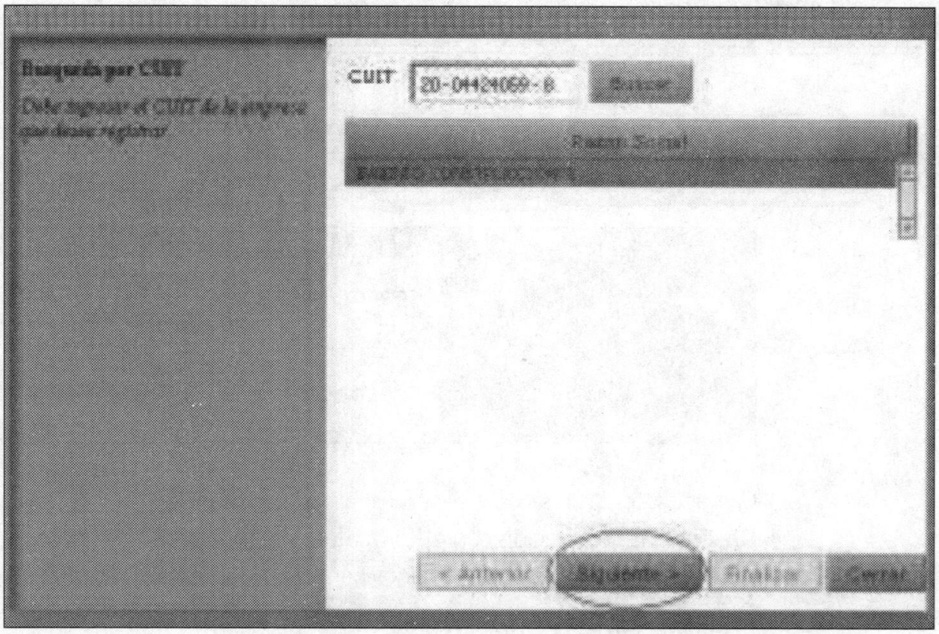

Al hacerlo se abrirá una pantalla en la que se debe colocar el año correspondiente al último arancel que ha pagado y el número de recibo. El año lo coloca el sistema y es inmodificable.

A considerar... Al momento de inscribirse como empleador, el IERIC ha entregado un recibo correspondiente al pago de arancel anual. Con dicho recibo podrá gestionar su usuario y clave.

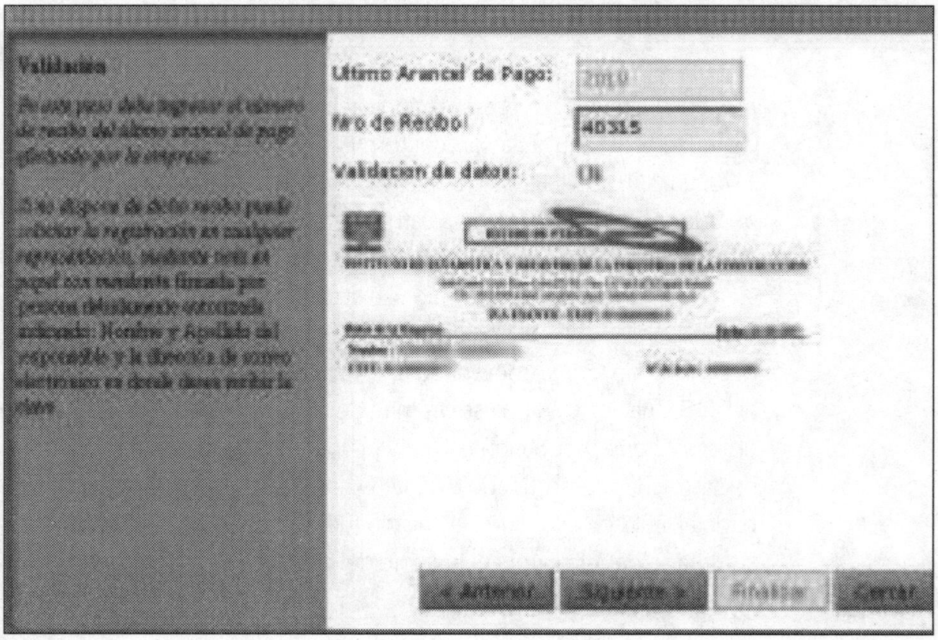

Ingresados todos los dígitos del número de recibo el sistema validará los datos.

▮ Si el número ingresado es erróneo, inexistente o aún no han transcurrido 24 a 48 horas de haber efectuado el pago, figurará: "Error".

▮ Si el número de recibo es el correcto figurará: "Ok", debiendo hacer clic en el botón "Siguiente" para continuar. Al hacerlo se visualizará una pantalla en la cual se deberán ingresar los datos de la persona que será responsable de crear nuevos usuarios y su dirección de correo electrónico.

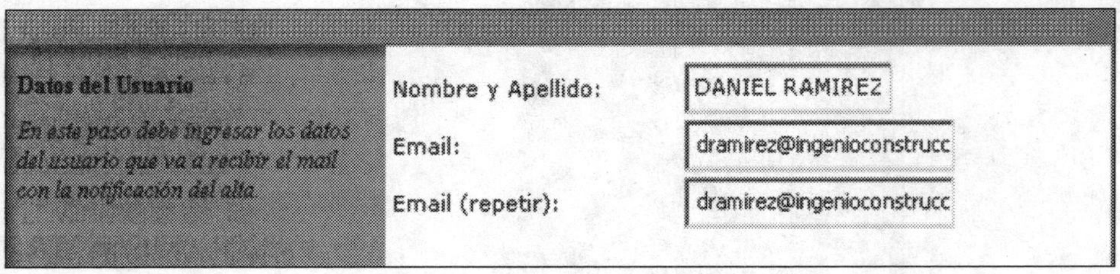

Cargados los datos se hará clic en "Finalizar" para concluir.

Finalizada la registración con éxito, dentro del término de 30 minutos recibirá un correo electrónico con los datos necesarios para poder ingresar al sistema.

b) Generación de boletas de pago

Se podrán generar boletas para efectuar el pago de los siguientes conceptos:

a) Aporte o contribución del 1%: mensualmente el empleador podrá generar la boleta de pago para cumplir con su obligación de integrar el aporte o contribución al IERIC correspondiente al 1% del total de Fondo de Cese laboral.

b) Renovación empresaria: generar una boleta y abonar el importe total de aranceles adeudados y las multas, en caso de corresponder.

c) Cambio de CUIT: este trámite es para las empresas unipersonales a las cuales AFIP les reemplaza el CUIT provisorio. El sistema propondrá el monto fijo del arancel.

d) Cambio de domicilio: es el arancel para la actualización del domicilio constituido por el empleador ante el IERIC. El sistema propondrá el monto fijo del arancel.

e) DIPE (dictamen por presentación espontánea): es el pago en concepto de reducción de multas por regularización, conforme lo dispuesto resolución conjunta 4/2008 - 12/2008 (MTEySS/IERIC) art. 3, inc. 1) y reglamentación IERIC 1/08. El sistema propondrá un valor por obrero; se deberá cargar la cantidad de obreros.

f) Expendio de lectora: destinado al cobro de las lectoras expedidas por el IERIC. Una vez elegido este trámite deberá cargarse la cantidad de lectoras a adquirir, y el sistema que proporciona el arancel unitario, calculará el monto total a pagar.

g) Emisión de tarjetas: destinado al cobro de las tarjetas "Soy constructor" expedidas por el IERIC. Una vez elegido este trámite deberá cargarse la cantidad de tarjetas a adquirir, y el sistema que proporciona el arancel unitario calculará el monto total a pagar.

h) Gasto cheque: destinado a pagar el costo bancario existente cuando se realizara un pago al IERIC con cheque y el mismo fuera rechazado por la entidad emisora. Dentro del sistema se deberá cargar el importe del costo.

i) PPI: es el pago por reducción de multas por regularización, conforme lo dispuesto resolución conjunta (MTEySS/IERIC) art. 3, inc. 2), y reglamentación IERIC 1/08. El sistema propondrá un valor por obrero; se deberá cargar la cantidad de obreros.
j) Sumarios: monto a cargar manualmente por el total del pago de un sumario por infracciones a la ley 22250, determinado mediante resolución del departamento de legales del IERIC.
k) Dictamen acusatorio (DAC): es el pago por reducción de multas por regularización, conforme lo dispuesto por la resolución conjunta MTEySS/IERIC Art. 3° Inc. 3) y reglamentación IERIC 1/2008. El sistema propondrá un valor por obrero; se deberá cargar la cantidad de obreros.
l) Convenio de pago: destinado al pago de deudas de sumarios por infracciones a la ley 22250, que cuentan con un convenio de pago suscripto. Dentro del sistema, cuando se requiera generar dicho trámite se deberá cargar el importe a pagar, y como dato identificativo el número de convenio que le asignó el IERIC y el número de cuota que se está abonando.
m) Arancel multa variable: destinado al pago de multas variables.

Al presionar "Sistema de Pagos" accederá a dicha aplicación, visualizando la pantalla que se muestra a continuación:

En ella existirán distintos módulos, a los cuales se podrá acceder para generar y/o consultar las boletas para el pago de distintos conceptos mencionados.

a) Contribución del 1%

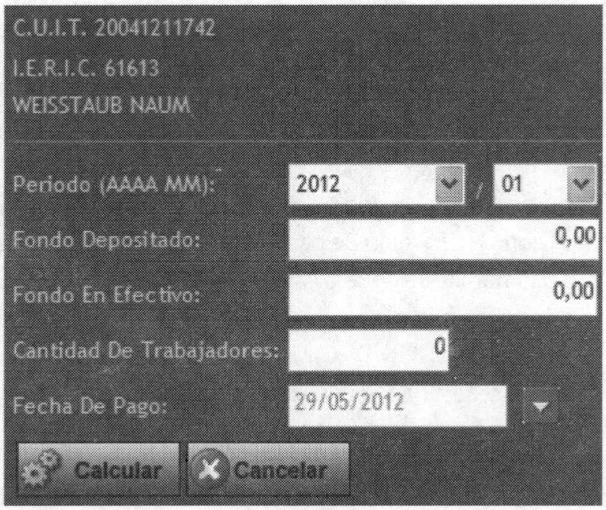

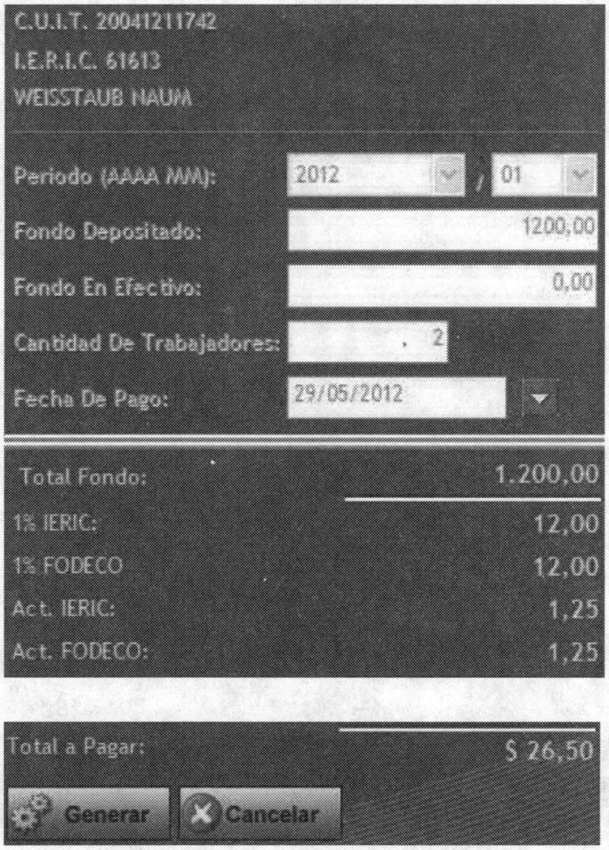

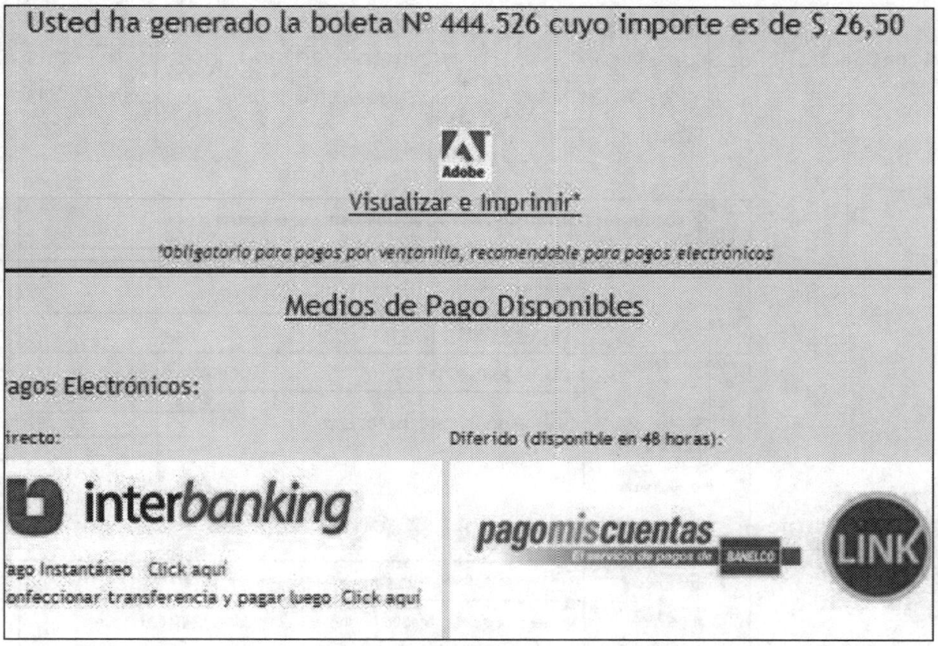

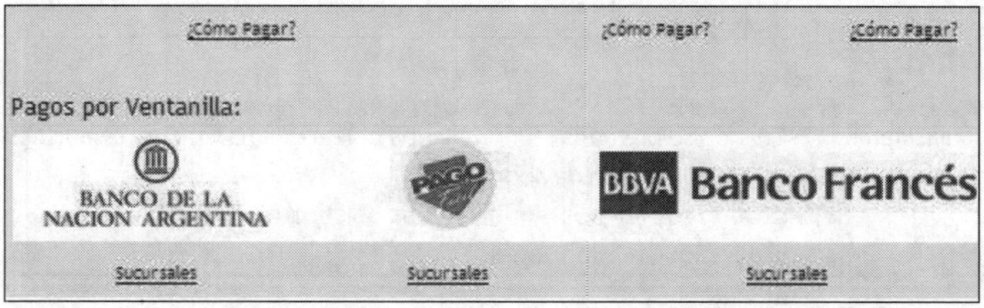

Asimismo, presionando sobre el link "Visualizar e Imprimir" se abrirá la siguiente ventana:

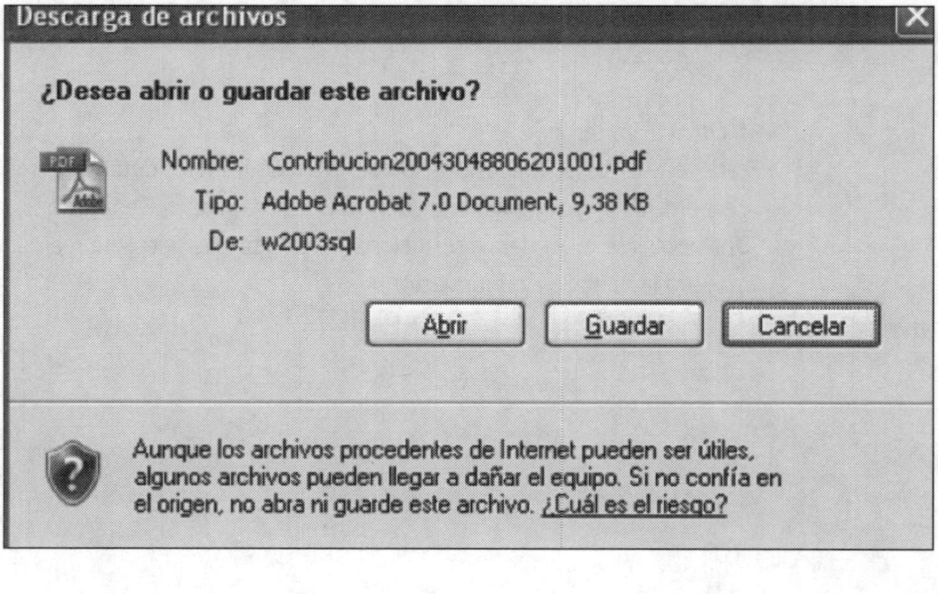

A considerar... Se aconseja conservar la boleta impresa en todos los casos, mientras que será obligatoria su impresión en el caso de que desee realizar un pago por ventanilla en las entidades habilitadas.

INSTITUTO DE ESTADISTICA Y REGISTRO DE LA INDUSTRIA DE LA CONSTRUCCION — CTA. 35220/46

FONDO CESE LABORAL Depositado 1.200,00 Efectivo 0,00 TOTAL 1.200,00	EMPLEADOR WEISSTAUB NAUM	FECHA DE VENCIMIENTO DE PAGO 30/05/12
CONTRIBUCION (Art. 12 Ley 22.250) 1% IERIC 12,00 1% FODECO 12,00	CUIT: 20-04121174-2 — Nº IERIC: 61613 [X] PAGO 1% IERIC 1% FODECO $ 26,52	PERIODO DE APORTE 2012/01
ACTUALIZACION Art. 12 y 30 Ley 22.250 Art. 15 Decreto 1342/81 1% IERIC 1,26 1% FODECO 1,26		TOTAL A PAGAR $ 26,52
TOTAL A PAGAR $ 26,52	Forma de pago: Efectivo o Cheque (solo BBVA) Clave de pago electrónico: 20041211742 Número de Boleta: 444595 — Generado el 30/05/2012 12:53:00 p.m.	
TOTAL TRABAJADORES 2	Destino Final de Fondos Cuenta 35220/46 de Banco de la Nación Argentina (Sucursal 85) a nombre de IERIC.	Firma y Sello del Recaudador

A considerar... Cuando se pretenda reimprimir una boleta que ha vencido, será necesario generar una nueva boleta a fin de abonarla.
Cuando se pretenda reimprimir una boleta que ya ha sido abonada se deberán presionar las siguientes opciones:

- Contribución 1%.
- Consulta.
- Ubicada la boleta, se presionará el botón "Imprimir".

Se procederá de la misma forma para generar la boleta de pago de la "Renovación Anual Empresaria".

c) Otros trámites

Para generar las boletas correspondientes a los trámites detallados en los puntos b) a m) del ítem 1.2.7.b, se seguirá la secuencia Otros Trámites > Generación.
Una vez allí se procederá a seleccionar el trámite que se quiere realizar, tal como lo muestra la pantalla a continuación:

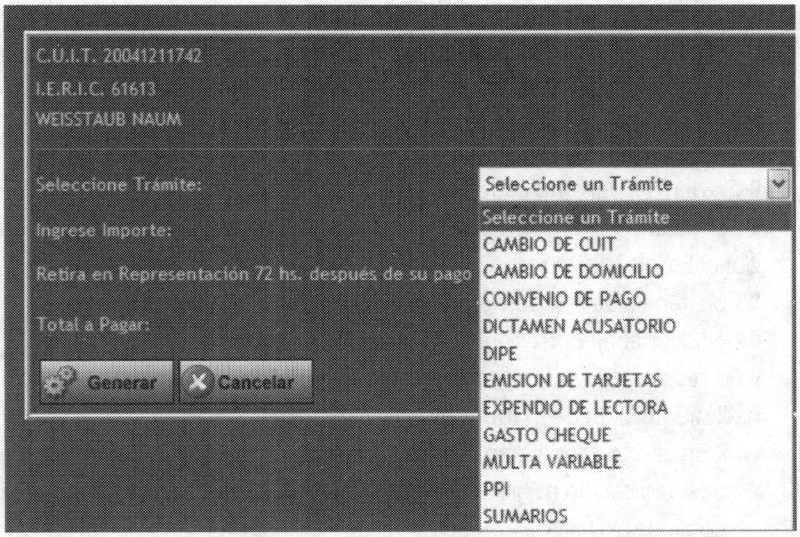

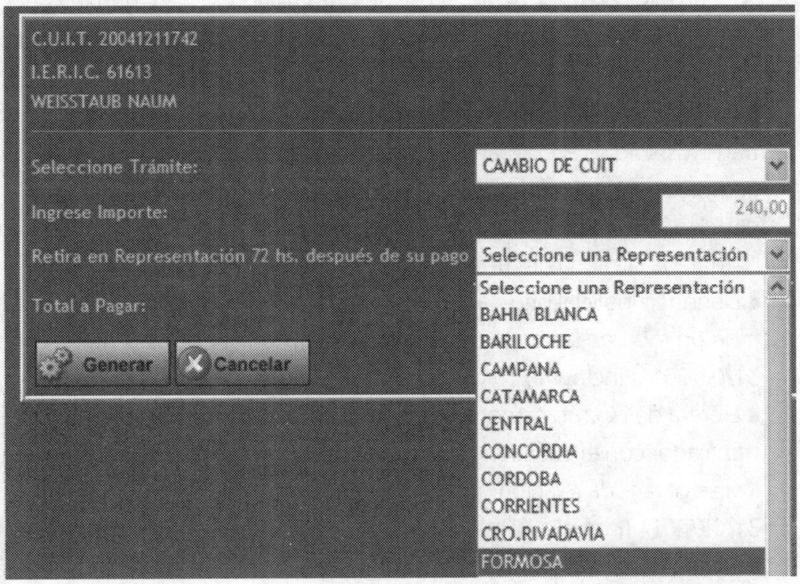

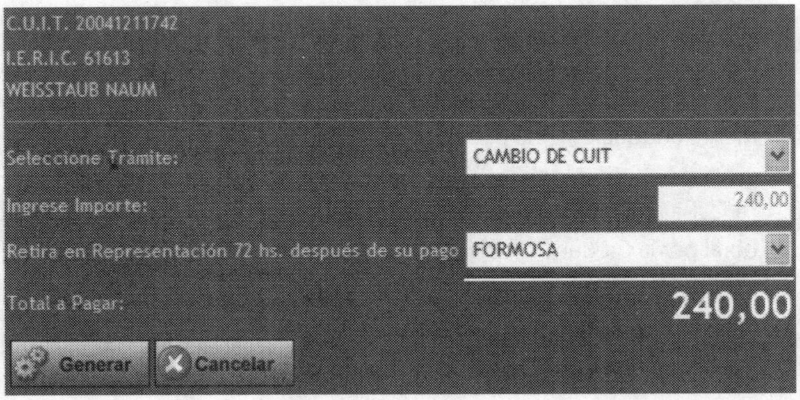

Para la generación, impresión y pago, el tratamiento es igual al desarrollado para la boleta de contribución del 1%.

1.2.8. Sistema de Registro de Relaciones Laborales

a) Credencial de registro laboral

Requisitos y formularios

La documentación es la siguiente:

- Credencial del empleador: original o copia autenticada.
- Formulario FI.001: formulario "Emisión Credencial de Relaciones Laborales Solicitada por el Empleador". Presentar por duplicado.
- Constancia de Alta Temprana del trabajador: copia de la misma.
- DNI del trabajador: copia de la primera y segunda hoja.
- En caso de extravío: adjuntar constancia de DNI en trámite y fotocopia de partida de nacimiento/acta de matrimonio.
  - En caso de ser extranjeros sin DNI: deberá adjuntarse fotocopia de residencia precaria o radicación migratoria en término o con sello de renovación de prórroga y fotocopia de cédula de identidad del país de origen.
  - En caso de tratarse de un documento nacional de identidad vencido (sin renovación de los 16 años): se deberá adjuntar a la copia del mismo, constancia de DNI en trámite y copia de la partida de nacimiento/acta de matrimonio.
- Constancia de CUIL del trabajador otorgada por ANSES: en el caso de trabajadores extranjeros, sólo se aceptarán las constancias que hubieren sido tramitadas con algún comprobante expedido por Migraciones, por lo que debe figurar "CERMI".
  - No se admitirá la constancia de CUIL de un trabajador extranjero que haya sido tramitada con una documentación del país de origen.
- Denuncia policial original: únicamente cuando el empleador hubiere extraviado o sufrido un robo de la libreta de FCL tradicional con relación asentada e iniciada hasta el 31/03/2011 (inclusive).
- Libreta de FCL: únicamente cuando el empleador desee solicitar la credencial para el trabajador con el cual tiene una relación laboral asentada allí. La presentación podrá realizarse para toda relación que aún se encuentre vigente y hubiere iniciado hasta el 31/03/2011 (inclusive).
- Tarjeta dañada o deteriorada: únicamente cuando el empleador requiera el cambio.
- Se entiende como tarjeta dañada aquella que, al insertarla en el lector, no es leída por el mismo y no permite la declaración de la relación laboral, arrojando los códigos de error 311 o 360.
- Se entiende como tarjeta deteriorada aquella que se encuentra deteriorada externamente aunque es leída por el lector.

A considerar... La fecha límite para efectuar el reemplazo de la libreta de aportes al Fondo de Cese Laboral por la Credencial del Registro Laboral, es el 13 de marzo de 2014. Las relaciones laborales declaradas en dichas libretas pueden registrarlas por intermedio de la Credencial de Registro Laboral, ingresando directamente a la web con su usuario y clave.

Cómo hacer el trámite en el IERIC:

- En caso de que el trabajador posea credencial y usted desee que la registración la realice el Organismo, deberá presentar el formulario FI.004 y la libreta debidamente rubricada con la relación laboral asentada.
- En caso de que el trabajador NO posea credencial deberá presentar el formulario FI.001 y la libreta debidamente rubricada con la relación laboral asentada.

Importante:
Registradas las relaciones laborales a través del Nuevo Sistema de Registro Laboral, o con posterioridad al vencimiento de la prórroga –lo que ocurra primero–, las libretas de aportes al fondo de cese laboral carecerán de vigencia, siendo únicamente válidas las Libretas de Hojas Móviles que se imprimen luego de la registración por intermedio de la tarjeta "Soy Constructor".

Generación FI.001:
Una vez que se ingresó dentro del sistema, se deberá seguir la secuencia: Formularios > Generación.

Se deberá presionar el botón FI.001 para comenzar con la carga de todos los datos del trabajador.

Luego se ingresará el CUIL del trabajador y presionará "Buscar".

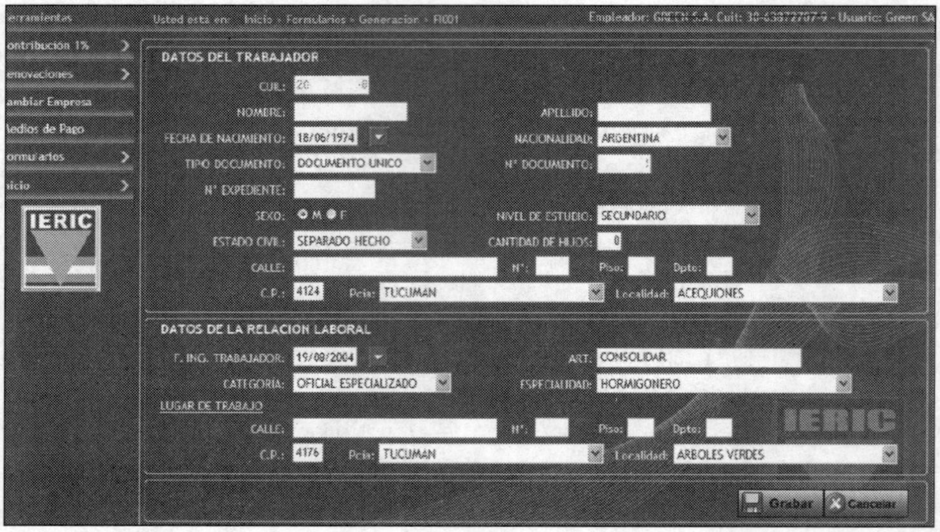
Usted está en: Inicio › Formularios › Generacion › FI001
DATOS DEL TRABAJADOR
CUIL:
NOMBRE:
APELLIDO:
FECHA DE NACIMIENTO: 18/06/1974
NACIONALIDAD: ARGENTINA
TIPO DOCUMENTO: DOCUMENTO UNICO
N° DOCUMENTO:
N° EXPEDIENTE:
SEXO: M F
NIVEL DE ESTUDIO: SECUNDARIO
ESTADO CIVIL: SEPARADO HECHO
CANTIDAD DE HIJOS: 0
CALLE:
N°:
Piso:
Dpto:
C.P.: 4124
Pcia: TUCUMAN
Localidad: ACEQUIONES
DATOS DE LA RELACION LABORAL
F. ING. TRABAJADOR: 19/08/2004
ART: CONSOLIDAR
CATEGORIA: OFICIAL ESPECIALIZADO
ESPECIALIDAD: HORMIGONERO
LUGAR DE TRABAJO
CALLE:
N°:
Piso:
Dpto:
C.P.: 4176
Pcia: TUCUMAN
Localidad: ARBOLES VERDES
Grabar
Cancelar

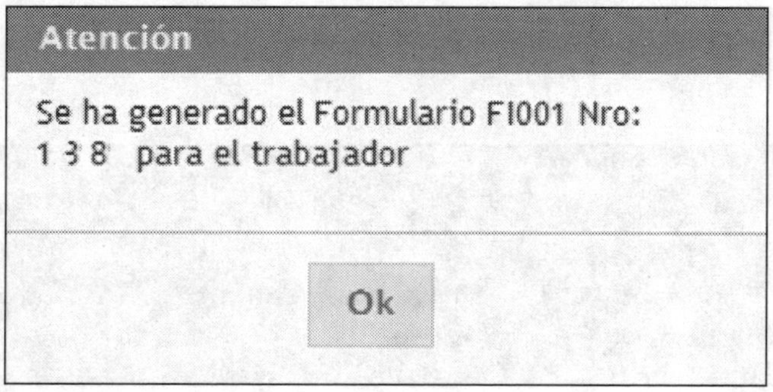
Atención
Se ha generado el Formulario FI001 Nro:
1 3 8 para el trabajador
Ok

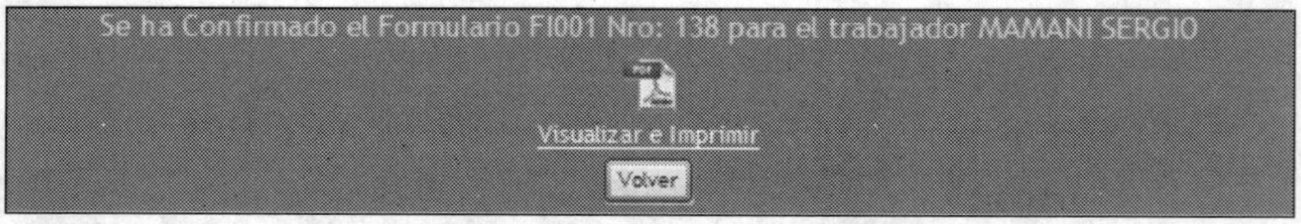
Se ha Confirmado el Formulario FI001 Nro: 138 para el trabajador MAMANI SERGIO
Visualizar e Imprimir
Volver

EMISION CREDENCIAL DE REGISTRO LABORAL
SOLICITADA POR EL EMPLEADOR

Nº FORMULARIO: 138 FI.001

DATOS DEL EMPLEADOR

Nº CUIT: 3 0 - _ _ _ _ _ _ _ _ - 9 Nº IERIC: _ _ _ 5 7 6 / 0

RAZON SOCIAL: GREEN S.A.

DATOS DEL TRABAJADOR

Nº CUIL: 2 0 - _ _ _ _ _ _ _ _ - 8

Nombres: Apellido:

Fecha de Nacimiento: 18/06/1974 Nacionalidad: ARGENTINA

Tipo de Documento: DNI - DOCUMENTO UNICO Nº:

Sexo: MASCULINO Nivel de estudio: SECUNDARIO

Estado Civil: SEPARADO HECHO Cantidad de Hijos: NO TIENE

Calle: Nº: Piso: Depto:

Localidad: ACEQUIONES Provincia: TUCUMAN CP: 4124

Firma del Trabajador: ____________________

DATOS DE LA RELACION LABORAL

Fecha Ingreso del Trabajador: 19/08/2009 ART: CONSOLIDAR

Categoría: OFICIAL ESPECIALIZADO Especialidad: HORMIGONERO

Calle: Nº: Piso: Depto:

Localidad: ARBOLES VERDES Provincia: TUCUMAN CP: 4176

FIRMA/S

Fecha: _____/_____/_______

Firma del Empleador: ______________________

Aclaración: ______________________________

IERIC

ACTUALIZACIÓN DEL REGISTRO DEL TRABAJADOR

FI.003

Trámite solicitado por: TRABAJADOR ☐ EMPLEADOR ☐

DECLARACIÓN DEL TRABAJADOR

Fecha: ____ /____ /____

En mi carácter de trabajador de la Industria de la Construcción manifiesto por medio de la presente, mi voluntad de actualizar los datos que constan en los registros del Instituto referidos a mi persona. A tales efectos declaro bajo juramento la información actualizada que se detalla a continuación:

N° CUIL actual: ☐☐-☐☐☐☐☐☐☐☐-☐

Nombres: .... Apellido: ....

Fecha de Nacimiento: ____ /____ /____ Nacionalidad: ....

Tipo Doc.:* .... N° Documento - Expte:* ☐☐☐☐☐☐☐☐

Sexo: .... Nivel de Estudio:* ....

Estado Civil:* .... Cantidad de Hijos: ....

Calle: .... N°: .... Piso: .... Depto: ....

Localidad: .... Provincia : .... C.P: ....

Firma del Trabajador:*

DATOS MODIFICADOS

N° CUIL anterior: ☐☐-☐☐☐☐☐☐☐☐-☐

Apellido y/o Nombre: ....

Domicilio anterior: ....

Otros Datos: ....

DATOS DEL EMPLEADOR

N° CUIT : ☐☐-☐☐☐☐☐☐☐☐-☐ N° IERIC: ☐☐☐☐☐☐ / ☐

Razón Social: ....

DATOS DE LA RELACIÓN LABORAL

Fecha Ingreso del Trabajador: ____ /____ /____ Categoría:* ....

Especialidad:* ....

ART: ....

Lugar de Trabajo:* ....

Representación en la que presenta el trámite: ____ ....

Firma del Empleador:* Aclaración:

* *Completar con las opciones indicadas en el Instructivo respectivo.*

Espacio Reservado para el IERIC

Trabajador Declarado ☐ Trabajador No declarado ☐

En Término ☐ Mayor a 15 días háb. ☐ Mayor a 30 días háb. ☐ Mayor a 45 días háb. ☐

Código Web: ___ ___ ___ ___ ___ ___

DECLARACIÓN DE RELACIÓN LABORAL

FI.004

DATOS DEL EMPLEADOR

N° CUIT: ☐☐ - ☐☐☐☐☐☐☐☐ - ☐

N° IERIC: ☐☐☐☐☐☐ / ☐

RAZÓN SOCIAL ....

Ha ingresado la tarjeta del trabajador en un Lector en los últimos 30 días ? SI ☐ NO ☐

DATOS DEL TRABAJADOR

N° CUIL: ☐☐ - ☐☐☐☐☐☐☐☐ - ☐

Nombres: .... Apellido: ....

Fecha de Nacimiento: ____ / ____ / ____ Nacionalidad: ....

Tipo Documento:* .... N° Documento - Expte:* ☐☐☐☐☐☐☐☐

Sexo: .... Nivel de Estudio:* ....

Estado Civil:* .... Cantidad de Hijos: ....

Calle: .... N°: .... Piso: .... Depto: ....

Localidad: .... Provincia: .... C.P. ....

DATOS DE LA RELACIÓN LABORAL

Fecha de Ingreso del Trabajador: ____ / ____ / ____

Categoria:* ....

Especialidad:* ....

ART: ....

Lugar de Trabajo:* ....

Representación en la que presenta el trámite:* ____

FIRMAS *

Fecha: ____ / ____ / ____

Firma del Empleador:

Aclaración:

* *Completar con las opciones indicadas en el Instructivo respectivo.*

Espacio Reservado para el IERIC

Presentación: En término ☐ Mayor a 15 días háb. ☐ Mayor a 30 días háb. ☐ Mayor a 45 días háb. ☐

Código Web: ___ ___ ___ ___ ___ ___

Instituto de Estadística y Registro de la Industria de la Construcción

SOLICITUD DE IMPRESIÓN DE LIBRETA DE FCL HOJA MÓVIL

Fecha: __ __ / __ __ / __ __

Por medio de la presente me dirijo a usted en mi carácter de ....
(apoderado, representante legal)
de la empresa ....
a fin de solicitar la impresión de la Libreta de FCL hoja móvil del trabajador cuyos datos se mencionan a continuación:

N° CUIL: __ __ - __ __ __ __ __ __ __ __- __

APELLIDO: .... NOMBRES: ....

TIPO DE DOCUMENTO: .... N° DE DOCUMENTO-EXPTE: __ __ __ __ __ __ __ __

FECHA DE INGRESO: __ __/ __ __ / __ __ FECHA DE EGRESO: __ __/ __ __ / __ __

FIRMA: ....
(representante legal o apoderado)

ACLARACIÓN: ....

Instituto de Estadística y Registro de la Industria de la Construcción

Fecha: __ __ / __ __ / __ __

DECLARO RECIBIR CONFORME LA LIBRETA DE FONDO DE CESE LABORAL POR TRIPLICADO CORRESPONDIENTE AL TRABAJADOR CON N° CUIL : __ __- __ __ __ __ __ __ __ __- __

Firma:

Aclaración:

Tipo y N° de Documento:

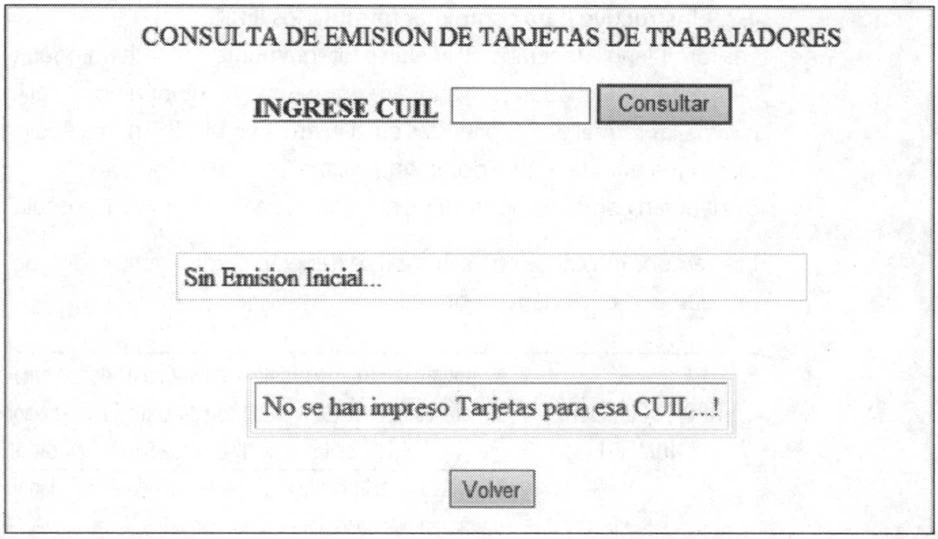
CONSULTA DE EMISION DE TARJETAS DE TRABAJADORES
INGRESE CUIL
Consultar
Sin Emision Inicial...
No se han impreso Tarjetas para esa CUIL...!
Volver

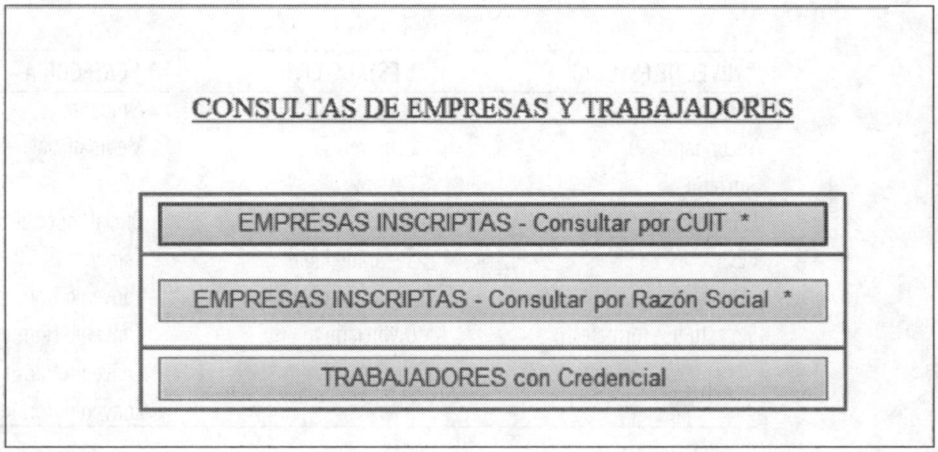
CONSULTAS DE EMPRESAS Y TRABAJADORES
EMPRESAS INSCRIPTAS - Consultar por CUIT *
EMPRESAS INSCRIPTAS - Consultar por Razón Social *
TRABAJADORES con Credencial

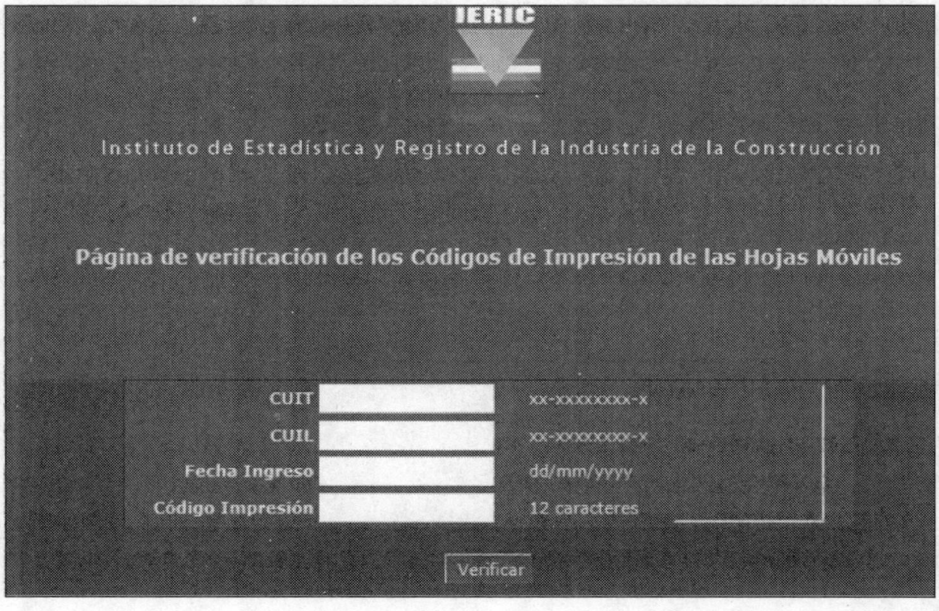
IERIC
Instituto de Estadística y Registro de la Industria de la Construcción
Página de verificación de los Códigos de Impresión de las Hojas Móviles
CUIT
xx-xxxxxxxx-x
CUIL
xx-xxxxxxxx-x
Fecha Ingreso
dd/mm/yyyy
Código Impresión
12 caracteres
Verificar

1.2.9. Instructivo para completar formularios IERIC

Los formularios deberán completarse íntegramente sin omitir ningún campo, y no deberán contener tachaduras, rayaduras o enmiendas de ningún tipo. Si el formulario no guarda las formalidades previstas en el instructivo, el IERIC no recepcionará la documentación y el trámite requerido no será iniciado.
Se deberán completar los formularios con "letra imprenta y mayúscula".

Los campos indicados con asterisco se deberán completar atendiendo las consideraciones que se mencionan a continuación:

*** TIPO DOCUMENTO Y NÚMERO**	No podrán informarse cédula o algún tipo de documentación extranjera. Sólo se debe completar este campo con documentación nacional argentina, a saber: DNI - LE - LC - CI - N° de expediente (radicación migratoria)
	Se deberá colocar N° de expediente: cuando el trabajador extranjero esté tramitando su documentación nacional.

* NIVEL DE ESTUDIO	* ESTADO CIVIL	* CATEGORÍA
Primario	Soltero	Ayudante
Secundario	Convivencia	Medio oficial
Terciario	Casado	Oficial
Universitario	Viudo	Oficial especializado
CBC	Separado legal	Sereno
Ciclo básico sec.	Separado de hecho	Convenio Hormigonero: Nivel A
Sin estudios formales	Divorciado	Convenio Hormigonero: Nivel B
		Convenio Hormigonero: Nivel C
		Convenio Hormigonero: Nivel D

* ESPECIALIDAD

		Convenio Hormigonero
Albañil	Marmolista	A- Aprendiz
Maquinista	Mecánico	A- Operario ayudante básico
Amolador	Minero	A- Sereno
Armador	Montador de conductos	B- Operario ayudante de bombas
Calchero o Canchero	Montador de estructura metálicas	B- Operario ayudante de laboratorio
Calero	Obras viales	B- Operario ayudante de mantenimiento
Cañista	Operario de máquinas	B- Operario ayudante de planta
Canterista	Pañolero	C- Oficial chapista
Carpintero	Perforaciones	C- Oficial gomero
Chofer	Picapedrero	C- Oficial herrero
Colocador	Pilotajes	C- Oficial mecánico
Colocador de revestimientos	Pintor	C- Oficial pintor
Demoledor	Plomero o cloaquista	C- Oficial soldador
Electricista	Pulidor	C- Operario oficial de pala mecánica
Excavador	Redes de agua y gas	C- Operario oficial inicial de bombas
Frentista	Sereno	C- Operario oficial inicial de mixers
Fumista	Silletero	D- Oficial de mantenimiento
Gasista	Soldador	D- Oficial de planta
Herrero	Tareas generales	D- Operador de acoplados
Hormigonero	Telefónico	D- Operador de bateas
Instalacion aire acond. - calef.	Terminador de pisos	D- Operador de tolvas
Instalador	Vías y obra	D- Operador especializado en bombas
Instalador aire acondicionado	Yesero	D- Operador especializado en mixers
Instalador de calefacción	Zanjero	D- Operario oficial laboratorista
Limpieza de obra		
Línea		

N°1

* LUGAR DE TRABAJO

En este campo corresponde colocar la localización de la obra a la cual será afectado el trabajador.

INSTITUTO DE ESTADISTICA Y REGISTRO DE LA INDUSTRIA DE LA CONSTRUCCION

IERIC

Av. Paseo Colón 823 1º Piso • (1063) Buenos Aires • Argentina • Tel.: 4363-3800

Con carácter de declaración jurada informo:

.................................., ...de .... de ....

NOMBRE LEGAL DE LA EMPRESA: ....

DOMICILIO LEGAL: (con localidad y provincia): ....

....

Teléfono: ....

Nro. de IERIC (ex RNIC):.................................. C.U.I.T. Nro.:..................................

Se opera con los siguientes Bancos: .... Suc.: .... Nro.: ....

.... Suc.: .... Nro.: ....

Los aportes al Fondo de Cese Laboral de los obreros se efectúan en el Banco .... Suc.:..........

Cantidad de obreros a la fecha:.........................., se ocupa personal desde: ....

RESPONSABLES DE LA SOCIEDAD:

Apellido y Nombre	Cargo	Tipo y Nro.de Doc.	Domicilic

DETALLE DE OBRAS EN EJECUCION Y EJECUTADAS DURANTE EL PERIODO DE FISCALIZACION

Tipo de Obra	Ubicacion	Fecha de Inicio	Contratante	Cant.de Obr

DETALLES DE CONTRATISTAS O SUBCONTRATISTAS

IERIC Nro.	Nombre/Razón Social	Domicilio/Localidad y Provincia	Especialidad	Obra

DATOS DEL FIRMANTE:

APELLIDO Y NOMBRE: .... D.N.I.. ....

CARGO:.................................. INVOCADO POR: ....

x ____________________ por la Empresa

x ____________________ Sello y Firma del Inspector

F-003

INSTITUTO DE ESTADISTICA Y REGISTRO
DE LA INDUSTRIA DE LA CONSTRUCCION

Av. Paseo Colón 823 1º Piso • (1063) Buenos Aires • Argentina • Tel.: 4363-3800

IERIC

______________________, ________de ________________de ________

NOMBRE LEGAL DE LA EMPRESA: ____

DOMICILIO LEGAL: (con localidad y provincia): ______________________________

____

Teléfono: ____

Nro. de IERIC: ______________________ C.U.I.T. Nro.: ______________________

ATENTO A V/REQUERIMIENTO Nro.__________, PONEMOS A V/CONOCIMIENTO, QUE LA DOCUMENTACION SOLICITADA, SE ENCUENTRA EN:

CARÁCTER DEL LUGAR: ____

DOMICILIO: ____

LOCALIDAD Y PROVINCIA: ____

TELEFONO: ____

e-mail: ____

RESPONSABLE DEL LUGAR: ____

CARGO: ____

INVOCADO POR: ____

HORARIO: ____

Por tal motivo solicitamos tengan a bien realizar la inspección y notificar su resultado en el lugar indicado.
Asimismo hacemos saber que en caso de comprobarse infracciones a la Ley 22.250, el citado domicilio deberá reputarse como constituido a todos los efectos derivados de la presente inspección y del eventual sumario que se instruya conforme el procedimiento reglado por la Ley 18.695, en tanto la empresa no posea un domicilio constituido ante la Autoridad de Aplicación conforme Resolución IERIC N° 10/99 y/o no constituya un domicilio especial en el expediente administrativo.

____

Responsable legal y/o Apoderado de la Empresa

FIRMA Y SELLO

EL PRESENTE TIENE EL CARÁCTER DE DECLARACION JURADA.

DATOS DEL FIRMANTE:

APELLIDO Y NOMBRE: ____________________________________ D.N.I. Nro.: ______________

CARGO: ______________________________ INVOCADO POR: ______________________________

(*) Asentar datos y comprobantes de la documentación, que acredite el cargo de responsabilidad.

Instituto de Estadística y Registro
de la Industria de la Construcción

IERIC

F-005

OPERARIOS

Hoja Nro.:..........de..........
Fecha:

EMPRESA:
DOMICILIO:

I.E.R.I.C. Nro.:
C.U.I.T. Nro.:

Fecha Rubrica	APELLIDO Y NOMBRE	Nro.De C.U.I.L.	FECHAS DE: INGRESO	FECHAS DE: EGRESO	INFRACCION ARTICULOS 3		13		15				16		17		17 CONST		17 PROP		28	Periodo de Infraccion	OBSERVACIONES
	Campos para llenar por la empresa					NP		NP	SIN D	NCOM	IND	INS	F.T.	EFVO	CONS	PROP	IND	INS	IND	INS			
				Total Hoja																			
				Sum. Gral. Solo Ultima Hoja																			

Art. N° 28 no totalizarlo, solo marcar la infracción con una cruz.

Articulo	Concepto de Infracciones a la Ley 22.250
3	Obreros ocupados hasta el momento de su inscripción al IERIC.
13	Falta de Inscripción del obrero, renovación L.A. o inscripción fuera de térmir
15	Aporte al F.C.L. incompleto o no se le efectuó el aporte.
16	Acreditacion del aporte al F.C.L. fuera de término o pago efectivo.
17	Constancia de entrega libreta de aportes/ F.C.L.No pago del prop.en efectivo
28	Personal no registrado según disposiciones de la ley 22.25C

Articulo 3	Res Conjunta MTEySS-IERIC
NP	No Pagado DIPE o PPI
IND	Regularizado en periodo de INDUCCION
INS	Regularizado en periodo de INSPECCION

por la Empresa

INSPECTOR

1.3. Sector trabajadores

1.3.1. Consignación de libretas (art. 20)

a) Requisitos

El trámite mencionado se recepciona en el Sector Trabajadores del Dpto. Inscripciones del IERIC.

Para cumplir con tal finalidad el empleador debe presentar:

- Nota por duplicado solicitando la consignación de la/s libreta/s de Fondo de Cese Laboral o libreta de Fondo de Cese Laboral "Hojas Móviles", según el artículo 20 de la ley 22250. En la misma deberá aclarar nombres y apellidos del/los trabajador/es, número de CUIL y fecha de egreso de los mismos. Como toda nota ante el IERIC, la misma deberá estar firmada al pie por el titular de la empresa o apoderado de la misma.
- Libreta de Fondo de Cese Laboral rubricada ante el IERIC (o en su organismo antecesor RNIC) o libreta de Fondo de Cese Laboral "Hojas Móviles", debidamente completas y firmadas. En caso de presentar libreta rubricada deberán estar consignados los datos del trabajador y de la empresa que se presenta para el trámite mencionado, como así también ambas firmas, en cualquiera de sus páginas correspondientes (págs. 3, 8, 10, 12, 14, 16 o 18).
- Fotocopia y original [1] de la intimación efectuada al trabajador, conforme lo establece el artículo 20, donde se le comunica que la libreta se encuentra a su disposición.
- Fotocopia y original [1] de las boletas de depósitos de los aportes al Fondo de Cese Laboral. Se constatará que los depósitos concuerden con los meses y/o los años que el trabajador haya desempeñado tareas para ese empleador. El espacio destinado a los datos correspondientes al banco, número de cuenta, fechas y montos del primer y último depósito efectuado, debe estar debidamente completado, ya sea que se trate de la libreta de FCL rubricada ante IERIC o RNIC, o la libreta de FCL "Hojas Móviles".

[1] *Se aclara que se solicita original del telegrama y boletas para constatar la autenticidad de la fotocopia. El mismo será devuelto al empleador.*

A considerar... La fecha límite para efectuar el reemplazo de la libreta de aportes al Fondo de Cese Laboral por la Credencial del Registro Laboral es el 13 de marzo de 2014.

Si aún mantiene relaciones laborales declaradas en dichas libretas puede registrarlas por intermedio de la Credencial de Registro Laboral, ingresando directamente a la web con su usuario y clave [R. (IERIC) 20/13].

Cómo hacer el trámite en IERIC:

- En caso de que el trabajador posea credencial y usted desee que la registración la realicemos el IERIC deberá presentar el formulario FI.004 y la libreta debidamente rubricada con la relación laboral asentada.
- En caso de que el trabajador NO posea credencial, deberá presentar el formulario FI001 y la libreta debidamente rubricada con la relación laboral asentada.

Registradas las relaciones laborales a través del Nuevo Sistema de Registro Laboral, o con posterioridad al vencimiento de la prórroga –lo que ocurra primero–, las libretas de aportes al fondo de cese laboral carecerán de vigencia, siendo únicamente válidas las Libretas de Hojas Móviles que se imprimen luego de la registración por intermedio de la Tarjeta "Soy Constructor".

b) Requisitos para la solicitud de constancias de inscripción para trámite jubilatorio

- El trabajador deberá presentarse PERSONALMENTE en cualquier representación del IERIC, con la siguiente documentación:
  - Nota de solicitud de constancia de inscripción como trabajador de la construcción y/o nota de solicitud de constancia de inscripción de las empresas que detalle (por duplicado).
  - DNI (original y copia).
  - Tarjeta "Soy Constructor" (si es que posee).
- En caso de no poseer tarjeta "Soy Constructor" deberá presentar:
  - Nota de solicitud de constancia de inscripción como trabajador de la construcción y/o nota de solicitud de constancia de inscripción de las empresas que detalle (por duplicado).
  - DNI (original y copia).
  - CUIL emitido por ANSES (original y copia).
  - FI.002 completo (la solicitud de emisión de la tarjeta "Soy Constructor" es un trámite exclusivamente personal).
- Autorizados: si el interesado autorizara a una tercera persona a que realice el trámite en su nombre, dicha persona podrá gestionar las constancias de inscripción adjuntando la siguiente documentación:
  - Nota de solicitud de constancia de inscripción como trabajador de la construcción y/o nota de solicitud de constancia de inscripción de las empresas que detalle (por duplicado).
  - Carta poder que extiende ANSES para tramitar las jubilaciones (original y copia debidamente firmada y sellada por personal de dicho Organismo).
  - DNI del autorizado (original y copia).
  - Copia del DNI del trabajador.
  - Nota firmada por el trabajador autorizando a que se realice el trámite en su nombre (la autorización podrá ser incluida en la nota de solicitud de emisión de constancia de inscripción).

Trabajador fallecido: podrán solicitar la constancia de inscripción quienes acrediten lo siguiente:

- Ser cónyuge supérstite.
- Ser descendientes o ascendientes del trabajador fallecido.

Documentación a presentar:

- DNI original y copia del habilitado a solicitar la constancia de inscripción.
- Certificado de defunción del trabajador (original y copia).
- Libreta/Certificado de matrimonio, si es cónyuge (original y copia).
- Partida/Certificado de nacimiento, si es ascendiente/descendiente (original y copia).
- ADP – Acreditación Datos Personales que extiende ANSES (original y copia).

c) Planilla de datos de los familiares del trabajador

IERIC

PLANILLA DE DATOS DE FAMILIARES DEL TRABAJADOR

Apellido y Nombre del Trabajador: **CUIT N°:**

DATOS DE FAMILIARES A CARGO

Cod. Vínculo (tabla I)	Apellido y Nombre	Nacionalidad	Fecha de Nacimiento	Tipo de Doc.	Número de Documento	Sexo (M/F)	Cod. Estado Civil (tabla II)

Tabla I

Código	Vínculo
1	- Cónyuge
2	- Concubino/a
3	- Hijo soltero menor de 21 años
4	- Hijo soltero de 21 a 25 años cursando estudios regulares
5	- Hijo del cónyuge soltero menor de 21 años
6	- Hijo del cónyuge soltero de 21 a 25 años cursando estudios regulares
7	- Menor bajo guarda o tutela
8	- Familiar a cargo
9	-Mayor de 25 años discapacitado

Tabla II

Código	Estado Civil
1	- Soltero
2	- Casado/a
3	- Viudo/a
4	- Separado Legal
5	- Separado de hecho
6	- Divorciado/a
7	- Convivencia

....

Firma del trabajador

1.4. Sector obras

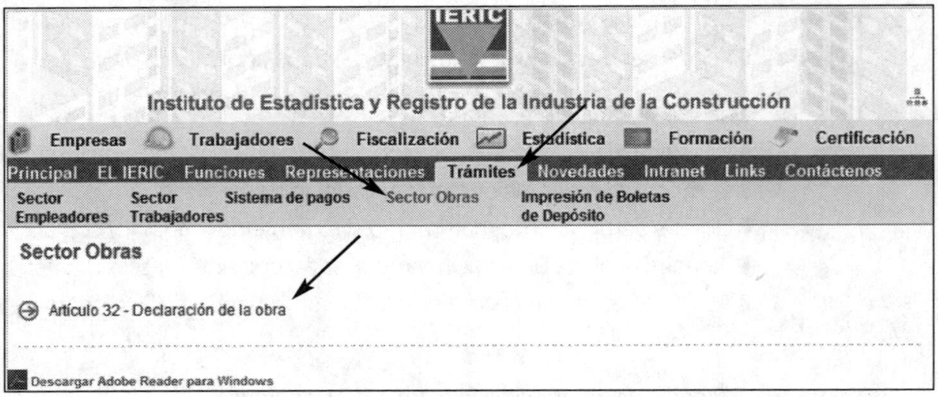

1.4.1. Declaración de la obra

Quien contrate o subcontrate los servicios de contratistas o subcontratistas de la construcción, deberá requerir de éstos la constancia de su inscripción en el REGISTRO NACIONAL DE LA INDUSTRIA DE LA CONSTRUCCIÓN, y comunicar a éste la iniciación de la obra y su ubicación.

Los empresarios, los propietarios y los profesionales, cuando se desempeñen como constructores de obra que contraten contratistas o subcontratistas que no hayan acreditado su inscripción en el Registro Nacional, serán, por esa sola omisión, responsables solidariamente de las obligaciones de dichos contratistas o subcontratistas respecto al personal que ocuparen en la obra y que fueren emergentes de la relación laboral referida a la misma.

1.4.2. Formulario de declaración de obra

IERIC

FORMULARIO DE INICIO DE OBRA (Art. 32 Ley 22.250)

Razón Social Comitente:		
Fecha:	**Razón Social Contratista Principal:**	
CUIT:	**Domicilio:**	**N° IERIC:**
DATOS INHERENTES A LA OBRA *		
Fecha de Inicio:	**Ubicación (domicilio):**	
Localidad:	**Provincia:**	**Código Postal:**
Denominación (nombre):		**Cantidad de obreros al inicio):**
ART:	**Clave de Identificación Interna (1):**	**Tipo o destino (2):**
Tecnología utilizada (3):	**Dimensión física (m^2 estipulados):**	**Fecha estimada de finalización:**

DETALLE DE EMPRESAS CONTRATADAS O SUBCONTRATADAS

N° IERIC	Nombre o Razón Social	CUIT	Domicilio	Localidad	Provincia	CP	ART

* Los datos son obligatorios	**Firma del Declarante**	**Aclaración**

Referencias para completar el formulario:

1: "Ingresar código de identificación de la obra según el sistema de la empresa". Ejemplo: Puente sobre Río Grande -> "104", "180", etc.

2: Tipo o destino de obra:

INGRESAR SÓLO EL CÓDIGO DE ACUERDO A LA SIGUIENTE CLASIFICACIÓN:

OBRAS DE INGENIERÍA CIVIL	**Código**		
CAMINOS	A1	**OBRAS DE MONTAJE INDUSTRIAL**	
CALLES	A2	DESTILERÍAS/ REFINERÍAS/ PETROQUÍMICAS	C1
AUTOPISTAS	A3	GENERACIÓN ELÉCTRICA	C2
PUENTES	A4	OBRAS PARA LA MINERÍA	C3
TÚNELES	A5	INDUSTRIA MANUFACTURERA URBANA	C4
OBRAS FERROVIARIAS	A6	DEMÁS MONTAJES INDUSTRIALES	C5
OBRAS HIDRÁULICAS	A7	**OBRAS DE DUCTOS**	
ALCANTARILLADOS/TRATAMIENTO DE AGUAS Y EFLUENTES	A8	TUBERÍAS	D1
PUERTOS	A9	ESTACIONES	D2
AEROPUERTOS	A10	**OBRAS DE REDES**	
OTRAS	A11	TRANSMISIÓN ELÉCTRICA EN ALTO VOLTAJE	E1
OBRAS DE ARQUITECTURA		TRANSMISIÓN ELÉCTRICA DE BAJO VOLTAJE/SUB-ESTACIONES	E2
VIVIENDAS UNIFAMILIARES	B1	COMUNICACIONES	E3
EDIFICIOS DE PISOS MÚLTIPLES	B3	**OTRAS CONSTRUCCIONES**	
OBRAS DE URBANIZACIÓN	B4	EXCAVACIONES SUBTERRÁNEAS	F2
EDIFICIOS COMERCIALES	B5	INSTALACIONES HIDRÁULICAS-SANITARIAS Y DE GAS	F3
EDIFICIOS DE OFICINAS	B6	INSTALACIONES ELECTROMECÁNICAS	F4
ESCUELAS	B7	INSTALACIONES DE AIRE ACONDICIONADO	F5
HOSPITALES	B8	REPARACIONES/REFACCIONES	F6
OTRAS EDIFICACIONES URBANAS DEFINITIVAS	B9	OTRAS OBRAS NO ESPECIFICADAS	F7

3: Tecnología utilizada: usar la siguiente clasificación:

"Tecnología tradicional" (TT) · "Tecnología industrializada" (TI) "Mixta" (TM)

1.5. Identificación de inspectores

El IERIC informa que sólo personal habilitado por el Instituto puede realizar controles de obras e inspecciones.

Por lo tanto, solicita a las empresas constructoras que exijan la siguiente credencial identificatoria a los inspectores que se presenten en sus obras.

El Instituto también comunica que **sólo cobra multas en sus oficinas y representaciones de todo el país** y no a través de sus inspectores.

Por cualquier consulta, no dude en contactarnos al 0800-222-1500, a través de nuestro sitio web **www.ieric.org.ar**, o visite nuestra representación más cercana.

2. REGISTRO NACIONAL DE TRABAJADORES Y EMPLEADORES AGRARIOS. RENATEA [1]

2.1. Objetivo

El Registro Nacional de Trabajadores y Empleadores Agrarios (RENATEA) es un ente autárquico en jurisdicción del Ministerio de Trabajo, Empleo y Seguridad Social, en el que deben inscribirse todos los empleadores y trabajadores agrarios del país.

Entre las atribuciones más importantes, este Registro es el encargado de:

- expedir la Libreta del Trabajador Agrario,
- de administrar el Sistema Integral de Prestaciones por Desempleo y Servicio de Sepelio, y
- fiscalizar el cumplimiento de la ley vigente, la cual tiende a evitar el desarrollo del trabajo agrario no registrado.

La página oficial de RENATEA es http://www.RENATEA.gob.ar/

2.2. Nueva herramienta informática para empleadores

El Registro Nacional de Trabajadores y Empleadores Agrarios (RENATEA) informa que, con el objetivo de intensificar y facilitar las acciones vinculadas a la registración de trabajadores agrarios, puso en funcionamiento a partir de hoy un nuevo sistema de empleadores modernizando la presentación de cupones.

A través de este nuevo mecanismo, los empleadores podrán acreditar los cupones en forma on line, de manera dinámica y sencilla, accediendo a la web (http://www.empleadores.RENATEA.gob.ar), y siguiendo las instrucciones que se acompañan.

[1] *Fuente: http://www.renatea.gob.ar/*

Cabe destacar que las modalidades de presentación de cupones en forma manual regirán hasta el día 19 de junio de 2013, concluyendo tal operatoria en forma definitiva. Asimismo, las versiones anteriores no tendrán más vigencia.
Con esta nueva herramienta el Registro facilita el acceso de los empleadores a instrumentos informáticos ágiles, con la finalidad de garantizar la registración de los trabajadores agrarios y el cumplimiento de las obligaciones legales previstas en la ley 26727.

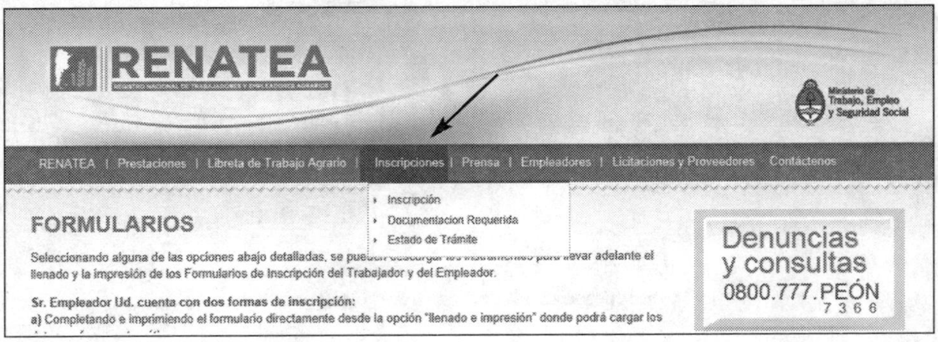

2.3. Inscripciones

- El empleador cuenta con dos formas de inscripción:
  - Completando e imprimiendo el formulario directamente desde la opción "Llenado e impresión", donde podrá cargar los datos en forma automática.
  - Imprimiendo solamente el formulario de inscripción y completándolo de forma manual. Previamente a realizar la carga de datos del formulario deberá leer el instructivo para el llenado del formulario de inscripción del empleador y/o trabajador cuyo archivo se encuentra disponible para ambos casos.

IMPORTANTE: siempre deberá adjuntar la documentación exigida y presentar la misma en el RENATEA junto con los formularios.

- El trabajador cuenta con dos formas de inscripción:
  - Completando e imprimiendo el formulario directamente desde la opción "Llenado e impresión" donde podrá cargar los datos en forma automática.
  - Imprimiendo solamente el formulario de inscripción y completándolo de forma manual. En ambos casos deberá imprimir 2 copias, debiendo presentarlas junto a la documental adjunta en el RENATEA, donde serán selladas.

Empresas con más de 50 trabajadores:
Se encuentra disponible un aplicativo para la inscripción digital de los datos de los trabajadores, permitiendo la carga manual de los mismos, o la importación desde la base de datos que posea la empresa, así como la impresión de los formularios, en papel común, para su envío al RENATEA. Solicite su envío a Gerencia de Libreta de Trabajo Agrario, libreta@RENATEA.gob.ar o por teléfono al (011) 4318-0800.
Esta es una nueva ventaja que brinda el RENATEA a fin de agilizar la inscripción del trabajador. Por otro lado se podrán seguir retirando los formularios de la delegación o dependencias del RENATEA más cercana a su domicilio.

2.3.1. Inscripción del empleador

a) Desde la opción "Llenado e impresión"

RENATEA
CENTRO NACIONAL DE TRABAJADORES Y EMPLEADORES AGRARIOS

Formulario de inscripción Empleador Agrario

Ministerio de Trabajo, Empleo y Seguridad Social

FORMULARIO DE INSCRIPCIÓN DEL EMPLEADOR

I- DATOS DEL EMPLEADOR

APELLIDO ____ RAZON SOCIAL ____ CUIT Nº ____
NOMBRES ____

DOMICILIO REAL/CALLE/RUTA ____ Nº ó Km ____ PISO ____ DTO. ____ CODIGO POSTAL ____ CORREO ELECTRONICO ____

PROVINCIA ____ DTO. ____ CUARTEL ____ LOCALIDAD ____ CASILLA DE CORREO ____

DOMICILIO LEGAL/CALLE/RUTA ____ Nº ó Km ____ PISO ____ DTO. ____ LOCALIDAD ____ CODIGO POSTAL ____ PROVINCIA ____

ASOCIACIÓN DE EMPLEADORES A LA QUE ESTA ADHERIDO ____

REGIMEN DE ASIGNACIONES FAMILIARES INSCRIPTO EN
Pago directo del estado ○ Fondo compensador (Paga el empleador y compensa) ○

II- DATOS DEL/LOS ESTABLECIMIENTO/S

NOMBRE ____ DATOS CATASTRALES ____

UBICACION/CALLE/RUTA ____ CUARTEL ____ Nº o Km ____ CODIGO POSTAL ____

LOCALIDAD ____ DEPTO. / PARTIDO ____ PROVINCIA ____ CASILLA DE CORREO ____

SUPERFICIE TOTAL (en hectareas) ____ CANTIDAD DE TRABAJADORES NO PERMANENTES ____ CANTIDAD DE TRABAJADORES PERMANENTES ____ ¿CONTRATA PERSONAL EN BOLSAS DE TRABAJO? SI ○ NO ○

REGIMEN DE TENENCIA
Propietario **(2)** ○ Arrendatario **(3)** ○ Contratista **(4)** ○ Otros **(5)** ○

CONTRATISTA
Siembra ○ Cosecha ○ Ambos ○ Otros ○

ACTIVIDAD PRINCIPAL ____ código: ____ ACTIVIDADES ACCESORIAS ____ código: ____ INICIO DE ACTIVIDAD día / mes / año DESDE QUE OCUPA PERSONAL día / mes / año

NOMBRE ____ DATOS CATASTRALES ____

UBICACION/CALLE/RUTA ____ CUARTEL ____ Nº o Km ____ CODIGO POSTAL ____

LOCALIDAD ____ DEPTO. / PARTIDO ____ PROVINCIA ____ CASILLA DE CORREO ____

SUPERFICIE TOTAL (en hectareas) ____ CANTIDAD DE TRABAJADORES NO PERMANENTES ____ CANTIDAD DE TRABAJADORES PERMANENTES ____ ¿CONTRATA PERSONAL EN BOLSAS DE TRABAJO? SI ○ NO ○

REGIMEN DE TENENCIA
Propietario **(2)** ○ Arrendatario **(3)** ○ Contratista **(4)** ○ Otros **(5)** ○

CONTRATISTA
Siembra ○ Cosecha ○ Ambos ○ Otros ○

ACTIVIDAD PRINCIPAL ____ código: ____ ACTIVIDADES ACCESORIAS ____ código: ____ INICIO DE ACTIVIDAD día / mes / año DESDE QUE OCUPA PERSONAL día / mes / año

ADMINISTRADORA DE RIESGOS DE TRABAJO (A.R.T.) ____ POLIZA Nº ____ VIGENCIA HASTA día / mes / año

DIRECCIÓN: ____

SEGURO DE VIDA LEY 16.600 DE TRABAJO (Solo trabajadores permanentes) **(6)** ____ DIRECCION ____
Nombre del asegurador

POLIZA Nº ____ CONTRATO Nº ____

El que suscribe **(7)** ____ LE ○ CI ○ LC ○ DNI ○ ____ en mi carácter de **(8)** ____

de la firma empleadora, declaro bajo juramento, que los datos consignados procedentemente son el fiel reflejo de la realidad, no habiendo omitido ninguno, responsabilizándose por la comunicación de las modificaciones que surgieren.

En ______________ a los ______ dias del mes de ________ de ______ Firma ______________

(1) Acompañar fotocopia simple Formulario 460 AFP - (2) Acompañar fotocopia simple de la boleta correspondiente a la Dirección Provincial de Rentas de la Provincia. Si no tuviera esta boleta, fotocopia simple de la escritura. - (3) Acompañar fotocopia simple del contrato de arrendamiento y fotocopia simple de su inscripción en AFIP como empleador - (4) Acompañar fotocopia simple de su inscrpción como empleador ante el AFIP en el que figure inscripto como contratista. (5) Acompañar fotocopia simple de su inscripción en AFIP como empleador. (6) - Acompañar fotocopia simple de la póliza y si no la tuviera, fotocopia simple del último comprobante de pago - (7) Indicar nombre y apellidos completos (acompañando fotocopia simple del documento de identidad - hojas 1 y 2 - (8) En caso de no ser el empleador el que suscribe el formulario, sino su representante legal, acompañar fotocopia simple del poder vigente que lo autoriza. En caso de ser persona jurídica, acompañar fotocopia simple del acta de autoridades vigente donde conste el carácter invocado por el firmante.

Imprimir

Imprimir este formulario en una hoja oficio (configurar desde las preferencias de impresión de su navegador)

FORMULARIO DE INSCRIPCION DEL EMPLEADOR

ACUSE DE RECIBO

Se deja constancia que el empleador cuyo Apellido y Nombre o Razón Social es: ______________

CUIT Nro: [   ] dio cumplimiento con la inscripción aal RENATEA

En ______________ a los ______ días del mes de ________ de ______

Firma y Sello de respondable del RENATEA: ______________

b) Formulario manual

RENATEA — REGISTRO NACIONAL DE TRABAJADORES Y EMPLEADORES AGRARIOS

Ministerio de Trabajo, Empleo y Seguridad Social

FORMULARIO Nº A 00000000

FORMULARIO DE INSCRIPCIÓN DEL EMPLEADOR

I - DATOS DEL EMPLEADOR

APELLIDO | NOMBRES | RAZÓN SOCIAL | C.U.I.T. Nº

DOMICILIO REAL CALLE/RUTA | Nº o Km. | PISO | DEPARTAMENTO | COD. POSTAL | CORREO ELECTRÓNICO

PROVINCIA | DEPARTAMENTO | CUARTEL | LOCALIDAD | CASILLA DE CORREO

DOMICILIO LEGAL CALLE/RUTA | Nº o Km. | PISO | DEPARTAMENTO | LOCALIDAD | COD. POSTAL | PROVINCIA

ASOCIACIÓN DE EMPLEADORES A LA QUE ESTÁ ADHERIDO | RÉGIMEN DE ASIGNACIONES FAMILIARES INSCRIPTO EN: Pago directo del Estado ☐ Fondo compensador (Paga el empleador y compensa) ☐

II - DATOS DEL / LOS ESTABLECIMIENTO/S

NOMBRE | DATOS CATASTRALES

UBICACIÓN CALLE/RUTA | CUARTEL | Nº o Km. | COD. POSTAL

LOCALIDAD | DEPARTAMENTO / PARTIDO | PROVINCIA | CASILLA DE CORREO

SUPERFICIE TOTAL ☐ en Ha. | CANTIDAD DE TRABAJADORES NO PERMANENTES ☐ | CANTIDAD DE TRABAJADORES PERMANENTES ☐ | ¿CONTRATA PERSONAL EN BOLSA DE TRABAJO? SÍ ☐ NO ☐

RÉGIMEN DE TENENCIA (2) PROPIETARIO / (3) ARRENDAMIENTO* / (4) CONTRATISTA* (Tachar lo que no corresponda) (5) Otros ______ | * CONTRATISTA: SIEMBRA ☐ COSECHA ☐ AMBOS ☐ OTROS ☐

ACTIVIDAD PRINCIPAL (código a llenar por RENATEA) | ACTIVIDADES ACCESORIAS (código a llenar por RENATEA) | FECHA DE INICIO DE ACTIVIDAD / / | FECHA DESDE QUE OCUPA PERSONAL / /

NOMBRE | DATOS CATASTRALES

UBICACIÓN CALLE/RUTA | CUARTEL | Nº o Km. | COD. POSTAL

LOCALIDAD | DEPARTAMENTO / PARTIDO | PROVINCIA | CASILLA DE CORREO

SUPERFICIE TOTAL ☐ en Ha. | CANTIDAD DE TRABAJADORES NO PERMANENTES ☐ | CANTIDAD DE TRABAJADORES PERMANENTES ☐ | ¿CONTRATA PERSONAL EN BOLSA DE TRABAJO? SÍ ☐ NO ☐

RÉGIMEN DE TENENCIA (2) PROPIETARIO / (3) ARRENDAMIENTO* / (4) CONTRATISTA* (Tachar lo que no corresponda) (5) Otros ______ | * CONTRATISTA: SIEMBRA ☐ COSECHA ☐ AMBOS ☐ OTROS ☐

ACTIVIDAD PRINCIPAL (código a llenar por RENATEA) | ACTIVIDADES ACCESORIAS (código a llenar por RENATEA) | FECHA DE INICIO DE ACTIVIDAD / / | FECHA DESDE QUE OCUPA PERSONAL / /

REFERENCIAS: (1) Acompañar fotocopia simple Formulario 460 AFIP - (2) Acompañar fotocopia simple de la boleta correspondiente a la Dirección Provincial de Rentas de la Provincia. Si no tuviera esta boleta, fotocopia simple de la escritura - (3) Acompañar fotocopia simple del contrato de arrendamiento y fotocopia simple de su inscripción en AFIP como empleador - (4) Acompañar fotocopia simple de su inscripción como empleador ante AFIP en el que figure inscripto como contratista - (5) Acompañar fotocopia simple de su inscripción en AFIP como empleador.

CORTAR POR LA LÍNEA PUNTEADA

RENATEA — REGISTRO NACIONAL DE TRABAJADORES Y EMPLEADORES AGRARIOS

Ministerio de Trabajo, Empleo y Seguridad Social

FORMULARIO Nº A 00000000

FORMULARIO DE INSCRIPCIÓN DEL EMPLEADOR

Se deja constancia que el empleador cuyo Apellido y Nombre o Razón Social es ....

C.U.I.T. Nº ☐☐☐☐☐☐☐☐☐☐☐ dió cumplimiento con la inscripción al RENATEA.

En .... a los .... días del mes de .... de ...., ...

FIRMA Y SELLO RESPONSABLE RENATEA

RENATEA
REGISTRO NACIONAL DE TRABAJADORES Y EMPLEADORES AGRARIOS

FORMULARIO DE INSCRIPCION DEL EMPLEADOR

Ministerio de Trabajo, Empleo y Seguridad Social

FORMULARIO Nº
A 0000000

II - DATOS DEL / LOS ESTABLECIMIENTO/S (CONTINUACIÓN)

NOMBRE | DATOS CATASTRALES
UBICACIÓN CALLE/RUTA | CUARTEL | Nº o Km. | COD. POSTAL
LOCALIDAD | DEPARTAMENTO / PARTIDO | PROVINCIA | CASILLA DE CORREO
SUPERFICIE TOTAL ____ en Ha. | CANTIDAD DE TRABAJADORES NO PERMANENTES ____ | CANTIDAD DE TRABAJADORES PERMANENTES ____ | ¿CONTRATA PERSONAL EN BOLSA DE TRABAJO? SÍ ☐ NO ☐
RÉGIMEN DE TENENCIA (2) PROPIETARIO / (3) ARRENDAMIENTO* / (4) CONTRATISTA* (Tachar lo que no corresponda) (5) Otros ____ | * CONTRATISTA SIEMBRA ☐ COSECHA ☐ AMBOS ☐ OTROS ☐
ACTIVIDAD PRINCIPAL (código a llenar por RENATEA) | ACTIVIDADES ACCESORIAS (código a llenar por RENATEA) | FECHA DE INICIO DE ACTIVIDAD / / | FECHA DESDE QUE OCUPA PERSONAL / /

NOMBRE | DATOS CATASTRALES
UBICACIÓN CALLE/RUTA | CUARTEL | Nº o Km. | COD. POSTAL
LOCALIDAD | DEPARTAMENTO / PARTIDO | PROVINCIA | CASILLA DE CORREO
SUPERFICIE TOTAL ____ en Ha. | CANTIDAD DE TRABAJADORES NO PERMANENTES ____ | CANTIDAD DE TRABAJADORES PERMANENTES ____ | ¿CONTRATA PERSONAL EN BOLSA DE TRABAJO? SÍ ☐ NO ☐
RÉGIMEN DE TENENCIA (2) PROPIETARIO / (3) ARRENDAMIENTO* / (4) CONTRATISTA* (Tachar lo que no corresponda) (5) Otros ____ | * CONTRATISTA SIEMBRA ☐ COSECHA ☐ AMBOS ☐ OTROS ☐
ACTIVIDAD PRINCIPAL (código a llenar por RENATEA) | ACTIVIDADES ACCESORIAS (código a llenar por RENATEA) | FECHA DE INICIO DE ACTIVIDAD / / | FECHA DESDE QUE OCUPA PERSONAL / /

ADMINISTRADORA DE RIESGOS DE TRABAJO (A.R.T.) .... PÓLIZA Nº .... VIGENCIA HASTA ..../........../..........

DIRECCIÓN ....

(6) SEGURO DE VIDA LEY 16.600 (solo para trabajadores permanentes

ASEGURADOR (NOMBRE) ....

DIRECCIÓN: .... PÓLIZA Nº: .... CONTRATO Nº: ....

(7) EL QUE SUSCRIBE .... L.E. / C.I. / L.C. /DNI. Nº: (TACHAR LO QUE NO CORRESPONDA).................... EN MI CARÁCTER DE (8) .... DE LA FIRMA EMPLEADORA, DECLARO BAJO JURAMENTO QUE LOS DATOS CONSIGNADOS PRECEDENTEMENTE SON EL FIEL REFLEJO DE LA REALIDAD, NO HABIENDO OMITIDO NINGUNO, RESPONSABILIZÁNDOSE POR LA COMUNICACIÓN DE LAS MODIFICACIONES QUE SURGIEREN.

EN .... A LOS .... DÍAS DEL MES DE .... DE ....

....
FIRMA AUTORIZADA

ESTE FORMULARIO LE FUE ENTREGADO POR: (1) OEM - UEM, (2) FILIAL DE ENTIDAD AGROPECUARIA, (3) DEPENDENCIAS DEL RENATEA, (4) OTROS. Complete con el número que corresponda: ☐

REFERENCIAS: (6) Acompañar fotocopia simple de la póliza y si no la tuviera, fotocopia simple del último comprobante de pago - (7) indicar nombre y apellidos completos (acompañando fotocopia simple del documento de identidad, hojas: 1 y 2) - (8) en caso de no ser el empleador el que suscribe el formulario, sino su representante legal, acompañar fotocopia simple del poder vigente que lo autoriza. En caso de ser persona jurídica, acompañar fotocopia simple del acta de designación de autoridades vigente donde conste el carácter invocado por el firmante.

c) Instructivo para el llenado

Este formulario deberá ser completado en original por el empleador rural o su representante legal, en forma clara y legible, sin tachaduras ni enmiendas. Una vez cumplimentado se presentará ante el RENATEA a efectos de su registración, y se le entregará el acuse de recibo.

- En Datos del Empleador:

Completar todos los datos del empleador, apellido y nombres completos, o razón social en los campos en que corresponda.

- Número de CUIT (Clave Única de Identificación Tributaria): se debe acompañar fotocopia simple de la constancia de inscripción ante la Administración Federal de Ingresos Públicos (formulario AFIP 566 –anterior– o 460 –actual–, o en su defecto copia de la tarjeta o constancia provista por la AFIP).
- Domicilio: se deberá indicar el domicilio real del empleador, entendiéndose como tal en el que tenga el asiento principal de su residencia y de sus negocios. Y el domicilio legal, entendiéndose como tal el lugar donde la ley presume que reside de manera permanente para el ejercicio de sus derechos y cumplimiento de sus obligaciones.
- Asociación de empleadores a la que esté adherido: deberá informar el nombre completo de la asociación de empleadores rurales a la que esté adherido.
- Régimen de Asignaciones Familiares: se debe informar si el empleador paga las asignaciones familiares y luego las compensa (Fondo Compensador) o si sus empleados las perciben en forma directa del Estado (Pago Directo).

- En Datos del/los Establecimiento/s:

Deberán completar todos los datos del establecimiento o predio en que se desarrollen las actividades, ya sea propietario, arrendatario, contratista, o cualquier otra modalidad de tenencia.

- Nombre: completar con el nombre de fantasía con el cual se denomina el establecimiento.
- Datos catastrales: este dato se obtiene de la boleta de impuesto inmobiliario o de la escritura.
- Ubicación/calle/ruta, número o kilómetro: completar según corresponda a la ubicación del establecimiento rural.
- Localidad: se debe indicar el nombre completo de la localidad donde esté ubicado el establecimiento.
- Partido o departamento: completar el nombre del partido o departamento al cual corresponda la localidad antes indicada.
- Provincia: se debe indicar la provincia a la que corresponde el partido o departamento antes indicado.
- Superficie total: se debe completar este dato en hectáreas (NO indicar la cantidad en fracciones menores a uno. Por ejemplo: ½ hectárea, ¾ hectáreas: colocar 1 hectárea.
- Cantidad de trabajadores permanentes / cantidad de trabajadores no permanentes: se debe especificar la cantidad total de trabajadores ocupados.
- Contratación de personal en bolsa de trabajo: deberá indicar si toma personal de las bolsas de trabajo de las seccionales de la UATRE.

- Régimen de tenencia: se refiere al carácter que ocupe el establecimiento o predio, motivo por el cual si es:
  - – Propietario: deberá acompañar fotocopia simple de la boleta correspondiente a la Dirección Provincial de Rentas de la Provincia (no es necesario que sea la del mes inmediato anterior, sino la última que tenga) a los efectos de corroborar los datos catastrales del predio o establecimiento. Si no tuviera esa boleta, deberá acompañar fotocopia simple de la escritura.
  - – Arrendatario: deberá acompañar fotocopia simple del contrato de arrendamiento.
  - – Contratista: deberá acompañar fotocopia simple de la declaración jurada de maquinarias y/o trabajadores.
  - – Otros: es para el caso de que tenga una modalidad de tenencia distinta a las previstas. Deberá acompañar fotocopia simple del contrato de cesión o usufructo que acredite dicho vínculo.
- Actividad principal / Actividades accesorias: se debe indicar la actividad que se desarrolle en forma principal y la que se desarrolle en forma accesoria o secundaria.
- Código (de actividades principal y accesorias): el representante del RENATEA, encargado de recepcionar el formulario, deberá completar en el cuadro correspondiente a Actividad principal y actividades accesorias, el número de código, de acuerdo a la siguiente tabla:

CÓDIGO	ACTIVIDAD
1	agrícola
2	ganadera
3	frutícola
4	hortícola
5	avícola
6	florícola
7	esquila
8	estiba
9	forestal
10	arroz
11	papa
12	manzana y pera
13	plantas ornamentales
14	caña de azúcar
15	te y/o yerba mate
16	tabaco
17	vid
18	frutas citrícolas
19	nueces y frutas secas
20	algodón
21	apícola
22	servicios de labranza
23	servicios de cosecha mecánica
24	servicios de alambrado

CÓDIGO	ACTIVIDAD
25	servicios de fumigaciones rurales
26	servicios de mantenimiento de molinos
27	remates ferias
28	tambo
29	servicios de mantenimiento de parques
30	cría de conejos
31	vacunación y sexado de aves
32	servicios de vacunación ganaderos
33	forraje
34	otros

- Fecha de inicio de actividad: se debe informar la fecha en que la firma inicia su actividad rural o agropecuaria del establecimiento que se inscribe.
- Fecha desde que ocupa personal: se debe indicar la fecha desde la cual ocupa personal en relación de dependencia (permanente o transitorio) en el establecimiento que se inscribe.

- Administradora de Riesgos de Trabajo (ART):
  - Se debe informar el nombre y la dirección de la ART contratada por el empleador, el número de contrato o póliza vigente, y la fecha de vigencia del contrato.
- Seguro de vida ley 16600 de trabajo (sólo para trabajadores permanentes):
  - Se deberá indicar el nombre y la dirección de la aseguradora contratada por el empleador, el número de póliza, contrato y/o certificado vigente, acompañando fotocopia simple del último comprobante de pago, y en caso de no tenerlo fotocopia simple de la póliza.
- El que suscribe:
  - Se deben indicar nombre y apellidos completos del que suscribe el formulario (acompañando fotocopia simple del documento de identidad –hojas 1 y 2–) indicando el carácter en que lo hace.

En caso de no ser el empleador el que suscribe el formulario sino su representante legal, deberá acompañar fotocopia simple del poder vigente que lo autoriza.

En caso de ser persona jurídica, deberá acompañar fotocopia simple del acta de designación de autoridades vigente donde conste el carácter invocado por el firmante.

- Este formulario le fue entregado por:

Indicar con una cruz (x) el lugar donde se obtuvo el formulario.

Teniéndose en cuenta que el formulario reviste el carácter de declaración jurada, es de fundamental importancia que el mismo sea completado en su totalidad y firmado.

d) Documentación requerida al empleador

- Fotocopia simple de la constancia de CUIT del empleador.
- Si fuera propietario: fotocopia simple de boleta de rentas del predio o establecimiento.

En caso de no tenerla, acompañar fotocopia de la escritura que acredite la titularidad del mismo.

- Si fuera arrendatario: fotocopia simple del contrato de arrendamiento.
- Si fuera contratista: acompañar declaración jurada de la maquinaria que utiliza.

- Respecto de las pólizas de seguro de vida - ley 16600 (sólo para trabajadores agrarios permanentes): fotocopia simple de la póliza o del último comprobante de pago.
- Respecto a la persona que suscribe el formulario: fotocopia simple del DNI, 1º y 2º hoja.
- En caso de no ser el empleador el que suscribe, sino su representante legal: deberá acompañar fotocopia simple del poder vigente que lo autoriza.
- En caso de ser persona jurídica: deberá acompañar fotocopia simple del acta de designación de autoridades vigente donde conste el carácter invocado por el firmante.

e) Constancia de empleador:

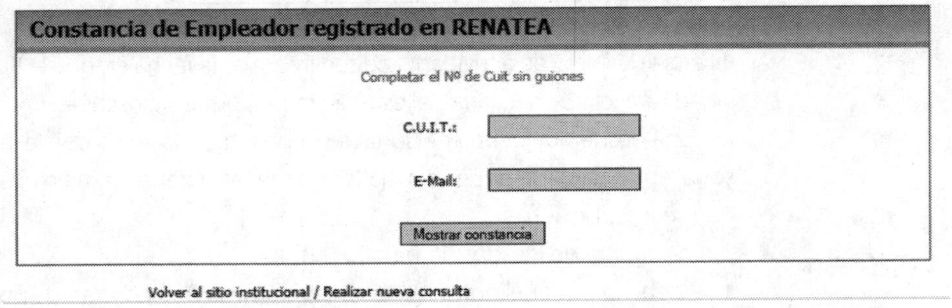

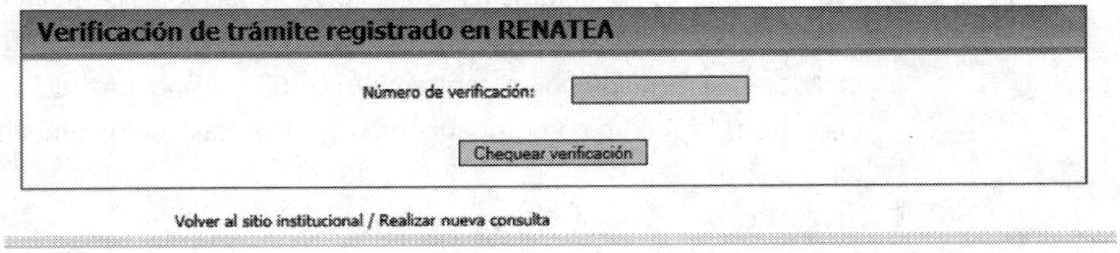

2.3.2. Inscripción del trabajador

a) Desde la opción "Llenado e impresión"

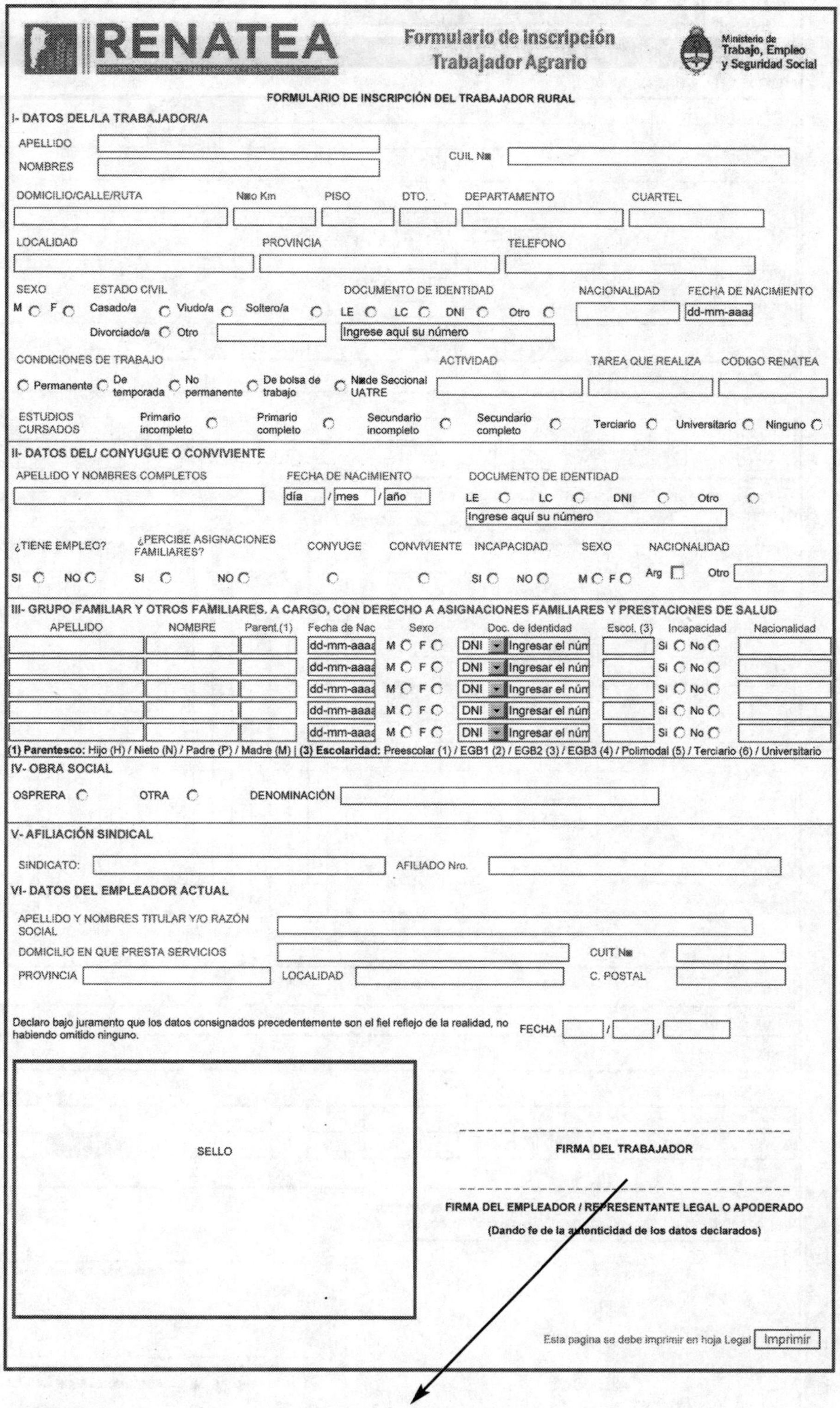

RENATEA — Formulario de inscripción Trabajador Agrario — Ministerio de Trabajo, Empleo y Seguridad Social

FORMULARIO DE INSCRIPCIÓN DEL TRABAJADOR RURAL

I- DATOS DEL/LA TRABAJADOR/A

APELLIDO
NOMBRES
CUIL Nº
DOMICILIO/CALLE/RUTA Nº o Km PISO DTO. DEPARTAMENTO CUARTEL
LOCALIDAD PROVINCIA TELEFONO
SEXO M F
ESTADO CIVIL Casado/a Viudo/a Soltero/a Divorciado/a Otro
DOCUMENTO DE IDENTIDAD LE LC DNI Otro — Ingrese aquí su número
NACIONALIDAD
FECHA DE NACIMIENTO dd-mm-aaaa
CONDICIONES DE TRABAJO: Permanente / De temporada / No permanente / De bolsa de trabajo
Nº de Seccional UATRE
ACTIVIDAD TAREA QUE REALIZA CODIGO RENATEA
ESTUDIOS CURSADOS: Primario incompleto / Primario completo / Secundario incompleto / Secundario completo / Terciario / Universitario / Ninguno

II- DATOS DEL/ CONYUGUE O CONVIVIENTE

APELLIDO Y NOMBRES COMPLETOS
FECHA DE NACIMIENTO día / mes / año
DOCUMENTO DE IDENTIDAD LE LC DNI Otro — Ingrese aquí su número
¿TIENE EMPLEO? SI NO
¿PERCIBE ASIGNACIONES FAMILIARES? SI NO
CONYUGE CONVIVIENTE
INCAPACIDAD SI NO
SEXO M F
NACIONALIDAD Arg Otro

III- GRUPO FAMILIAR Y OTROS FAMILIARES, A CARGO, CON DERECHO A ASIGNACIONES FAMILIARES Y PRESTACIONES DE SALUD

APELLIDO	NOMBRE	Parent.(1)	Fecha de Nac	Sexo	Doc. de Identidad	Escol. (3)	Incapacidad	Nacionalidad
			dd-mm-aaaa	M F	DNI Ingresar el núm		Si No	
			dd-mm-aaaa	M F	DNI Ingresar el núm		Si No	
			dd-mm-aaaa	M F	DNI Ingresar el núm		Si No	
			dd-mm-aaaa	M F	DNI Ingresar el núm		Si No	
			dd-mm-aaaa	M F	DNI Ingresar el núm		Si No	

(1) Parentesco: Hijo (H) / Nieto (N) / Padre (P) / Madre (M) | **(3) Escolaridad:** Preescolar (1) / EGB1 (2) / EGB2 (3) / EGB3 (4) / Polimodal (5) / Terciario (6) / Universitario

IV- OBRA SOCIAL

OSPRERA OTRA DENOMINACIÓN

V- AFILIACIÓN SINDICAL

SINDICATO: AFILIADO Nro.

VI- DATOS DEL EMPLEADOR ACTUAL

APELLIDO Y NOMBRES TITULAR Y/O RAZÓN SOCIAL
DOMICILIO EN QUE PRESTA SERVICIOS CUIT Nº
PROVINCIA LOCALIDAD C. POSTAL

Declaro bajo juramento que los datos consignados precedentemente son el fiel reflejo de la realidad, no habiendo omitido ninguno. FECHA / /

SELLO

FIRMA DEL TRABAJADOR

FIRMA DEL EMPLEADOR / REPRESENTANTE LEGAL O APODERADO (Dando fe de la autenticidad de los datos declarados)

Esta pagina se debe imprimir en hoja Legal Imprimir

Firma empleador/representante legal, dando fe de lo declarado por el trabajador.

b) Formulario manual

ESTE FORMULARIO DEBE SER ENTREGADO AL RENATEA PARA SU INSCRIPCION. Los datos consignados quedan sujetos a revisión del RENATEA.

RENATEA
REGISTRO NACIONAL DE TRABAJADORES Y EMPLEADORES AGRARIOS

Ministerio de Trabajo, Empleo y Seguridad Social

FORMULARIO Nº: **A 00000000**

FORMULARIO DE INSCRIPCIÓN DEL TRABAJADOR AGRARIO

I- DATOS DEL/LA TRABAJADOR/A

APELLIDO — C.U.I.L. Nº
NOMBRES

DOMICILIO/CALLE/RUTA | Nº ó km | PISO | DTO. | DEPARTAMENTO | CUARTEL

LOCALIDAD | CÓD. POSTAL | PROVINCIA | TELÉFONO

SEXO: M ☐ F ☐
ESTADO CIVIL: Casado/a ☐ Viudo/a ☐ Soltero/a ☐ Divorciado/a ☐ Otro ☐
DOC. IDENT.: L.E. - L.C. - D.N.I. - Otro (Tachar lo que no corresponda) ☐ Nº
NACIONALIDAD: Argentina ☐ Otra ☐
FECHA DE NACIMIENTO

CONDICIÓN DE TRABAJO: Permanente ☐ De temporada ☐ No permanente ☐ De bolsa de trabajo ☐ Nº de Seccional UATRE ☐
ACTIVIDAD
TAREA QUE REALIZA
Código a llenar por RENATEA ☐

ESTUDIOS CURSADOS: Primario incompleto ☐ Primario completo ☐ Secundario incompleto ☐ Secundario completo ☐ Terciario ☐ Universitario ☐ Ninguno ☐

II- DATOS DEL CONYUGE O CONVIVIENTE

APELLIDO y NOMBRES COMPLETOS | FECHA DE NACIMIENTO | DOC. IDENT.: L.E. - L.C. - D.N.I. - Otro (Marque lo que corresponda) ☐ Nº

¿TIENE EMPLEO? SI ☐ NO ☐
¿PERCIBE ASIGNACIONES FAMILIARES? SI ☐ NO ☐
CONYUGE ☐ CONVIVIENTE ☐
INCAPACIDAD SI ☐ NO ☐
SEXO M ☐ F ☐
NACIONALIDAD Argentina ☐ Otra ☐

III- GRUPO FAMILIAR Y OTROS FAMILIARES A CARGO, CON DERECHO A ASIGNACIONES FAMILIARES Y PRESTACIONES DE SALUD

APELLIDO	NOMBRE/S COMPLETO/S	Parentesco (1)	Fecha de Nacimiento Día/Mes/Año	Sexo M - F	Doc. de Identidad Tipo(2)	Doc. de Identidad Número	Escol. (3)	Incapacidad Si - NO	Nacionalidad

(1) Parentesco: Hijo(H) / Nieto(N) / Tutela(T) / Padre(P) / Madre(M) • (2) Tipo: DNI / LE / LC
• (3) Escolaridad: Prescolar(1) / EGB1(2) / EGB2(3) / EGB3(4) / Polimodal(5) / Terciario(6) / Universitario(7)

IV- OBRA SOCIAL

OSPRERA ☐ OTRA ☐ DENOMINACION ....

V- AFILIACION SINDICAL

SINDICATO .... AFILIADO Nº ....

VI- DATOS DEL EMPLEADOR ACTUAL

APELLIDO Y NOMBRES TITULAR Y/O RAZON SOCIAL
DOMICILIO EN EL QUE PRESTA SERVICIOS — *C.U.I.T. Nº*
PROVINCIA | LOCALIDAD | CODIGO POSTAL

Declaro bajo juramento que los datos consignados precedentemente son el fiel reflejo de la realidad, no habiendo omitido ninguno.

SELLO DE RECEPCIÓN

FIRMA DEL TRABAJADOR

FIRMA DEL EMPLEADOR / REPRESENTANTE LEGAL O AUTORIZADO (DANDO FE DE LA AUTENTICIDAD DE LOS DATOS DECLARADOS)

Este formulario fue entregado por: (1) dependencia del RENATEA, (2) OEM-UEM, (3) filial de Entidad Agropecuaria, (4) otros. Complete con el número que corresponda: ☐

Formulario para el RENATEA

2.3.3. Formulario provisorio

El presente formulario provisorio se utilizará únicamente para la inserción de las constancias laborales en los períodos que transcurran desde la inscripción en el RENATEA hasta la entrega de la Libreta del Trabajador Rural. El mismo deberá ser entregado al RENATEA contra entrega de la libreta.

Se imprime apaisado.

Nombre o Razón Social del empleador	CUIT	Fecha de inicio de relación laboral	Fecha de cese de relación laboral	Días trabajados	Período	Lugar prestación servicios (localidad)	Remuneración sujeta a aportes	Firma del Empleador	Aclaración y Sello
							$		
							$		
							$		
							$		
							$		
							$		
							$		
							$		
							$		

El presente formulario provisorio se utilizará únicamente para la inserción de las constancias laborales en los períodos que transcurran desde la inscripción en el RENATEA hasta la entrega de la Libreta del Trabajador Rural. El mismo deberá ser entregado al RENATEA contra entrega de la Libreta.

Instructivo

Datos del trabajador:

- Apellido y nombres: completar íntegramente, sin hacer omisiones.
  - Presentar fotocopia simple del documento de identidad (LE/LC/DNI, hojas 1 y 2).
  - En caso de trabajadores extranjeros: deberán acreditar su identidad con los documentos respectivos de su nacionalidad y/o pasaporte, además de la fotocopia simple de residencia precaria vigente otorgada por el organismo competente (Migraciones).
- CUIL Nº: número de la Clave Única de Identificación Laboral y fotocopia de la constancia expedida por la Administración Nacional de la Seguridad Social (ANSES).
- Domicilio / Calle / Ruta: se deberá indicar el domicilio completo en donde vive, no omitiendo ningún dato; esta información es muy importante. En caso de residir en una zona rural, deberá completar con el domicilio de un familiar, empleador, o de una delegación del RENATEA, la cual, a partir de ese momento se convertirá en el domicilio utilizado por el RENATEA para contactarse con usted, pudiéndole enviar toda la información, documentación y notificaciones.
- Localidad: nombre completo, sin abreviaciones.
- Código postal.
- Provincia: nombre completo, sin abreviaciones.
- Teléfono: se debe indicar un número de teléfono. En caso de no tenerlo, el de algún familiar, vecino o delegación del RENATEA, a efectos de poder suministrarle información o coordinar acciones que requieran de su presencia.
- Sexo: se debe indicar M (masculino) para los hombres y F (femenino) para las mujeres.
- Estado civil: indicar si es soltero/a, casado/a, divorciado/a, viudo/a.

- Tipo y número de documento: deberán indicar el tipo de documento (DNI / LE / LC) y número.
- Nacionalidad: se deberá indicar el detalle de la nacionalidad correspondiente.
- Fecha de nacimiento: se deberá indicar día/mes/año.
- ANEXO: Trabajo de adolescentes menores de 18 años y mayores a 16. Autorización de padres (art. 55, L. 26727).
- Quien detente la patria potestad o tenga a su cargo la guarda del adolescente, deberá presentar ante la delegación del RENATEA de la jurisdicción la autorización correspondiente para su visado (deberá adjuntarse copia con el resto de la documental presentada por el trabajador).
- La nota de autorización deberá ser firmada en presencia del personal del RENATEA, quien constará la identidad de los padres, o bien contener firma certificada por escribano público, juez de paz o autoridad policial.
- En el caso de que el adolescente viva independiente de los padres, deberá presentar una declaración jurada ante la delegación del RENATEA a la jurisdicción que corresponda, en la que deberá indicar como mínimo los datos del empleador, los días y horarios de trabajo y el tipo de tarea a desarrollar.
- Condiciones de trabajo: informar la condición de trabajo que lo une al empleador, marcando con una cruz (x) en el casillero que corresponda.
- Permanente: es aquel trabajador que desarrolla su actividad con un mismo empleador, en forma ininterrumpida, por períodos de tiempo que superan los tres meses.
- No permanente: es aquel trabajador que desarrolla su tarea con distintos empleadores, o con un mismo empleador pero en períodos de tiempo breves, que corresponden a la estacionalidad de la producción o a ciclos de siembra o cosecha. Quedan incluidos como tales los trabajadores de remates de ferias.
- De temporada: es aquel trabajador que desarrolla su tarea con un empleador o con distintos empleadores, solo en determinadas épocas del año, y está sujeto a repetirse en cada ciclo en razón de la naturaleza de la actividad.
- De bolsa de trabajo: es aquel trabajador integrante de bolsas de trabajo de seccionales de la UATRE. Indicar el número de seccional de la UATRE donde funciona la bolsa de trabajo.
- Tarea que realiza: el representante del RENATEA encargado de recibir el formulario deberá completar, en el cuadro correspondiente, la tarea que el trabajador realiza y el número de código, de acuerdo a la siguiente tabla:

CÓDIGO	ACTIVIDAD
1	peón general
2	ayudante especializado
3	conductor tractorista
4	mecánico tractorista
5	alambrador
6	apicultor
7	peón arrocero
8	peón ovejero
9	artesanos

CÓDIGO	ACTIVIDAD
10	ordeñadores de explotación tambera
11	siembra y/o labores
12	puestero
13	capataz
14	encargado
15	cocinero/a
16	estibador
17	desmalezador
18	albañil
19	mecánico general
20	jardinero
21	otros
22	quintero
23	administrador
24	cosechador
25	manipulación y almacenamiento
26	maestranza
27	trabajador de bolsa
28	contratista de viña
29	hachero
30	inseminador
31	mayordomo
32	ingeniero agrónomo
33	vacunador
34	herrero
35	jornalero
36	tareferos

- Estudios cursados: indicar con una cruz (x) los estudios cursados.

Datos del cónyuge o conviviente:

- Deberá completar todos los datos personales que allí se enumeran: apellido y nombre completo, fecha de nacimiento especificando día, mes y año, tipo de documento, determinando de modo preciso el tipo DNI / LE / LC y número de documento. Asimismo, deberá indicar si trabaja actualmente, si percibe asignaciones familiares, si es cónyuge o conviviente, y si padece incapacidad.
- Corresponde acompañar fotocopia de su documento de identidad (hojas 1 y 2), y fotocopia de la Libreta de Matrimonio (hoja 1) o del Acta de Matrimonio; en caso de convivencia (concubinato), información sumaria otorgada por el Juez de Paz (el trámite requiere de dos testigos mayores de edad, que manifiesten tener conocimiento de la convivencia y trato familiar. Si tuvieran hijos en común, presentando el acta o certificado de nacimiento donde se declaren como padres se estaría acreditando el vínculo).

Grupo familiar o personas a cargo del titular, con derecho a asignaciones familiares y prestaciones de salud:
(Sólo se debe completar con las personas que se tiene a cargo, a excepción de la esposa o concubina, cuyos datos fueron colocados en el punto 2).
En caso de estar a cargo del trabajador: nietos o padres; también deberán incluirse sus datos.

- Hijos: deberá acompañar fotocopia simple de los documentos de identidad (hojas 1 y 2), y acta de nacimiento o, en caso de ser recién nacidos, fotocopia del acta de nacimiento.
- Nietos: completar sólo si están a cargo. Deberá acompañar fotocopia simple del documento de identidad (hojas 1 y 2) y fotocopia simple de la guarda o tutela del mismo.
- Tutela: adjuntar fotocopia simple del documento de identidad (hojas 1 y 2) y fotocopia simple de la sentencia en donde se otorga al titular la tutela del menor.
- Ascendientes (padre o madre) completar sólo si están a cargo. Acompañar fotocopia simple del documento de identidad (hojas 1 y 2).

La legislación vigente, respecto a la cobertura de salud (por parte de la obra social del titular), exige de la previa autorización de la obra social:

- Que los ascendientes a cargo no posean otro tipo de cobertura de salud.
- Que los ascendientes sean mayores de 65 años de edad o menores de dicha edad que requieran de la manutención de sus hijos (manifestada a través de una declaración jurada del ascendiente).

- Escolaridad: completar con el código que se indica entre paréntesis el nivel de instrucción, de acuerdo a lo previsto en el formulario: EGB 1 (de primero a tercer grado), EGB 2 (de cuarto a sexto grado), EGB 3 (de séptimo a noveno grado), polimodal (de primero a tercer año).
- Incapacidad: en caso de sufrir incapacidad, deberá adjuntar fotocopia simple del certificado de incapacidad, otorgado por un médico matriculado con certificación del hospital local más cercano o del Organismo de Aplicación.

Obra social:

- Se deberá indicar con una cruz (x) si posee cobertura de OSPRERA o, en el caso de haber optado por otra obra social, marcar con una cruz (x) e indicar el nombre de la misma.

Afiliación sindical:

- Completar con el nombre del sindicato al que esté afiliado y también el número de afiliado (si el trabajador no recuerda el número de afiliación, se aceptará igualmente el formulario de inscripción).

Datos del empleador actual:

- Completar todos los datos solicitados, adjuntando fotocopia del recibo de sueldo legalmente emitido del mes inmediato anterior, o del último período trabajado en el año en curso. Si se tratare del inicio de la relación laboral, acompañar alta temprana emitida por AFIP.

Este formulario fue entregado por: en este sector complete con una cruz (x) en donde corresponda, según el lugar donde obtuvo este formulario.

Teniéndose en cuenta que el formulario reviste el carácter de declaración jurada, es de fundamental importancia que el mismo esté completo y firmado.
Si el trabajador no supiere firmar se puede sustituir por impresión dactilar.

Para los casos que suscriba el empleador:

- Empleador-Sociedades regularmente constituidas: deben adjuntarse a los formularios FIT, copia del poder de representación o acta de designación que acredite el carácter que invoca el firmante.
- Empleador-Sociedades irregularmente constituidas (sociedades de hecho): cualquiera de los socios puede firmar el formulario FIT con su respectiva aclaración, o quien detente poder para obrar en representación de la sociedad. Debe adjuntar fotocopia del DNI.
- Empleador-Persona física: cuando el que suscribe no es el propio empleador, el firmante deberá adjuntar copia del poder de representación que inviste.
- Cuando el que firma el formulario es un representante, debe consignar su firma, aclaración y DNI a los fines de su individualización.

Si el Formulario de Inscripción del Trabajador Agrario se presenta en una delegación o en la sede central, en el momento se le emitirá y se le hará entrega de la Libreta de Trabajo Agrario.

Formulario provisorio (art. 20, L. 25191)
A los efectos de la instrumentación de la primera libreta, el trabajador deberá utilizar el formulario provisorio completando al dorso del duplicado del formulario de inscripción.

Instrucciones para completar el dorso del formulario provisorio:

- Apellido y nombre o razón social del empleador: deberá llenar con el apellido y nombre del empleador o razón social de la firma empleadora.
- Número de CUIT: si este dato no fuera completado al momento de entregarse el formulario provisorio, deberá solicitarse inmediatamente la inspección del empleador.
- Fecha de inicio de la relación laboral: el empleador deberá indicar la fecha de comienzo de la relación laboral con el trabajador.
- Fecha de cese de la relación laboral: el empleador deberá indicar la fecha del fin de la relación laboral, y llegado ese momento entregar este formulario provisorio al trabajador, teniendo un plazo máximo de 48 horas para hacerlo.

- Días trabajados: se debe indicar (con números) la cantidad de días trabajados efectivamente en ese período.
- Período: se debe indicar el mes trabajado.
- Lugar de prestación de servicios (localidad): se debe indicar la localidad en la que está ubicado el establecimiento o predio rural donde se ha prestado servicios.
- Remuneración sujeta a aportes: se debe indicar (con números) el monto total en bruto de la remuneración abonada.
- Firma del empleador: debe llevar indefectiblemente la firma del empleador o responsable legal de la empresa.
- Aclaración y sello: se deberá indicar la aclaración de la firma o colocar el sello de la persona que suscribe.

2.3.4. Documentación requerida

- Acreditación de identidad:
  - Trabajadores nativos: fotocopia simple del DNI (1° y 2° hoja).
  - Trabajadores extranjeros:
    - a) Residentes: fotocopia simple del DNI argentino para extranjeros (1° y 2° hoja).
    - B) Residentes temporarios: DNI, cédula o documentación de su país natal que acredite identidad y/o pasaporte, residencia precaria vigente otorgada por la Dirección Nacional de Migraciones.
- Constancia de CUIL emitida por la ANSES.
- Fotocopia simple del recibo de sueldo, legalmente emitido, del mes inmediato anterior o del último período trabajado. Si se tratare del inicio de la relación laboral, fotocopia de alta temprana emitida por AFIP.
- En caso de estar casado: acompañar fotocopia simple del acta de matrimonio y del DNI (1° y 2° hoja).
- En caso de estar en concubinato: acompañar información sumaria otorgada por el juez de paz. Si tuvieran hijos en común podrá reemplazar la información sumaria por fotocopia simple del certificado de nacimiento de los hijos del trabajador, donde la conviviente figura como la madre de sus hijos.
- En caso de que el trabajador tenga hijos: acompañar fotocopia simple del acta de nacimiento y/o fotocopia del DNI de cada hijo (1° y 2° hoja).
- En caso de que tenga nietos a cargo: deberá acompañar fotocopia simple del DNI (1° y 2° hoja), y fotocopia simple de la guarda o tutela del mismo.
- En caso de tener ascendientes a cargo (padre o madre): acompañar fotocopia simple del DNI (1° y 2° hoja). La legislación vigente, respecto a la cobertura de salud por parte de la obra social del titular, exige de la previa autorización de la obra social, que no posean otro tipo de cobertura de salud, que los ascendientes sean mayores de 65 años de edad o menores de dicha edad que requieran de la manutención de sus hijos, manifestada a través de declaración jurada del ascendiente.

Importante: siempre deberá adjuntar la documentación exigida y presentar la misma en el RENATEA junto con los formularios.

2.3.5. Constancia inscripción empleado

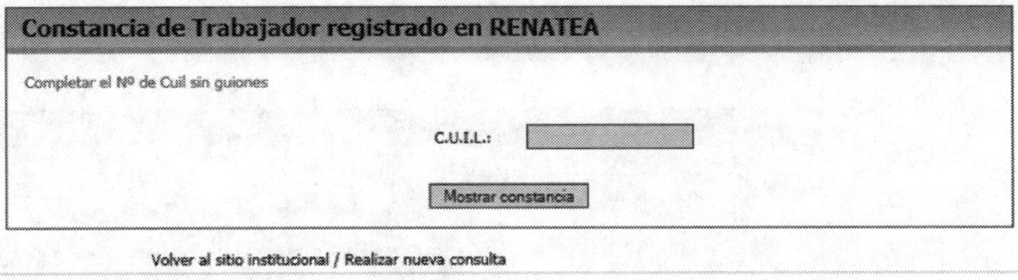

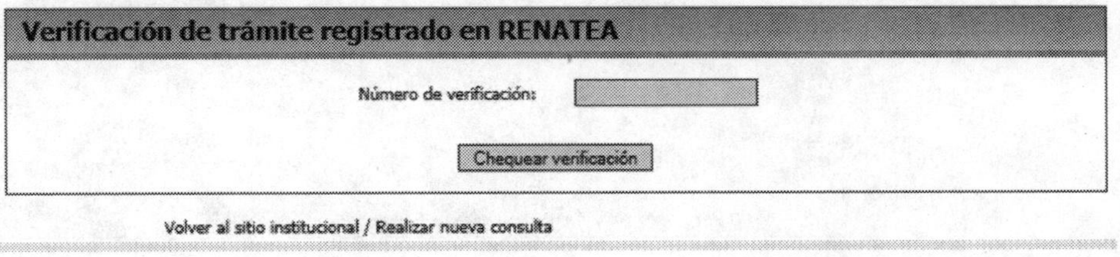

2.4. Estado de trámite

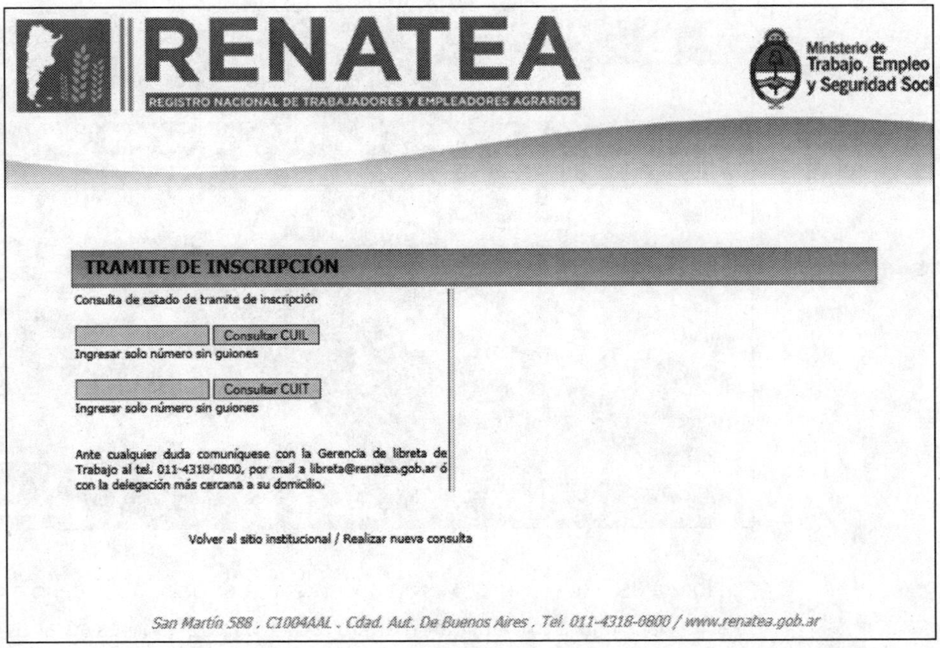

2.4.1. Empleadores

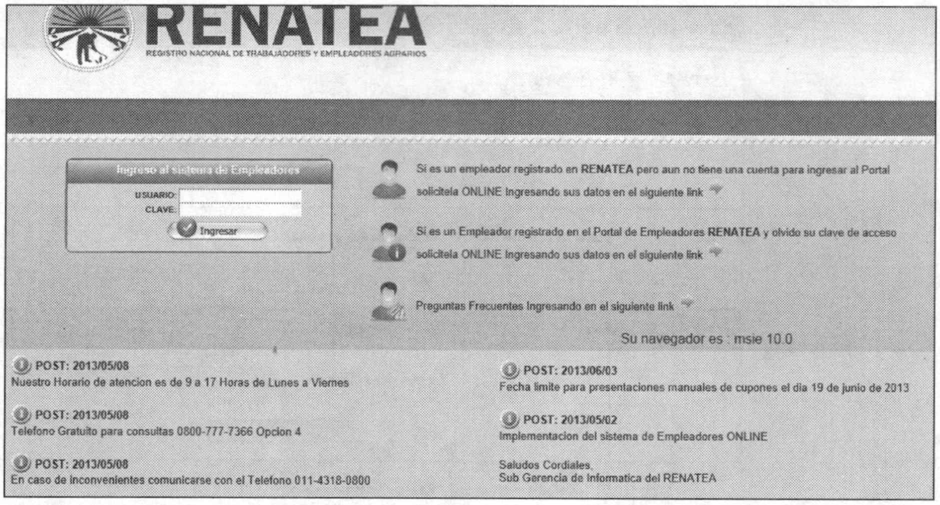

2.5. Libreta de Trabajo Agrario

La Libreta de Trabajo Agrario es un documento personal, intransferible y probatorio de la relación laboral, de uso obligatorio para todos los trabajadores agrarios comprendidos por el Régimen de Trabajo Agrario instituido por la ley 26727.

La Libreta de Trabajo Agrario será instrumento válido (art. 2, ley 25191, modif. por L. 26727):

- Como principio de prueba por escrito para acreditar la calidad de inscripto al sistema de previsión social, los aportes y contribuciones efectuados, y los años trabajados.
- Como principio de prueba por escrito para acreditar las personas a cargo que generen derecho al cobro de asignaciones familiares y prestaciones de salud.

- Como certificación de servicios y remuneraciones, inicio y cese de la relación laboral.
- Como principio de prueba por escrito del importe de los haberes y otros conceptos por los cuales la legislación obliga al empleador a entregar constancias de lo pagado.
- En el caso de que el trabajador esté afiliado a un sindicato con personería gremial, como prueba de su carácter cotizante a ese sindicato.

Datos obligatorios (art 3, L. 25191, modif. por L. 26727)

Sin perjuicio de otros datos que se determinen vía reglamentaria, en la libreta deberán constar:

- La identificación del trabajador, incluyendo la Clave Única de Identificación Laboral (CUIL) y de los sucesivos empleadores, con indicación de su Clave Única de Identificación Tributaria (CUIT).
- La enumeración sucinta de los derechos y deberes del trabajador y el empleador agrario, con la cita de las disposiciones normativas que los establecen.
- Constancias de los sucesivos aportes y contribuciones a la seguridad social efectuados y, en caso de que el trabajador esté afiliado a un sindicato con personería gremial, de las cuotas sindicales retenidas y aportadas.

Trabajador agrario (art. 4, L. 25191, modif. por L. 26727)

Es todo aquel que desempeñe labores propias de la actividad agraria, dirigidas a la obtención de frutos o productos primarios a través de la realización de tareas pecuarias, agrícolas, forestales, hortícolas, avícolas, apícolas u otras semejantes, siempre que éstos no hayan sido sometidos a ningún tipo de proceso industrial, y en tanto se desarrollen en ámbitos agrarios, con las excepciones y conforme lo establecido por el estatuto especial que consagra el Régimen de Trabajo Agrario.

Obligaciones del empleador (art. 5, L. 25191, modif. por la L. 26727)

- Requerir al trabajador agrario la libreta de trabajo en forma previa a la iniciación de la relación laboral, o en caso de que el trabajador no contare con la misma por ser éste su primer empleo o por haberla extraviado, gestionarla ante el Registro Nacional de Trabajadores y Empleadores Agrarios (RENATEA) dentro de los 5 días de iniciada la relación de trabajo. La omisión del empleador podrá ser denunciada por el trabajador o la asociación sindical que lo represente ante el Registro Nacional de Trabajadores y Empleadores Agrarios (RENATEA). Sin perjuicio de ello, la asociación gremial o el trabajador personalmente podrán tramitar la obtención de la referida libreta.
- Informar al Registro Nacional de Trabajadores Agrarios y Empleadores o su delegación, trimestralmente, lo que requiera la Autoridad de Aplicación sobre la celebración, ejecución y finalización del trabajo agrario. Cada nueva contratación deberá informarse dentro del plazo de treinta días de haberse llevado a cabo, con independencia de la residencia habitual del trabajador o del empleador.
- Registrar en la libreta desde la fecha de ingreso todos los datos relativos al inicio, desarrollo y extinción de la relación laboral. La libreta deberá permanecer en poder del empleador en el lugar de prestación de servicios, debiendo ser devuelta al trabajador al finalizar cada relación.
- Ser agente de retención de la cuota sindical de la entidad gremial con personería gremial a la que el trabajador se encuentra afiliado, registrando sus aportes mensualmente.

Obligaciones del trabajador (art. 6, L. 25191, modif. por la L. 26727)

- Presentar al inicio de la relación laboral al empleador la Libreta de Trabajo Agrario o, en su caso, informarle que es su primer empleo para que el empleador inicie los trámites para la obtención de la misma, adjuntando la documentación que a tales efectos resultare pertinente.
- Acompañar toda la documentación que acredite las cargas de familia y sus modificaciones.
- En caso de pérdida de la libreta, efectuar la pertinente denuncia por ante la autoridad policial más cercana al lugar del hecho o de su residencia, o en el Juzgado de Paz correspondiente, y posteriormente iniciar las gestiones tendientes a obtener una nueva libreta.

2.6. Prestaciones

2.6.1. Prestación económica por desempleo

Este beneficio consiste en una prestación de carácter económico y mensual que será calculada de conformidad a las modalidades, plazos y cuantías establecidos en la reglamentación.

a) Trámite

El trámite de la solicitud de la Prestación por Desempleo es personal y gratuito, no admitiéndose gestión a través de intermediarios.

Al iniciar el trámite se le solicitará completar una declaración jurada a efectos de que manifieste su situación laboral como así también la de sus cargas de familia, si las posee.

A considerar... En los casos en que existiere duda sobre la existencia de relación laboral o de la justa causa del despido, tanto en las situaciones alegadas por el empleador como por el trabajador, la Gerencia de Prestaciones solicitará dictamen a la Gerencia de Asuntos Jurídicos para que determine sumariamente la situación invocada y establezca, de corresponder, la situación legal de desempleo.

Eventualmente, de existir diferencias entre la información obrante en los sistemas informáticos y la documentación presentada, podrá solicitársele documentación adicional (por ejemplo: recibo de sueldo del último empleador, nota del empleador, etc.).

No existe incompatibilidad con la prestación dineraria de ART cuando el trabajador deja de percibir la prestación de la ART en razón de producirse el alta médica o la determinación por resolución de un grado de incapacidad permanente definitiva inferior al 66%.

Si el porcentaje es mayor y se encuentra tramitando un retiro por invalidez, puede acceder a la prestación presentando un certificado médico, acreditando que se encuentra apto para realizar alguna tarea laboral acorde a su situación. No obstante, si al liquidar el retiro por invalidez existiese un retroactivo que se superponga con la percepción de las cuotas de la Prestación por Desempleo, éstas deberán ser reintegradas.

Tienen derecho a la Prestación por Desempleo aquellos solicitantes que perciban una renta periódica por Incapacidad Laboral Permanente Parcial Definitiva mayor al 50% y menor al 66%.

b) Estado actual de la situación por desempleo

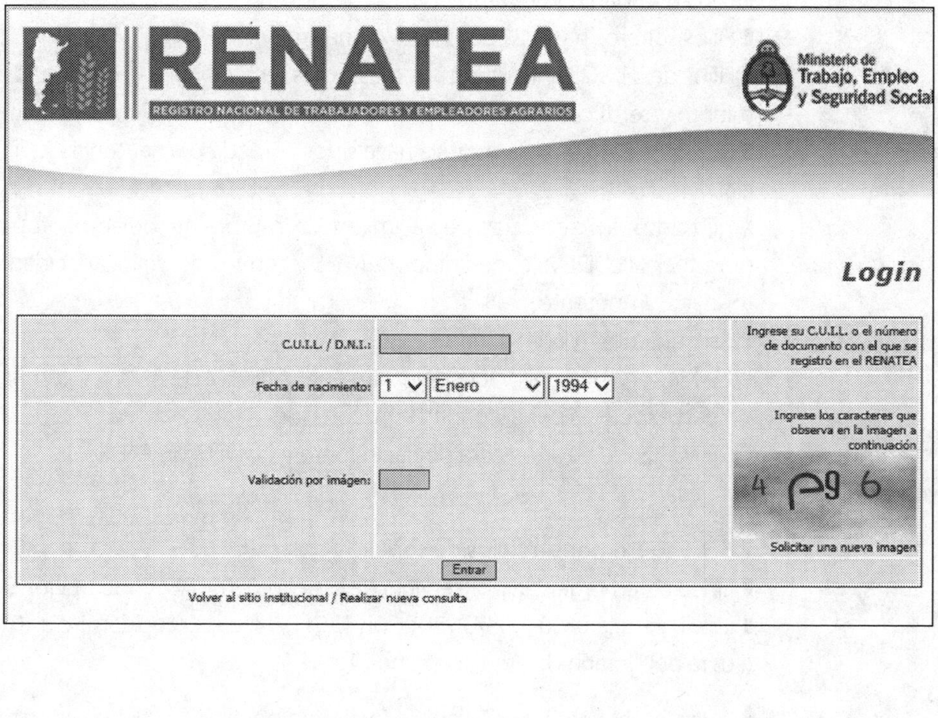

2.6.2. Consultas por cobertura de salud

Línea gratuita: 0800-777- PEÓN (7366) opción 2
Mail: infosalud@renatea.gob.ar

El Registro Nacional de Trabajadores y Empleadores Agrarios RENATEA, otorga cobertura asistencial de salud a través de la obra social OSPRERA a todos los trabajadores beneficiarios del Sistema Integral de Prestaciones por Desempleo y Servicio de Sepelio y a su grupo familiar, según lo establecido en la ley 25191 (actualizada por L. 26727).
El beneficiario titular de la prestación tendrá cobertura directa a partir de los NOVENTA (90) días de la fecha de despido (hasta ese momento mantiene la cobertura de la última obra social a la que aportó antes de la extinción de la relación laboral) y durante el período en que la prestación se encuentre vigente.
Es de vital importancia saber que, desde el primer día del mes de cobro de la Prestación por Desempleo, el RENATEA le otorgará al beneficiario titular de la misma y a su grupo familiar a cargo, la cobertura de salud por intermedio de la obra social OSPRERA.
Respecto al grupo familiar, el beneficiario deberá completar el formulario de Declaración Jurada de Salud del RENATEA, consignando en el mismo los familiares que se encuentren a su cargo, para lo cual deberá acreditar los vínculos, acompañando la documentación correspondiente (en todos los casos con fotocopia simple).

a) Documentación acreditante del vínculo en cada caso

- Cónyuge del titular: acta de matrimonio.
- Conviviente: información sumaria (certificado de concubinato) solicitada ante Juez de Paz o autoridad competente.
- Hijos solteros hasta 21 años: acta de nacimiento.
- Hijos de 21 a 25 años que cursen estudios terciarios y/o universitarios: acta de nacimiento y certificado de estudios extendido por autoridad competente.
- Menores cuya guarda o tutela haya sido otorgada por sentencia judicial: sentencia judicial.
- Hijos incapacitados: acta de nacimiento, comprobante de empadronamiento en la obra social (CODEM) expedido por ANSES y certificado de incapacidad expedido por autoridad competente.
- Ascendientes (padre y madre):
  - Menor de 60 años: acta de nacimiento, CODEM de ANSES y certificado de incapacidad expedido por autoridad competente.
  - Mayor de 60 años: acta de nacimiento y CODEM de ANSES.

2.6.3. Seguro por servicios de sepelio

- Línea de emergencia por servicio de sepelio: 0800-777-7366 opción 3.
- Línea gratuita: 0800-777-7366 opción 1, (011) 4318-0800 opción 1 o al (011) 15 3454 4444. (Fuera del horario de atención al público)

El Seguro por Servicios de Sepelio instituido por la ley 25191 es una prestación independiente del Sistema Integral de Prestaciones por Desempleo, que consiste en la cobertura de los servicios brindados ante el fallecimiento de un trabajador agrario o de un integrante de su grupo familiar a cargo.

a) Trámite

En la sede central del registro, en sus delegaciones o en la oficinas y unidades de empleo municipales (OEM/UEM) habilitadas.

Se le entrega a los trabajadores agrarios activos, desempleados, y al grupo familiar de ambos en forma directa, al producirse el deceso o por reintegro.

b) Medios de comunicación

- Líneas telefónicas 24 horas: 0800-777-7366 (PEÓN), (011) 4318–0800, (011) 3454–4444 (celular).
- Correo electrónico: infosepelio@renatea.gob.ar

2.6.4. Sistema de consulta de deuda por mora

Por consultas comunicarse de manera gratuita al 0800-777-7366 (internos 866, 883 y 827), con el Departamento de Recaudación.

Índice temático

Índice de voces

Notas

Notas

Notas

Notas

Notas